国家物流与供应链系列报告

中国冷链物流发展报告

China Cold Chain Logistics Development Report

（2024）

中国物流与采购联合会冷链物流专业委员会
Cold Chain Logistics Committee of CFLP
国家农产品现代物流工程技术研究中心
National Engineering Research Center for Agricultural Products Logistics
万纬冷链
VX Cold Chain

中国财富出版社有限公司

图书在版编目（CIP）数据

中国冷链物流发展报告.2024 / 中国物流与采购联合会冷链物流专业委员会，国家农产品现代物流工程技术研究中心，万纬冷链编. -- 北京：中国财富出版社有限公司，2024.9. --（国家物流与供应链系列报告）. -- ISBN 978 - 7 - 5047 - 8226 - 7

Ⅰ. F252. 8

中国国家版本馆 CIP 数据核字第 2024D9P491 号

| 策划编辑 | 郑欣怡 | 责任编辑 | 刘 斐 陈 嘉 | 版权编辑 | 李 洋 |
| 责任印制 | 尚立业 | 责任校对 | 杨小静 | 责任发行 | 敬 东 |

出版发行	中国财富出版社有限公司		
社　　址	北京市丰台区南四环西路 188 号 5 区 20 楼　邮政编码　100070		
电　　话	010 - 52227588 转 2098（发行部）	010 - 52227588 转 321（总编室）
	010 - 52227566（24 小时读者服务）	010 - 52227588 转 305（质检部）
网　　址	http：//www. cfpress. com. cn	排　　版	宝蕾元
经　　销	新华书店	印　　刷	宝蕾元仁浩（天津）印刷有限公司
书　　号	ISBN 978 - 7 - 5047 - 8226 - 7/F · 3716		
开　　本	787mm × 1092mm　1/16	版　　次	2024 年 10 月第 1 版
印　　张	20.25　彩插　1.5	印　　次	2024 年 10 月第 1 次印刷
字　　数	425 千字	定　　价	280.00 元

《中国冷链物流发展报告（2024）》
编 委 会

编委会主任

崔忠付　中国物流与采购联合会副会长兼秘书长

编委会副主任（按姓氏拼音排序）

毕建伟　荣庆物流供应链有限公司副总裁

陈君城　万纬冷链总经理

董国银　上海光明领鲜物流有限公司总经理

范端炜　招商局集团高管

高　戈　开利运输冷冻（中国）总经理

孙晓宇　鲜生活冷链物流有限公司总裁

王国利　国家农产品现代物流工程技术研究中心首席专家

张长峰　国家农产品现代物流工程技术研究中心科技研发部部长

张海宾　深圳万通顺达物流有限公司总经理

周海强　顺丰集团助理 CEO、冷链事业部总裁

编委会委员（按姓氏拼音排序）

蔡力勇　冰山冷热科技股份有限公司总经理

陈超平　云通物流服务有限公司董事长

陈立新　江西省供销合作社联合社党组成员，江西省供销集团有限
　　　　公司党委书记、董事长

陈　全　农业农村部规划设计研究院农产品加工工程研究所正高级
　　　　工程师

崔　尧　绝味食品股份有限公司监事兼供应链中心总监

董　开　福瑞祥控股集团有限公司总经理

樊平燕　中集冷链科技有限公司总经理

方勇锋　重庆明品福物流有限责任公司董事长、总裁

冯　飚　比泽尔制冷技术（中国）有限公司大中华区董事总经理

冯仁君　郑州凯雪运输制冷设备有限公司董事长

谷晓宇　SGS 通标标准技术服务有限公司中国区副总裁

郭　超　深圳市盐田港冷链投资控股有限公司董事、总经理

郭　强　正大供应链有限公司总经理

韩天舒　百胜中国传胜供应链物流总经理

郝　皓　上海第二工业大学经济与管理学院科研院长、教授

何德权　亚太冷国际供应链有限公司总裁兼首席执行官

姜　旭　北京物资学院物流学院院长、教授

蒋文胜　香港玉湖集团副董事长、玉湖冷链研修院院长

李丰岩　中铁铁龙集装箱物流股份有限公司总经理

李　俊　红星冷链（湖南）股份有限公司副董事长

李　强　青岛澳柯玛冷链集成有限公司董事长、青岛澳柯玛自动售货机股份有限公司董事长、河南澳柯玛专用汽车有限公司董事长

林昌烜　顺新晖 CEO

刘　斌　天津商业大学农业农村部农产品低碳冷链重点实验室执行主任、教授

刘春辉　中交第四航务工程局有限公司冷链事业部副总经理

刘德群　常州新运冷链有限公司总经理

刘树强　天津港强集团有限公司董事长

吕小琴　四川港投新通道物流产业投资集团有限公司副总经理

马佃亮　中国重型汽车集团有限公司战略客户部党支部书记、执行总经理

钱旭东　开利运输冷冻（中国）销售总监

秦　岭　中外运冷链物流有限公司总经理

史加波　中机十院国际工程有限公司副总经理

舒建国　冰轮环境技术股份有限公司常务副总裁

宋学军　香飘飘食品股份有限公司仓储物流总监

苏培彬　广州长运集团有限公司党委副书记、总经理

孙国庆　上海莱奥制冷设备有限公司董事长

唐宏超　北汽福田汽车股份有限公司欧航欧马可事业部党委书记、
　　　　总裁

王成丽　思念食品有限公司供应链物流总监

王汝慧　南京卫岗乳业有限公司副总裁

王瑞生　青岛海尔开利冷冻设备有限公司副总经理

王雪瑾　湖南惠农物流有限责任公司董事长

文名波　江西省供销集团有限公司党委副书记、总经理，江西省供
　　　　销冷链科技集团有限公司党支部书记、董事长

吴　君　大连鲜悦达冷链物流有限公司总经理

吴　强　上海鑫源供应链管理有限公司董事长

吴　翔　镇江恒伟供应链管理有限公司首席执行官

谢　鹏　上海汉钟精机股份有限公司制冷事业部协理

徐彦峰　安徽江淮汽车集团股份有限公司轻型商用车营销公司总经
　　　　理助理

杨　文　浙江星星冷链集成股份有限公司总经理

姚乐炜　中远海运集装箱运输有限公司冷箱贸易区总经理

于　海　大连港毅都冷链有限公司常务副总经理

虞健民　普冷国际物流（上海）有限公司董事长

张景涛　G7易流总裁

张燕燕　星源（上海）贸易有限公司物流总监

郑瑞祥　瑞云（深圳）冷链物流科技有限公司创始人、CEO

钟　翔　南京众彩供应链管理有限公司董事长

周　亮　华润精品超市公司党委副书记

周灼维　广东新供销天业冷链集团有限公司党总支书记、董事长
朱林河　内蒙古伊利实业集团股份有限公司物流总监
朱生伟　内蒙古蒙牛乳业（集团）股份有限公司低温履约负责人
朱　鑫　江苏月仙冷藏设备集团有限公司总经理

前　言

　　《中国冷链物流发展报告（2024）》是中国物流与采购联合会冷链物流专业委员会（以下简称"中物联冷链委"）连续十四年编写出版的冷链物流领域的专项行业研究报告。中物联冷链委十余载深耕冷链物流行业，力求厘清行业现状，支撑推动行业发展。《中国冷链物流发展报告》正是中物联冷链委行业研究成果的积累和沉淀，希望其丰富、翔实的数据和文字，可为各位冷链物流的行业同仁提供专业性参考。

　　2023 年，中国经济顶住多重压力实现了量的合理增长，在爬坡过坎中经济实现了质的有效提升，全年经济运行呈现前低中高后稳态势。物流运行环境持续改善，行业整体恢复向好。一方面，高端制造、线上消费、预制菜等新动能领域市场增长迅速，推动冷链物流市场规模扩大；另一方面，政府政策继续鼓励支持并落实冷链物流高质量发展，以集约高效、绿色低碳、智慧畅通、转型升级、融合联动、优化服务、创新新业态、培育新经济等为高频关键词，指明冷链物流未来发展新需求，推动行业高质量发展。这些都是报告涵盖并展现给读者的。

　　在结构布局方面，2024 年的报告分为七章。第一章"2023 年冷链物流发展环境分析"，从冷链物流行业经济环境分析、冷链物流行业政策环境分析、冷链物流行业市场需求分析、冷链物流行业装备技术环境分析四个方面对冷链物流整体宏观发展环境进行分析；第二章"2023 年全国'6＋1'品类冷链需求分析"，针对蔬菜、水果、肉类、水产品、乳制品、速冻食品、医药等品类分析其相应的产量、需求情况以及趋势；第三章"2023 年冷链上下游市场主体分析"，详细介绍了冷链产业供应链上游环节、冷链物流环节以及冷链物流后服务市场主体概况；第四章"2023 年全国冷库市场分析"，深度剖析了冷库市场供需概况、冷库市场运行情况并探讨了冷库安全专题；第五章"2023 年全国冷链运输市场分析"，主要进行了冷链运输业务、冷藏车市场、冷链运输热点专题的分析；第六章"2023 年冷链物流行业现状、问题及发展趋势"，基于宏观的角度对冷链物流行业整体发展现状、问题以及发展趋势进行分析；第七章"2023 年冷链热点追踪"，不仅介绍了冷链物流在国家供应链中的定位与发力点、冷链物流新发展新需求，还针对全球市场拓展、绿色低碳可持续发展、冷链物流骨干基地建设等核心议题进行了深入探析和优秀案例分享。

十四年风雨路，初心未曾改，中物联冷链委一直深耕冷链物流专项研究报告，兼顾深度与广度。《中国冷链物流发展报告（2024）》是汇集了行业智慧与数据精粹的权威性报告，全方位、多维度地剖析了冷链物流的现状与未来，对于促进中国冷链物流行业健康发展、提升企业竞争力、打造上下游新生态圈、构建冷链供应链国内外双循环发展新格局具有重要的现实价值和深远的战略意义。希望通过本报告可以为读者呈现更具体、更全面、更专业、更严谨的冷链物流行业分析，如有疏漏与不足之处恳请批评指正。

中国物流与采购联合会副会长兼秘书长　崔忠付

2024 年 7 月 1 日

目　录

第一章　2023 年冷链物流发展环境分析

2023 年，中央部委和各地政府持续出台相关政策鼓励支持并落实冷链物流高质量发展，冷链基础设施得到进一步完善，市场规模持续扩大，冷链物流行业发展迎来新机遇。本章围绕 2023 年冷链物流发展状况，针对行业环境、政策环境、市场需求和装备技术环境等方面进行深入分析。本章内容共分为四节，第一节从宏观经济形势、物流业运行情况等方面对我国冷链物流行业的经济环境进行分析；第二节对冷链物流行业相关的政策和标准进行整理与总结；第三节针对冷链物流需求量、冷链物流市场规模、冷藏车保有量、冷库容量以及各产业对冷链物流的需求情况进行统计测算与分析；第四节主要就冷链物流行业装备技术环境进行分析，对冷链仓运配设施设备和技术的发展水平和专利情况进行讨论。

第一节　冷链物流行业经济环境分析

一、宏观经济形势分析

2023 年是全面贯彻党的二十大精神的开局之年，是三年新冠疫情防控转段后经济恢复发展的一年。面对复杂严峻的国际环境和艰巨繁重的国内改革发展稳定任务，各地区各部门着力扩大内需、优化结构、提振信心、防范化解风险，国民经济回升向好，高质量发展扎实推进，向全面建设社会主义现代化国家迈出坚实步伐。

中国经济顶住多重压力实现量的合理增长，在爬坡过坎中经济实现质的有效提升，全年经济运行呈现前低中高后稳态势。2023 年，国内生产总值（GDP）1260582 亿元，比 2022 年增长 5.2%。人均国内生产总值 89358 元，比 2022 年增长 5.4%。国民总收入 1251297 亿元，比 2022 年增长 5.6%。其中，第一产业增加值 89755 亿元，比 2022 年增长 4.1%；第二产业增加值 482589 亿元，增长 4.7%；第三产业增加值 688238 亿元，增长 5.8%。分季度看，第一季度国内生产总值同比增长 4.5%，第二季度同比增长 6.3%，第三季度同比增长 4.9%，第四季度同比增长 5.2%。

（一）2023 年全年粮食增产增收，畜牧业产量持续增长

2023 年全年粮食产量 69541 万吨，比 2022 年增加 888 万吨，增产 1.3%。其中，夏粮产量 14615 万吨，减产 0.8%；早稻产量 2834 万吨，增产 0.8%；秋粮产量 52092 万吨，增产 1.9%。谷物产量 64143 万吨，增产 1.3%。其中，稻谷产量 20660 万吨，减产 0.9%；小麦产量 13659 万吨，减产 0.8%；玉米产量 28884 万吨，增产 4.2%。大豆产量 2084 万吨，增产 2.8%。

全年猪牛羊禽肉产量 9641 万吨，比上年增长 4.5%。其中，猪肉产量 5794 万吨，增长 4.6%；牛肉产量 753 万吨，增长 4.8%；羊肉产量 531 万吨，增长 1.3%；禽肉产量 2563 万吨，增长 4.9%。禽蛋产量 3563 万吨，增长 3.1%。牛奶产量 4197 万吨，增长 6.7%。2023 年年末生猪存栏 43422 万头，比 2022 年年末下降 4.1%；全年生猪出栏 72662 万头，比 2022 年增长 3.8%。

（二）工业产值持续增加，汽车制造业和电气机械和器材制造业增长迅猛

2023 年全年全部工业增加值 399103 亿元，比 2022 年增长 4.2%。分经济类型看，国有控股企业增加值增长 5.0%；股份制企业增长 5.3%，外商及港澳台商投资企业增长 1.4%；私营企业增长 3.1%。分门类看，采矿业增长 2.3%，制造业增长 5.0%，电力、热力、燃气及水生产和供应业增长 4.3%。

从工业增加值来看，汽车制造业、电气机械和器材制造业、化学原料和化学制品制造业的增长较高，分别为 13.0%、12.9% 和 9.6%。

（三）服务业持续复苏，保持增长态势

2023 年全年批发和零售业增加值 123072 亿元，比 2022 年增长 6.2%；交通运输、仓储和邮政业增加值 57820 亿元，增长 8.0%；住宿和餐饮业增加值 21024 亿元，增长 14.5%；金融业增加值 100677 亿元，增长 6.8%；房地产业增加值 73723 亿元，下降 1.3%；信息传输、软件和信息技术服务业增加值 55194 亿元，增长 11.9%；租赁和商务服务业增加值 44347 亿元，增长 9.3%。规模以上服务业企业营业收入比 2022 年增长 8.3%，利润总额增长 26.8%。

（四）消费品零售总额持续增长，餐饮行业增长迅猛

2023 年全年社会消费品零售总额 471495 亿元，比 2022 年增长 7.2%。按经营地分，城镇消费品零售额 407490 亿元，增长 7.1%；乡村消费品零售额 64005 亿元，增长 8.0%。按消费类型分，商品零售额 418605 亿元，增长 5.8%；餐饮收入 52890 亿元，增长 20.4%。服务零售额比 2022 年增长 20.0%。

全年限额以上单位商品零售额中，粮油、食品类零售额比 2022 年增长 5.2%，饮料类增长 3.2%，烟酒类增长 10.6%，服装、鞋帽、针纺织品类增长 12.9%，化妆品类增长 5.1%，金银珠宝类增长 13.3%，日用品类增长 2.7%，家用电器和音像器材类增长 0.5%，中西药品类增长 5.1%，文化办公用品类下降 6.1%，家具类增长 2.8%，通信器材类增长 7.0%，石油及制品类增长 6.6%，汽车类增长 5.9%，建筑及装潢材料类下降 7.8%。

2023 年全年实现实物商品网上零售额 130174 亿元，按可比口径计算，比 2022 年增长 8.4%，占社会消费品零售总额比重为 27.6%。

（五）固定资产投资稳定增长，基础设施建设投资增幅较大

2023 年全年全社会固定资产投资 509708 亿元，比 2022 年增长 2.8%。固定资产投资（不含农户）503036 亿元，增长 3.0%。在固定资产投资（不含农户）中，分区域看，东部地区投资增长 4.4%，中部地区投资增长 0.3%，西部地区投资增长 0.1%。

在固定资产投资（不含农户）中，第一产业投资 10085 亿元，比 2022 年下降 0.1%；第二产业投资 162136 亿元，增长 9.0%；第三产业投资 330815 亿元，增长 0.4%。基础设施投资增长 5.9%。社会领域投资增长 0.5%。民间固定资产投资 253544 亿元，下降 0.4%；其中制造业民间投资增长 9.4%，基础设施民间投资增长 14.2%。

（六）进出口货物总额小幅增长，贸易结构持续优化

2023 年全年货物进出口总额 417568 亿元，比 2022 年增长 0.2%。其中，出口 237726 亿元，增长 0.6%；进口 179842 亿元，下降 0.3%。货物进出口顺差 57883 亿元，比 2022 年增加 1938 亿元。对"一带一路"共建国家进出口额 194719 亿元，比 2022 年增长 2.8%。其中，出口 107314 亿元，增长 6.9%；进口 87405 亿元，下降 1.9%。对《区域全面经济伙伴关系协定》（RCEP）其他成员国进出口额 125967 亿元，比 2022 年下降 1.6%。民营企业进出口额 223601 亿元，比 2022 年增长 6.3%，占进出口总额比重为 53.5%。

（七）居民收入增长与经济增长基本同步，农村居民收入增速高于城镇居民收入

2023 年全年全国居民人均可支配收入 39218 元，比 2022 年增长 6.3%，扣除价格因素，实际增长 6.1%。全国居民人均可支配收入中位数 33036 元，增长 5.3%。按常住地分，城镇居民人均可支配收入 51821 元，比 2022 年增长 5.1%，扣除价格因素，实际增长 4.8%。城镇居民人均可支配收入中位数 47122 元，增长 4.4%。农村居民人均可支配收入 21691 元，比上年增长 7.7%，扣除价格因素，实际增长 7.6%。农村居民人均可支配收入中位数 18748 元，增长 5.7%。城乡居民人均可支配收入比值为 2.39，比上年缩小 0.06。按全国居民五等份收入分组，低收入组人均可支配收入 9215 元，中间偏下收入组人均可支配收入 20442 元，中间收入组人均可支配收入 32195 元，中间偏上收入组人均可支配收入 50220 元，高收入组人均可支配收入 95055 元。全年全国居民人均消费支出 26796 元，比 2022 年增长 9.2%，扣除价格因素，实际增长 9.0%。

（八）人口减少，城镇化率持续提升，城乡融合和区域协调发展步伐稳健

2023 年年末全国人口 140967 万人，比 2022 年年末减少 208 万人，其中城镇常住人口 93267 万人。全年出生人口 902 万人，出生率为 6.39‰；死亡人口 1110 万人，死亡率为 7.87‰；自然增长率为 -1.48‰。

2023 年年末全国常住人口城镇化率为 66.16%，比 2022 年年末提高 0.94 个百分点。分区域看，全年东部地区生产总值 652084 亿元，比 2022 年增长 5.4%；中部地区生产总值 269898 亿元，增长 4.9%；西部地区生产总值 269325 亿元，增长 5.5%；东北地区生产总值 59624 亿元，增长 4.8%。全年京津冀地区生产总值 104442 亿元，比 2022 年增长 5.1%；长江经济带地区生产总值 584274 亿元，增长 5.5%；长江三角洲地区生产总值 305045 亿元，增长 5.7%。粤港澳大湾区建设、黄河流域生态保护和高质量发展等区域重大战略深入推进。

（九）就业形势基本保持稳定

2023 年年末全国就业人员 74041 万人，其中城镇就业人员 47032 万人，占全国就业人员比重为 63.5%。全年城镇新增就业 1244 万人，比 2022 年多增 38 万人。全年全

国城镇调查失业率平均值为5.2%。2023年年末全国城镇调查失业率为5.1%。全国农民工总量29753万人，比2022年增长0.6%。其中，外出农民工17658万人，增长2.7%；本地农民工12095万人，下降2.2%。

2023年，我国经济波浪式发展、曲折式前进，成绩来之不易。从国内看，经历三年新冠疫情的冲击，经济恢复与发展的问题与长期积累的深层矛盾凸显，外需下滑和内需不足碰头，周期性和结构性问题并存。从国际看，世界经济复苏乏力，地缘政治冲突加剧，保护主义、单边主义上升，外部环境对我国发展的不利影响持续加大。但是经过全国上下共同努力，2023年不仅实现了全年预期发展目标，经济总量也持续增长，产业结构也不断优化，许多方面都出现积极向好变化。下一阶段，坚持以习近平新时代中国特色社会主义思想为指导，大力推进现代化产业体系建设，加快发展新质生产力，着力扩大国内需求，推动经济实现良性循环，扩大高水平对外开放，促进互利共赢。

二、物流业运行情况

2023年，我国经济在波动中恢复，稳定因素不断积累，物流运行环境持续改善，行业整体恢复向好。市场需求规模恢复加快，高端制造、线上消费等新动能领域回升明显。物流供给质量稳步提升，多式联运、航空货运等协同高效物流服务全面发展。单位物流成本稳中有降，产业链循环基本通畅。物流企业降本增效内驱力增强，头部企业战略转型步伐加快，引领行业向规范化、精细化和数字化方向发展。

（一）物流需求规模持续恢复向好，增速稳步回升

2023年1~12月，中国制造业采购经理指数（PMI）均值为49.9%，较2022年全年均值增加0.8个百分点，有一定提升。从2023年制造业PMI指数走势来看，指数在第一季度运行在50%以上的较高水平，第二季度指数较快回落，显示在积压需求快速释放后经济回升势头有所放缓，第三、第四季度指数均值运行在49.5%左右的水平，显示在各地积极落实稳经济促增长等政策措施的带动下，我国经济保持相对稳定运行。从2023年制造业PMI的走势来看，全年经济呈现稳定恢复、结构向好发展态势。

2023年物流运行总体保持稳中有进，物流活跃度进一步提高。全年物流业景气指数均值达到51.8%，比2022年提高3.2个百分点。业务总量指数和新订单指数前低后高，全年均值分别比2022年提高3.2个百分点和2.5个百分点。微观盈利水平总体提

高，资金周转率指数、设备利用率指数和主营业务利润指数全年均值分别比 2022 年提高 2.2 个百分点、2.8 个百分点和 2.8 个百分点。业务活动预期指数全年均值为 56.2%，比 2022 年提高 2.5 个百分点，其中第三、第四季度业务活动预期指数连续高位运行。物流行业运行向好，稳健性提升，物流供给对需求变化适配、响应能力有所增强。

据中国物流与采购联合会统计显示，我国物流需求规模不断增长，市场稳定恢复。2023 年全国社会物流总额 352.4 万亿元，同比增长 5.2%，增速比上年提高 1.8 个百分点。分季度看，第一季度、第二季度、第三季度、第四季度，分别增长 3.9%、5.4%、4.7%、5.4%，呈现前低、中高、后稳的恢复态势。从构成看，农产品物流总额 5.3 万亿元，同比增长 4.1%；工业品物流总额 312.6 万亿元，同比增长 4.6%；进口物流总额 18.0 万亿元，同比增长 13.0%；再生资源物流总额 3.5 万亿元，同比增长 17.4%；单位与居民物品物流总额 13.0 万亿元，同比增长 8.2%。综合来看，2023 年物流行业的发展稳中向好，为国民经济的恢复提供了有力的保障。2013—2023 年我国社会物流总额情况如图 1 - 1 所示。

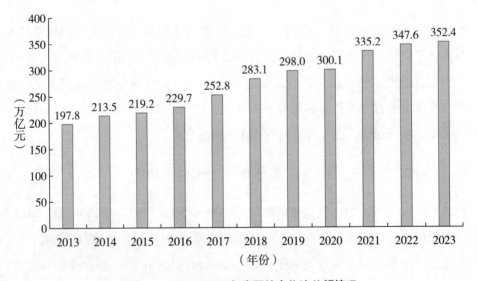

图 1 - 1　2013—2023 年我国社会物流总额情况
资料来源：中国物流与采购联合会、中国物流信息中心。

从近三年的数据来看，2021—2023 年社会物流总额增速波动性明显增大。社会物流总额与 GDP 变化存在较高相关性，且增速多数领先于同期 GDP 水平，物流需求规模持续稳定增长，是促进国民经济产业链供需衔接和实体商品流通的重要基础。2021—2023 年我国社会物流总额及 GDP 增速如图 1 - 2 所示。

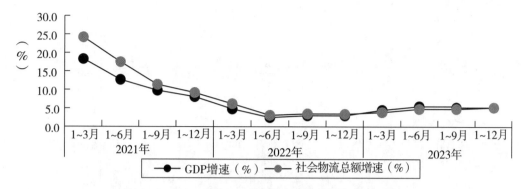

图 1 - 2　2021—2023 年我国社会物流总额及 GDP 增速

资料来源：中国物流与采购联合会、中国物流信息中心。

注：增速按可比口径计算，未进行机械调整，全书同。

（二）物流运行效率持续改善，单位物流成本稳中有降

2023 年社会物流总费用与 GDP 的比率为 14.4%，比上年下降 0.3 个百分点，第一季度、上半年、前三季度分别为 14.6%、14.5%、14.3%，呈连续回落走势。从结构看，主要环节物流费用比率均有所下降，运输费用与 GDP 比率为 7.8%，保管费用与 GDP 比率为 4.8%，管理费用与 GDP 比率为 1.8%，比上年各下降 0.1 个百分点。显示全年各环节物流运行效率全面改善，仓储保管等静态环节占比稳步下降，资金流、物流向动态环节转移，物流要素流动趋于活跃。2013—2023 年社会物流总费用增速和社会物流总费用与 GDP 的比率如图 1 - 3 所示。

（三）物流市场竞争格局加剧，企业降本增效内驱力增强

物流市场竞争格局加剧。从市场主体数量来看，我国交通运输、仓储和邮政业法人单位近 60 万家，个体经营户 580 多万个，物流相关市场主体超过 600 万，部分领域市场准入门槛较低，企业数量总体较大。从市场集中度来看，物流企业规模相对较小，部分领域小微企业数量庞大，市场集中度依然较低，2023 年 50 强物流企业物流业务收入占物流业总收入的比重虽有所提高，但仍不足 20%。从企业订单需求看，物流宏观主要指标虽有不同程度回升，但阶段性、结构性矛盾依然存在，物流市场主体中个体企业感受差异明显。调研数据显示，企业对市场需求偏弱感受较为强烈，反映市场订单需求偏弱的物流企业占比超过 30%，中小企业占比近 50%。从价格竞争来看，部分领域低价竞争现象较为突出，"以价换量"仍是部分功能性物流服务行业竞争的主要手段。物流景气指数中的服务价格指数各月均位于 50% 以下，全年平均为 48.3%，反映

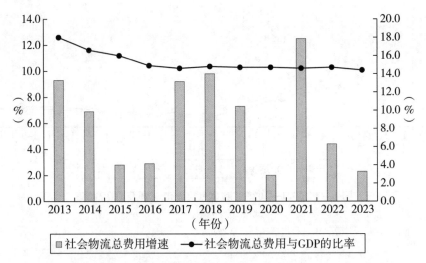

图 1-3　2013—2023 年社会物流总费用增速和社会物流总费用与 GDP 的比率
资料来源：中国物流与采购联合会、中国物流信息中心。

出物流业服务价格整体低位徘徊。水运方面，上海航运交易所发布的沿海（散货）综合运价指数年平均值为 1014.9 点，同比下降 9.7%；中国出口集装箱运价指数年平均值为 937.3 点，同比下降 66.4%；快递方面，价格年内平均值同比降幅在 4%。在此背景下，微观企业盈利明显承压。2023 年年度重点调查初步汇总数据显示，近 30% 的物流企业全年亏损，平均收入利润率在 3% 低位徘徊，明显低于正常年份 5% 的平均水平。

总体来看，当前我国超大规模市场优势依然明显，物流市场潜力较大。随着政策逐步落地见效，微观主体投资意愿稳中趋增，对市场预期基本向好，未来物流运行有望延续企稳向好的发展态势。但也要看到我国经济仍需面对国内结构调整和国际需求偏弱等挑战，物流需求也将由规模扩张向存量结构调整转型，物流市场有待优化升级，物流企业要坚持创新发展理念，深刻融入实体经济供应链服务环节，以高效能物流服务助力经济高质量发展。

第二节　冷链物流行业政策环境分析

2023 年，国家、省（自治区、直辖市）、地级市（地区、自治州、盟）、县（自治县、县级市、旗、区）四级政府继续鼓励支持并落实冷链物流高质量发展。从整体来看，集约高效、绿色低碳、智慧畅通、转型升级、融合联动、优化服务、创新新业态、培育新经济等为高频关键词，指明发展方向。

一、冷链政策

（一）国家层面

国家层面，2023 年中央一号文件 19 次提及冷链物流相关内容；各部委发布《农业农村部办公厅关于继续做好农产品产地冷藏保鲜设施建设工作的通知》《全国现代设施农业建设规划（2023—2030 年)》等规划文件继续引导冷链物流高质量发展。2023 年国家层面发布的部分冷链物流相关政策如表 1 - 1 所示。

表 1 - 1　　　　　2023 年国家层面发布的部分冷链物流相关政策

序号	成文时间	发布机构	政策名称	内容摘要
1	2023 年 1 月	中共中央、国务院	《中共中央 国务院关于做好 2023 年全面推进乡村振兴重点工作的意见》	完善农产品流通骨干网络，改造提升产地、集散地、销地批发市场，布局建设一批城郊大仓基地。支持建设产地冷链集配中心。推动冷链物流服务网络向乡村下沉
2	2023 年 2 月	农业农村部	《农业农村部关于落实党中央国务院 2023 年全面推进乡村振兴重点工作部署的实施意见》	在重要流通节点建设产地冷链集配中心；推进国家级农产品产地市场建设，加强大型冷藏保鲜、仓储物流等保供公益性基础设施建设
3	2023 年 6 月	国家发展和改革委员会	《关于做好 2023 年国家骨干冷链物流基地建设工作的通知》	布局建设大型冷链物流基础设施，集聚冷链物流资源、优化冷链物流运行体系、促进冷链物流与相关产业融合发展
4	2023 年 6 月	农业农村部	《冷链物流和烘干设施建设专项实施方案（2023—2030 年）》	以建设提升产地仓储保鲜冷链物流设施为重点，全面补齐设施农业产业链配套设施装备短板，有效减少粮食和"菜篮子"产品的产后损失和流通环节浪费

续　表

序号	成文时间	发布机构	政策名称	内容摘要
5	2023 年 7 月	农业农村部办公厅	《农业农村部办公厅关于继续做好农产品产地冷藏保鲜设施建设工作的通知》	完善产地冷藏保鲜设施网络；推动冷链物流服务网络向乡村下沉；培育一批农产品产地流通主体；创新一批农产品冷链物流运营模式
6	2023 年 7 月	商务部办公厅 国家发展改革委办公厅 工业和信息化部办公厅 财政部办公厅 自然资源部办公厅 农业农村部办公厅 文化和旅游部办公厅 国家邮政局办公室 中华全国供销合作总社办公厅	《商务部等 9 部门办公厅（室）关于印发〈县域商业三年行动计划（2023—2025 年）〉的通知》	加强跨区域农产品批发市场、干支线冷链物流、农产品仓储保鲜设施和产地冷链集配中心建设，提高农产品冷链流通效率

（二）地方层面

地方层面，据不完全统计，2023 年，冷链物流直接相关政策、规划超过 23 项，主要以补齐冷链物流设施短板、布局三级冷链物流体系、加强冷链物流全流程监管体系为核心，逐步实现各地区冷链物流高质量发展，主要聚焦国家骨干冷链物流基地建设、地方冷链物流体系建设、优势农产品冷链基地建设、冷链物流标准化和绿色化等方向。其中，浙江、江苏、天津等 10 多个省区市纷纷出台冷链物流发展行动方案；营口、盘锦等地市，深圳市盐田区、邢台市信都区等县（市、区）出台冷链物流高质量发展三年行动方案、建设行动方案或者扶持措施等落实和引导各区域冷链物流有序建设。2023 年部分地方发布的冷链物流相关政策如表 1 - 2 所示。

表 1 - 2　　2023 年部分地方发布的冷链物流相关政策

序号	成文时间	发布机构	政策名称	内容摘要
部分省区市发布的冷链物流相关政策				
1	2023 年 6 月	天津市发展和改革委员会、天津市商务局	《市发展改革委 市商务局关于印发天津市推动冷链产业高质量发展工作方案的通知》	重点打造"两基地、三枢纽、多节点"的冷链产业发展布局

续 表

序号	成文时间	发布机构	政策名称	内容摘要
2	2023 年 5 月	浙江省发展和改革委员会	《浙江省冷链物流高质量发展三年行动计划（2023—2025 年)》	提升骨干冷链物流基地支撑衔接能力；补齐以山区海岛为重点的产地冷链物流设施短板；优化满足城乡差异化需求的销地冷链物流设施布局
3	2023 年 4 月	江苏省发展和改革委员会	《江苏省推进冷链物流高质量发展三年行动方案（2023—2025 年)》	打造枢纽节点，构建冷链物流骨干网；健全城乡冷链配送体系
4	2023 年 7 月	云南省农业农村厅	《云南省农产品产地仓储保鲜冷链物流建设三年行动方案（2023—2025 年)》	推进农产品产地冷藏保鲜设施建设；推进农产品产地冷链集配中心建设；推动农产品骨干冷链物流基地建设
5	2023 年 11 月	宁夏回族自治区人民政府办公厅	《宁夏回族自治区冷链物流高质量发展实施方案（2023—2027 年)》	以争创国家骨干冷链物流基地、建设产地冷链集配中心，推动冷链设施扩容升级为重点任务，完善冷链物流网络体系
6	2023 年 10 月	新疆维吾尔自治区人民政府办公厅	《自治区推进冷链物流高质量发展实施方案（2023—2025 年)》	构建内外联通冷链物流通道，建设以"疆内循环为主、联通国内大循环"的冷链物流通道，以及"外向型"国际冷链物流通道
7	2023 年 8 月	黑龙江省商务厅	《黑龙江省商贸冷链物流建设行动方案》	补足冷链各环节设施、发展对俄跨境商贸冷链物流、引进培育龙头企业、发展"智慧＋"商贸冷链物流、推进商贸冷链物流标准化建设、加速商贸冷链物流绿色低碳化
8	2023 年 3 月	浙江省农业农村厅	《浙江省农产品产地仓储保鲜冷链物流建设规划（2023—2027 年)》	推进建设产地冷藏保鲜设施、产地冷链集配中心、产地冷链物流基地相互有效衔接，整体构功能衔接、上下贯通、集约高效的产地冷链物流服务体系

序号	成文时间	发布机构	政策名称	内容摘要
部分地级市发布的冷链物流相关政策				
1	2023 年 1 月	梅州市人民政府办公室	《梅州市推进冷链物流高质量发展实施方案》	构建"8＋X"冷链物流设施网络、加快完善建设冷链物流重要节点和产地设施、健全销地分拨配送体系
2	2023 年 3 月	保山市人民政府办公室	《保山市人民政府办公室关于加快发展冷链物流保障食品安全促进消费升级的实施意见》	鼓励区域性农产品批发市场建设冷藏冷冻、流通加工冷链设施，在重要物流节点改造升级或适度新建一批冷链物流园区
3	2023 年 7 月	盘锦市人民政府办公室	《盘锦市冷链物流高质量发展三年行动方案（2023—2025 年）》	推动冷链物流设施建设、加快建设产销冷链集配中心、补齐产销两端冷链物流设施短板功能，着力构建以产销冷链集配中心和两端冷链物流设施为支撑的冷链物流节点设施网络
4	2022 年 11 月	营口市发展和改革委员会	《营口市冷链物流高质量发展三年行动计划（2023—2025 年）［草案］》	推进基础设施建设，完善冷链物流网络；提高运输服务质量，促进冷链增效降本；加强冷链全链条监管
5	2023 年 12 月	济南市人民政府办公厅	《济南市冷链物流发展三年行动计划（2023—2025 年）》	优化布局"4 个集散基地＋11 个集配中心＋N 个采供网点"三级节点网络体系、发展重点品类和特色品类冷链物流体系
部分县级发布的冷链物流相关政策				
1	2023 年 3 月	深圳市盐田区工业和信息化局	《盐田区关于加快推进冷链产业高质量发展扶持措施》	搭建冷链科技平台，提高智慧发展水平；拓展进口冷链贸易，打造区域交易中心
2	2023 年 4 月	邢台市信都区人民政府办公室	《邢台市信都区加快建设物流强区行动方案（2023—2027 年）》	提升农产品冷藏保鲜能力，加强基础设施建设

二、冷链标准

随着经济全球化发展和冷链物流技术的不断进步，我国冷链物流全球化趋势明显。冷链物流产业要发展，冷链标准要先行，一个完整高效的冷链物流标准体系是一个国家冷链物流高质量健康可持续发展的重要保障。一个行业的快速发展得益于科技的发展，而发达国家纷纷将科技先发优势转化为标准优势，进行国际化标准布局，抢占行业先机，这就是基于科技优势的标准制度全球化，掌握国际标准的制定权是应对国际竞争的有效手段。我国冷链标准化组织体系虽然日渐完善，但是中国与欧美国家冷链标准体系还存在较大差距。近年来，我国积极参与冷链物流国际标准化工作，取得成效，进一步提升我国冷链物流标准国际化水平。在新时代背景下，我国冷链物流标准体系建设，必须走标准化和国际化步骤和路径。冷链物流标准体系建设既需要与典型发达国家冷链物流标准体系对比研究，同时也要考虑我国冷链物流标准体系发展的现实需求，以"国际标准中国化、中国标准国际化"为方向，全力推进我国冷链物流标准化体系建设，推动我国冷链标准在更大范围，更大领域的传播与分享，进而实现我国冷链物流的国际化高质量发展。

（一）国际标准体系建设概况

国际上对冷链物流十分重视，各组织、各国、各地区都有自己的冷链物流技术标准，有些标准具有一定的强制性。

1. 与冷链标准相关国际组织

国外冷链物流运输技术标准以国家和地区行业组织划分主要有以下几种：

（1）国际标准化组织（International Organization for Standardization，ISO）。ISO 是全球最大的国际标准制定机构之一，其下属的 ISO/TC 315 技术委员会专门负责冷链物流的标准化工作。ISO 制定了一系列冷链物流相关的国际标准，如 ISO 22000 食品安全管理体系、ISO 28599 冷链物流质量管理等。

（2）国际冷藏运输协会（International Refrigerated Transportation Association，IRTA）。IRTA 是一个全球性的行业组织，致力于推动冷藏运输技术的发展和标准化。该组织关注冷藏运输的各个方面，包括设备、技术、操作和管理等，并制定了多项行业标准。

（3）国际制冷学会（International Institute of Refrigeration，IIR）。IIR 是一个致力于制冷和冷冻技术的全球专业组织，其在冷链物流领域也有广泛的影响力。IIR 制定了一系列与制冷和冷冻技术相关的国际标准，这些标准对于冷链物流的温度控制和质量保障具有重要意义。

（4）国际安全运输协会（International Safe Transit Association，ISTA）。ISTA 前身是美国国家安全运输协会（NSTA），全球有数百家知名的货运公司和实验室为其会员。该组织致力于开发有效的物流运输包装方法，提高产品的运输包装安全性能，防止或减少产品在运输和搬运过程中的损耗。该组织发布的多项标准、测试程序和测试项目文件成为运输包装的安全性能评估的重要依据。

（5）国际航空运输协会（International Air Transport Association，IATA）。IATA 是非政府、非营利性的国际航空公司的行业协会，是全世界最有影响力的航空运输组织。IATA 制定了鲜活易腐货物运输指南，对航空运输中相关规则和标准进行制定、解释和推广。

（6）冷链协会（Cool Chain Association，CCA）。CCA 是一个在美国具有广泛影响力的冷链行业组织，致力于推动冷链物流行业的规范化和标准化。CCA 制定了一系列与冷链物流相关的标准和指南，包括温度控制、食品安全、运输管理等方面。

（7）欧洲冷冻食品联合会（European Chilled Food Federation，ECFF）。ECFF 是欧洲冷冻食品行业的代表组织，致力于推动欧洲冷冻食品行业的发展和标准化。该组织制定了一系列与冷冻食品生产和流通相关的标准，确保欧洲冷冻食品的质量和安全。

（8）澳大利亚冷链委员会（Australia Food Cold Chain Council，AFCCC）。AFCCC 与政府机构、行业协会、企业和研究机构紧密合作，共同推动冷链技术的创新和应用。与业界合作，制定和更新冷链管理标准，以确保易腐品在整个供应链中的质量和安全。

（9）新加坡冷链中心（Singapore Cold Chain Center，SCCC）。SCCC 的主要任务是推广冷链管理的重要性，并通过与业界的合作，制定和执行相关的冷链管理标准和技术指标，以确保易腐品在运输和储存过程中能够保持其鲜度和营养价值。同时，该中心也与国内外的相关机构和企业进行合作和交流，以共同推动冷链管理技术的创新和发展。

2. 部分国家冷链标准发展概况

部分发达国家冷链物流发展起步较早，且重视冷链物流法律法规和技术标准的制定，建立了监督机制与惩罚措施，相关要求施行效果较好。

以美国为代表的发达国家冷链物流已得到长足发展，冷链物流标准体系和法律体系也较为完善。在美国，1990 年国会通过《食品卫生运输法》并于 2005 年进行修订，授权美国食品和药品管理局（Food and Drug Administration，FDA）颁布卫生运输操作准则，明确从事食品运输必须严格遵守准则；2016 年 FDA 颁布《人类和动物食品卫生运输法规》，明确了发货人、承运人、装货人、卸货人、接收人等各相关方的职责，提出运输车辆和设备、运输作业、培训、记录等方面的具体要求；美国冷链物流协会发布的《冷链质量标准》，涵盖了对冷链储存、运输、加工等各行业的要求，对产品包装、冷藏温度、品质检验、运输操作等作出规定。标准制定过程，非营利性民间标准化团体同美国国家标准学会（ANSI）积极融合其国内外标准，美国政府部门参与和指导食品类领域的标准制定过程。另外，美国标准制定机构在制定标准时要对各方意见进行听取和采纳，在草案的发布中进行充分公示和再修改程序等，以保证标准设立施行的合理性。

欧洲很多国家采用《易腐食品国际运输及其特种运输设备协议认证》对冷藏和冷冻食品运输过程中的温度监控、运输设备选择进行了规范，企业若违反规定可能受到法律制裁。新加坡制定了牛奶和乳制品、冷冻鱼和海鲜、冷冻猪肉、蔬菜等不同种类货物的冷链运输管理标准，强调对冷链全流程的规范化管理，且注重对货物本身温度的实时监测以确保品质和安全。除国家层面的法律法规和技术标准外，大型企业也会制定更加严格的企业标准，以增强自身的市场竞争力。

日本冷链流通率高达 90%，腐损率低至 5%，农产品冷链物流技术与设施设备均处于全球领先地位，冷链标准体系建设较为成熟，1923 年颁布《中央批发市场法》，开展农产品质量认证；1950 年出台《日本农业标准法》，规范农林产品及食品的全链条流通过程；2003 年颁布《食品安全基本法》，强化食品从"农田到餐桌"的全过程管理；另外还有《物流法》《综合物流施政大纲》《中小企业流通业务效率化促进法》（即《物流效率优化法》）等一系列法律法规，用以规范和指导行业发展。日本工业标准调查会（Japanese Industrial Standards Committee，JISC）制定了冷冻集装箱、运输用冷冻机组、冷藏车和冷冻车等设施设备标准；日本农业产品标准调查会（Japanese Agriculture Standards Committee，JASC）制定了冷链货物陆上配送要求、冷链物流提供商要求等作业管理标准。日本冷链标准体系构建过程中，更注重本国与国际标准之间的融合与协调，标准起草委员会负责 JIS 日本工业标准的起草提交工作，经技术委员会和标准委员会讨论流程后才可发布。除此之外，还有由企业提交的行业标准——TS 标准以及作为附属标准规定有关标准化细节的 TR 标准。

（二）国内标准体系建设概况

1. 我国冷链物流标准管理机制

我国冷链标准工作采取政府主导的协调一致和分工协作相结合的管理模式。县级以上地方人民政府标准化行政主管部门统一管理本行政区域内的标准化工作，"标准化行政主管部门"与"有关行政主管部门"共同承担标准化工作的开展、考评、激励和监督等管理职责。目前，我国已建立部级、省级、市级以及县（区）级等多层级政府标准化工作的协调机制，提出促进标准化改革发展的方针政策，强化标准化工作各部门间的协作配合，统筹协调行政区域内标准化工作。同时加强区域标准化工作的合作交流，如京津冀建立标准化议事协调机制，陕西、甘肃等六省和新疆生产建设兵团质监局成立了"新丝路标准化战略联盟"，华北5省份成立"华北区域标准战略联盟"，上海、南京、广州等9个城市建立"城市标准化创新联盟"，共同探索区域内标准互认和资源共享，制定相关领域团体标准或城市间联盟标准。

2. 建设现状

作为保障民生食安、畅通国内国际双循环、推动经济高质量发展的重要措施，我国对冷链物流行业给予了高度关注。2021年年底，国务院办公厅印发我国冷链物流领域首个五年规划——《"十四五"冷链物流发展规划》，并将冷链物流标准体系建设工程作为我国冷链物流行业发展的10项重点任务之一，要求完成冷链物流国家标准、行业标准、地方标准集中梳理工作，提出废止或修订建议，形成全链条有机衔接的冷链物流标准体系。从冷链物流标准发布数量看，由2005年之前平均每年发布1~2项标准，提升至平均每年发布10项标准，这说明随着经济的发展、生活水平的提高和国家各项政策的支持和规范，冷链物流标准化体系建设越来越受到重视。

目前，我国已颁布标准中，与农食产品冷链物流相关的标准有400余项，涉及基础术语、设施设备、操作作业、信息化等多个方面，为我国冷链物流产业健康发展、保障农产品供应、推动交易方式创新提供了技术和工程保障。基础通用方面，主要是指冷链物流过程中满足产品基本需要的技术以及管理规范，故在7项基础分类标准中所介绍的内容多为冷链物流的术语以及关于冷链物流分类的基础要求，例如，《物流术语》（GB/T 18354—2021）、《冷链物流分类与基本要求》（GB/T 28577—2021）等。冷链设施设备方面，规定了标签标识、包装容器及包装材料、冷库、移动冷库、冷藏运输车辆、冷藏集装箱、制冷设备、分级设备、单元载具、保温箱、温度记录仪等技术规范、设施设备管理要求，出台的标准包括《保温车、冷藏车技术条件及试验方法》（QC/T 449—2010）、《冷库设计标准》（GB 50072—2021）等。冷链操作作业方面，按照作业环节，涵盖生产物流、销售物流、逆向物流环节，具体包含预冷、分等分级、包装、品质检测、储存、运输、交接、配送、召回、客服售后等环节，涉及服务规范、冷链技术条件、操作标准、质量管理、卫生规范等方面内容。按照货物品类，包括水果、蔬菜、肉类、水产品、冷藏冷冻类加工食品等冷链作业，出台的标准包括《冷藏、冷冻食品物流包装、标志、运输和储存》（GB/T 24616—2019）、《易腐食品控温运输技术要求》（GB/T 22918—2008）、《食品冷链物流交接规范》（GB/T 40956—2021）等。冷链服务方面，规定了冷链物流服务过程中的设施设备要求、配送人员要求、信息管理要求，以及配送物品的包装要求和温控所用的材料要求等，出台的标准包括《电子商务冷链物流配送服务管理规范》（GB/T 39664—2020）、《水产品冷链物流服务规范》（GB/T 31080—2014）等。冷链信息化方面，包括追溯管理、追溯技术、信息管理、环境温度、食品温度检测要求及方法等内容，出台的标准包括《冷链物流信息管理要求》（GB/T 36088—2018）、《食品冷链物流追溯管理要求》（GB/T 28843—2012）等。

此外，冷链物流的发展需要各个行业共同发展进步，故商务部、发展改革委、交通运输部、海关总署、农业农村部、工业和信息化部等部门针对国家标准进一步细化和补充，发布了行业标准，涉及包装、供销合作、交通、林业、农业、国内贸易、水产、物资管理、邮政等 13 个标准类别，主要包含物流作业标准、设施设备标准、信息与追溯标准、安全标准、绿色标准。与冷链物流国家标准相比，主要呈现以下差异：在物流作业标准方面，增加冷链快递作业规范，涉及收寄、分拣等快递环节作业要求；在设施设备标准方面，增加品质检验设备、冷链转运设备相关技术规范；在信息与追溯标准方面，增加环境温度、食品温度检测要求及方法。

除了国家层面，各地方政府也出台了系列地方性法规和规章，对冷链物流管理标准作出了更加详细的规定。例如，为推进京津冀协同战略发展实施，天津市商务局、北京市商务局、河北省商务厅、天津市市场监督管理委员会、北京市市场监督管理局、河北省市场监督管理局共同组织制定《冷链物流 温湿度要求与测量方法》（DB12/T 3012—2018）、《水产品冷链物流操作规程》（DB12/T 3015—2018）、《畜禽肉冷链物流操作规程》（DB13/T 3013—2018）等系列标准，助推农产品冷链物流标准体系建设。

3. 存在问题

虽然我国标准对运输、装卸、储存等环节要求较为全面，但由于我国冷链物流涉及行业广泛，物流供应链链条长、环节多，冷链物流标准建设有较多方向可以拓展，也存在着诸多问题。

（1）现有标准体系亟待进一步完善。

虽然我国目前的冷链物流标准体系涵盖了 20 项强制性标准，但实际上，与冷链物流行业直接相关的只有 5 项，即《冷藏库建筑工程施工及验收规范》（SBJ 11—2000）、《食品安全国家标准 食品冷链物流卫生规范》（GB 31605—2020）、《冷库设计标准》

（GB 50072—2021）、《汽车、挂车及汽车列车外廓尺寸、轴荷及质量限值》（GB 1589—2016）《道路运输 易腐食品与生物制品 冷藏车安全要求及试验方法》（GB 29753—2023）。强制性标准的数量和内容尚需进一步扩充。

目前我国已发布食品冷链物流标准 400 余项，但在部分区域仍然存在空白。比如：信息追溯等重点环节及数字化、绿色化等重点领域的标准还较为匮乏。

（2）部分标准老化，时效性不足。

《国家标准管理办法》规定，国家标准有效期一般为 5 年。在我国现行冷链物流标准中，实施 5 年以上的标准占比约 50%，实施 10 年以上的标准占比 30% 左右，标龄最长的标准已有 32 年。随着我国冷链物流行业日新月异的发展，以及新业态、新技术、新模式的层出不穷，冷链物流标准出现一定程度的老化，标龄过长的标准已不能有效发挥满足市场和创新需要的作用，无法满足新时期新形势的需求，不再适用于当前的社会发展需求，难以引领冷链物流行业整体发展。

尽管按照我国《中华人民共和国标准化法》的规定，标准实施后 5 年内应当进行复审，及时修订或废止不适应经济社会发展需要和技术进步的标准。但在实际实施过程中，包括食品冷链物流行业在内的很多行业，因标准数量庞大、涉及管理部门众多，以及尚未建立有效的标准实施信息反馈和评估机制等原因，导致大多数标准的生命周期始于立项终于发布。标准发布后是否实施，实施情况和实施效果如何，鲜有问津。

（3）标准定位交叉重复，缺乏整体性、协调性。

现行的冷链物流相关标准文本涉及的作业环节、流程和操作工艺存在重复与交叉，不同作业环节的标准内容衔接性和兼容性较差，这些问题会导致行业秩序混乱，也间接导致标准的使用率低，贯标效果不明显。我国冷链物流标准的制定由各产业技术组织、科研机构根据各自特点制定各自的标准。不同地区的地方标准存在重复现象，部分国家标准、行业标准和地方标准三者之间关系混乱，标准制定后，实施主体不明确，缺乏衔接性，内容上存在一定的重复性。部分品类的标准也存在一种产品两套标准、多套标准现象，标准的交叉、重复、不衔接、过时、空白等问题仍然存在。以《李贮藏技术规程》（GB/T 26901—2020）和《李贮运技术规范》（NY/T 2380—2013）两项标准为例，二者在对入库前预冷温度和冷库预冷时间的规定上存在矛盾，部分标准指标相互冲突。

（4）冷链国际标准接轨趋势凸显，仍需进一步努力。

我国冷链物流在标准领域的国际影响力在逐渐提升，从参与《间接温控冷藏配送服务—具有中间转移的冷藏包裹陆上运输》（ISO 23412：2020）、《B2B 冷链物流服务 - 仓储和运输的要求和指南》（ISO 31512）等国际标准的制定，再到 ISO/TC 315 冷链物流技术委员会的建立，在国际舞台上展现中国在冷链物流领域的标准化水平。近年来，ISO/TC 315 冷链物流技术委员会积极推动国际冷链物流标准化工作，先后制定《冷链物流术语》（ISO/AWI 31510）《温控仓库和道路车辆的温度验证方法》（ISO 31513）等多项国际标准。但整体来说，冷链国际标准数量较少，推进力度不够，仍需要进一步加大努力，深化国际冷链标准合作，参与制定更多冷链国际标准，扩大我国在冷链行业的话语权和影响力，提升中国冷链物流的国际形象和竞争力。

4. 完善冷链物流标准体系建设的对策与建议

（1）加大政府扶持和引导，扩大标准制定主体，吸收利益相关者参与。

要全面发挥各级政府在冷链标准化建设过程中的关键性作用，通过政策或其他手段激励各类机构的冷链标准化建设热情，重视社会组织和团体在标准化建设工作中的重要作用，如学会、行业协会、产业技术联盟，充分利用他们的专业知识、经验、资源，发挥其创造性和积极性，进而增加冷链物流标准有效供给，推动冷链物流标准的科学化、系统化，更好地满足市场发展需求。

（2）强化国际标准对接与互认，构建国际兼容的冷链标准体系。

一方面，加强与国际标准化组织、国家成员体、国际冷链标准相关组织的合作交流，建立完善国际标准一致性跟踪转化机制，跟踪和掌握冷链国际标准提案、立项、投票、出版、发布等信息，拓宽良性沟通渠道，及时了解最新动向和技术信息，开展我国冷链标准与国际标准对比分析，及时总结经验做法，转化一批先进适用国际标准，不断提高国际标准转化率，促进国内标准和国际标准同步，并持续提升国内国际标准一致性水平。另一方面，面向国内冷链上下游相关企业，加大国际标准宣传，鼓励企业及其他各类主体积极参与或主导国际标准的制修订工作，积极参与国际标准的制定和前沿技术的研讨，提升企业国际影响力，推动修订和完善标准，促进冷链标准、冷链企业和冷链行业均向国际化发展。

（三）专家解读：链接全球，冷链标准国际化先行

随着我国经济的快速发展和人民生活水平的提高，对食品、医药等易腐品的需求增加，冷链物流市场得到迅速扩大。数据显示，我国冷链物流行业的年增长率高达 20% 以上，市场规模不断壮大。2021 年年底，国务院办公厅印发《"十四五"冷链物流发展规划》，明确了我国冷链物流行业发展的 10 项重点任务，其中之一便是冷链物流标准体系建设工程，要求"完成冷链物流国家标准、行业标准、地方标准集中梳理工作，提出废止或修订建议""形成全链条有机衔接的冷链物流标准体系"。

目前，我国已经制定了一系列冷链物流基础标准，现行食品冷链物流标准共计 348 项，包括国家标准 145 项、行业标准 203 项，这些标准为冷链物流行业提供了基本的指导和规范。中国在冷链物流设施类标准、冷链物流技术、作业与管理标准方面也有一定的进展，但与国际先进水平相比，中国的冷链物流标准还存在一定的差距。发达国家已经建立了完善的冷链物流标准体系，这些标准通常更加细致和全面，涵盖了冷链物流的各个环节和方面。

1. 国内外冷链物流标准对比

国内学者将我国标准与国际食品法典委员会、国际标准化组织、欧盟、美国、加拿大、澳大利亚和新西兰标准的相关规定进行对比分析发现，国内外冷链物流主要在以下四方面存在差异。

（1）标准内容方面。

国内外标准在内容方面存在一定差异，如温度控制方面，我国标准对温度要求较为具体，根据《冷链物流分类与基本要求》（GB/T 28577—2021），我国冷链物流温度带分为冷冻、冷藏和保温三个等级，分别对应不同的温度范围。国外对冷链过程的具体温度要求较少，主要侧重于操作要求，强调过程管理。国内外多数标准规定得较为一致，运输和储存温度应当保持 $\leqslant -18\ ℃$，但允许温度有波动，运输、装卸温度波动最好控制在 3 ℃ 内，储存温度波动最好控制在 2 ℃ 内。总体原则都是需要保障产品的食品安全，不发生腐败变质现象。

（2）信息管理方面。

根据《冷链物流信息管理要求》（GB/T 36088—2018），国内冷链物流信息管理要求实时性、准确性、可靠性、完整性和连续性。信息储存要求纸质及时归档，电子及时备份，记录至少 2 年，对于新技术的应用尚处于初期。一些发达国家在冷链物流信息管理方面采用了更为先进的技术手段，如物联网、大数据、人工智能等，实现了对冷链物流全过程的实时监控和数据分析，提高了冷链物流的透明度和可追溯性。

（3）法律监管方面。

我国对于违反强制性标准可能构成违法行为，需要承担相应的法律责任，可能面临罚款、没收违法所得、责令停产停业等行政处罚。在我国现行食品冷链物流标准中，强制性标准目前有 20 项，如《冷链物流分类与基本要求》（GB/T 28577—2021）等，占比不足 6%。各国政府和相关国际组织对冷链物流标准执行进行了严格的监管，也加大了对冷链物流企业的监管力度，通过制定相关法规和标准、加大检查和抽查等方式，确保企业遵守相关标准和法规。如美国食品和药品管理局（FDA）对于农产品冷链物流的操作标准和要求以及产品出现损失后的权责分担问题等都做了明确的规定，并配套有专门的监管机构和惩罚措施，以保证各标准的严格执行。同时美国冷链物流协会还制定了包装材料和规格标准、运输操作标准、冷藏温度标准，农产品品质检验标准等一系列标准，并实行严格的专业认证体系和市场准入制度。

（4）环保和可持续发展方面。

近年来，随着环保意识的提高，国内冷链物流行业也开始注重环保和可持续发展。例如，采用更高效的制冷技术和设备，降低能源消耗和温室气体排放；推广使用可回收、可降解的环保包装材料，减少对环境的负担。一些发达国家在冷链物流环保和可持续发展方面已经取得了较为显著的成果。他们通过制定严格的环保法规和标准，推动冷链物流行业采用更为环保的技术和设备，实现了绿色低碳发展。

总的来说，国内外冷链物流在标准内容、信息管理、法律监管和环保可持续发展等方面存在一定的差异。这些差异反映了不同国家和地区在冷链物流发展方面的实际情况和需求。随着全球冷链物流市场的不断发展和变化，各国和地区也将不断完善和优化其冷链物流标准体系，以适应市场需求和提高冷链物流效率。

2. 我国参与冷链物流领域国际标准制定的意义

在全球一体化背景下，冷链物流领域的国际标准制定成为推动国际贸易和保障产品质量安全的重要一环。我国积极参与冷链物流领域国际标准的制定，不仅体现了对国际标准的尊重与认可，更彰显了推动冷链物流行业向规范化、标准化、国际化方向发展的决心。

（1）提升我国冷链物流领域的国际竞争力。

参与国际标准的制定，有助于我国冷链物流企业了解国际市场需求和标准要求，充分用好国内国外两种资源、两个市场，提升产品和服务的国际竞争力，促进国际贸易和合作，发展更高层次的开放型经济。作为全国首家通过 ISO 22000 国际标准认证的物流行业企业，顺丰速运的国际业务成长迅速，已成为第二增长曲线，2022 年，顺丰总营收 2675 亿元，同比上升了 29.1%，总营收和净利润的提高，很大程度上正是来自国际业务的支持。

（2）保障我国冷链物流产品和服务的质量和安全。

一方面，可以确保进口产品符合国际标准，与国际标准的制定，使我国能够更准确地把握全球冷链物流的发展趋势和质量要求。在进口冷链物流产品时，可以依据国际标准进行严格的检验和监管，确保进口产品符合国际质量标准和安全要求。另一方面，国际标准的制定可以促进我国冷链物流行业技术和管理水平的提高，规范行业发展，保障冷链物流产品和服务的质量和安全，降低食品、医药等易腐品在运输过程中的损耗和风险，符合国际市场对产品质量和安全的要求。

（3）促进国际贸易和合作。

冷链物流是国际贸易中不可或缺的一环。参与冷链物流领域国际标准制定有助于加强国际贸易合作，降低贸易壁垒，推动全球贸易的发展。同时，通过与国际同行共同制定标准，我国可以借鉴国际先进经验和技术，提高我国冷链物流行业的整体水平。通过参与国际标准的制定，我国可以与国际社会在冷链物流领域达成更多的共识和合作，这有助于减少贸易壁垒，促进国际贸易的顺利进行，同时保障我国进口冷链物流产品的质量和安全。

3. 我国参与冷链物流领域国际标准制定面临的挑战

冷链物流作为保障食品、药品等产品质量与安全的重要环节，其国际标准制定显得尤为关键。然而，我国在参与冷链物流领域国际标准制定的过程中，面临着多重挑战。这些挑战不仅源于技术层面的复杂性，还涉及国际标准制定周期以及标准国际化经验等多个方面。

（1）技术和管理水平的不足。

我国冷链物流行业整体技术和管理水平相对较低，冷链物流标准化工作起步较晚，工作体制机制尚未完善，在标准制定过程中缺乏与国际标准协调一致的考虑，也较少采用国际先进标准，标准化成果与国外先进水平尚有差距。应加强与国外先进技术和管理经验的交流与合作，吸收国际先进理念和技术，提升我国冷链物流行业的整体竞争力。

（2）国际标准的制定周期长、程序烦琐。

国际标准制定通常涉及多个环节，包括提案、起草、审查、投票等，通常需要经历多个阶段的讨论、修订和审批，周期较长，程序烦琐。现如今已进入信息化时代，技术革新、运营模式改变等已经渗透到冷链物流行业，促使行业发展速度加快，致使标准的制定速度跟不上，标准化工作远不能满足行业发展的需求我国冷链物流行业需要加强议案和文件的准备工作，应提前介入国际标准的制定过程，争取更多的话语权和利益。

（3）标准国际化经验不足。

与发达国家相比，我国在冷链物流领域国际标准制定的经验相对较少，随着全球冷链物流行业的不断发展，国际标准也在不断更新和完善。如果我国企业不能准确把握国际标准的发展趋势，就可能在制定和采纳标准时处于被动地位，甚至可能影响到我国冷链物流行业的健康发展。同时，在国际标准制定过程中，与各国同行的有效沟通至关重要。然而，由于语言、文化、技术等方面的差异，我国企业在与国际同行沟通时可能面临一定障碍，这可能会影响到我国在国际标准制定中的发言权和影响力。

4. 我国冷链物流领域标准国际化的实际举措

在冷链物流领域，我国正积极采取一系列实际举措，以推动标准国际化进程，提升行业竞争力，并确保产品质量与安全。这些举措涵盖了积极参与国际标准化组织的工作、主动制定国际标准、积极采纳国际标准、举办国际研讨会和交流活动等多个方面。这些努力不仅有助于我国冷链物流行业与国际接轨，提升整体服务水平，还能在全球冷链物流网络中发挥更加重要的作用。

（1）积极参与国际标准化组织的工作。

近年来，中国在冷链物流标准领域的国际影响力不断提升，中国物流与采购联合会（CFLP）等组织与国际标准化组织（ISO）等国际机构合作，共同推动冷链物流标准的国际化，在国际舞台上展现中国在冷链物流领域的标准化水平，为国际冷链物流标准的制定贡献了中国智慧和经验。2022 年 6 月，中物联被国家标准委批准成为国际标准化组织冷链物流技术委员会（ISO/TC 315）的国内技术对口单位。中物联自申请成为国内技术对口单位以来，积极推动国际冷链物流标准化工作，对于促进国内外冷链物流的对接和融合，实现我国物流业与国际接轨具有重要意义。

（2）主动制定国际标准。

积极参与国际冷链物流标准的制定和修订工作，如加入国际标准化组织（ISO）的冷链物流技术委员会（TC315）等，参与并主导了多项国际标准的制定，如 ISO《间接温控冷藏配送服务——具有中间转移的冷藏包裹陆上运输》（ISO 23412：2020）国际标准的制定。我国还主动参与国际标准的制定工作，通过参与国际标准制定的技术委员会和专业组，提出我国的方案和建议，推动国际标准向我国冷链物流行业的需求方向倾斜，为我国企业争取更多的话语权和利益。

（3）积极采纳国际标准。

中国积极地采纳了多项国际冷链物流标准，其中较为重要的包括：《冷链物流分类与基本要求》（GB/T 28577—2021）：这项国家标准规定了冷链物流的分类，以及设施设备、信息系统、温度控制、物品保护、质量管理、人员要求、安全管理、环境保护等方面的基本要求。中国积极采纳国际冷链物流标准，推动国内冷链物流标准的国际化，为中国的冷链物流行业与国际接轨提供了重要依据。此外，这些标准还能够帮助企业更好地控制冷链物流过程，保证产品的新鲜度和安全性，满足消费者的需求。

（4）举办国际研讨会和交流活动。

积极举办国际研讨会和交流活动，邀请国内外物流领域的专家学者、企业代表共同探讨物流服务国际标准的制定和应用。这些活动为国内外物流企业和专家提供了交流和学习的平台，促进了物流服务国际标准的传播和应用。如中国物流与采购联合会主办的"2024 物流标准化国际大会暨 ISO/TC 344 成立大会"，于 2024 年 5 月 29—30 日在山东省青岛市召开。该大会旨在提升我国物流标准国际化水平，拓展物流标准化国际合作，支持广大物流企业不断提高国际物流综合服务能力，培育壮大具有国际竞争力的现代物流企业，促进全球物流畅通和贸易便利化。

5. 展望

近年来，随着冷链产业的发展，预制菜产业加速发展，预制菜产业引起了广泛关注，预计未来 3~5 年，我国预制菜市场规模有望以 20% 左右的增长率逐年上升，在 2026 年将达到 10720 亿元，我国的预制菜产业有望发展成下一个亿万级市场，而预制菜的快速发展也带来了一系列行业规范化和标准化问题。目前，符合预制菜概念的现行有效标准共 295 条，其中企业标准 63 条、团体标准 33 条，未发现国家或行业标准，而随着全球食品贸易的日益频繁和消费者对高品质、便捷食品需求的不断增长，预制菜行业标准的国际化显得尤为重要。通过制定和推广符合国际标准的预制菜行业标准，不仅能够提升我国预制菜产品的国际竞争力，还能为全球消费者提供更安全、更美味的预制菜产品。同时，国际化标准的制定也将促进预制菜行业的技术创新和质量提升，推动全球预制菜产业的健康可持续发展。

我国作为全球最大的冷链物流市场之一，参与冷链物流领域国际标准的制定具有重要意义。通过积极参与国际标准化组织的工作，主动制定国际标准，我国冷链物流行业不断提升自身的技术和管理水平，保障产品和服务的质量和安全，提升国际竞争力，推动我国冷链物流行业的可持续发展。在未来，我国应继续加强与国际标准化组织的合作，积极参与国际标准的制定，推动我国冷链物流行业更好地融入全球化发展浪潮，实现可持续发展目标。

（国家农产品现代物流工程技术研究中心　王娴珺　张长峰）

第三节　冷链物流行业市场需求分析

随着我国经济持续增长和居民收入不断提高，消费升级趋势明显，农产品需求总量刚性增长，伴随着消费结构快速升级，居民膳食结构优化加快推动农产品消费由粮菜为主向多样化转变。如图 1-4 所示，与发达国家相比，我国的人均水果消费量、人均肉类消费量、人均乳制品消费量有较大差距,排除饮食结构和消费习惯等因素外,我国各品类农产品消费量仍有很高的增长空间,同时也刺激着冷链物流需求的提升。此外,预制菜、中央厨房、生鲜电商等新业态的快速发展,对冷链物流的需求产生了显著的提升。

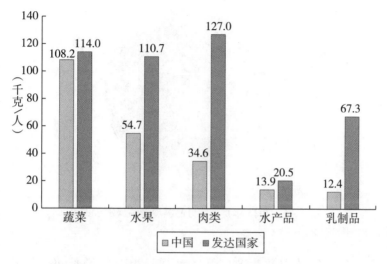

图 1-4 我国与发达国家人均农产品消费量对比

资料来源:国家统计局、欧睿国际数据。

中物联冷链委通过对蔬菜、水果、肉类、水产品、乳制品和速冻食品六大品类以及医药产品的产量及规模进行统计,得出 2023 年我国冷链物流需求总量约 3.5 亿吨,同比增长 6.1%,2019—2023 年我国食品冷链物流需求总量及增速如图 1-5 所示。

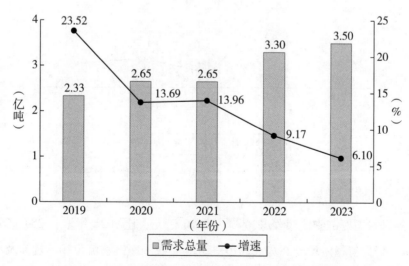

图 1-5 2019—2023 年我国食品冷链物流需求总量及增速

资料来源:中物联冷链委。

据测算，2023 年蔬菜冷链需求量约 1.2 亿吨，水果约 8340 万吨，肉类约 5784 万吨，水产品约 4686 万吨，乳制品约 2138 万吨，速冻食品约 2052 万吨。2023 年我国细分品类冷链物流需求占比如图 1-6 所示。

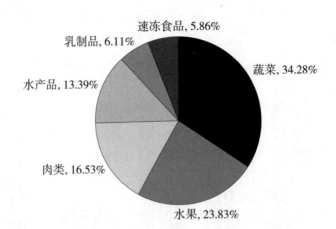

图 1-6 2023 年我国细分品类冷链物流需求占比

资料来源：中物联冷链委。

2023 年我国冷链物流总额为 8.9 万亿元，比 2022 年增长 400 亿元，同比增长 4.6%。2019—2023 年我国冷链物流总额及增速如图 1-7 所示。

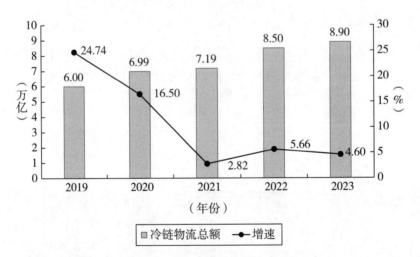

图 1-7 2019—2023 年我国冷链物流总额及增速

资料来源：中物联冷链委。

2023 年，我国冷链物流市场总规模为 5170 亿元，比 2022 年增长 254 亿元，同比增长 5.2%，仍保持稳定增长态势。2019—2023 年我国冷链物流市场总规模及增速如图 1-8 所示。

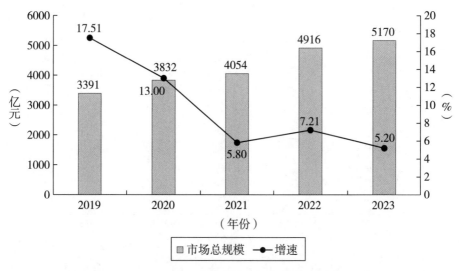

图1-8 2019—2023年我国冷链物流市场总规模及增速

资料来源：中物联冷链委。

2023年，全国冷藏车市场保有量为43.2万辆，较2022年增长4.97万辆，同比增长12.9%。2019—2023年我国冷藏车保有量及增速如图1-9所示。

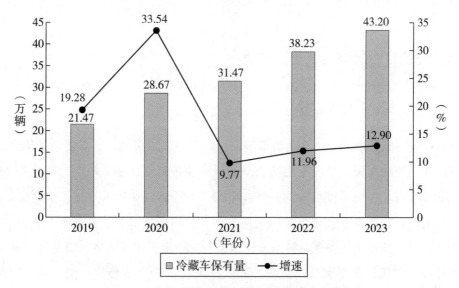

图1-9 2019—2023年我国冷藏车保有量及增速

资料来源：中物联冷链委。

2023年全国冷库总容量约为2.28亿立方米，较上年增长0.18亿立方米，同比增长8.3%。2019—2023年我国冷库总容量及增速如图1-10所示。

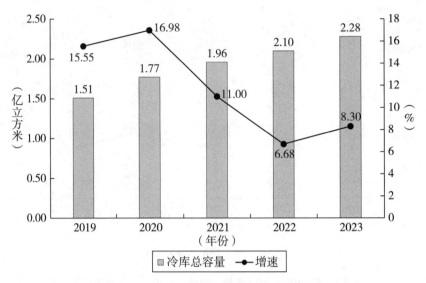

图 1 - 10 2019—2023 年我国冷库总容量及增速

资料来源：中物联冷链委。

第四节 冷链物流行业装备技术环境分析

一、冷链仓运配设施设备发展情况

（一）设施设备发展水平

我国是世界最大的果蔬生产与消费国家，农产品成熟采摘后，需要经过预冷处理，降低果蔬采后流通损失，目前常用的农产品预冷装备包括接触式冷水冷却装备、喷淋式冷水预冷装备、螺旋预冷机等。此外，速冻设备性能好坏也会直接影响速冻果蔬的品质，现有的速冻装备大致分为鼓风式速冻装备、间接接触式速冻装备、直接接触式速冻装备。鼓风式速冻装备包括隧道式速冻装备、螺旋式速冻装备、流态化速冻装备，是生产企业最常用的速冻装备；间接接触式速冻装备涉及平板式、钢带式、回转式；直接接触式速冻装备包括浸渍式、喷淋式，其中基于液氮的直接接触式速冻设备应用最为广泛。

农产品冷藏储存和运输装备仍然是冷库和冷藏车占多数。制冷技术、节能技术、自动化控制技术等方面都有了显著提升，使冷库设备的性能、稳定性、可靠性得到很大程度的提高。同时制冷压缩机、冷凝器、膨胀阀、控制系统等设备种类日益丰富，不断满足不同客户不同场景的需求,未来朝着绿色环保、智能化、模块化与标准化、高度集成、(移动)共享化和多元化应用方向发展。此外,制冷剂作为冷库环节重要的一环,在双碳背景下,从零 ODP 但高 GWP 的 HFCs 转向低 GWP 的新一代绿色环保制冷剂是未来发展趋势,在充分考量对全球环境(ODP、GWP 等指标)影响和安全基础上,积极研发推广和应用低碳环保型高效制冷剂,安全科学推动氨、二氧化碳等制冷剂的安全应用。

(二)专利情况

据中物联冷链委不完全统计,从 2023 年 1 月到 2024 年 4 月,我国冷链行业专利申请量为 4425 件(见图 1 - 11),申请量波峰主要集中在 2023 年 3~8 月。从专利所有者的地域分布来看,主要集中在江苏、山东、广东、浙江、安徽、上海等冷链物流较为发达的地区。

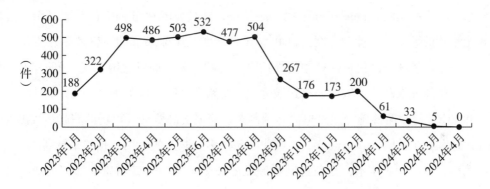

图 1 - 11　2023 年 1 月—2024 年 4 月冷链行业专利申请量统计

资料来源:中物联冷链委。

二、冷链仓运配技术发展情况

以农产品冷链为例,我国农产品冷链物流技术包括产地预冷加工、冷藏储存、冷藏运输、冷藏配送、全程冷链 5 个一级技术类型。

第一,产地预冷加工技术主要包括预冷技术、漂烫技术和速冻技术。预冷技术,是为去除果蔬田间热、减缓果蔬理化活动,降低果蔬速冻之前的损耗,已成为发达国家果蔬加工环节必要的第一环节,但我国预冷相关的技术与装备尚不完善。目前常用的预冷技术主要有水冷预冷、空气预冷以及真空预冷。漂烫技术,基本原理是通过营造高温环境,短期抑制果蔬原料的酶脱色反应,排出果蔬组织中的空气,减少果蔬加工期间的氧化作用。漂烫技术不仅可以减少果蔬中的农药和微生物残留量、防止果蔬腐败，还能软化果蔬组织，提高果蔬在速冻过程中对冰晶体积膨胀的承受能力。目前，常用的烫漂方法分为热烫漂和非热力学烫漂，热烫漂包括热水烫漂和常压蒸汽烫漂等，非热力学烫漂包括微波烫漂、欧姆烫漂等热力学漂烫和超声波辅助漂烫、脉冲电场漂烫等。速冻技术，是果蔬冷加工最后一道工序。最常见的速冻技术主要有鼓风速冻、浸渍速冻，近年来还出现了超声波、超高压等新型速冻辅助技术。

第二，冷藏储存技术，是果蔬速冻后实现产品长期贮藏以满足销售和加工需求的重要环节，冷藏储存过程会直接影响产品的最终品质。现阶段，果蔬的冷藏储存方式可以分为一般冻藏、脱水冻藏和玻璃态冻藏。不同的冷藏温度对于果蔬香味、质地、色泽及营养品质有不同的影响，因此冷藏储存过程中，也会引入温控技术和区块链技术，严格控制冻藏温度，优化冻藏工艺参数。此外智能识别登记、冷库环境精准监测、可再生能源利用等技术也开始被广泛使用。

第三，冷藏运输是保障速冻果蔬产品品质，减少营养成分损失的重要环节，运输过程中果蔬的振动、环境的温度湿度和空气成分都对速冻果蔬的运输效果产生重要的影响。在我国果蔬产品流通冷链中的损耗率高达13.2%，而发达国家仅为5%左右。现阶段，我国速冻果蔬的运输以公路运输为主，水路和铁路运输为辅；随着"一带一路"倡议和RCEP等战略实施，生鲜电商、预制菜、跨境食品贸易等市场的崛起，我国速冻果蔬出口和加工的需求日益旺盛，冷藏集装箱的多式联运的使用率也越来越高。

第四，冷藏配送技术，是断链问题频发的一个环节，随着物质生活和消费者意识的提高，冷链配送环节多采用"保温泡沫箱 + 冰袋"的方式；在一些相对长途的冷链配送过程中，多为"保温泡沫箱 + 干冰"的方式，以满足温度长时间的稳定。在末端物流配送阶段，由于缺乏明确的奖惩措施，即使提供了降温设备如冰袋等，配送员通常出于方便和快捷的考虑，很少使用这些设备，导致在生鲜产品的"最后一公里"配送过程中，采用冷链技术的配送率并不高。

第五，全程冷链技术，主要指基于云计算、区块链、物联网、大数据等技术建立信息平台，利用传感器、GPS、RFID等，实现农产品冷链物流全流程的动态监测、风险预警、精确控制、质量追溯和数据分析与挖掘等功能。在速冻果蔬冷冻链涉及的前端、中端和末端环节上，检测和追溯农产品的全流程信息，不仅可以最大限度地提高果蔬的感官品质，溯源到产品产地，为消费者提供更好的产品与服务，还可以降低制冷成本和货物损失。

相比于发达国家，我国现有的农产品冷链物流技术整体发展和应用还不够深入，还存在着生产与流通技术装备落后、"断链"等问题，距离满足消费和工业需求还有较大差距。加强对农产品冷链物流技术的发展和研究，有利于提高速冻果蔬产品产量和质量、降低流通损耗，为我国速冻果蔬的产业化发展提供良好的条件，提高国际市场的竞争力，促进行业的高质量发展。

三、冷链物流行业人才支撑情况

我国中职、高职均已设立，但本科院校少有冷链物流专业，其大多属于物流管理专业的一个方向。因此本科层面，缺乏直接冷链方面专业人才教育。此外，有文献研究表明，冷链物流人才需求增速超过行业发展增速，人才缺口较大，并且冷链物流人才的需求增速远高于物流大类的平均增速。冷链物流专业高职毕业生的需求最大，远超中职和本科毕业生。

据中物联冷链委研究，国内冷链物流人才需求同地区间冷链物流发展分布基本一致，呈现地区分布不均的局面。需求岗位多集中在北京、上海、广州、深圳等大中城市群，以及济南、合肥、郑州、武汉、成都、青岛、苏州等部分二类城市。城市消费水平较高，冷链物流需求量较大，冷链物流产业相对集中。

冷链物流行业的技术技能岗位群主要包括冷链采购与供应链管理、冷链运营、冷藏库管理、冷链运输、质量控制、物流信息管理及流程优化等岗位，都要求人才具备相应的能力。但实际情况是很多冷链从业人员是从物流、市场营销、电子商务、信息技术、管理甚至工科领域跨界转行，因此无法完全满足实际需求。随着冷链物流进入高质量发展新阶段，冷链上下游融合趋势明显，市场化体系化特征更明显，这就要求全链条管理、运营、技术等方面综合性人才。

第二章 2023 年全国"6 + 1"品类 冷链需求分析

第一节 蔬菜冷链需求情况分析

一、我国蔬菜生产情况

我国是全世界蔬菜生产和消费的第一大国,占据世界蔬菜产量的半壁江山。近年来,蔬菜需求逐渐从数量型向质量型转变,尤其是对绿叶菜的需求增速较快。2023 年,我国蔬菜总产量 8.28 亿吨,同比增长 3.6% (见图 2 – 1)。但是产地低温处理率仅为 15%,商品化处理能力弱,蔬菜采后损失较大。根据 2023 年我国蔬菜产量和冷链流通率测算,蔬菜冷链需求量约为 1.2 亿吨。随着消费者对优质、新鲜蔬菜需求提升,贮藏保鲜能力大幅度提高,对自动化、现代化、智能化的蔬菜预冷库、保鲜贮藏库、冷藏车等设施设备需求也将不断增加。

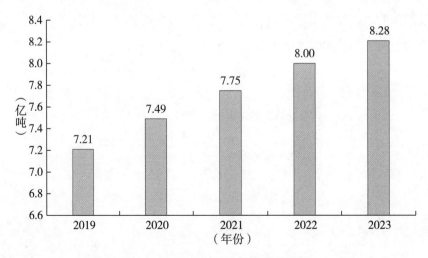

图 2 – 1 2019—2023 年我国蔬菜产量

资料来源:国家统计局、农业农村部。

二、蔬菜进出口情况分析

农业农村部数据显示，2023 年我国蔬菜进口量为 35.79 万吨，同比上升 6.2%，进口额 9.9 亿美元，增长 6.8%；2023 年我国蔬菜出口量为 1326.21 万吨，同比增长 12.1%，出口额 185.4 亿美元，同比增长 8.4%；贸易顺差 175.5 亿美元，增长 8.4%。

从进口的国家和地区来看，我国蔬菜的主要进口地有泰国、越南、美国、新西兰、土耳其，分别占进口总量的 75.3%、12.9%、2.2%、1.6%、1.3%（见图 2 – 2）。从出口的国家和地区来看，主要出口地有日本、中国香港、越南、韩国、马来西亚，分别占出口总量的 14.9%、14.8%、8.4%、7.2%、6.3%（见图 2 – 3）。

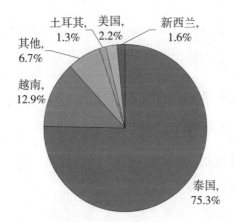

图 2 – 2　2023 年蔬菜进口量分国家/地区占比

资料来源：中国食品土畜进出口商会。

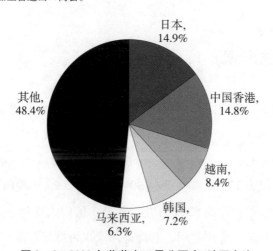

图 2 – 3　2023 年蔬菜出口量分国家/地区占比

资料来源：中国食品土畜进出口商会。

三、蔬菜冷链物流发展趋势

（一）"南菜北运"和"北菜南运"的双向通道逐渐畅通

"南菜北运"和"北菜南运"的双向通道极大地推动产地端冷库以及其他冷链设施设备需求，进一步完善蔬菜冷链物流网络布局，逐步畅通蔬菜产地"最前一公里"、销地"最后一公里"和配送"最后一百米"通道，打通了我国南北地区蔬菜运输瓶颈。

（二）智慧农业带动行业发展

智慧农业的应用可以提高蔬菜生产的效率和效益，减少劳动力成本，提高蔬菜品质，确保蔬菜在运输、销售和储存过程中的品质和安全。

（三）产业集群化发展

各蔬菜主产区，通过"企业＋基地/合作社＋农户""基地＋家庭农场＋合作社"等模式，实行适度规模化生产、集约化经营，构建蔬菜产销一体化体系，打造精品化蔬菜产业集群，促进蔬菜产业高质量发展。

第二节　水果冷链需求情况分析

一、我国水果生产情况

水果是我国继粮食、蔬菜之后的第三大种植作物，是许多地区农村经济发展的支柱产业。2023 年我国水果总产量为 3.27 亿吨，同比增长 4.63%（见图 2－4）。但是，产地基础设施建设仍不完善，存在分选、分级、预冷、冷藏运输和保鲜等采后处理问题，产地低温处理率仅为 23%，损失率超 30%。根据 2023 年我国水果产量和冷链流通率测算，水果冷链需求量预计约 8340 万吨。此外，国内人均年水果消费量 82.3 千克，是发达国家的一半，有较大增长空间，其冷链需求也将持续提升。

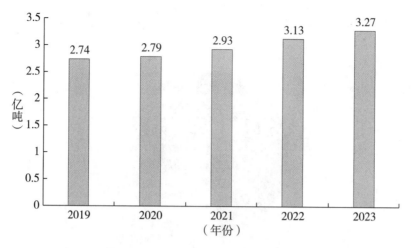

图2-4 2019—2023年我国水果总产量

资料来源：国家统计局、农业农村部。

二、水果进出口情况分析

农业农村部数据显示，2023年我国水果进口量为839.99万吨，同比增长5.58%，进口额183.4亿美元，增长16.3%；2023年我国水果出口量为502.93万吨，同比增长7.91%，出口额70.6亿美元，同比增长2.2%；贸易逆差112.8亿美元，增长27.2%。

从进口的国家和地区来看，我国水果的主要进口地有泰国、智利、越南、菲律宾、新西兰，分别占进口总量的39.8%、17.6%、16.5%、4.0%、3.3%（见图2-5）。

从出口的国家和地区来看，主要出口地有越南、泰国、美国、印度尼西亚、日本，分

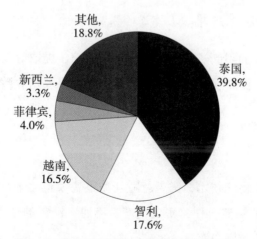

图2-5 2023年水果进口量分国家/地区占比

资料来源：中国食品土畜进出口商会。

别占出口总量的 17.8%、10.0%、9.1%、8.4%、7.9%（见图2-6）。

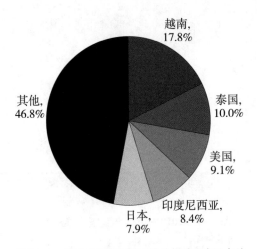

图2-6 2023年水果出口量分国家/地区占比

资料来源：中国食品土畜进出口商会。

三、水果冷链物流发展趋势

（一）需求健康化、多样化

消费者更加关注水果的营养价值、产品品质及质量安全，更多人越来越追求个性化和差异化的消费需求。未来水果冷链物流将更加精准匹配消费者的需求，为用户提供个性化、高品质的水果服务。

（二）加工市场前景广阔

随着冷链加工技术的不断进步，水果烘干、浓缩、提取等技术不断创新，能够延长水果生产的产业链、提高水果产品的附加值、促进果农增收致富。加工市场将会有更加广阔的发展空间。

（三）线上、线下相融合的新零售模式

依托互联网技术和物流技术，鲜果行业新型零售渠道逐渐形成，通过自建冷链物流中心或与第三方冷链物流合作，实现生产、流通、销售的全程可追溯和信息共享，提高了生鲜产品的品质和安全性。

第三节 肉类冷链需求情况分析

一、我国肉类生产情况

2023 年我国猪肉、牛肉、羊肉、禽肉产量 9641 万吨，比上年增长 4.5%（见图 2 - 7）。猪肉和禽肉产量占比维持在 86% 左右，牛羊肉占比相对较为稳定。猪肉 5794 万吨，增长 4.6%；牛肉 753 万吨，增长 4.8%；羊肉 531 万吨，增长 1.3%（见图 2 - 8）。根据 2023 年我国肉类产量和冷链流通率测算，肉制品冷链物流需求量为 5784 万吨。

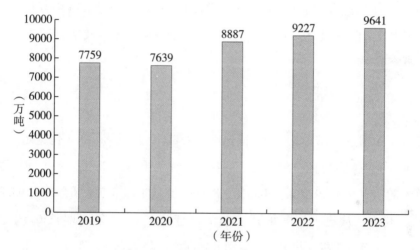

图 2 - 7 2019—2023 年我国猪肉、牛肉、羊肉、禽肉产量
资料来源：国家统计局。

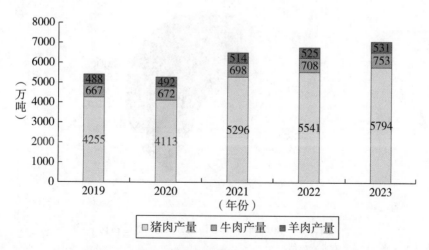

图 2 - 8 2019—2023 年我国猪肉、牛肉、羊肉产量
资料来源：国家统计局。

目前，我国肉类产地低温处理率为 70%。"运猪"模式逐渐转变为"运肉"模式；消费者越来越青睐冷鲜肉，冷鲜肉逐步在畜禽肉市场上占据主导地位，助推其冷链物流需求快速发展。

二、肉类进出口情况

根据海关总署发布的数据，2023 年我国肉类（含杂碎）累计进口 738.2 万吨，同比下降 0.3%，累计进口额 275.3 亿美元，同比下降 13.2%；2023 年中国肉类（含杂碎）出口数量为 44 万吨，同比增长 8.2%，累计出口额 19.03 亿美元，同比下降 2.4%。其中，牛肉进口 273.7 万吨，同比增长 1.8%；羊肉进口 43.4 万吨，同比增长 21.2%；猪肉及杂碎进口 271.1 万吨，同比下降 5.3%；禽肉及杂碎进口量 129.7 万吨，同比下降 1.4%。

（一）牛肉进口

2023 年，牛肉进口 273.7 万吨，同比增长 1.8%；进口额 142.2 亿美元，同比下降 19.9%。进口主要来自巴西、阿根廷、乌拉圭、澳大利亚、新西兰和美国等国，分别占进口总量的 43.0%、19.3%、10.0%、8.3%、7.5% 和 5.7%，合计占 93.8%（见图 2－9）。其中，从巴西、阿根廷和澳大利亚进口同比分别增长 6.5%、7.5%、24.0%，从乌拉圭、新西兰和美国进口则分别同比下降 22.9%、4.6%、12.4%。

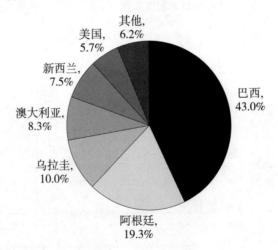

图 2－9　2023 年牛肉进口量分国家/地区占比

资料来源：海关总署、农业农村部。

（二）羊肉进口

2023 年，进口羊肉 43.4 万吨，同比增长 21.2%；进口额 17.8 亿美元，同比下降 14.4%。进口主要来自新西兰、澳大利亚和乌拉圭等国，分别占进口总量的 50.3%、45.8% 和 3.1%，合计占 99.2%（见图 2 - 10）。其中同比分别增长 11.6%、33.0% 和 31.4%。

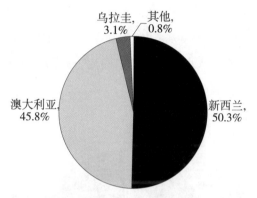

图 2 - 10　2023 年羊肉进口量分国家/地区占比
资料来源：海关总署、农业农村部。

（三）猪肉进口

2023 年，进口猪肉及杂碎 271.1 万吨，同比下降 5.3%；进口额 64.5 亿美元，同比下降 4.6%。其中，鲜冷冻猪肉进口 155.1 万吨，同比下降 11.7%；进口额 35.4 亿美元，同比下降 9.3%。进口主要来自巴西、西班牙、加拿大、美国和荷兰等国，分别占进口总量的 25.9%、24.6%、8.5%、7.9% 和 7.8%，合计占 74.7%（见图 2 - 11）。其中，从巴西、西班牙、美国和荷兰进口同比分别下降 3.4%、19.5%、2.7% 和 2.0%，从加拿大进口则同比增长 15.6%。

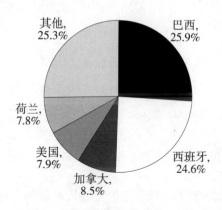

图 2 - 11　2023 年猪肉及杂碎进口量分国家/地区占比
资料来源：海关总署、农业农村部。

（四）禽肉进口

2023 年，进口禽肉及杂碎 129.7 万吨，同比下降 1.4%；进口额 41.7 亿美元，同比增长 0.1%。其中，禽肉进口 68.3 万吨，同比增长 17.0%；进口额 17.3 亿美元，同比增长 22.7%。进口产品主要为冻鸡爪、冻鸡翅和带骨冻鸡块，分别占比 40.8%、27.5% 和 23.9%。进口主要来自巴西、美国、俄罗斯、泰国和白俄罗斯等国，分别占进口总量的 52.4%、18.7%、10.5%、9.0% 和 5.3%，合计占 95.9%（见图 2-12）。其中，从巴西、俄罗斯、泰国和白俄罗斯进口同比分别增长 22.8%、1.8%、37.5% 和 28.8%，从美国进口则同比下降 29.6%。

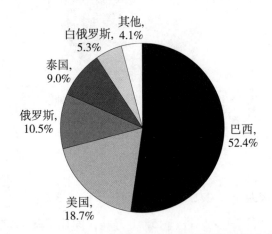

图 2-12　2023 年禽肉及杂碎进口量分国家/地区占比

资料来源：海关总署、农业农村部。

三、肉类冷链物流发展趋势

（一）制冷技术不断升级

肉类屠宰及加工工艺全程控温技术逐渐普及，大型屠宰和肉类加工企业开始应用国际先进的冷链物流技术，向全程低温控制的方向快速发展。随着制冷设备的更新换代、制冷方式的渐趋多样，肉类制冷技术将更加广泛地应用和发展。

（二）肉类冷链物流体系逐步完善

在畜禽产品主产区配套冷藏加工设施和冷链物流设施，完善冷链配送体系和拓展销售网络，提升畜禽产品市场流通能力，构建生产、储存、运输及销售全程可追溯的无断链肉类冷链物流体系，形成了肉类产业上下游企业间平台共享、合作共赢的共享经济新模式。

第四节 水产品冷链需求情况分析

一、我国水产品生产情况

2023 年，全国水产品总产量达到 7100 万吨，比上年增长 3.4%（见图 2-13）。我国作为世界上主要的水产品消费国，随着餐饮市场回暖以及消费者高质量蛋白摄入需求增加，水产品需求将持续增长。随着水产品种类和产量和消费量的不断扩大，其冷链市场需求将日益提高。根据 2023 年我国水产品产量和冷链流通率测算，水产品冷链物流需求量为 4686 万吨。

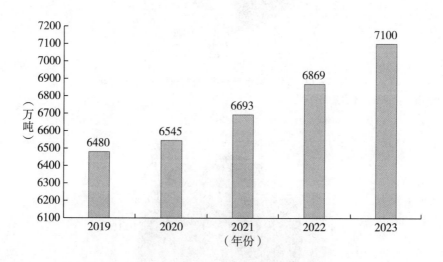

图 2-13 2019—2023 年我国水产品产量

资料来源：国家统计局。

二、水产品进出口情况

根据中国水产品贸易月度监测报告的统计，2023 年中国水产品累计进出口 396.5 亿美元，同比下降 6.5%。其中进口量为 501.5 万吨，同比上升 10.6%；进口额为 197.8 亿美元，同比下降 0.3%；出口量为 370.2 万吨，同比上升 0.1%；出口额为

198.7 亿美元，同比下降 12.0%。贸易顺差为 0.9 亿美元。

从进口的国家和地区来看，我国水产品的主要进口地有厄瓜多尔、俄罗斯、加拿大、印度、美国等，分别占进口额的 18%、14.6%、6.8%、6.3%、5.8%（见图 2 - 14）。从出口的国家和地区来看，我国水产品的主要出口地有日本、美国、韩国、马来西亚、中国香港等，分别占出口额的 16.8%、10.1%、8.7%、7.8%、7.6%（见图 2 - 15）。

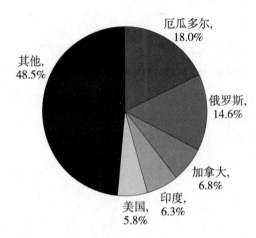

图 2 - 14　2023 年水产品进口额分国家/地区占比

资料来源：中国食品土畜进出口商会。

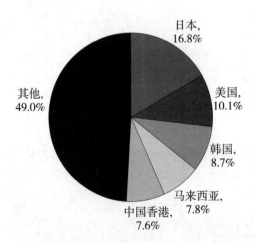

图 2 - 15　2023 年水产品出口额分国家/地区占比

资料来源：中国食品土畜进出口商会。

注：水产品进出口数据来自《中国水产品贸易月度监测报告》（2023 年 1 ~ 12 月）。

三、水产品冷链发展趋势

（一）冷链技术赋能水产加工行业高质量发展

随着人们经济收入增加和消费人群年轻化，消费者对于水产品的需求也开始往高品质、个性化、多元化等方向转变，助推水产品加工业赛道拓宽，不断推动水产加工行业市场多元发展。水产品冷链物流将进一步创新水产品储存、保鲜等技术，助推水产品加工行业的发展走上快车道。

（二）水产预制菜成为重要转型方向

随着社会经济的发展和人们生活节奏的加快，消费者对方便、快捷的水产预制菜产品需求提升。水产预制菜将为制冷技术、冷藏贮藏和冷链运输能力提出新的方向与要求。

第五节　乳制品冷链需求情况分析

一、我国乳制品生产情况

近年来我国进入牧场建设热潮，奶牛存栏量增加，标准化、规模化牧场已经成为发展主流，随着产能释放，牛奶产量持续增长，2023 年牛奶产量为 4197 万吨，同比增长 6.7%。我国乳制品产量为 3055 万吨，同比下降 2.0%（见图 2 - 16）。根据 2023 年我国乳制品产量和冷链流通率测算，我国乳制品的冷链需求量为 2138 万吨。

随着国民健康意识的普及，科学饮食和营养均衡意识的增强，乳制品消费量近十年来连续正增长，乳制品行业发展进入新时期，行业空间和结构仍在不断提升，各品类发展持续分化，常温白奶迎来复苏式增长，巴氏奶方兴未艾，企业加速布局，酸奶产品整体略有承压，但是常温、低温产品均在持续创新，冷链需求将进一步增加。

二、乳制品进口情况

2023 年我国乳制品进口数量为 291.28 万吨，同比下降 11.96%；累计进口 121.21 亿美元，同比下降 12.92%。从进口的国家和地区来看，我国乳制品的主要进口地有新

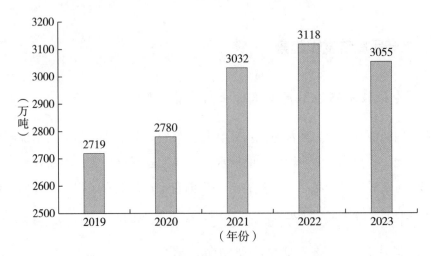

图 2 – 16　2019—2023 年我国乳制品产量

资料来源：中国乳业发展形势分析与预测（2023—2024）。

西兰、荷兰、澳大利亚、法国、德国等国，分别占进口额的 45.5%、17.7%、7.0%、6.5%、5.7%（见图 2 – 17）。

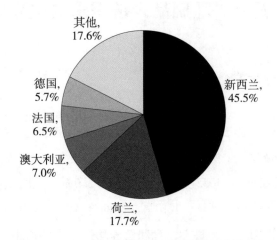

图 2 – 17　2023 年乳制品进口额分国家/地区占比

资料来源：中国食品土畜进出口商会。

三、乳制品冷链物流发展趋势

（一）全流程冷链控制

乳产品保质期短，从生产到销售中涉及的各环节均需要在低温环境下进行，需要充足的硬软件设施设备和技术，实现全过程的温度控制，保证乳制品的品质。

（二）信息化、智能化发展

智能化和信息化是大势所趋。一是通过建立冷链信息共享机制，完善物流信息网络，加强产业链上下游信息交流，推动物联网、大数据等信息化发展。二是对乳制品冷链物流实施全程监控，保障乳制品的原料、辅料及成品在冷链物流过程中的品质和安全，便于在异常情况下溯源与处理。

（三）多样化、高端化发展

未来乳制品产品将不只局限于基础乳制品、奶粉等常规产品，也将涵盖康养、休闲、保健等其他类型产品，因此冷链也需要满足和适应新型生产需求。

第六节　速冻食品冷链需求情况分析

一、我国速冻食品生产情况

据中商产业研究院统计，2023 年我国速冻食品的市场规模为 2260 亿元，2019—2023 年我国速冻食品的市场规模如图 2 - 18 所示。在速冻食品市场中，速冻米面和速冻火锅料占据了主要的市场份额，其中，速冻米面制品约 40%；速冻火锅料约 28%；其他约 32%。

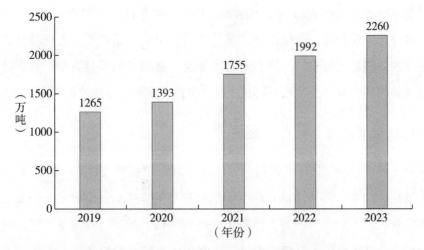

图 2 - 18　2019—2023 年中国速冻食品的市场规模

资料来源：中商产业研究院。

未来，我国速冻食品产业有很大的发展空间。一是随着经济发展，消费水平提升，城镇化持续推进，速冻食品成为更多人日常饮食的一部分；二是餐饮行业中，以火锅为代表的大众化消费需求不断提升，带动速冻火锅料制品快速发展；三是随着外卖猛增，扩大了速冻食品的消费半径，迎来加速发展期；四是在人均速冻食品消费量和品类上，我国距离欧美日均有较大差距。在人均消费量上，美国速冻食品人均消费量达到84.2千克/年，欧洲为42.6千克/年，日本为22.9千克/年，但相比之下我国的人均消费量仅为10.6千克/年，较发达国家的差距较大；在速冻食品的品类上，美国、欧洲、日本均保持在2500种以上，而我国仅有600种，较发达国家有很大差距，市场发展空间巨大，预计2025年我国速冻食品行业市场规模将达2873亿元。

速冻食品行业目前行业集中度高，头部企业收益率较为可观，头部品牌效应明显。这种格局下，龙头企业能够很好地利用规模效应不断巩固自己的地位，凭借强大的资金实力与研发能力，不断地推出新品，进一步扩大市场。如三全、思念、湾仔码头等龙头企业占据了较大市场份额。

二、速冻产品冷链物流发展趋势

（一）政策利好行业发展

2023年中央一号文件提到"提升净菜、中央厨房等产业标准化和规范化水平，培育发展预制菜产业"，这是预制菜首次被写入中央一号文件。预制菜按深加工程度和食用方便性可分为即食食品、即热食品、即烹食品、即配食品四类，大部分是以速冻食品的形态存在。随着政策支持、消费需求增加及冷链物流的快速发展，我国速冻食品市场发展前景较好，或将持续稳定增长，这也将提升其对冷链物流的需求。

（二）预制菜火热推动行业发展

预制菜火热也带动了速冻食品行业的发展。2023年我国预制菜市场规模为5165亿元，同比增长23.1%。不少速冻食品企业借助自身优势布局预制食品，预制菜生产企业与设备厂商联合研发生产设备，涉及半成品的搬运、运输、存储等各类冷链物流设备，进而带动冷链物流设备升级。此外，预制菜还将推动冷链物流与配送体系进一步发展。一方面，随着预制菜领域企业全国化发展，将推动第三方物流企业扩大网络布局, 实现全国化的冷链仓储、运输以及配送网络部署; 另一方面, 随着预制菜需求的不断增长, 吸引了制造、物流企业先后布局, 将推动预制菜领域冷链物流与配送体系的进一步发展。

(三) 冷链物流技术进步推动行业发展

随着冷链物流温控保鲜、智慧物流等技术的提升与应用, 冷库、冷藏车等基础设施的建设也得到了大力发展, 目前我国冷链物流行业已经初步形成全程温控、标准规范、运行高效、安全绿色的冷链物流服务体系, 基本上解决了冷链供应问题。冷链物流技术的提升使更多品类的速冻食品能够进入市场, 满足了消费者多样化的需求。同时, 随着消费者对食品安全和品质要求的提高, 冷链物流的保障作用更加凸显, 进一步推动了速冻食品市场的扩大。

(四) 行业市场集中化与品类多样化发展

随着速冻食品行业市场的快速扩张, 速冻食品在餐饮端的渗透率和家庭端的用量逐渐提升, 客户端的需求逐渐向个性化、多样化的方向发展。未来, 速冻食品行业龙头市场集中度有所提升, 且更加注重品牌效应和商业化差异模式, 这是可持续性和保持消费者黏度的重要途径。对于冷链物流行业来说, 要深化与速冻食品企业的品牌合作, 为其提供定制化服务; 建立严格的质量管理体系, 提高应急响应能力, 全程保障速冻食品的质量安全。

第七节　医药冷链发展现状及趋势

一、我国医药冷链物流行业发展现状

(一) 医药冷链流通市场规模持续增长

近年来, 伴随着国家陆续发布利好政策、人们对医药安全的重视、医药冷链产品需求的增加, 我国医药冷链快速发展。据中物联医药物流分会不完全统计, 初步预计 2023 年我国医药冷链流通市场规模将持续上涨, 达 6027.11 亿元, 同比增长 10.4%, 2018—2023 年医药冷链市场销售额及其增速如图 2 - 19 所示 (注: 2021 年数据不含新冠疫苗)。

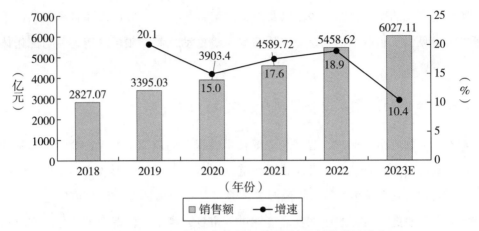

图 2 - 19　2018—2023 年我国医药冷链市场销售额及增速

资料来源：中物联医药物流分会。

从细分产品看，我国医药冷链流通市场运输产品包括疫苗、血液制品、其他生物制品、IVD（体外诊断试剂）及医疗器械（IVD除外），其中疫苗占比14%，血液制品占比11%，其他生物制品市场占比39%，IVD占比达30%，医疗器械（IVD除外）占比为6%（见图2－20）。

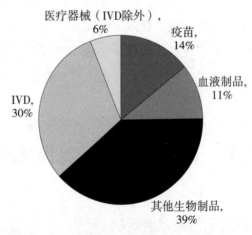

图 2 - 20　2023 年我国医药冷链市场产品结构

资料来源：中物联医药物流分会。

（二）医药流通冷链物流费用不断扩大

近年来，伴随着国家陆续发布利好政策、人们对医药安全的重视、医药冷链产品需求的增加，我国医药冷链快速发展。据中物联医药物流分会不完全统计，初步预计2023年我国医药冷链物流费用总额预计达到260.03亿元，2018—2023年我国医药冷链物流费用总额及增速如图2－21所示。

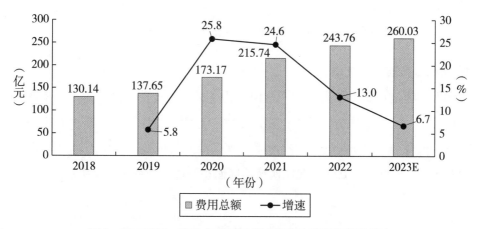

图2-21 2018—2023年我国医药冷链物流费用总额及增速

资料来源：中物联医药物流分会。

（三）医药研发冷链物流费用逐年增加

近年来，随着国家政策对医药研发的支持，医药企业持续加大新药研发投入，医药研发冷链物流发展迅速，市场潜力巨大。医药研发冷链物流主要包括临床试验药品与临床试验样本的冷链物流，含冷链物流运输费用及冷链物流仓储费用。据中物联医药物流分会不完全统计、测算，2023年我国医药研发冷链物流费用总额预计为33.5亿元，同比增长13.87%，近五年年均复合增长率为18%，2018—2023年我国医药研发冷链物流费用总额及增速如图2-22所示。随着国内创新药研发投入持续加码、疫苗和血液制品等生物制剂市场快速增长，我国医药研发冷链物流服务需求将持续增长。预计至2027年，我国医药研发冷链物流费用规模将达到59亿元。

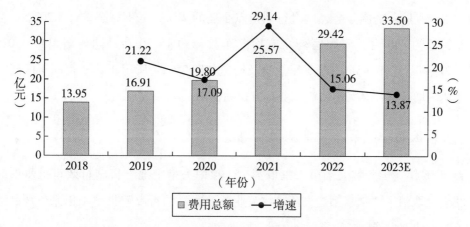

图2-22 2018—2023年我国医药研发冷链物流费用总额及增速

资料来源：中物联医药物流分会。

（四）医药冷链物流基础设施设备体量逐年增加

1. 医药冷库面积持续增长

我国医药物流仓储仍以阴凉库及常温库为主，随着疫苗、血液制品、生物制品等销售额的增长，医药冷链仓库需求也随之增加。近两年冷库建设逐步回归常态，据中物联医药物流分会不完全统计，2023 年我国医药冷库面积稳定增长，为 115 万平方米，同比增长 5.8%，2018—2023 年我国医药冷库面积及增速如图 2-23 所示。

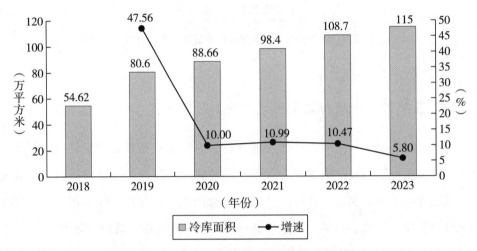

图 2-23 2018—2023 年我国医药冷库面积及增速

资料来源：中物联医药物流分会。

2. 医药自有冷藏车稳定增长

随着医药冷链市场规模的不断扩大，行业监管从严从重，药品冷链运输受到高度重视。中物联医药物流分会经过对行业重点企业的调研，据不完全统计，2023 年医药冷藏车销量约 730 台，我国医药自有冷藏车数量约 15230 台，同比增长约 5.03%，2016—2023 年我国医药自有冷藏车数量及增速如图 2-24 所示，其增幅高于医药行业自有车辆的增长率，对医药物流行业具有拉动作用。

（五）医药冷链第三方物流初显规模

自 2016 年《国务院关于第二批取消 152 项中央指定地方实施行政审批事项的决定》出台，取消了"从事第三方药品物流业务批准"的行政审批事项以来，药品第三方物流行业快速发展。

目前我国药品三方物流业务是以省区市为单位进行监管，而各省区市之间又存在

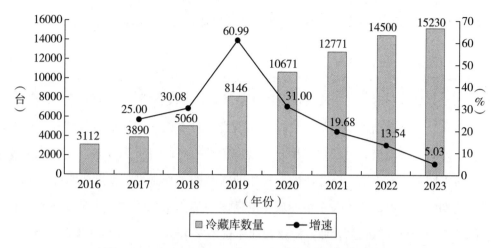

图 2 – 24 2016—2023 年我国医药自有冷藏车数量及增速

数据来源：中物联医药物流分会。

标准缺失、标准尺度不一的现象，对受托的药品第三方物流企业资质要求不同、对药品第三方物流企业硬件软件和机构人员的要求不同、部分地区对于药品第三方物流企业从业资质有要求等。因此药品三方物流业务并没有形成全国性的运用模式。

2023 年 10 月，国家市场监督管理总局发布《药品经营和使用质量监督管理办法》，为推动药品流通行业高质量发展，构建全国统一大市场，该办法明确了委托储运、异地设库等工作要求，在坚持属地监管原则基础上，进一步强化跨省监管协同。该办法明确从事药品三方物流业务必须具备现代物流条件，必须具有相应的软硬件设备和信息系统；同时可以跨省开展委托储运业务，且监管责任也得到了明晰；这就意味着药品三方物流业务可以在全国范围内合规开展。相信随着该办法正式实施，国内将有一批省份和企业面临药品现代物流体系升级的问题，药品三方物流业务也将在全国层面成为一种常态化的经营模式。

二、我国医药冷链物流仍然面临诸多挑战

（一）运输条件难以保证

除了制药企业发运以外，大量冷链药品在商业环节缺乏有效的冷链运输条件。许多企业在托运冷链药品时一旦涉及多家物流公司，在转运过程中就很难保证冷藏运输条件。尤其是在冷链药品逆向物流阶段，冷藏条件更加不健全，这可能会带来严重的药品质量问题。再加上成本因素的影响，难以保障全程冷链运输，尤其当药品送到二

三线城市或者偏远地区，往往会发生"断链"，从而造成安全隐患。

（二）冷链物流成本较高

医药冷链物流费用较高主要表现在：一是基础设施设备投入成本较高，如冷藏车、温度记录仪、近场通信设备、断电制冷、可视化验证系统、冷库建设保温材料、制冷风机、蓄冷剂、保温箱、可定位温度计、温湿度监控系统等设施设备。二是人力成本高，与常温医药物流相比，冷链环境下对作业人员的工作强度、专业性要求更高，需要进行定期严格培训，因此人才培养成本与薪酬待遇水平也较高。三是专业验证花费的时间成本和经济成本较高，通常专业验证需要至少6~12个月的时间才能完成。

（三）信息共享程度较低

由于技术条件的制约，医药冷链物流从供应链上游到最下游的医药企业、供应商、分销商、零售商等物流节点，依旧没有实现完全联网，各环节采用独立的管理方式，从而无法实现各环节各要素的整合与组织协调。因此，医药行业的服务网络和信息系统仍不够健全，药品冷链运输全过程的信息共享、跟踪、预警、追溯难以实现，导致冷链物流效率较低。

（四）应急体系建设不足

新冠疫情暴发期间突出了医药冷链物流在应急体系建设方面的不足，如供应链上下游企业之间的信息互不相通，应急协调组织和法律标准体系不完善，在紧急情况下各方难以有效协调、沟通和整合，在基础设施使用、人员调配和具体操作方面存在诸多问题。我国的冷藏药品冷链保障体系的建设，需要政府、行业组织和企业通力合作。各省应抓紧建立本省多级医药物资应急配送体系，以提高应对处置突发事件的能力和水平，保障人民生命财产安全。

三、医药冷链物流的发展趋势

（一）医药冷链三方物流企业发展壮大

目前，第三方物流是医药冷链物流服务中的重要组成部分。从供应链协同角度来看，为实现生产、仓储和运输等环节一体化，提高冷链物流效率，降低损耗，医药企业与第三方医药冷链物流的关系将更为紧密，从而使冷链服务的标准相应提升。规模小、实力弱、分布散杂的企业将无法满足市场的需要，或被淘汰或被整合，而拥有一定规模和实力的龙头企业将拥有更大市场份额，同时跨界而来的企业也将为医药冷链物流行业带来新活力。

（二）医药冷链相关规范和监管将趋严

近年来，我国陆续出台一系列有关医药冷链物流的行业规范和监管政策，2024 年执行的《药品经营和使用质量监督管理办法》第四十一条提出："药品储存、运输应当严格遵守药品经营质量管理规范的要求，根据药品包装、质量特性、温度控制等要求采取有效措施，保证储存、运输过程中的药品质量安全。冷藏冷冻药品储存、运输应当按要求配备冷藏冷冻设施设备，确保全过程处于规定的温度环境，按照规定做好监测记录。"可见，医药物流冷链行业规范日益完善并将通过信息技术手段实现更强有力的监管。

（三）医药电商带动冷链物流模式创新

医药电商的快速兴起，使医药冷链物流在服务和运营模式方面发生转变。疫情期间医药电商实现逆势增长，且目前依旧处于飞速发展阶段。各大电商平台和企业都在加速布局医药电商业务，从而带动了医药冷链物流的发展。然而冷链药品因温度高度敏感性，导致其终端配送的难度和技术要求非常大。因此，医药物流企业需要根据医药电商特点进行模式创新，提供更加专业化的医药冷链物流服务。

（四）新技术促进医药冷链物流智能化

数字化与智能化在医药领域的运用和影响愈加深远。随着互联网、物联网、大数据、云计算等技术的广泛应用，在仓储、运输各环节应用自动化、智能化的物流装备与技术，成为医药冷链物流升级发展的关键。目前旋转货架、穿梭车、AGV 等已开始在医药物流中心内推广使用。为加强温湿度监控和冷链全过程数据管理，如何借助物联网、大数据、云计算等技术实现"智慧全冷链管理与追溯"，也成为越来越多的企业和用户的需求。

第三章 2023年冷链上下游市场主体分析

第一节 冷链产业供应链上游环节（需求方企业）分析

一、基本情况

冷链物流作为基础性、保障性产业，其生态圈上游环节是冷链服务对象，主要分为三个部分，一是产品生产制造类，包括农业生产、食品加工、医药医疗产业等；二是产品贸易服务类，包括餐饮企业、批发/零售企业、超市等；三是平台类，如电商平台。

（一）生产制造端

关于果蔬类，一是种植端，标准化、连片化种植是导向趋势，但实际种植仍以小农种植为主。主要涉及冷链田头预冷及仓储保鲜等主体，以大户、合作社、农业公司为主，约占40%。流通模式以"种植基地＋大户/合作社/村集体组织＋龙头企业＋田头预冷""田头农户＋经纪人直采＋外地预冷"等为主，整体产地低温处理率较低，约占23%；冷链流通率更低，约占15%，其中，价值较高的水果还能保证全程冷藏车运输方式，95%果蔬都是泡沫箱加冰袋或者短途选择常温运输等。二是加工端，初加工以合作社、中小型企业为主，靠近产地端，自建（七成以上）及租用产地冷库；精深加工企业大多距离产地有一定距离，主要分布在靠近产区、加工条件成熟区及靠近消费区，基本通过自建（约六成或更高）和租用冷库配备原料保鲜库。

关于肉制品类，一是养殖端，整体养殖业90%属于中小散户，行业集中度较低，散养户、中小规模养殖场数量众多，大型头部龙头企业等实现了规模化、标准化、集中化养殖。主要的屠宰加工及肉制品企业都采取"公司＋基地＋农户"的形式，加强上游质量控制。二是屠宰加工端，以生猪为例（60%的市场份额），自1998年起，推动定点屠宰，我国生猪屠宰行业企业个数共计5005家。虽然有双汇、牧原、雨润、天邦和新希望等大型屠宰企业，但市场集中度极低，相较于世界其他国家仍有很大提升空间。分地区来看，四川、广东和山东的生猪屠宰行业企业个数在全国排名前三，分别为 984 个、292 个和 424 个，共占了全国比重的 33.9%。整体猪肉屠宰加工比较正规和成熟，屠宰生鲜类企业基本配备冷库（排酸和贮藏保鲜），肉制品低温处理率已达到 78%，现有 AA 级以上屠宰加工企业均设有冷却间（0~4℃）、结冻间（−2℃以下）、冷藏间（−18℃以下）进行肉品储存保质、产品运输，要求冷温保鲜、保质；AAA 级以上企业应设有分割加工车间，包括冷却间、分割剔骨间、包装间、容器与工具清洗消毒间等。三是加工流通端，肉类深加工企业基本以自建冷库和租用公共冷库（占比更高）形式存储肉制品，以租用社会第三方冷藏车运输为主，其中第三方运营公司以整合社会个体车辆为主。但是头部肉类冷链物流企业，例如河南漯河双汇等，基本已有自己的冷链仓运配套公司或者板块，但自建和租赁冷库约 2∶1，自有车辆和租赁第三方约 1∶4，并在冷链运输车厢内放置温度监控装置，并定期校准维护，实现全程冷链，保证品质。

关于水产品类，一是养殖端，水产主要分布在广东、福建、山东、浙江和江苏等地区，约二成为水产捕捞，八成为水产养殖。水产捕捞主要可分为淡水捕捞和海洋捕捞两大类，其中海水捕捞占九成左右。水产养殖企业多以散户个体经营和企业规模化经营为主，市场集中度较之前有较大提升。二是加工流通端，冷冻、冰鲜等初级加工品仍是我国水产品加工的主要品种，占比高达 65%~70%，这与我国国民喜食鲜活水产品消费习惯有关。其中，淡水产品以鲜活形式流通为主，海产品经捕捞后，随即在捕捞船或产地进行冷冻保鲜处理，80%~90% 可以实现全程冷链运输，其中冷藏车以第三方专业冷链运输企业为主。腌制、熏制、干制等加工产品占 30%~35%。2022 年，全国从事水产品保鲜（保活）、保藏和加工利用的企业数量为 9331 个，水产品加工能力为 2970.41 万吨/年。其中，规模以上企业数量为 2592 家，同比增长 3.8%，冷库有自建（北方比例较高）和租赁（南方比例较高）两种，但是冷链运输均以租赁第三方服务为主。

关于医药类，据国家统计局数据，2023 年规模以上医药工业增加值约 1.3 万亿元，规模以上企业实现营业收入 29552.5 亿元。根据 Frost&Sullivan 数据显示，2020—2025 年我国医药市场规模复合增速将达到 9.6%，医药制造企业数量较多，且市场竞争整体激烈。截至 2022 年年底，中国医药制造企业合计 8814 家，较 2021 年年底增加 477 家，行业内分化程度加深。整体而言，近年来我国医药工业高质量发展成效显著，产业政策供给不断强化，产业规模效益持续提升，产业基础更加坚实，发展动力愈发强劲。

（二）贸易流通服务端

我国农产品市场是伴随着改革开放而逐步发展起来的，据农业农村部数据，2020年全国共有农产品市场4.4万家，其中批发市场有4100多家，年交易额在亿元以上的批发市场有1300多家，农贸市场、菜市场和集贸市场等近4万家。2021年全国农产品批发市场交易额达5.81万亿元，成交量达9.8亿吨。此外，《"十四五"全国农产品产地市场体系发展规划》明确提出围绕粮油、果蔬、畜产品、水产品以及特色农产品，共建或认定40个左右国家级农产品产地市场，建设一批区域性农产品产地市场和田头市场，推动形成现代三级农产品产地市场体系。

作为冷链刚需行业，餐饮行业在2023年同样展现出强劲的发展势头。根据国家统计局发布的数据，2023年餐饮行业收入达52890亿元，首次步入5万亿元大关，同比增长20.4%，增速高于其他消费领域。而随着餐饮企业对食材采购、物流配送、食品加工等供应链环节的需求日益旺盛，供应链企业也迎来了广阔的市场空间。据红餐大数据，2023年中国餐饮供应链市场规模已经达到了2.39万亿元，同比增长18.9%，并预计在2024年突破2.6万亿元，展现出巨大的增长潜力。2017—2024年餐饮行业收入及增速如图3-1所示，2019—2026年餐饮供应链市场规模及增速如图3-2所示。

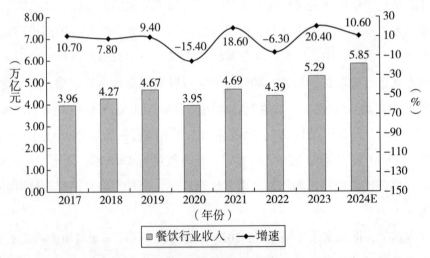

图3-1 2017—2024年餐饮行业收入及增速
资料来源：国家统计局、红餐产业研究院。

批发零售业作为连接生产与消费的桥梁，在国民经济中占据着举足轻重的地位。批发零售业市场规模持续扩大，零售业竞争格局日趋激烈。随着消费者需求日益多样化，新兴零售模式的不断涌现，线上销售渠道不断挤压线下销售渠道的市场空间，

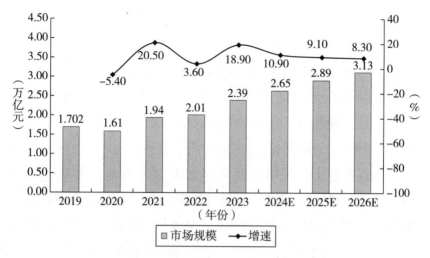

图 3 – 2 2019—2026 年餐饮供应链市场规模及增速

资料来源：红餐产业研究院。

2023 年线上销售、线下渠道销售份额占比分别为 42%、58%，全年网上零售额 15.42 万亿元，增长 11%，连续 11 年成为全球第一大网络零售市场。因此，批发零售业对于物流甚至冷链物流的依赖度和要求越来越高，例如华润万家、美宜佳等都已布局自己的冷链物流板块业务。此外，超市行业市场参与者众多，集中度较低。2022 年超市及便利店门店总数近 6 万个，商品销售额 7462.11 亿元。根据中国连锁经营企业对中国超市百强销售额情况，超市行业 CR2 约为 20%，CR5 约为 40%，全国性布局的龙头企业数量相对有限，大多数超市品牌主要深耕区域市场。从百强超市区域分布的角度，东部沿海地区省份和直辖市拥有最多超市总部，门店覆盖范围最广；中部次之；西部数量最少，平均销售规模最小，门店覆盖范围也最少。

（三）平台类

电子商务作为促消费、保民生、稳外贸的重要力量，保持了较强发展势头，在激发经济活力、促进灵活就业、提振发展信心等方面作出了积极贡献。据国家统计局数据，2023 年全国电子商务交易额达 46.83 万亿元，比 2022 年增长 9.4%。此外，国际合作新空间更加广阔，2023 年我国跨境电商进出口 2.38 万亿元，增长 15.6%。"丝路电商"伙伴国增加到 30 个；上海"丝路电商"合作先行区等 34 项任务已经启动，电子商务制度型开放新高地建设初见成效；与东盟共同发布加强电商合作倡议，为全球数字治理贡献中国智慧；举办国家级全球数字贸易博览会，打造贸易强国建设新平台；上海、广西、陕西、海南等举办东盟好物网购节、中亚主题日，开展使节直播，线上线下国际电商合作进一步深化。

电子商务指以互联网为依托的所有实物、服务和虚拟商品的在线交易行为和业态，主要包括以大宗商品和工业品为主的产业电商，以消费品为主的数字零售（包括综合电商、直播电商、生鲜电商、社区团购等）、跨境电商及数字生活（包括在线外卖、在线旅游、在线租房、交通出行）等，各电子商务细分领域实现平稳发展。

产业电商类，是产业互联网的重要组成部分，具体包括大宗电商（提供大宗商品贸易服务）、工业品电商（提供 MRO 及 BOM 服务）、批发电商（提供消费品在线批发）、企业采购电商（提供办公用品、商务服务等）以及相关服务商等业态。产业电商作为代表数字经济时代生产性服务业向现代服务业迈进的角色，在扮演现代化产业体系保驾护航、推动数字经济与实体经济深度融合的重要抓手的同时，市场规模不断扩大。网经社电子商务研究中心（以下简称"网经社"）发布了《2023 年度中国产业电商市场数据报告》指出，2023 年中国产业电商市场规模达 33.89 万亿元，较 2022 年的 31.4 万亿元同比增长 7.92%，总体增势依然强劲。

数字零售类，狭义指通过网络渠道进行商品交易活动，包括实物商品交易及虚拟商品交易。广义上网经社将其定义为一种业态，包含平台、商家、品牌、用户、服务商等。按模式分，有 C2C、B2C、C2M、B2B2C 等；按品类分，有综合电商、垂直电商；按交易市场分，有进口跨境电商、出口跨境电商。新电商有会员制电商、直播电商、精品电商、小程序电商、私域电商等。其模式多元化，有直播电商、生鲜电商、社区团购等。

数字零售平台部分类型相关企业如表 3-1 所示。

表 3-1　　　　　　　　数字零售平台部分类型相关企业

分类	主要企业
综合电商	阿里巴巴、拼多多、京东、唯品会、苏宁易购、美团电商、得物、当当
直播电商	抖音电商、快手电商、淘宝直播、视频号电商、哔哩哔哩、美腕、辛选、遥望科技、东方甄选、交个朋友、宸帆、谦寻、无忧传媒、锐趣文化、蚊子会、构美、君盟、古麦嘉禾
生鲜电商	叮咚买菜、京东到家、小象超市、本来生活、盒马鲜生、多点、朴朴超市、T11、食行生鲜、生鲜传奇、菜划算、猪行鲜生
社区团购	美团优选、多多买菜、兴盛优选、搜农坊

生鲜电商类，主要指用电子商务的手段在互联网上直接销售生鲜类产品，如新鲜

水果、蔬菜、生鲜肉类等。目前生鲜电商模式包括 O2O 模式、前置仓模式、到店 + 到家模式、社区团购模式、周期购模式等。从生鲜电商现有物流配送方式来看，主要分为自营冷链宅配及第三方冷链配送两大类。因自建物流资金投入过大，同时建设周期较长，部分生鲜电商选择在"最后一公里"将配送业务委托给第三方冷链物流，以其专业化的配送体系将各家企业在同一区域的"最后一公里"配送进行整合，将生鲜产品送至消费者手中。这种模式下虽然比自建成本降低，但是第三方冷链物流发展良莠不齐，存在冷链设施设备缺乏、冷链技术水平较低、专业化人才不足等问题，很难对配送过程进行把控，难以保证产品质量。据网经社数据，2023 年生鲜电商交易规模达到 6424.9 亿元，同比增长 14.7%，全国主要生鲜电商平台企业有 115 家（截至 2023 年年底）。其中，上海地区生鲜电商企业数量最多，有 35 家；其余依次为北京（31 家）、广东（15 家）、浙江（14 家）、江苏（7 家）、四川（3 家）、安徽（3 家）、福建（3 家）、河南（2 家）、广西（2 家）。不同模式的生鲜电商，在客户定位、物流配送等方面也有所不同。

主要生鲜电商模式特点分析如表 3 - 2 所示。

表 3 - 2 主要生鲜电商模式特点分析

分类	企业	主要特点
传统生鲜电商	天猫生鲜、京东生鲜、本来生活、顺丰优选、百果园等	业务模式为"线上购物 + 自有物流配送"，通过自建多层级仓配体系保证生鲜品种的丰富度和送货时限的及时性，主要布局在一、二线城市，客户定位为中高端，以城市中心仓 + 自有物流配送的模式进行全城覆盖，以快递到家模式进行配送，仓库 SKU 数可达 10 万个，配送时长为 0.5 ~ 1 天。采用店仓一体化的生鲜电商企业
O2O	京东到家、美团闪购、淘鲜达、多点、鲜码头、大润发优鲜等	"产品结构 + 线下实体店 + 线上平台"结合的商业模式，打破了线上、线下的边界，将在线支付和线下服务结合起来
前置仓模式	叮咚买菜、朴朴超市、小象超市等	"线上购物 + 即时配送"，通过在离用户最近的地方布局集仓储、分拣、配送于一体的仓储店，从而缩短配送链条，降低配送成本；主要布局在一、二线城市，客户定位为中高端，以中心仓 + 社区前置仓 + 自有/外包配送模式服务周边 1 ~ 3 公里的用户，仓库 SKU 数大多在4000 个以上，配送时长在 0.5 ~ 1 小时

续 表

分类	企业	主要特点
到店 + 到家模式（店仓一体化）	盒马鲜生、7FRESH、永辉、沃尔玛等	"到店消费 + 线上购物 + 即时配送"，主要提供线上线下一体化消费体验，主要布局在一、二线城市，客户定位为高端，以店仓一体 + 自有/外包配送模式服务周边 1~3 公里的用户，以配送到家模式进行配送，仓库 SKU 数在 5000~8000 个，配送时长基本为 0.5~1 小时
社区团购模式	多多买菜、美团优选等	"线上购物 + 供应商配 + 团长运营"，团购平台提供产品供应链物流及售后支持，用户在社区自提商品，主要布局在一线城市，客户定位为中端，以中心仓 + 社区网络仓 + 外包配送模式服务周边 0.5~1 公里的用户，以用户在小区站点自提为主，仓库 SKU 数在 1000~2000 个，配送时长通常为 1~2 天

资料来源：观研天下及公开资料整理。

不同生鲜电商产品对冷链物流要求对比如表 3-3 所示。

表 3-3　　　　　　　　不同生鲜电商产品对冷链物流要求对比

不同主体对物流要求对比		进口冷鲜肉类、海鲜	生鲜水果特产	日常生鲜品	粮、油、干果、副食豆制品
干线配送	冷藏/仓储	高	中	中	低
	冷链配送	高	中	低	低
	时效性	高	高	高	中
末端配送	在末端配送环节，不同商品有完全不同的包装和配送要求，其中冷鲜肉类对末端配送设备保温效果要求较高，而生鲜水果对防止磕碰的要求较高，日常副食粮油类要求相对较低				
	物流成本	高	中	低	低

资料来源：前瞻产业研究院。

直播电商类，行业历经五年迅猛发展后，已步入平稳增长阶段。根据艾瑞咨询测算，2023 年中国直播电商市场规模达 4.9 万亿元，同比增速为 35.2%，相较于行业发展早期，行业增速出现一定下滑，但依旧在释放增长信号。从供给侧看，品牌商开始积极在多平台布局直播电商业务，且店播趋势凸显，2023 年店播市场规模占比超五成。从需求侧看，消费者在形成购买决策时会考虑多重因素，品牌商精准捕捉消费者需求的难度增大，且消费者在产品销售过程中开始对产品知识介绍产生兴趣。

跨境电商类，2023 年发展迅猛。据 Statista 统计，全球跨境电商市场在 2023 年已经达到数万亿美元，并在未来几年内继续增长。主要跨境电商平台有亚马逊全球开店、eBay、阿里巴巴国际站、全球速卖通等。中国跨境电商产业集群主要分布在东南沿海地区，靠近产业带和出口活跃地区。据艾瑞咨询预测，到 2025 年，中国跨境出口电商行业规模有望突破 10 万亿元。平台方作为核心参与者，其运营模式主要分为第三方开放式平台和自营型平台。因受到多项政策支持，平台以及各类商家都在积极布局跨境业务。其中希音、拼多多、TikTok 等新兴电商平台迅速崛起，这 3 家电商平台 2023 年出口申报量同比增长超 10 倍。

二、发展趋势

生产、加工等产业链上游市场规模持续扩大，推进冷链物流市场规模持续扩大，预制菜、"直播带货""田头直发""线上线下一体化"等新业态新模式新需求，推进冷链物流高质量发展。随着我国经济的快速发展，消费者对高品质生活的需求不断增长，尤其是在食品日常供给、食品安全及应急保供等方面，冷链物流越来越重要。当前，上游甲方类企业主要与专业第三方冷链物流合作，格外关注其服务质量，严格把控运输时效，保证产品新鲜度、降低货损率等方面。除了和第三方企业合作外，越来越多的甲方类企业布局冷链物流业务，不断提高冷链物流的规模化程度，通过整合资源、优化流程，以降低运营成本、提升业务稳定性、提高运营效率和服务质量，例如漯河双汇物流、上海绝配、上海光明领鲜等。

随着我国经济发展和城乡居民收入水平不断提高，人们的消费意识和观念发生转变，愈发关注食品质量安全，更加追求新鲜度高、口感和品质好的农产品；同时新时代下数字化技术的蓬勃发展，市场供求信息不断透明化，而涉及餐饮企业、批发/零售企业、超市等的贸易流通服务端，为了满足消费者需求变化呈现数字化、品质化、融合化等发展趋势。农批市场将通过新一代先进技术的应用，实现智慧化数字化升级改造，提升农批市场运营效率和管理水平。商超、餐饮甚至是零售企业类，无论是大连锁还是单店，都通过不断创新以适应市场变化寻求新动力，加强服务品质化与产品品牌化建设同时也要主动拥抱新技术，加快数字化转型。餐饮商超企业通过数字化创新经营，实现线上线下融合发展，精准营销与服务。另外，对于批发零售业随着一线及部分二线城市零售市场竞争的加剧，盈利水平受到限制，随着城市化进程的加快、物流等基础设施建设的完善，批发零售业将逐渐转向竞争激烈程度相对较小，发展空间较大的三、四线城市市场布局，而抢占市场的关键同样在于数字化技术的强劲支撑和体系化建设的不断完善。

平台型甲方类企业，一方面，在不断深化第三方专业物流商合作及自身深耕冷链物流行业的基础上，积极创新新模式新业态，整合各方资源，努力提质增效；另一方面，向上游生产端进行延伸，进行产地直采、产地合作等形式保证生鲜农产品等的源头。面对新经济形式和新消费需求，电商平台整体呈现出多元化、个性化、精细化、国际化发展趋势。随着消费者需求的多样化，对商品的个性化需求也随之增加，电商平台发展将不断通过大数据和人工智能技术，精准分析为消费者提供定制化推荐和服务，以此满足消费者个性化需求，提升用户满意度。新时代下电商平台间的竞争越发激烈，各类平台多元化发展的同时需紧跟市场趋势，从用户、产品、数据、场景等诸多方面全面提升产品与服务能力，实现精细化用户管理与精准营销。随着全球化的深入发展，跨境电商带来了新的发展机遇，电商平台也将实现全球化发展。

第二节　冷链物流环节（重点企业）分析

冷链物流作为连接生产与消费的重要桥梁，不仅关乎食品、医药等关键领域的安全与品质，更是推动经济社会持续健康发展的关键力量。为了深入了解冷链物流领域发展运行情况，中国物流与采购联合会冷链物流专业委员会开展了全国冷链物流Top100企业的调研工作，以期能够为国家和地方政府支持重点冷链物流企业发展、为有需求客户筛选优质冷链物流服务商提供依据，也是行业协会树立冷链标杆和研判行业走势的重要抓手。

一、基本情况

在2023年中国冷链物流Top100企业中，民营企业有76家，国有企业有11家，外资企业有5家，合资企业有4家，其他企业有4家，民营企业仍是冷链物流Top100企业的主要部分。另外，冷链作为热门赛道，吸引了更多新主体入局。Top100企业中新晋企业占比19%，呈现小幅提升，但主要集中在中后段，头部企业相对稳定，呈现出逐步成长、做大做强的发展态势。在区域分布上，华东、华南、华北、华中地区整体变动较大，东北、西南及西北地区发展相对稳定。2023年中国冷链物流Top100企业汇总如表 3 - 4 所示。

表 3 - 4 　　　　　　　　　　　　**2023 年中国冷链物流 Top100 企业**

序号	企业名称	序号	企业名称
1	顺丰冷链物流有限公司	26	江西鲜配物流有限公司
2	成都运荔枝科技有限公司	27	广东华雪冷链物流有限公司
3	荣庆物流供应链有限公司	28	云通物流服务有限公司
4	京东物流	29	佛山市粤泰冷库物业投资有限公司
5	漯河双汇物流投资有限公司	30	增益冷链（武汉）有限公司
6	传胜供应链管理（上海）有限公司	31	青岛新协航国际物流有限公司
7	内蒙古伊顺供应链管理有限公司	32	北京五环顺通供应链管理有限公司
8	上海光明领鲜物流有限公司	33	上海鲸之巢供应链科技有限公司
9	江苏卫岗天天订物流有限公司	34	福建省顺翊农产品冷链物流有限公司
10	上海世权物流有限公司	35	优合集团有限公司
11	江苏汇鸿冷链物流有限公司	36	内蒙古锦辉物流有限公司
12	深圳泛亚生鲜供应链（集团）有限公司	37	南京天环食品（集团）有限公司
13	上海绝配柔性供应链服务有限公司	38	广州鑫赟冷链物流有限公司
14	河南华鼎冷链仓配科技有限公司	39	广州保事达物流有限公司
15	济南维尔康实业集团有限公司	40	北京亚冷控股有限公司
16	北京澳德物流有限责任公司	41	大连港毅都冷链有限公司
17	上海快行天下供应链管理有限公司	42	福建信运冷藏物流有限公司
18	大昌行物流（中国）	43	上海鑫源供应链管理有限公司
19	中外运冷链物流有限公司	44	河南大象物流有限公司
20	大连鲜悦达冷链物流有限公司	45	上海宇培供应链管理集团有限公司
21	天驰控股（青岛）股份有限公司	46	漯河市翔通物流有限责任公司
22	黑龙江昊锐物流有限公司	47	广东新供销天业冷链集团有限公司
23	镇江恒伟供应链管理有限公司	48	河北冰峰供应链管理有限公司
24	太原优鲜多歌供应链有限公司	49	广州拓领物流有限公司
25	唯捷（厦门）供应链管理有限公司	50	小码大众（北京）技术有限公司

序号	企业名称	序号	企业名称
51	天津港强集团有限公司	76	湖南惠农物流有限责任公司
52	嘉里志甄（上海）供应链有限公司	77	北京快行线冷链物流有限公司
53	漯河市恩远物流有限公司	78	云豹（上海）供应链科技有限公司
54	北京中冷物流股份有限公司	79	河北富大冷链物流有限公司
55	福建恒冰物流有限公司	80	河南飞洁物流有限公司
56	河南汇普物流有限公司	81	福建源洪冷冻食品有限公司
57	河北宝信物流有限公司	82	佛山市鼎昊冷链物流有限公司
58	上海质达物流有限公司	83	江苏极地熊冷链有限公司
59	红星冷链（湖南）股份有限公司	84	陕西果业集团冷链物流有限公司
60	成都叁陆陆物流有限公司	85	新货栈（兰州）互联网科技有限公司
61	德州远华物流有限公司	86	北京优鲜配冷链科技有限公司
62	日冷物流投资（上海）有限公司	87	上海交荣冷链物流有限公司
63	安徽大众冷链有限公司	88	济南瑞丰物流有限公司
64	山东盖世国际物流集团有限公司	89	上海敬诚物流有限公司
65	北京京隆伟业供应链管理有限公司	90	湖南飓速冷链科技有限公司
66	北京易冷供应链管理有限公司	91	广州市澳兴冷链供应有限公司
67	广州长运冷链服务有限公司	92	海南罗牛山食品集团有限公司
68	漯河市顺安运输有限责任公司	93	成都零度冷链物流有限公司
69	上海平文物流有限公司	94	北京新发地农产品网络配送中心有限责任公司
70	内蒙古昕海铭悦运输有限公司	95	浙江统冠物流发展有限公司
71	北京康安利丰农业有限公司	96	上海上嘉物流有限公司
72	河南藏金源仓储有限公司	97	亚洲渔港股份有限公司
73	黑龙江沃野风华运输有限公司	98	德州飞马冷链物流有限公司
74	湖南云冷冷链股份有限公司	99	四川港投新通道物流产业投资集团有限公司
75	成都银犁冷藏物流股份有限公司	100	山西万鑫冷链集团有限公司

　　2023 年冷链物流 Top100 企业的基础设施资源整合加速。Top100 企业冷藏车保有量共有 14.5 万辆，占全国冷藏车的 33.71%，冷库库容共有 5060 万立方米，占全国冷库库容的 22.23%，与 2019 年相比，Top100 企业冷藏车数量和冷库库容增加，但占比降低，主要增长来自农食产品、医药产业等的新业态新需求，冷链行业规模增长趋势明显。2023 年 Top100 企业冷藏车、冷库车的数量和占比如图 3 - 3 和图 3 - 4 所示。

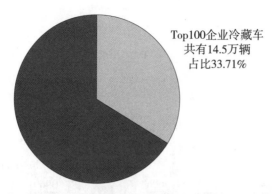

Top100企业冷藏车
共有14.5万辆
占比33.71%

图 3 - 3　2023 年 Top100 企业冷藏车的数量和占比情况

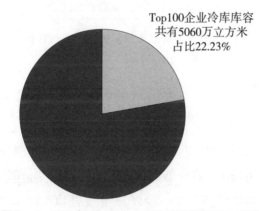

Top100企业冷库库容
共有5060万立方米
占比22.23%

图 3 - 4　2023 年 Top100 企业冷库的数量和占比情况

二、业务布局

2023 年冷链物流 Top100 企业中，业务布局聚焦于冷链仓储、干线运输和城市配送，为了满足市场需求、增强企业韧性、降低经营风险，供应链、冷链宅配、冷链园区以及其他增值服务都成为企业多元化、可持续发展的支撑点。此外。相比于 2022 年，2023 年 Top100 企业中经营 1～3 项业务企业增加较多，随着外部环境的不确定性增加，已有企业在多元化经营的同时，不断进行资源的集中和优化，开始业务归核化，实现横、纵拓展。

华东、华南地区冷链物流相对发达，入围企业数量和冷链营收优势都比较明显。从 2023 年冷链物流 Top100 入围企业数量来看，依旧是华东地区最多，后面依次是华南、华北、西南、华中、东北、西北。在冷链营收方面，华东地区入围企业冷链总营收最高，西南地区入围企业平均营收最高。2023 年冷链物流 Top100 企业区域营收情况如图 3 - 5 所示。

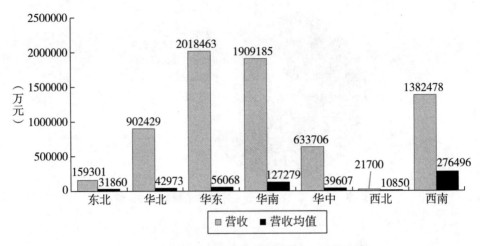

图 3 – 5　2023 年冷链物流 Top100 企业区域营收情况

三、集中度

　　除了 2021 年冷链需求增多之外，2020—2023 年以来冷链物流 Top100 企业的冷链业务营收变化不明显，市场集中度降低。2023 年冷链物流 Top100 企业的冷链业务营收合计达到 702.73 亿元，同比增长 1%，占 2023 年冷链物流市场规模的 13.59%，相较于 2021 年的 23.85%、2022 年的 14.18%，Top100 企业的市场占有率降低。2016—2023 年冷链物流 Top100 企业的冷链业务总营收变动情况如图 3 – 6 所示。

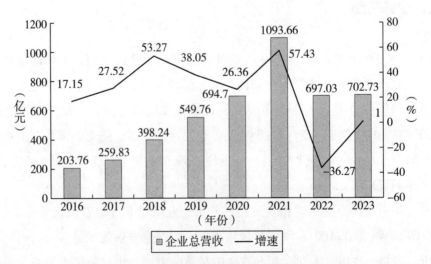

图 3 – 6　2016—2023 年冷链物流 Top100 企业的冷链业务总营收变动情况

　　就 2023 年冷链物流 Top100 企业内部来看，冷链物流百家重点企业前 5 名的冷链营收达到 384.4 亿元，同比增长 14.17%，占重点企业总营收的 54.76%；前 10 位企业的营收达到 468.02 亿元，同比增长 10.62%，占重点企业总营收的 66.68%；冷链物流百家重点企业后 50 位的营收只占重点企业总营收的 9.84%，此外，2023 年冷链物流 Top100 企业冷链营收在 10 亿元以上的企业只有 9 家，但冷链营收占比 65.25%，因此 Top100 企业冷链营收规模呈现长尾效应，头部企业做大做强，行业仍呈现"散、小、杂"的情况。

"仓运配"是冷链物流企业的核心运营模式，在 2023 年中国冷链物流 Top100 企业中，有 93 家企业经营仓储业务，83 家企业经营运输业务，73 家企业经营配送业务，66 家企业经营其他业务，其中运输业务冷链营收最高，仓储业务冷链成本最高。此外，农产品、食品加工、医疗产业是冷链物流企业最核心的需求来源，2023 年中国冷链物流 Top100 企业中，食品加工类经营主体最多，冷链营收占比 64.43%，农产品的冷链营收占比 24.48%，医疗产业的冷链营收占比 7.1%。伴随着现代消费升级、生活节奏加快，鲜切蔬菜及速冻果蔬产品受到团餐及连锁餐饮等业务渠道追捧，同时大量进入百姓日常生活消费。

四、趋势变化

在国家政策红利、宏观环境不稳定性明显的影响下，冷链物流发展热度居高不下，但是整体行业发展更为理性，市场需求乏力。在 2023 年中国冷链物流 Top100 企业中，有 18 家企业出现冷链营业收入负增长的情况，行业发展环境严峻，但部分企业也在挑战中寻找新的发展机遇，有六成企业实现营收和利润双增长。

随着我国食品生产、运输及消费需求量的提升，食品在流通过程中的损耗也在不断加大，食品的产品质量要求不断提升，为此超半数 Top100 企业设立了完整的冷链物流服务质量评价体系，其中评价指标方面，Top100 企业制定了较高的履约率、较低的食品安全事故率，信息安全率仍需进一步提高。

Top100 企业通过加大科研投入、产品创新、模式创新等方式提升竞争力并满足多样化需求，积极应用信息系统提升企业服务质量。在信息系统和自动化设备的投入金额中自主研发费用要大于企业自主购买费用，但是在企业投入的冷链物流成本中，信息系统自主研发投入金额仅占 0.18%，自动化设备自主研发投入金额占 0.1%，投入比重有待进一步提升。

Top100 企业积极践行绿色低碳及履行社会责任。根据调查数据显示，Top100 企业积极响应国家"碳达峰碳中和"的政策，采取节能减排、能源转型、建筑节能等措施，开展绿色低碳化转型。另外，企业依法合规诚信经营，模范遵守法律法规、商业道德、社会公德和行业规则，积极开展扶贫、应急救援等社会公益活动，实现高质量发展，更好地服务经济社会发展，更好地满足人民美好生活需要，为强国建设、民族复兴作出更大贡献。

第三节　冷链物流后服务市场分析

一、冷链物流后服务市场

后市场一般指一个产品从出售后到拆解报废的过程中，发生交易的总称。冷链物流主要包括冷链仓运配三个环节，设施设备主要涉及冷库和冷藏车，因此冷链物流后服务市场主要指冷库和冷藏车的后服务市场。

冷藏车后服务市场涉及冷藏车在使用过程中的维修、保养、升级以及其他相关服务。随着冷链物流市场的不断发展和扩大，冷藏车的需求持续增长，这也带动了冷藏车后服务市场的快速发展。预计在未来几年内，冷藏车后服务市场将保持较高的增长率，市场规模也将进一步扩大。服务内容主要包括维修与保养（制冷系统、电气系统、底盘等部分）、升级与改装（增加新的制冷设备、改进保温材料等）及配件供应（制冷设备、电气元件、底盘配件等）等。因为冷藏车是组装车，整体可以拆分为车身（主机、底盘等）、制冷系统（冷机、冷箱）及其他（电气系统、安装智能监控系统等）。冷藏车后服务市场的竞争较为激烈，市场上存在多家提供类似服务的企业，通过提供高品质的服务、优惠的价格、快速响应等策略来争夺市场份额。一些大型的冷藏车制造企业也通过提供全面的后市场服务来增强其品牌竞争力。但冷藏车整体服务内容归根到底由相关部件生产单位承担，相对比较正规和成熟。未来发展趋势方面，一是智能化。随着科技的不断进步，冷藏车后服务市场也将向智能化方向发展。例如，通过安装智能监控系统可以实时监测冷藏车的运行状态和货物温度，提高运输效率和管理水平。二是绿色环保。环保意识的提高也将影响冷藏车后服务市场。未来市场上将更多地出现新能源冷藏车和环保型配件，以满足客户对环保的需求。三是个性化。客户对冷藏车的需求越来越个性化，这也要求后服务市场提供更为个性化和定制化的服务。

冷库后市场服务是指在冷库设备销售后，为保证设备正常运行、提高使用效率、延长使用寿命等目的而提供的一系列服务。由于冷库建设投资较大，运行使用时间较长，冷库后市场服务是保障冷库设备正常运行、提高使用效率、延长使用寿命的关键环节，未来市场空间巨大，因此本章节将对冷库后市场服务进行详细分析。

二、冷库后服务市场分析

（一）冷库后市场服务定义

冷库后市场服务主要指在冷库投入运营后提供的全方位服务，包括但不限于系统的日常维护、故障维修、零配件耗材供应、物联网监控、系统改造、二手设备买卖、技术升级、专业咨询以及培训等。这些服务旨在确保冷库系统高效稳定运行，优化设备性能，减少意外停机，延长设备寿命，并通过提升能效降低整体运营成本。服务内容可能涵盖制冷系统、控制系统、保温结构、安全监测等多个方面，以满足不同规模和类型冷库的需求。

（二）行业背景与发展历程

冷库后市场服务的发展紧随冷链行业需求增长。随着食品安全标准提升、药品监管加强，冷链物流成为生活品质追求的关键。这导致冷库建设和运营需求的上升，进而推动后市场服务从基本维护修理扩展到系统升级、智能监控及能效优化。技术进步，特别是物联网和数据分析的运用，为服务提供新维度，满足市场对高品质服务的需求。环保与可持续发展的全球趋势促使服务更注重节能减排，推进冷库后市场服务向绿色智能方向发展。

最初阶段，冷库后市场服务主要聚焦于设备的基本维护和应急修理。随着行业扩展和技术进步，服务领域逐步扩大到系统升级、能效优化、预防性维护等领域。最近几年，物联网和大数据技术的应用让冷库后市场服务更加侧重于系统的实时监控、数据分析和智能化管理，极大地提升了服务效率和响应速度。此外，绿色发展的趋势使得服务逐渐倾向于提供节能降耗和环境友好的解决方案，响应全球可持续发展的呼声。

这一发展历程表明，人们对冷库后市场服务的态度和重视程度显著提升，冷库后市场服务正从被动响应逐步转变为主动优化，从单一的维修服务发展到综合的系统管理和能效提升。同时，服务提供主体也发生了变化，从小规模的地方性服务商转变为拥有全国网络、提供综合服务的大型企业独立核算的售后部门甚至成立独立企业。这些变化映射了整个冷链物流领域对于高效、可持续服务的不断追求。这也预示着冷库后市场服务将继续朝着技术驱动、智能化和绿色环保的方向发展，以适应市场和环境的需求变化。

（三）冷库后市场服务主要内容简介

1. 维护服务

维护服务涉及的不仅是冷库设备的日常检查，还包括系统的完整性评估和性能监测。专业维护团队定期对冷库系统进行全面审查，包括检查制冷系统的工作效率、电气系统的安全性，以及结构部件的完整性。此外，维护还涉及更新操作记录和维护日志，确保所有数据都被精确跟踪，以支持未来的维护计划和决策。有效的维护服务还可以识别潜在的运行问题，提前采取措施，避免更昂贵的维修成本，确保系统持续运行在最佳状态。

2. 维修服务

冷库维修服务是一个需求快速响应的领域，它要求对冷库系统有深入的技术理解和故障诊断能力。专业维修人员能够快速地识别问题源，并执行必要的维修或更换部件以修复故障。服务过程中，维修团队不仅需要解决当前的故障，还要分析故障的根本原因，提出长期解决方案以防止问题再次发生。此外，优质的维修服务还应包括对客户的教育和培训，帮助他们更好地理解和维护自己的冷库系统。

3. 节能（及节费）改造

节能（及节费）改造服务旨在通过最新的技术和方法提高冷库系统的能效和性能。这通常涉及对现有系统的升级，例如变频技术的应用、改进冷却方法、优化系统控制策略、对不合理的管路进行优化改造、利用峰谷电差节约电费（常见有冰蓄冷、电池蓄电）等。节能改造的目标是减少能源消耗和运营成本，同时确保冷库系统能够满足当前和未来的性能要求。服务提供商需要进行详细的能效评估，设计和实施定制的改造方案，并对结果进行监测和验证，确保节能目标的实现。

4. 零配件耗材供应

零配件耗材供应服务是冷库后市场服务的关键组成部分，它保证了冷库系统的连续运行和性能稳定。供应服务需要提供广泛的、高质量的零配件和耗材，包括制冷剂、冷冻油、滤清器、电机、传感器等，以及日常运营所需的各种耗材。供应商应建立强大的供应链，确保产品的及时可用性和成本效益，同时也需要有能力对产品进行质量控制，确保配件与原系统的完全兼容。

5. 物联网监控

物联网监控在冷库后市场服务中发挥着至关重要的作用，它是将传统冷库系统转变为智能化、数据驱动的运维管理模式的重要一步。通过部署或采集原有的各类传感器，物联网技术使冷库的温度、湿度、电力消耗、设备状态等关键数据可以实时收集和监测。这些数据通过网络传输到中央控制系统，实现远程监控和管理。物联网监控系统不仅提高了对冷库运行状况的透明度，还使运维团队能够迅速响应各种突发状况，比如温度异常、设备故障等。数据分析和机器学习算法的应用进一步提升了这种监控系统的价值，能够基于历史数据预测设备故障，实现预防性维护，降低了意外停机的风险和维修成本。此外，物联网监控还能优化能源管理，通过分析设备运行数据和能耗模式，识别节能改造的机会，从而减少能源浪费，实现节能降耗。例如，物联网监控通过分析冷库运行的峰谷电时段，智能调度制冷设备的运行，达到降低电费的目的。

整合物联网监控的冷库后市场服务，为客户提供了从故障预警、远程诊断、能效管理到设备维护等全面的解决方案，帮助客户提高运营效率、降低运维成本，并为冷库的长期健康稳定运行提供了有力保障。

（四）市场规模与需求分析

由于目前没有成熟的体系和数据可供参考，本节自创评估模型，初步估计冷库后市场服务的市场规模。因为 1000 平方米以下冷库的建设标准和维护需求与中大型冷库有显著区别，而 1000 平方米到 2000 平方米之间的冷库，其需求类型混合，不易区分。因此，我们重点关注 2000 平方米以上的中大型冷库。

根据链库网公开数据，采集到数据全面的食品冷库 7171 座，通过此样本集合，本节应用上述评估模型，对国内食品冷库后市场服务规模做如下测算。

1. 变量取值

（1）N：冷库的总数量，取值 10000，由于没有准确数据来源，本次取值暂且按照中大规模冷库数量作出估计。考虑到很多私人小型冷库并未在链库和冷链委统计范围内，实际数量应该高于 10000。日后如有更为准确数据，只需在公式替换该值即可。

即，$N = 10000$。

（2）N_s：评估市场规模抽样冷库总数，取值 7171，此数值为本次从链库网中采集的统计样本数。

即，$N_s = 7171$。

（3）A_i：第 i 类冷库在 N_s 中的数量。考虑到氨库和非氨库在维保方式、人员安排、安全制度及最终成本上有显著差异，以及样本中复叠库占比较少，本次只分为两类：第一类为氟及氟和非氨复叠制冷的冷库，数量为 3531 座，第二类为氨及氨复叠制冷的冷库，数量为 3640 座。

即 $A_1 = 3531$，$A_2 = 3640$。

（4）C_i：第 i 类冷库在 N_s 中的平均库容。由于样本中 80% 以上的库容统计单位为吨，因此，本次统一转换为吨作为库容统计单位。根据样本数据统计得到，氟及氟和非氨复叠制冷的冷库平均库容为 14321 吨，氨及氨复叠制冷的冷库平均库容为 9727 吨。

即 $C_1 = 14321$，$C_2 = 9727$。

（5）S_i：第 i 类冷库在 N_s 中每库容单位每年所需的维保、维修费用（含材料）。根据市场询价大致可定义氟及氟和非氨复叠制冷的冷库（系统状态良好的情况下）每吨维保、维修费用（含材料）为 20 元/吨·年；氨及氨复叠制冷的冷库每吨维保、维修费用（含材料）为 40 元/吨·年。

即 $S_1 = 20$，$S_2 = 40$。

（6）P_i：第 i 类冷库在 N_s 中每库容单位每年所需的改造（含节能改造）、物联网服务等其他费用。同上，根据市场询价可定义如下。

即 $P_1 = 5$，$P_2 = 5$。

（7）T_i：第 i 类冷库在 N_s 中的平均使用年限。根据样本数据统计氟及氟和非氨复叠制冷的冷库平均投产年限为 5.5 年，氨及氨复叠制冷的冷库平均投产年限为 10.4 年。

即 $T_1 = 5.5$，$T_2 = 10.4$。

（8）引入折旧系数函数 D_i，定义 $D_i = 1 + 0.05 \times (T_i - 3)$（$T_i \geq 3$ 时），代入 $T_1 = 5.5$，$T_2 = 10.4$ 计算可得 D_1 和 D_2。

即 $D_1 = 1.125$，$D_2 = 1.37$。

2. 数据代入

数据代入计算（食品）冷库后市场服务的总市场规模 R。

$$R = \frac{N}{N_s} \times \sum_i \left[D_i \times A_i \times C_i \times (S_i + P_i) \right]$$

$$R = \frac{N}{N_s} \times \left[D_1 \times A_1 \times C_1 \times (S_1 + P_1) + D_2 \times A_2 \times C_2 \times (S_2 + P_2) \right] = \frac{10000}{7171} \times [1.125 \times$$

$$3531 \times 14321 \times (20 + 5) + 1.37 \times 3640 \times 9727 \times (40 + 5)] \approx \frac{10000}{7171} \times (1.42 \times 10^9 +$$

$$2.18 \times 10^9) \approx 5 \times 10^9$$

3. 综上可得

根据上述模型、样本数据及部分假设，可计算得出（食品）冷库后市场服务的总市场规模约为50亿元/年。其中氟及氟和非氨复叠制冷的冷库后市场服务占比约40%，氨及氨复叠制冷的冷库后市场服务占比约60%。需要注意的是，这里的总数包含了用户自己进行冷库维保、维修的市场空间，而根据初步的市场调研结果来看，大量的氨相关冷库目前是由用户自行维保、维修的。

（五）技术发展与创新

在冷库后市场服务领域，技术的进步和创新将不断重塑服务模式，提升效率，并大幅降低成本。以下探讨一些新兴技术如何具体影响冷库后市场服务。

1. 物联网（IoT）技术的应用

物联网（IoT）技术使冷库后市场服务实现了从被动响应向主动服务的转变。通过在冷库系统中利用原有的（或新增安装）各种传感器，数据实时传输至中央监控系统。这些数据包括温度、湿度、设备运行状态等，通过对这些数据的实时监控和分析，服务提供商可以在问题发生前预测和进行干预，从而避免昂贵的设备故障和食品安全事故。例如，通过分析压缩机的运行数据，可以预测其潜在故障，提前进行维护，避免因设备突然故障而导致的长时间停机。

此外，冷库物联网的应用极大地提高了冷库后市场服务的效率和效能，尤其在维保人员的工作效率上有显著提升。通过在冷库系统中集成各种传感器和远程监控设备，制冷工可以同时监控多个冷库的运行状态。这些设备实时收集关于温度、湿度、能耗和设备性能的数据，通过云平台反馈给维护工程师。工程师可以在办公室通过这些数据远程诊断问题，甚至远程调整系统设置，减少了现场访问的需求。这种技术进步意味着原本一个工程师只能负责一个中大型冷库（非氨库）的情况得以改变，现在同一工程师可以有效管理3~5个中大型冷库（非氨库）。这不仅提高了人员的工作效率，还降低了人力成本和响应时间，使服务更加迅速和经济。冷库物联网系统构架如图3-7所示。

2. 自动控制技术的创新

尽管自动控制技术在冷库领域已广泛应用，但创新的焦点在于如何进一步提高系统的智能化和自适应能力。以下几个方面是当前技术创新的主要领域。

（1）机组和末端升级群控能力。

当前的冷库自动控制系统中，机组控制与末端控制往往相对独立，通常仅共享一

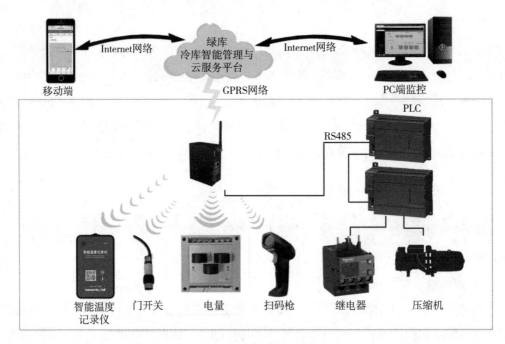

图 3 - 7　冷库物联网系统构架

些基础的启动信号或简单控制指令。然而，随着技术的进步，新一代的控制系统能够实现更深层次的集成和通信。这样的系统设计不仅使末端设备（如风机、阀门等）与主机组的操作更加协调，还能通过复杂的算法智能调整运行参数，以适应不同的环境和负载需求。

此外，这种高级通信和算法集成为系统带来的优势包括更高的能效、改善的系统稳定性和增强的安全性。通过实时数据交换和持续的性能优化，整个冷库系统能够以更智能的方式响应内外部变化，从而减少能耗和操作成本。例如，末端设备可以根据实时的库内温度和湿度数据调整其运行状态，而主机组则能够根据末端的反馈优化其压缩率和冷却力度，确保整个系统的协同效率达到最优。

（2）自适应能效管理。

新一代自动控制系统能够根据实时能源价格和天气预报动态优化能耗。例如，系统可以在电力成本较低的时段自动增加制冷强度，并在高峰时段减少运行，从而在不牺牲冷库性能的前提下降低能源成本。

（3）云计算和边缘计算的应用。

将云计算与边缘计算相结合，创新的自动控制系统可以在本地快速处理大量数据，同时利用云平台进行深度分析和存储。这种模式提高了数据处理速度和可靠性，使系统能够更快响应变化并支持远程监控和管理。

3. 增强现实（AR）技术的整合

增强现实（AR）技术的整合可能会为冷库后市场服务带来了革命性的变革，尤其在维护和维修领域。通过 AR 技术，维保人员可以在现场通过智能设备如 AR 眼镜或移动应用，实时（或离线）接收到 3D 视觉叠加的操作指引和维修数据。这种技术不仅能实时显示设备状态和维修历史，还能指导技术人员完成复杂的维修任务。

此外，AR 技术能够记录维保和维修的全过程，这对于故障分析和未来的培训材料制作非常有价值。技术人员可以回顾整个维修过程，分析可能的错误和最佳做法，从而不断提升工作效率和服务质量。在处理特别复杂或罕见的技术问题时，AR 还能实现远程专家的即时介入，通过共享视角提供专业指导和支持，这大大减少了解决问题所需的时间并提高了解决问题的准确率。

AR 技术在冷库维保中的应用带来了作业指导的革命性变化。例如，在设备抄表或巡检任务中，尽管有详细的作业指导和执行标准，但传统方法很难确保现场人员操作的真实性和质量。AR 技术的使用，如通过 AR 眼镜，可以实时向维保人员提供可视化指导，确保每一步操作都按照规范执行。这不仅提高了作业的精确度，还能实时记录操作过程，确保数据的真实性和完整性。这种技术的应用大大减少了人为错误，提高了维保工作的效率和质量。同时，它也为管理层提供了对现场操作的直接监控能力，增强了管理的透明性和可靠性。

对客户而言，AR 技术的整合在冷库后市场服务中提供了对维保和维修过程的全面记录与实时作业指导，极大增强了服务的透明度和可追溯性。这使得客户能够全程监视服务过程，确保服务的每个步骤都符合预期标准，从而增加了信任感和满意度。AR 眼镜在冷库维保中的应用如图 3-8 所示。

图 3-8 AR 眼镜在冷库维保中的应用

4. 数据分析和人工智能（AI）技术的应用

数据分析和人工智能（AI）技术在冷库后市场服务中的应用为行业带来了显著的

变革。通过收集和分析大量数据，AI 可以预测设备可能出现的问题，从而实现预防性维护，降低突发故障的风险。例如，通过分析冷库系统的温度、制冷设备状态、能耗等数据，AI 可以优化制冷系统的运行参数，实现能效最大化，显著降低运营成本。在实际应用中，一家大型食品冷库通过使用基于 AI 的分析系统，成功预测了制冷系统的潜在故障，提前进行了维修，避免了可能导致有数百万元损失的设备停机。此外，该系统还通过智能调整制冷周期和温度设定，节省了约 20% 的能源消耗。

此外，随着生产式人工智能的发展，如 ChatGPT 等技术，冷库后市场服务领域的应用潜力显著增强。这些 AI 技术能够提供故障诊断支持，通过分析历史数据和实时监控，预测和识别潜在的设备故障，从而提前进行维护，减少停机时间。此外，AI 可以作为智能客服，通过自然语言处理技术，提供 24/7 的客户支持，快速响应客户查询和解决问题。智能作业指导系统可以根据不同的设备和情况，生成个性化的操作指南和维护步骤，提高维修效率和精准度。AI 还可以帮助编写和优化服务文档，确保维护标准一致性，减少人为错误。此外，通过构建智能知识库，AI 能够整合和分析大量的维保数据和知识，为技术人员提供决策支持，进一步提升服务质量和客户满意度。这些应用不仅优化了服务流程，还为企业带来了成本效益和竞争优势。

（六）竞争格局与主要参与者

冷库后市场服务是一个多元化且竞争激烈的领域，由多种不同类型的业务实体参与。这个市场的特点是服务提供者类型多样，从大型工程公司到地方性小企业不等，各有所长。市场集中度相对较低，意味着没有单一或少数几家企业能显著主导市场，这促进了服务质量的提升和创新技术的应用。影响竞争格局和主要参与者的因素有以下几点。

1. 客户需求的多样性

不同类型的客户对服务的需求各不相同，这推动了服务提供者在服务内容和服务方式上的多样化。例如，大型企业可能需要全面的系统升级和定期的维护计划，而小型企业可能更注重成本效益和快速响应的维修服务。

2. 环境与政策驱动

环保法规的加强和能效要求的提高，使节能降耗成为服务中的一个重要方面。服务提供者不仅要在技术上做出响应，还要在服务过程中实施环保和可持续的操作方法。

3. 竞争与合作

由于市场集中度低，企业之间的竞争加剧，但也催生了多种形式的合作，如共享资源、技术合作等，共同开发新的服务模式和解决方案。冷库后市场服务主要提供者对比如表 3 – 5 所示。

表 3 – 5　　　　　　　　　　　冷库后市场服务主要提供者对比

服务提供者类型	服务特点
工程公司的售后部门	提供全面的技术支持，从安装到维护，技术力量雄厚
当地小型制冷服务商	响应速度快，灵活性高，适合应对小规模和紧急维修需求
设备厂家售后部门	专业性强，可以提供设备原厂的维修和保养，服务更为标准化
独立第三方服务公司	提供成本效益较高的服务选择，服务范围广，能处理多品牌和多类型设备的维护需求

（七）市场发展趋势与预测

1. 当前市场发展趋势

（1）技术驱动的服务优化。

随着物联网、人工智能、大数据等技术融入冷库维护，服务模式正向智能化、自动化发展。这些技术使远程监控、预测性维护和能效管理变得可行，大大提高了服务效率和系统运行安全性。

（2）环保与节能。

随着全球冷链发展对环保和节能的要求不断提高，冷库后市场服务也越来越强调采用低碳环保友好型制冷剂、优化制冷系统设计、减少制冷工质充注量的改造等，以降低能耗和操作成本。

（3）服务个性化。

面对多样化的客户需求，定制化的服务解决方案成为市场的新常态，服务提供商正通过深入分析客户具体需求来提供更加精准的服务。

（4）市场整合与合作。为了扩大服务能力和提高市场覆盖率，大型服务供应商和设备制造商通过并购或合作，整合资源和技术，形成强大的服务网络。

2. 未来市场发展方向预测

一是技术创新的持续推动。未来，技术仍将是推动行业发展的关键力量。尤其是在物联网和 AI 领域，新的技术解决方案将进一步提高服务的精确性和预测性。

二是市场规模的持续扩大。随着冷链需求的增加，以及冷库使用年限的不断增长，特别是在食品和医药行业，预计会带来更大的市场需求，为后市场服务提供持续的增长动力。

三是客户意识的变化。随着客户对冷库操作成本、设备维护重视程度的提高，对高质量和全面服务的需求也在增加。

四是服务模式的进一步创新。包括基于订阅的服务模型、集成服务解决方案等，这些都将改变传统的服务提供方式，提供更高效、成本效益更优的服务选项。

五是法规和政策的引导。政府对冷库安全和效率的法规和政策的支持力度将进一步加大，这方面医药冷库的温度监管已经有了较好的先例，目前食品冷链虽然已响应国家标准，但是执行力度的增强还有一个过程，这也将成为冷库后市场针对温度监管改造升级的契机。

六是维保方式的革新。考虑到成本和效率，市场更倾向于采用第三方维保服务而非自有维保服务，特别是对于中小型企业，这一趋势将更为明显。

七是维保服务的规范和标准化。市场的各参与方将会自发地形成一些后市场服务的标准，以实现后市场服务的规范化和可对比性。这将有利于市场整体的健康发展。

（八）政策环境与市场影响

1. 国家政策影响

国家政策在推动冷库市场的规范化和技术升级方面起着关键作用。政策如《食品安全国家标准》和药品监管规定不仅提高了行业的操作标准，还增强了消费者对冷链物流的信任。例如，政府对冷链设备的补贴政策和对使用环保制冷剂设备的政策倾斜，直接激励了市场向高效能和环保技术转型。这些政策导向帮助冷库市场形成了一个更加安全、高效的市场环境。这些政策要想在现有存量冷库中有效落地，就得通过冷库后市场服务的改造升级来完成，这就为后市场服务创造了增长动力。

2. 行业标准的设定与实施

行业标准如《食品冷链物流卫生规范》和《冷库低碳评价指标》设定了操作和能耗的最低要求，保证了服务质量的基线。这些标准对冷库的设计、建设、运营及维护提出了具体要求，推动了服务提供者向更专业化方向发展。例如，标准中对冷库温度和湿度的要求迫使维保服务必须采用精确的监控系统来保持和监控环境条件，从而提高了整个行业的服务水平和技术水准。此外，《冷库维保服务规范》团体标准的制定和实施，为维保服务的专业性和系统性建立了明确的框架，确保了服务的可靠性和效率，提升了整个行业的服务水平。

3. 法律法规的作用

《食品安全法》《药品管理法》等相关法律直接影响冷库的运营方式和服务需求。

例如,《食品安全法》要求所有冷链物流企业必须具备合格的冷库设施,并定期接受卫生检查,这促使冷库运营商增加了对后市场服务的投入,以确保设施符合法规要求。此外,这些法规的实施帮助消除了市场中的低效和不合规运营者,保障了行业的健康发展。

4. 政策与市场发展的关联

国家的宏观政策和行业动向密切相关。随着政府对食品安全和药品安全重视度的不断提高,相关的冷库标准和监管措施也会随之增强。这不仅会提升市场的整体服务质量,还会促进技术和服务模式的创新。例如,政府对冷链跟踪系统的要求促进了物联网在冷库管理中的广泛应用。此外,政府的环保政策也促使行业采用低碳解决方案,如使用环保制冷剂和能效优化技术,以应对日益严格的环保要求。这些变化不仅响应了全球可持续发展的趋势,也为冷库后市场服务业提供了新的业务机会和挑战。

5. 未来政策变动的预测与应对

预测未来政策变化是企业战略规划的重要组成部分,特别是在政府日益加强对食品、药械冷链的监管下。例如,预计未来政策将重点推动冷库技术的持续升级,那么就需要预研增强能源监控系统的应用,以确保实时监测能效。此外,预计可能会引入更严格的排放标准,就要求冷库系统采用先进的废热回收技术,将废热转化为能源重新利用,减少能源消耗和碳足迹。为了应对这些变化,企业应考虑加强与技术供应商的合作,开发和部署符合新政策的系统解决方案,确保在政策变动中保持竞争力。同时,建议加强与政策制定者的沟通,积极参与政策讨论,以影响未来的行业规范制定。

(九) 面临的挑战与机遇

1. 市场发展的主要挑战

一是技术更新速度与适应性。随着技术的快速发展,尤其是物联网和人工智能的应用,冷库系统的维护和升级需求不断增加。这对服务提供商的技术更新和员工培训提出了更高要求。二是环保法规的约束。全球对环保的要求日益严格,冷库行业面临必须减少碳排放和提高能效的挑战。这需要后市场服务提供商开发更加高效和环保的服务方案。三是客户需求的多样化。不同行业和不同规模的客户对后市场服务的需求各不相同,如何满足这些多样化的需求成为服务商面临的挑战。四是竞争激烈。随着更多新兴企业和行业头部工程及设备公司进入市场,竞争变得更为激烈。传统的服务模式可能难以持续,需要不断创新以保持竞争优势。

2. 新兴机遇与市场潜力

一是智能化服务解决方案。企业通过集成物联网、大数据分析和 AI 技术、AR 技术，提供预测性维护和个性化服务方案，这些智能化的服务可以显著提高服务效率和客户满意度。二是绿色节能技术。开发和推广使用环保制冷剂和节能技术的服务，不仅响应环保政策，也为企业长期节省运营成本。三是扩展服务范围。除了传统的维护和修理，后市场服务还可以扩展到系统升级、能效咨询、二手设备管理等，这为服务商提供了新的收入来源。四是培训与教育服务。随着技术和规范的更新，为客户和行业人员提供专业培训和认证，这可以作为服务提供商的一个增值服务。

（绿库（上海）科技有限责任公司　卢山）

第四章 2023 年全国冷库市场分析

第一节 冷库市场供需概况

一、冷库容量变化情况

2019—2023 年，我国冷库总容量呈现逐年增长的态势，截至 2023 年年底，全国冷库总量约为 2.28 亿立方米，较上年增长 0.18 亿立方米，同比增长 8.30%（见图 4-1）。到 2028 年，预计我国冷库行业库容将达到 9023 万吨。

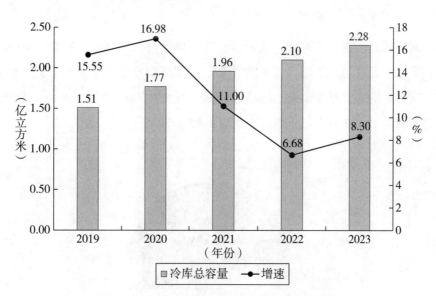

图 4-1 2019—2023 年我国冷库总容量及增速
资料来源：中物联冷链委。

据链库大数据平台不完全统计，2023 年全国冷库求租容积超过 1966.3 万立方米，同比 2022 年总求租量增长 5.76%，冷库市场需求增速略有回落，但仍保持增长态势。华北、华东、华南等地区的一、二线及沿海发达地区和城市，四川、河南等中西部核心城市圈仍是冷链仓储需求的主力，但江西、河南、湖北、广西等省区市新增冷库体量同样可观，冷链服务与基础设施升级浪潮正稳步向二线城市扩展。

从求租地域分布来看，华东地区冷库求租占比最大，达54.1%，其次排名第二、第三的分别是华北地区17.1%，华南地区13.6%，三个地区总占比达到了84.8%（见图4-2）。

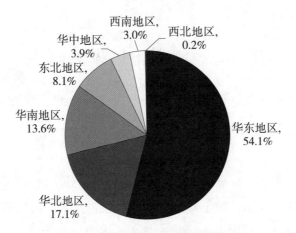

图4-2　各区域冷库求租面积占比

资料来源：中物联冷链委、链库网。

从不同需求方企业类型来看，连锁餐饮、生鲜电商的冷库需求持续增长，表现活跃，预制菜行业发展迅速。除冷库地理位置、价格外，冷库资质证照合规、能提供多温区服务（冷冻为主，配套干仓、冷藏、恒温库、加工车间），这也成为许多用户的考虑因素。不同需求方冷库求租面积占比如图4-3所示。

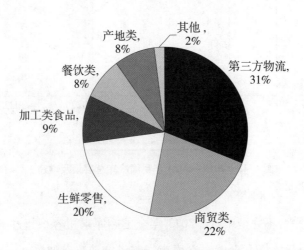

图4-3　不同需求方冷库求租面积占比

资料来源：中物联冷链委、链库网。

从需求方求租使用时长来看，第一，长租（定制仓）需求占比为 9.6%，随着近年来冷库供应市场的增长，以及全国冷链物流骨干网络的建设，定制仓业务逐年萎缩。第二，3 年租期需求占比仅为 6.9%，由于冷库市场的激烈竞争，兼顾全年市场的价格、空置率等因素，长租客户有所下降。第三，1 年租期需求占比 38.4%，第三方物流仍占据市场主体地位。第四，1 年租期以下的临租需求占比 45.1%，近半数，零租和配送业务明显增多，更多小 B、小 C 开始有越来越多的冷库租赁需求（见图 4 - 4）。

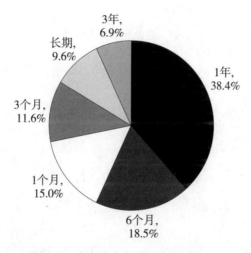

图 4 - 4 冷库需求方求租使用时长占比

资料来源：中物联冷链委、链库网。

二、冷库布局与集中度

据链库大数据平台不完全统计，2023 年全国经营性冷库出租总容积为 2738.0 万立方米，与 2022 年水平较为接近。从区域分布来看：华东、华中、华南地区冷库出租面积占比较高（见图 4 - 5），尤其是广东、江苏、山东、上海等地区冷库出租容积较多（见图 4 - 6），也说明了目前我国冷库资源主要集中在东部、华南和中部地区，一方面是这些地区冷链需求量大，带动冷库的需求量大，另一方面基础设施较为完善，冷库资源较多。北部和西部地区冷库资源相对较少，未来随着国内冷链基础设施的完善，这种局面将会得到改善。

全国主要城市经营性冷库平均空置率为 22.5%，部分地区如重庆、天津、南昌、武汉等地区冷库空置率在 30% 以上（见图 4 - 7）。

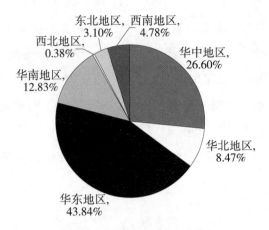

图4-5　各地区冷库出租面积

资料来源：中物联冷链委、链库网。

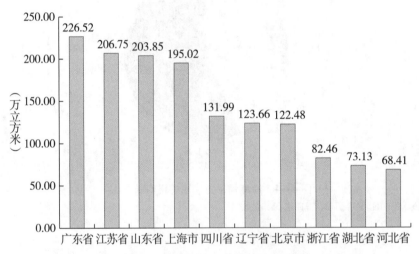

图4-6　冷库出租容积居全国前十名省份

资料来源：中物联冷链委、链库网。

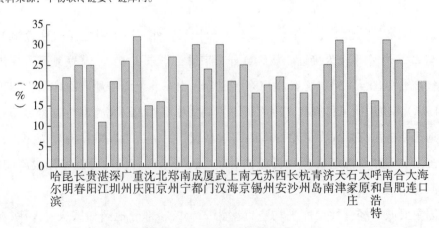

图4-7　全国主要城市经营性冷库空置率

资料来源：中物联冷链委、链库网。

三、冷库供需发展特点

2023 年冷库供需格局：第一，整体呈现供应大于需求现象，部分区域需求高于供应；第二，以传统冷冻仓储功能为主的冷库市场竞争激烈，而为城市配送、电商服务的高标多温仓更受市场青睐，成为新建冷库的项目的主流选择；第三，冷库资源与需求量仍呈现出东部（沿海）地区较为集中态势，冷库供需空间分布不均等问题仍然存在；第四，冷库求租需求仍然集中在消费端，但逐步向产地端延伸，随着产地端冷链基础设施逐步完善，冷链市场下沉成为必然趋势。

四、冷库建设发展情况分析

（一）产地冷库

1. 发展现状

（1）政策驱动。

产地冷库作为冷链源头的网络基点，其建设有助于解决我国冷链物流的短板和痛点，也符合我国冷链物流体系总体布局方向。据统计，2023 年国家层面提及农产品产地冷链物流设施建设的决策共有 7 项。其中，《中共中央 国务院关于做好 2023 年全面推进乡村振兴重点工作的意见》明确指出，支持建设产地冷链集配中心，推动冷链物流服务网络向乡村下沉；《全国现代设施农业建设规划（2023—2030 年)》要求各地加快补齐产地冷链物流设施短板，继续支持农产品产地冷藏保鲜设施建设；《中央财办等部门关于推动农村流通高质量发展的指导意见》提出支持农村集体经济组织、家庭农场、农民合作社适度集中建设农产品产地冷藏保鲜设施。天津、浙江、江苏、云南等省份也针对农产品产地冷藏保鲜设施建设出台了相关政策。产地冷库是打通"最初一公里"的核心，从源头完善农产品冷链物流体系，保证农产品顺利出村，高质量进城，提升农产品物流效率。

（2）市场需求持续拉动。

随着城乡居民对生鲜农产品消费升级的需求日益增加，农村冷链物流基础设施建设的重要性日益凸显。同时，生鲜电商、新零售、新餐饮等新业态、新模式应运而生，产地直采、源头直供成为新模式的亮点之一，这对产地端农产品的品质安全提出了更高的要求，对冷库建设的需求也在逐渐提升。根据农业农村部统计，2020—2023 年全国建设了 7.5 万余个产地冷库，虽然在农产品供应链中，冷库建设和求租需求仍集中在消费端，但产地冷库的建设也在逐步提升，其体量化建设很大程度上解决了农产品在产地源头的损耗和质量安全问题。

（3）促进农业健康发展。

面对部分农产品短期供求失衡，价格大幅波动的情况，依托产区建立冷库、应急供应保障等机制，可以有效调节市场供应，缓解供需矛盾，稳定市场，惠及民生。产地冷库的建设可以引导农业产业发展，衍生出与农产品交易相关的金融产业，有效解决农产品交易双方信息不流通的问题，促进生产者和批发商之间的商品交易，保护双方利益，解决农产品丰产不丰收的问题。

2. 发展问题

（1）缺少建设冷库用地。

依据现行政策，冷库建设用地性质属于工业用地或仓储物流用地，而生鲜农产品生产端建设需求的土地多属于农业用地，政策规定严格限制农用地转为非农用地。中大型冷库建设的土地还必须具备交通、电力、给排水、通信等基础设施，同时既要接近生产基地，还要远离污染、低洼、疏松等地区。在产地附近同时满足以上条件的土地十分稀缺。

（2）缺少建设冷库的资金。

田头冷库建设需要大量的资金投入，包括土地征用、冷库建设、设备采购等费用。由于冷库建设投资大、周期长、回报慢，资金短缺是冷库建设的主要问题之一。虽然农村建设冷库达到一定标准和条件的可以享受政府的补贴，但剩余部分仍需要自筹。在投资回报期不明确的情况下，这笔资金对于效益不高的农业生产企业或合作社来讲也有一定的难度。

（3）库容利用率和周转率低。

目前建设的大部分产地冷库都是平库，有些冷库内因未使用货架，直接堆垛码放，受堆放层数限制，造成库容的部分空间空置；或者库内规划不合理，巷道、理货区、设备区占用面积过大造成了空间浪费等，从而降低了冷库容积的利用率。部分冷库只存放一种农产品，当农产品收货时，进行满仓存储，之后根据需求逐渐出库，一年只能周转一次，平均库存量只有满库容的一半，一年之中有一半的库容是空置的。整体下来，产地冷库闲置率高，利用率和周转率较低。

（4）缺乏专业化运营与操作。

产地冷库建设起步较晚，整体建设水平参差不齐，不少产地冷库功能单一、设备简单老旧。同时产地冷库主要面向乡村，目前我国大多数农村留守人员都明显老龄化，劳动力缺乏，缺少专业的技术人才进行管控，存在温度湿度难以实时监控，未能合理规划库内布局，严格进行库存管理等情况，影响仓库的运营成本和效率，农产品的质量和品质安全也难以保证。

3. 发展趋势

（1）集约化。

我国农业以小规模种植为主，产地分布较为分散，产地冷库集约程度不高。随着近年来我国农业向集中化转型，连片化、规模化种植逐渐成为主导，"农村合作社＋家庭农场""农村合作社＋龙头企业""龙头企业＋农村合作社＋基地＋农户"等合作模式相继出现。各地纷纷打造"一县一品""一乡一品"特色产业，建设农业产业园区和特色农业产业基地，形成具有地方优势的特色产业集群。小、散、杂的农产品生产者结成联盟，共建功能齐全的中大型冷库，共享冷库（含预冷等）设施，专业化冷库运营水平的提升，推动产地冷库向集约化发展。

（2）体系化。

一方面，随着冷库规模的扩大，冷库需要进行体系化建设，在产地冷库中按照完整的业务流程科学合理规划各个功能区域，安装先进的设备，使之检验、称重、预冷、分级、清洗、加工、包装、装箱、冷藏等功能完善，满足农产品冷链物流的多元化需要；另一方面，产地冷库经营也需要体系化，产地冷库也需要加入完整的农产品冷链物流体系中，成为某一农产品线上线下融合的冷链物流体系中的一部分。总体来看，未来产地冷库建设与经营不断趋向体系化发展。

（3）科技化。

依托特色农产品优势产区，产地冷库逐渐合理配备信息采集、检测检验、低损运输、温度管控等设备，完善冷链配套设施。提供称量、清洗、分级、检测、包装、移动式皮带输送的初加工场地，并布局插电装置，促进冷链初加工技术设备在产地应用，提升产地商品化处理能力。产地冷库立足田间地头，通过集成先进技术和智能化管理手段建设节能环保、绿色经济的仓储保鲜冷链设施，提升产地冷链装备智能化数字化水平。

（4）技能化。

一方面推动欠发达地区优势农产品龙头经营企业、行业协会，与相关高校开展冷链人才"订单式"培训，引进及提升产地冷链人员技术水平；另一方面，开展产地新型职业农民培训，有效提升其冷链意识和操作能力，实现专业化、技能化发展。

（二）流通冷库

1. 发展现状

（1）集聚效应明显。

流通冷库一般建设在水陆等交通枢纽附近，辐射京津冀、长三角、珠三角等城市群，相当于区域中心仓。近年来，冷链上下游产业逐渐向集约化发展，各地政府纷纷整合优质资源，打造规模化产业园和贸易区，使冷链需求更加聚集。流通冷库由于其区位优势和区域冷链市场巨大的需求量，在政策、资本等作用下，集聚效应日益凸显。

（2）多功能发展。

流通冷库作为冷链物流的二级储存节点，随着上下游需求的多元化发展和冷链技术的进步，流通冷库除了最基础的储存功能外，也承担了一定的运输集中、中转、加工、分拨等功能，从单温冷库逐渐细分为高温冷库、中低温冷库、超低温冷库等多温区冷库。2023 年 12 月 18 日，中国目前在建的最大冷链项目群、广东省重点项目玉湖冷链（广州）交易中心物流区启用投运，该园区是广东省首个全温区冷链仓储交易园，获评国家最高等级"一级（三星）绿色仓库"，全面应用先进的冷链物流和信息技术，实现包含超低温深冷储存的全温区覆盖。

2. 发展问题

（1）区域发展不平衡。

我国不同区域冷库容量占比与经济发展水平有直接关系，经济发展水平较高的华东地区冷库容量较大，经济发展水平较低的西北、西南及东北地区冷库容量较小。冷库供给不平衡就意味着冷链物流存在着不平衡，西南西北及东北地区冷库容量过小则无法满足其农产品冷链物流需求，而华东地区冷库容量过大则又会产生冷库闲置现象，也会造成资源浪费的问题。

（2）信息化建设水平较低。

流通冷库连接上游产地端和下游销地端，是典型的中转型冷库，大型流通冷库的信息化建设相对完善，但是部分中小型流通冷库尚未构建完善的冷链物流信息系统，信息化管理水平较低，上下游间无法及时共享冷链物流信息，影响供应链的高效流通，在仓库的运营管理上也难达到最优。

3. 发展趋势

（1）建设趋于理性。

从 2023 年的冷库市场来看，市场需求增长放缓，冷库仓储服务市场竞争激烈，部分地区已出现冷库过剩现象。未来流通冷库的建设会逐渐趋于理性，不能一味地追求资本投入与政策红利。相关企业在布局冷库时，要提前对区域内客户需求和冷库定位等因素进行充分考虑，避免市场饱和造成的业务量较低和同质化严重带来的恶性竞争，要充分考虑冷库的功能定位与业务发展方向是否匹配，未来是否会出现资源浪费或闲置情况，为企业带来一定的损失。

（2）信息化发展。

流通冷库作为干线冷链仓储节点，其主要的任务就是中转作业，其吞吐量和周转量较大，对冷库的运营管理提出了很高的要求。随着物联网、人工智能、5G 等先进技术的发展，流通冷库可以通过这些技术实现实时信息整合、资源协调和风险预警，从而提高冷链物流的运行效率和安全性，推动流通冷库作业管控逐渐走向精细化。

（三）销地冷库

1. 发展现状

（1）需求驱动规模增长。

销地冷库连接流通端和销售端，是传统商超、生鲜电商、社区团购等模式在网络布局中的重要节点，销地冷库更靠近消费端，对于配送时效和供应的保证起着至关重要的作用，目前销地冷库多于产地冷库。近年来，随着居民消费结构和消费需求的改变，消费者对产品的品质和质量要求逐渐提升，预制菜、生鲜电商、社区团购等新业态应运而生，前置仓、仓店一体化的仓库运营模式逐渐兴起，销地冷库的时效和产品品质保证的优势逐渐显现，刺激了销地冷库的规模增长。《"十四五"冷链物流发展规划》大力推进销地冷链集配中心建设，在消费规模和物流中转规模较大的城市新建和改扩建一批销地冷链集配中心，引导冷库等设施向销地冷链集配中心集中。

（2）推动产业融合发展。

销地冷库具备辐射广、成本低、效率高的优势，可以带动周边区域农产品生产加工、商贸、制造等产业集聚发展，依托销地冷链集配中心实现农产品产业链上下游联动，培育"冷链物流 + 种植养殖""冷链物流 + 新零售"等多种新场景，打造冷链物流与产业融合发展新生态。销地冷库正在集成流通加工、区域分拨、城市配送等功能，大力地提升冷链干线运输与城市配送的衔接效率，引导高标准冷库资源向销地聚集。

2. 发展问题

（1）建设成本高，竞争激烈。

销地冷库主要集中在一、二线及高消费城市周边，以满足其周边地区城乡居民的消费需求。随着工业用地紧张，土地资源越来越难以获取，各类资本入局销地冷库建设，导致销地冷库建设竞争越来越激烈，加上建造冷库本身投入巨大、回收周期长、运营成本高，在同等面积及构造下，冷库总成本是干仓的 2~2.5 倍。在接下来的 1~2 年内，在一、二线城市以及冷链流通节点属性比较强的城市，销地冷库之间的价格竞争不可避免。

（2）监管难。

销地冷库由生鲜电商、传统商超、批发市场、生产企业等自建和租赁为主，主要围绕自身业务规划和需求进行布局。受土地资源、成本、人员等因素的限制，销地冷库以中小型冷库为主，且部分销地冷库由普通干仓改造，在改造过程中可能会出现设计缺陷和安全隐患，在工程设计、施工及安装方面存在不合规的情况，这些在无形中增加了政府部门的监管难度。

3. 发展趋势

（1）销地冷链设施建设逐渐完善。

各地政府大力支持销地高标准冷库和冷链分拨配送设施建设，在农产品主销区和中转规模较大的城市附近，推动新建和改扩建一批与消费规模相匹配，集流通加工、区域分拨、城市配送等功能于一体的销地冷链集配中心。部分农产品批发市场对冷库进行改造，建设公共冷库、净菜加工车间等设施，完善流通加工、分拣配送等功能；商超、生鲜连锁企业加大零售端冷链设施改造升级力度，提高冷链物流服务能力。

（2）销地分拨配送体系逐渐健全。

面向大型商超、生鲜连锁、酒店餐饮、学校、机关团体等的农产品集中采购、流通加工、多温区的共同配送服务网络逐渐形成。以销地冷库为载体，以服务城区消费群体为目标市场，整合市区各需求方的消费需求，开展集中采购、流通加工、多温共配的集约式冷链配送模式，可以极大地提升配送效率，节约配送成本。

（3）冷链物流配送模式升级。

随着城市冷链即时配送体系的建设，销地冷库与生鲜零售、餐饮、体验式消费模式融合创新发展，物流企业规模化集并城市冷链和常温货物配送，加大多温区配送车、蓄冷保温箱和保温柜的应用力度，实现了多种形式多温共配发展。冷链物流与电子商务的融合发展，促进了冷链共同配送、"生鲜电商＋冷链宅配""中央厨房＋食材冷链配送"等配送模式的发展。

（四）港口冷库

1. 发展现状

（1）港口冷库成为投资热点。

港口作为我国进出口货物的重要枢纽，需要集散大量的贸易货物，2023 年我国港口完成货物吞吐量 170 亿吨，比 2022 年增长 8.2%，其中外贸货物吞吐量 50 亿吨，增长 9.5%，港口集装箱吞吐量 31034 万标准箱，增长 4.9%。在"一带一路"倡议和 RCEP 等政策的推动下，巨大的海外农食产品进口市场蓬勃发展，企业及资本看好冷链市场，冷链设施被看作是发展潜力巨大的朝阳产业，特别是具备进口平台性质的港口冷链。港口冷库设施作为进口冷链在国内的仓储、分拨、分割、包装的平台，成为如普菲斯、普洛斯等跨国物流巨头以及众多央企、地方国企的关注热点。此外，港口冷链设施往往被地方政府看成投资密度高、投资强度大的项目，土地、税收政策均有较大力度支持。在港口城市中，天津、宁波、大连等口岸纷纷提出冷链枢纽港等战略。

（2）政策助力高质量发展。

为了推动港口冷链物流发展，除转型升级港口冷库设施外，我国政府对于港口冷藏集装箱港航服务能力提升也提出了明确的要求。近年来，我国海运冷藏集装箱运输快速发展，沿海港口冷藏箱吞吐量近 3 年年均增长率达 10% 以上，保持快速增长态势。2023 年 6 月，天津市《市发展改革委 市商务局关于印发天津市推动冷链产业高质量发展工作方案的通知》发布，方案指出要加快建设中心渔港国家骨干冷链物流基地，谋划建设中心渔港专业型交易市场，吸引大中型贸易商进驻，提升进口冻品本地结算率，发展食材加工产业及进口食材跨境供应链，打造高品质食品跨区域流通中心、高品质食材交易加工体验中心和京津冀食品战略保障基地。加快建设东疆综合保税区国家骨干冷链物流基地，发挥"自贸"＋"综保"功能优势，推动国际冷链物流、口岸冷链加工、冷链保税仓储、冻品保税展示交易等业态做优做强，打造我国重要的冷链物流对外门户口岸以及东北亚—西亚、欧洲国家和地区间的冷链货物转运中心。

2. 发展问题

（1）港口冷链物流运营成本较高。

港口冷链物流需要大量设备的投入，包括冷藏车辆、冷藏仓库和保鲜设施等，这些设备的购置和维护费用较高。除冷库建设的成本较高外，冷藏箱自重比普通集装箱自重约重1吨，导致进口冷藏箱时常被收取较高装卸费，间接增加了客户成本。目前，沿海港口冷藏箱物流成本普遍比内河更低，时效更高。因此，整体降低冷链物流成本，提高运输效率，成为冷链物流企业亟待解决的问题。

（2）标准与规范不统一。

一些港口行业与冷链相关的基础设施仍存在标准不统一的情况，这些问题直接制约了港口冷链物流的进一步发展。例如对于某件特殊冷藏货物的全程物流运输就必须制定详细的操作、设备以及低温控制标准，从货物卸船、入港堆场、内陆配送中心、展示售卖中心的几个阶段不仅对每个阶段的时间有限制，而且对操作和温度有明确的规范，最终保证用户得到最满意的体验。

3. 发展趋势

（1）港口冷库的基础设施加强。

冷链仓储是冷链物流的核心环节，直接关系到冷链产品的储存和保鲜质量。因此，应加大投资力度，建设现代化的港口冷库，配备先进的温控设备和监测系统，确保产品在整个仓储过程中保持稳定的温度和湿度条件。此外，还需完善冷链物流设施的配套设备，包括冷藏集装箱、冷藏车辆等，以满足不同类型冷链产品的运输需求。除了港口内部的基础设施建设，还应注重港口与周边地区的交通联通，港口可以根据自身情况，发展与临港产业相配套的冷链物流运输系统，同时需要加强港口与公路、铁路、航空等交通方式的衔接，实现多式联运，提高冷链物流的运输效率和运营成本。

（2）冷链技术创新推动。

推进港口冷库的智能化发展需要技术的创新支撑，智能化技术可以实现冷链设施的自动化和智能化控制，提高设施的运行稳定性和安全性。例如，应用物联网技术和传感器技术，实现对冷库的实时监测和控制，及时发现和处理设备故障和异常情况。同时，建立港口冷链物流信息平台可以整合各个环节的信息资源，实现冷链物流信息的共享和交流。通过信息平台，各个环节的参与者可以及时获取物流信息，从而做出更加准确的决策，提高运行效率。

第二节　冷库市场运行情况分析

一、冷库市场价格

2023 年市场需求增长放缓，新增冷库项目投入运营，部分地区冷库仓储服务市场的竞争加大，不少城市冷库打起价格战，北上广深地区冷库价格和仓租价格下跌 20% ~ 30% ；同时，随着部分生鲜电商业务进行调整、进口冷链食品消杀政策取消以及新业态产业加入赛道等因素的影响，以上海、天津地区高标冷库为首的租金增速放缓、严重下跌。

冷库需求因区位、周边基础设施、产业集聚呈现较明显的区域性差异，并对客群定位、产品设计产生重大影响，为满足不同类型租户快速增长的用库需求，部分运营商通过干仓改造冷库承接租户需求，也影响到了冷库租金的波动。

2023 年全国部分城市冷库价格行情如图 4 - 8 所示。

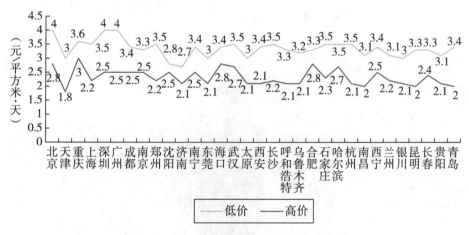

图 4 - 8　2023 年全国部分城市冷库价格行情

资料来源：中物联冷链委、链库网。

二、仓储业务运营

（一）冷链仓储运营概况

根据链库大数据中心数据显示，投产年限 3 年内的冷库占比接近半数，其余投产年限周期的占比较为接近，均小于20%（见图4-9），大部分冷库的投产年限较短。

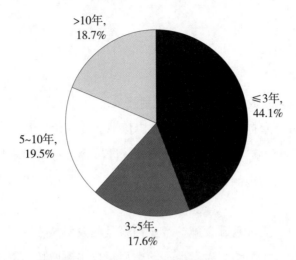

图4-9 2023年冷库投产年限占比
资料来源：中物联冷链委、链库网。

冷库市场上双温冷库（冷藏库+冷冻库）占比最高，超过市场的半份数额，其次是单一冷冻库和单一冷藏库（见图4-10）。

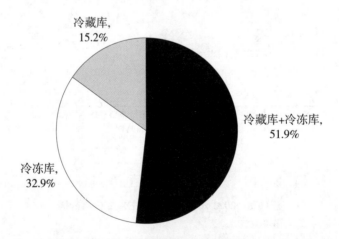

图4-10 冷藏库和冷冻库占比
资料来源：中物联冷链委、链库网。

市场上冷库的制冷方式以氟利昂和氨制冷为主，此外，还有部分冷库采用复叠制冷和二氧化碳制冷的制冷方式（见图4-11）。

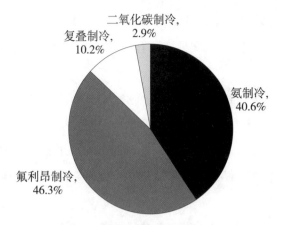

图 4 – 11 冷库的制冷方式占比

资料来源：中物联冷链委、链库网。

（二）冷链仓储作业说明

1. 冷链仓储作业流程

冷链仓储作业流程如图 4 – 12 所示。

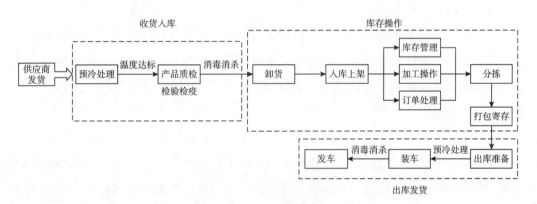

图 4 – 12 冷链仓储作业流程

资料来源：中物联冷链委。

2. 冷链仓储作业环节

（1）收货入库：当供应商提出发货需求后，收货员可根据采购单上预定入库日期进行作业安排。在商品到货后，对入库商品进行信息核验、商品检验，当质量或数量与订单不符时，应进行准确的记录，及时向采购部门反馈信息；当商品质检合格后，进行入库上架操作。

（2）库存管理：有效的库存管理是冷链物流仓储管理的重要组成部分。仓库应合理规划存储空间，根据食品的特性和需求进行分类存储，建立完善的库存管理制度，包括库存盘点、货物跟踪和安全库存设定等。冷链仓储同时还需要温度控制，仓库应具备良好的制冷设备，确保食品在储存、包装和运输过程中始终处于规定的温度范围内。

（3）订单处理：在接收到客户订单后，业务部门基于自身的库存状况、装卸能力、流通加工能力、包装能力和配送能力等，以满足客户需求。

（4）加工操作：在商品进入仓库后，进行的冷冻加工、分选加工、精制加工、分装加工等操作，主要是为了商品的保鲜和防腐、提高装卸效率、满足多样化服务要求的目的。

（5）装卸：冷链装卸操作时要注意进行严格的温度控制，保持车辆卫生，尽量缩短装卸时间。注意装卸车辆和仓库的密封处理，保证在装卸过程中温度的上升范围在可允许范围内；在作业中断时，及时关闭冷藏车箱体门，保障制冷系统正常运转。

（6）预冷处理：在货物入库和出库的交接前，需要在暂存区等待，为了减少温度变化和等待时间的影响，根据不同货物的温度湿度要求，进行预冷处理，同时也可以减少冷藏运输工具和冷藏库的冷负荷。

（7）检验检疫和消毒消杀：冷链检验检疫应建立在规范有序的食品检疫检验流程基础上，安排专人管理使用率高和污染概率高的储存器具，做好清洁、消毒等卫生处理，落实温度和湿度的实时监控工作，保证食品在仓储过程中的环境状态符合要求，保证食品安全卫生。

（8）信息化控制：信息技术是现代冷链物流神经系统，通过系统信息平台的支撑，易于实现对企业全部资源进行战略协同管理，降低冷链物流成本，提升冷链物流企业市场竞争力，提高冷链物流企业管理水平。冷链物流信息化系统关键技术包括以下几个方面：信息采集与跟踪技术、信息传输与交换技术、信息处理技术。

3. 冷链仓储环节存在的主要问题

（1）温度控制不稳定：冷链产品在存储过程中需要保持恒定的低温环境，但是由于仓库设备老化、维护不足或操作不规范等原因，温度控制往往不稳定，导致货物品质受损。

（2）库存管理混乱：传统的冷链企业仓库管理多依赖人工操作，容易出现库存记录错误、拣货混乱、盘点困难等问题，不仅增加了人力成本，也降低了库存管理的准确性和效率。冷链产品通常具有较短的保质期，如果库存管理不当，可能会导致产品在储存期间变质。

（3）冷链存储设备使用不够规范：现存很多冷库属于无证设计、安装，没有统一标准，管理冷库的人员也未经过专业培训，安全意识淡薄，面对突发状况无法合理应对。

（4）冷链仓储信息化程度低：冷链仓储缺少完善的信息化平台来进行信息交流与共享，仓储上下游缺乏沟通交流，无法做到统一调度，导致设备停工、人力资源浪费等情况出现，有限的冷链资源无法得到充分利用。

（5）租赁冷库改造优化难：冷库与常温库的改造相比，技术改造更为复杂，施工更加困难，如果涉及对墙体、电气等内容的改动，很大程度上需要以库主的意见为主导。

三、冷库安全运营

（一）建设安全冷库

（1）冷库选址。由于冷库储存的大部分是食品类货物，冷库的选址除了要考虑选择适宜地理条件、地形地貌较为平缓的位置外，还要考虑避开对食品有污染的环境；使用氨制冷系统的冷库库址要有一定安全要求，一般不建在市区中心地带。

（2）建筑选材。要选择质量好、安全性能优良的建筑材料，水泥建筑材料、保温隔热材料、防护材料及涂装材料等要保证符合相关安全性要求。

（3）设备安装与使用。在设备选择时选择正规品牌，除了考虑经济性原则外，也要有对设备的安全性、降低环保政策风险的考虑。在设备的使用过程中，加强设备维护，设备损坏或故障时，要及时更换或修理。

（二）完善冷库管理制度

（1）规范相关流程与制度。建立牢固的冷库管理制度和操作规程，对于入库、出库流程、库内温度和湿度的控制与监控进行严格要求。建立完善的员工培训制度，规范人员管理和设备维护，增强操作人员安全意识。

（2）制定应急处理预案。制定冷库应急处理预案，包括火灾、漏电、设备故障等突发事件的应对措施。定期组织应急演练，提高员工的应急处理能力和自救互救能力。配备必要的应急设施和设备，确保在突发事件发生时能够及时有效地应对。

（三）加强冷库安全监测

（1）定期进行安全检查。定期排查潜在安全隐患，检查冷库建筑、设备、管道、保温材料、充电设施、电气和配电系统的使用情况，对生产运营过程中可能出现的安全问题、安全现状进行全面评估。

（2）加强运营监管。重视库内温度湿度控制、能源节约、货物存储和保险工作，确保高质量冷链物流服务。

四、运营发展趋势

（一）低碳节能化

随着冷链物流行业对环保和可持续发展的重视，冷库作为冷链物流的重要环节，在推动节能减排和绿色发展方面起着重要作用。未来，冷库将通过采用高效和环保的制冷系统、新型的保温材料、智能控制系统等技术推动冷库运营的低碳节能化发展。冷库技术升级是大势所趋，其能够降低能源消耗和碳排放量，减少对环境的影响。同时，低碳节能化也可以降低冷库的运营成本，提升企业的竞争力。

（二）降本增效

面对国际国内市场需求阶段性波动，冷库产业面临新的挑战，相关企业将面临严峻的价格竞争。冷库运营涉及大量的能源消耗以及设备维护、人力等成本，企业将通过选择合适的制冷设备、优化冷库布局和管理、采用智能化技术和节能减排措施可以提升冷库运营效率，降低运营成本，提升企业的竞争力。

（三）智能化运营

随着科技的发展以及企业提升运营效率、降低成本的需要，冷链企业未来将加速冷库的智能化和自动化。通过引入先进的物联网技术、大数据分析和人工智能等手段，越来越多的冷链物流企业可以实现实时监控、智能调度和自动化操作，这种趋势不仅可以提升运营效率，还可以应对日益复杂的市场需求和严格的安全监管要求。

第三节　冷库安全专题

一、冷库火灾事件频发，原因何在？如何避免

近年来，随着冷链需求的逐步企稳回升，我国冷链物流行业发展迅速，冷库规模不断扩大，然而由于对冷库消防安全的忽视，导致起火、爆炸、制冷剂泄漏等冷库事故频发，轻则造成经济损失，重则导致人员伤亡。以下是近几年发生的冷库起火事件。

2023 年 12 月 4 日，北京市丰台区志广富庶农产品有限公司内存放蔬菜和肉类的冷库起火，过火面积 200 平方米，未造成人员伤亡。据初步核查，该起火灾系电气线路故障引燃周边可燃物所致。

2023 年 3 月 27 日，河北省沧州市沧县崔尔庄镇东村一废弃冷库在拆除过程中发生火灾，造成死亡 11 人。经初步查明，起火原因疑似制冷剂爆燃。

2022 年 1 月 3 日，大连市一冷库违规使用易燃保温材料，违规使用电焊动火作业，造成保温材料着火。

2021 年 12 月 31 日，辽宁大连市新长兴市场地下二层冷库发生火灾事故，事故造成 8 人死亡。调查显示，该事故是由于企业违法建设冷库，违规使用易燃保温材料，违规使用电焊动火作业，造成保温材料着火，产生大量有毒气体致有关人员窒息遇难。

（一）冷库发生火灾的特点

（1）冷库燃烧猛烈，形成立体火灾。冷库四壁垂直贯通，有烟囱式的空心夹墙；保温层中有沥青、油毡，库内有软木、纤维板、稻壳和塑料等，一旦起火，纵横方向的蔓延速度很快。

（2）燃烧隐蔽，不易寻找着火点。当冷库保温层稻壳起火阴燃时间较长，阴燃火焰在夹墙内，外部不易发现。

（3）烟雾大，温度高，灭火行动不便。冷库出入口少，库门及多层冷库的楼梯间都易被火焰封堵，浓烟翻滚下水枪手很难向库内或向上进攻。

（4）毒害气体多，有爆炸危险。一般冷库起火后，空气不足，燃烧不充分，一氧化碳含量较高。用泡沫塑料做保温材料的，着火后会放出毒气。若管内氨气大量喷出，浓度达到 15.7% ~27.4% 时，遇明火还会发生爆炸。

（二）冷库发生火灾的原因

据不完全统计，70%以上的冷库火灾都发生在建设施工期间，运营期间的火灾有80%左右是因为用电导致。主要的原因有以下几点：

1. 设计过程

（1）保温材料选择不当：常用的冷库保温材料如聚苯乙烯泡沫塑料（EPS）、挤塑聚苯乙烯泡沫塑料（XPS）和聚氨酯泡沫塑料（PU），如果质量不达标或易燃，一旦遇到火源极易燃烧并迅速蔓延。

（2）电气系统设计不合理：冷库内的照明、制冷系统等电气线路如果规划不当，可能存在过载、短路等风险，导致电线发热、电弧产生，进而引发火灾。

（3）通风与排气系统设计不足：冷库内如果通风不良，会导致可燃气体（如制冷剂泄漏产生的气体）积聚，增加爆炸和火灾的风险。排气系统若未能有效排除冷库内的有害气体和热量，也可能成为火灾的诱因。

（4）防火分区与疏散设计缺失：冷库设计时未合理划分防火分区，或未设置足够的疏散通道和安全出口，一旦发生火灾，人员疏散和火灾扑救将受到严重阻碍。

（5）消防设施配置不足或失效：冷库内未按规定配置足够的消防器材（如灭火器、消防栓等），或消防设施未能定期维护保养，导致在火灾初期无法有效扑救。

2. 建造与拆除过程

（1）保温材料处理不当：冷库在建造时，隔热层中填充非阻燃棉（恶劣的还有稻谷壳），墙壁上进行二毡、三油的防潮构造处理，若遇到火源容易燃烧起火。

（2）动火作业不规范：在冷库建造过程中，需要进行焊接、切割等动火作业。如果动火作业不规范，如未采取必要的防火措施、未清理周围可燃物或未安排专人监护等，很容易引发火灾。

（3）冷库拆除时，管道中的残余气体以及隔热层中大量可燃材料遇到火源，可能会燃烧起火。

（4）其他施工安全问题：施工人员安全意识淡薄、违规操作或现场安全管理不到位等，容易造成冷库火灾。

3. 运营过程

（1）电气设备老化或使用不当：照明灯、冷库风机、电加热器等出现老化，或使用不当引发火灾。

（2）线路问题：线路过久出现老化，电机运转时间过长过热，化霜时产生冷凝水，水碰到电线导致短路等问题也易引发火灾。

（3）人为因素：工作人员违规操作电气设备或进行动火作业，在冷库内吸烟、随意丢弃烟头等行为都可能造成火灾。

（4）未及时检修：冷库管理不善，如未定期对电气设备进行检查和维护、未及时发现和排除安全隐患等，均可能引发火灾。

4. 监管过程

国家对冷库建设有相关规定，但规定是建设规范，非过程管理。政府监管部门缺失过程管控，只有验收环节，特别是乡镇农村冷库和小冷库（200平方米以下）基本处于监管盲区。冷库使用过程中，湿冷环境等对电气安全提出更高要求，但这方面缺乏相关硬性管控规定。

（三）如何避免冷库火灾的发生

1. 设计过程

冷库的设计必须符合《建筑设计防火规范》（GB 50016—2014）、《冷库设计标准》（GB 50072—2021）等相关安全规范要求，在建筑、保温材料、电气系统、通风与排气系统、设施设备等方面保证冷库建设阶段中的安全合规。

2. 建造过程

（1）选用合格的保温材料：选用阻燃或耐火等级高的保温材料，如聚氨酯泡沫等，并确保其符合国家相关标准；对于易燃材料，如聚氨酯泡沫，应使用水泥等不燃材料涂抹覆盖，避免其裸露在外。

（2）施工操作管理：建立健全的施工操作规程，加强施工现场的监管和检查，确保各项安全措施得到有效落实。严格控制明火作业，遵守用火规定，加强火源管理。

（3）完善消防设施：设置自动报警系统和自动喷水灭火系统，并保持疏散通道畅通无阻。配备适量的室内和室外消火栓及其他灭火器材，以及防雷、防静电等安全保护装置。

（4）严格管理拆除工作：委托具有相关资质和经验的专业团队实施，确保作业人员熟知冷库结构特点及潜在风险。

3. 运营过程

（1）增强安全意识，加强日常监督管理：定期检查冷库内的电气设备，包括照明灯、冷库电机、传输设备等，确保其正常运行，防止因设备故障引发火灾。特别注意电气线路的老化、接头松动等问题，及时更换老化电线，紧固松动接头，避免短路故障。定期对冷库建筑物开展检查，如冷库建筑物主体是否出现沉降，冷库地坪防冻设施运转工作是否良好，冷库隔热层表面有无开裂，是否有鼠洞、结霜、滴水跑冷等现象，都应逐一加以检查，并做好记录。

（2）完善消防措施：冷库内应配备足够的消防器材，如灭火器、消防栓等，同时，应定期对消防器材进行检查和维护保养。在冷库内安装火灾自动报警系统，确保火灾初期能够及时发现并报警。系统应根据冷库的特点进行选型和设计安装。

4. 监管过程

严把消防技术审核关、验收关。对于已经投入使用的冷库，相关部门要组织联合检查，对不符合规范要求的，要责令整改，对存在重大安全问题，严重威胁公共安全的，要坚决停止使用。

二、专家观点：深度保障小微冷库，构建安全长效机制

近些年随着经济发展，冷链物流迅猛发展，在国家政策支持下，各地加快了中大型冷库建设，此类冷库基本与大型货运仓储集散地相配套，建设标准不仅赶超国内外知名企业，安全管理与规范运营的标准也不断提升。反观那些数量更多，而面积却远低于小型冷库小微型冷库引起行业的关注。这些从几平方米到百十平方米，用户认为"最接地气"的小微型冷库，作为大型冷库的卫星库连接了城郊两头，服务 B 端到 C 端，是连锁门店、餐饮、电商等零售商从产到销的"保鲜剂"，更是流通到户过程中生鲜商品提质增值的重要支撑。当前标准不足、规范滞后，加上大量在商业体、居民楼、厂房内的小微冷库游离于监管之外，给人民群众生命和财产带来巨大安全隐患，为此有必要加强隐患治理，护航经济发展。整体而言，小微型冷库在建造、使用、管理各环节中都存在各种各样的安全隐患。

（一）发展现状

产地端，近年来产地小微仓储保鲜设施大量新建，乡村农民"老破小"简易冷藏设施依然大量存在。销地端，当前"宅"经济和快节奏生活，电商和预制菜产业高速发展，小微型冷库在餐饮、生鲜加工、食品配送和经销商户的经营场所广泛建设，呈增长态势。主要原因：①小微型冷库面积从几平方米到数十平方米不等，具有造价低、便捷实用、功耗低等优点，主要有简易冷库、海运冷柜、集装箱冷柜等类型；②传统单品类门店趋向综合型，例如水果店增加了副食、冷饮、海鲜、速冻肉品等品类，"前

店后仓"模式下冷库有效帮助商品的贮藏和周转。电商生鲜和品牌生鲜业务发展，其在小区或街边店设置大量"前置仓"，冷库是不可或缺部分；③预制菜产业发展，餐饮门店的仓储需求增大，原有的冷柜无法满足需求，则转向冷库建造。然而，小微冷库的建造为规避安全检查或简化流程，部分小微冷库采取瞒报或不报的做法，加上冷库面积小、改造简易的特点，通常建在厂房、店铺、库房内部，加大了检查难度，尤其是部分集中位于人口密集场所，更有"三合一"现象，严重威胁着公共安全。结合线下调研与相关资料汇总，从小微型冷库的建造、使用、管理三个环节来分析产生安全隐患的原因。

1. 建造环节

一是不规范建设和安装。依据《中华人民共和国建筑法》和《中华人民共和国消防法》规定，无论冷库的尺寸大小，均需要通过消防审核，且需严格按照最新的《冷库设计标准》执行。但部分小微冷库建设为避免审批（如 200 平方米以下冷库无须主动申报），节约成本或简化手续，未按专业标准建造，导致结构不稳固、电气绝缘性能不足、用材用料不合规、绝缘不良或电路设计不合理，以及没有设置逃生通道等安全隐患的呈现。二是使用劣质或不合格材料、设备。为控制成本，部分冷库使用劣质、不符合安全标准的保温材料（低于 B1 级）或不合格制冷设备。阻燃性能差的材料是众多火灾发生伤亡的主要原因，其爆燃和产生的大量有毒气体给发生事故的人身财产带来巨大伤害。三是缺乏专业施工与安装。小微冷库施工和厂家管理与安装水平参差不齐，加之冷库多为"组装"方式，设备与材料之间的匹配、施工或安装的不到位，造成日后使用的安全隐患。四是消防设施不足和应急措施缺乏。小微冷库大多没有配备必要的消防设施，应急逃生线路和措施不明确。五是施工动火作业不规范。动火前的审批与备案手续不全，非持证专业人员作业，未按照规范要求布置施工现场和处置突发事件，通常导致焊渣掉落引起保温板内的聚氨酯泡沫燃烧。

2. 使用环节

冷库的制冷方式、用途和软硬件不同，使用方法存在差异，无论如何都应将安全置于首位。首先，定期检查和维护不足。小微冷库电气设备较为简易，但使用人员通常"只用不修"，厂商也是"不报不修"，使许多小问题变成大隐患。其次，冷库人员缺乏了解冷库的使用方法和操作规范。错误的操作或对异常情况的处置不当，将造成安全事故，比如恶劣或高温天气出现线路过载起火，制冷异常造成的主机短路等，已发生的事故有很大的比例是操作不当造成的。再次，冷库使用与其设备属性相冲突。不遵循安全规范，例如过高堆叠或不均匀分布货物可能破坏制冷设备或堵塞通风窗口。

又如频繁开关门导致内部温度波动，不仅影响存储生鲜的质量，还可能增加设备的负荷，造成设备早期损坏。最后，内部环境不良和应急措施不足。受内部环境与工作保护不到位影响，工作人员可能因长时间工作在低温环境中而受到健康影响，又或在紧急情况下，如电源故障、设备故障或火灾时，缺乏有效的应急预案和逃生路线，可能出现更大的安全问题。

3. 管理环节

小微冷库存在安全隐患的原因主要有：一是缺乏专业管理，小微冷库的户主通常是"夫妻档"或个体户，可能没有专业的管理团队或者专职的安全管理人员，缺乏专业管理则未能遵循行业标准和安全规程；二是监控系统不完善，多数冷库为节约成本，缺乏有效的监控和报警系统，例如温度监控器、烟雾探测器或安全监控摄像头等，增加了未能及时发现和处理事故的风险；三是缺乏专业维护与检查，小微冷库缺乏定期的专业维护和安全检查，也无"专人专管"的监督与检查机制，并且存在隐瞒或避开政府相关部门检查的情况；四是应急准备不足，管理人员多数不懂或没有制定有效的应急响应计划，购置相应的消防器材、应急设备等。

（二）发展建议

针对小微冷库，围绕上述在建造、使用和管理三个环节安全隐患原因，提出相关建议。

1. 建造环节

（1）实施差异化的监管政策。针对小微型冷库的特点，制定具体的监管指导原则，尽可能简单易操作，特别是对于那些规模较小且资金有限的运营商；相关部门可开发在线申报和审核系统，鼓励所有冷库建造，无论规模大小，主动申报，系统根据申报反馈，提供线上与线下相结合的建造指导服务。

（2）供应链环节审查机制。小微冷库的供应商多为当地企业，建议各地按区域将其纳入的材料供应商数据库，为冷库建造设立"白名单"机制：符合安全、品质、环保等产品标准的供应商名单，确保购买的材料和设备符合法规要求；通过地方政府或行业协会，为小微型冷库运营商提供相应的资质和等级认证，鼓励企业采用更加环保安全材料，提升生产制造水平和服务，帮助优秀企业在市场树立品牌形象。

（3）强化监督和及时反馈。利用物联网、移动技术进行远程和现场监督，例如通过温度和烟雾传感器实时监测冷库运行状态，或使用手机应用程序，允许监管人员在检查现场时上传照片、填写检查表格并即时提出改进建议；对于发现的违规或不符合标准的情况，监管人员现场指导整改，并设定期限与经营挂钩，确保问题得到有效解决。

（4）推进专业培训与继续教育。为冷库施工和维护人员提供定期的专业培训课程，涵盖最新的建造标准、安全操作规程和应急响应功能；制作在线课程和培训会议，覆盖偏远地区。

2. 使用环节

（1）定制化维护。由于市面上小微型冷库的造型、材料和尺寸等各不相同，应实施更加细致和个性化的维护策略。厂商和使用方共同实施，即使用方根据厂商提供的相关参数制定使用规范，而厂商应结合客户的使用场景提出检查规范，例如，根据冷库的具体尺寸、位置和使用频率，制定维护和检查时间表，包括关键部件的常规检查（如电气连接、门密封和制冷系统）。

（2）点对点的操作培训。开展面向小微型冷库操作人员的定期培训，具体到每一种设备型号和操作环境。培训内容还包括正确的开关门技巧、库内操作安全要求、货物的正确码放方法与注意事项、制冷设备的基本监控以及初步故障排查；制作操作手册和快速应对指南，针对小微型冷库的具体配置进行定制，确保每一位操作员都能够随时查阅。

（3）环境和安全改进。小微冷库的使用人员通常为少数，在冷库内安装适当的照明、通风和应答设备，能够减少因缺氧或锁止在内造成人员伤害事故的发生，包括地面的防滑地面，安全货架等，以防止低温环境中出现的安全事故；对冷库使用人员进行事故发生的应急响应、逃生救护等方面的培训，能够降低发生事故期间的伤亡概率。

3. 管理环节

（1）政府角度。一是政策制定与补贴支持。建议制定针对小微型冷库的特定政策，明确建设和运营的最低安全标准；提供财政补助或税收减免，坚决淘汰不合规、不合格的小微冷库，鼓励小微型冷库采用合规的建设材料和安全设备，如高标准的保温材料和现代化的制冷系统。二是快速摸清底数。建议逐一排查区域内小微冷库的数量与位置，按网格化管理进行"一库一档"监管，成立专门的小微型冷库监管小组，负责定期检查冷库的安全状况。三是监管要有力度。提升对违规和违建小微冷库的处罚力度，建议鼓励公众参与监督，建立举报奖励机制，强化跨部门合作，将监管与日常网格治理相结合，形成统一的监管网络。

（2）行业角度。首先，要制定与更新行业标准。建议制定和推广全行业统一的建设和运营标准，对固定冷库、移动冷库、冷柜等进行区分并制定相应的标准，确保所有小微型冷库都遵循一定的安全、环保和能效标准。鼓励行业协会或权威机构制定冷库安全操作手册和维护指南，为冷库运营提供标准化流程。其次，推广先进技术。鼓励采用先进的制冷技术和环保材料，如使用低全球变暖潜能（GWP）的制冷剂和高效防火的保温材料。推广物联网技术在冷库管理中的应用，如实时监控系统和自动控制系统，以提高运营效率并减少人为错误。最后，建立行业联盟。建立行业联盟或合作网络，促进技术交流和经验分享，帮助小微冷库学习和应用行业最佳实践。定期举办行业和技术研讨会，增加行业内部的互动和合作。

（3）企业角度。第一，加强内部管理与自我监督。建议制定严格的内部管理制度，包括定期的自我检查和维护程序。如有条件，设立安全管理岗位，负责监督和执行日常的安全检查和维护工作。第二，确保必要的投资。遵循"一分价钱一分货"的原则，建议采购和安装高质量的冷库设施，增加相应的监控设备和报警系统，以提高响应速度和减少事故发生。第三，应急准备与响应。制定和演练详细的应急预案，确保在发生事故时快速有效地响应。为员工提供应急设备，如消防器材、急救包等，并确保这些设备定期维护和更新。

以上针对小微型冷库的安全隐患和提升措施进行了探讨，覆盖了建造、使用、管理等多个环节。首先，识别建造中的不规范问题，如非标准的材料使用和缺乏专业施工，建议通过政策监管和行业标准化解决。其次，针对使用环节的问题，如维护不足和操作不当，建议增加培训、优化仓储管理和应用智能监测技术。最后，从管理角度分析缺乏专业管理和监控系统不完善等问题，建议实施定期专业维护、强化教育与培训、并推广先进的监控技术。整体上，坚持标准化、教育培训、技术应用和政策支持等措施，提高小微型冷库安全和运营效率的重要性，旨在构建一个更加稳健和可靠的冷链系统。

（南京众彩供应链管理有限公司　钟翔）

第五章　2023年全国冷链运输市场分析

第一节　冷链运输业务分析

一、公路冷链运输

（一）发展现状

1. 公路冷链运输优势依旧明显

公路冷链运输作为冷链物流最主要、最普遍的运输方式，其在网络、货源等方面具有明显优势。公路运输可实现"门到门"运输，具有灵活性和适应性较强、速度快、可靠性高、成本低等特点。

相较于铁路、水路和航空运输，公路运输的覆盖范围最广，可达性更强，可实现"门对门"运输。除此之外，公路运输较其他运输方式更加灵活、易于调度，转运环节少，减少了在衔接过程中的不可控因素，提升了运输的时效性。

2. 货运量稳定

我国约有90%的冷链物流货运量由公路冷链运输完成。随着我国冷链物流市场整体规模的逐年增长，公路冷链物流市场也将随之增长，据前瞻产业研究院数据，预计到2028年公路冷链物流市场规模将超过8000亿元，年复合增速约为12%。

3. 冷藏车合规化发展

随着多地区、多领域出台涉及冷链物流政策和冷链物流标准化体系的逐渐完善，冷藏车行业监管逐渐加强，向标准化和规范化方向发展。蓝牌新规执行力度加大，一方面规范了冷藏车市场合法合规化发展，另一方面也刺激了轻型冷藏车销量的增长。

（二）发展问题

1. 保温性能有待提升

尽管公路冷链运输市场迅速扩张，但部分运输车辆的保温性能仍待提升。部分老旧车辆由于制冷技术落后、保温材料老化等原因，难以保证货物在运输过程中的恒温环境，进而影响货物质量。

2. 智能化水平不足

当前，公路冷链运输的智能化水平相对较低。运输过程中缺乏先进的监控和调度系统，难以实时掌握货物状态和运输进度，也无法有效调度车辆资源，导致运输效率不高。

3. 运营成本偏高

由于公路冷链物流需要使用专门的冷藏车辆，以及对温度、湿度等环境因素的严格控制，使运营成本相对较高。此外，燃油价格的波动、路桥费、人工成本等因素导致运营成本居高不下。

（三）发展趋势

1. 运输规范性逐步提升

随着各项冷链物流政策和标准的出台和制定，冷链物流各环节均趋于规范化。在冷链运输中，国家对冷藏车监管趋严，目前冷藏车的国家标准主要是《道路运输 易腐食品与生物制品 冷藏车安全要求及试验方法》（GB 29753—2023），涉及生鲜食品、冷藏食品、冷冻食品等，明确了温度分类和冷藏车分类的对应关系，对冷藏车的功能要求做了明确规定。未来，随着市场需求的不断发展和技术设备的不断进步，公路冷链运输标准也将不断完善，规范性得到提升。

2. 设备和技术不断升级

随着物联网、大数据、云计算等信息技术的发展，冷链物流可以对产品实现实时监控、温度追溯、质量溯源等功能，提升运输效率和产品安全性。同时通过智能化的设备和系统，可以实现温湿度控制，保障产品的品质。近年来，随着移动互联网技术的发展，对原来分散型管理的部分环节进行统筹管理已成为可能，且对整体管理效率提升、成本管控大有裨益。

3. 绿色环保持续性发展

随着"双碳"政策的落实，绿色环保对设备的绿色环保化需求不断提升。一方面，使用纯电、天然气等作为新能源燃料的冷藏车占比逐渐提升，电动冷藏车辆、插电混合动力冷藏车等新型冷藏车辆生产量占比也在逐渐提升；另一方面，绿色、低碳、高效制冷剂和保温耗材也在逐步投入使用。

二、铁路冷链运输

（一）发展现状

1. 政策支持铁路冷链运输发展

国家政策的大力支持是我国铁路冷链发展的重要基础。《"十四五"现代流通体系建设规划》《"十四五"现代综合交通运输体系发展规划》《"十四五"冷链物流发展规划》等明确提出了"加快发展多种形式铁路快运""探索开行定制化的铁路直达货运班列""推动铁路集装箱冷链服务模式创新""大力发展铁路冷链班列等干线运输模式"等要求。2022 年 4 月，交通运输部、国家铁路局、中国民用航空局、国家邮政局、中国国家铁路集团有限公司印发了《关于加快推进冷链物流运输高质量发展的实施意见》，提出推动铁路专用线进入物流园区、港口码头，加快铁路机械冷藏车更新升级，鼓励铁路企业开行冷链班列，推动冷链班列与冷链海运直达快线无缝衔接，积极发展"海运＋冷链班列"海铁联运新模式。

2. 基础设施建设持续完善

2023 年我国铁路完成固定资产投资达 7645 亿元，同比增长 7.5%。新线投产规模更是令人瞩目，达到 3637 公里，其中高铁线路更是占据主导地位，达到 2776 公里。截至 2023 年年底，中国铁路营业里程已经达到 15.9 万公里，其中高铁运营里程更是达到了 4.5 万公里，为国家交通运输体系的完善和高效运营提供了坚实基础。

3. 技术装备支持发展促进铁路冷链转型升级

中国中车研发的 BH10 型单节机械冷藏车、中铁特货物流股份有限公司与相关单位共同研发的 BX70B 型集装箱运输专用车等新型冷藏车投入使用。部分铁路冷链运输装备在新能源制冷技术、新材料技术、信息化和智能化技术方面都有新的变化。包括锂电池新能源技术、全直流驱动的变频制冷机组促进节能减排，聚氨酯弹性新材料的应用提升了装备的隔热性能。此外，智能化、信息化技术可实现远程监测和控制，自动跟踪定位，实时掌握温湿度等重要信息，及时处理异常情况，降低冷链运输成本。

（二）发展问题

1. 运营效率低

由于铁路冷链运输的灵活性较差，只能在固定线路上实现运输，难以满足灵活多变的物流需求，往往需要其他运输方式的配合和衔接，这会增加整个物流过程的复杂性；此外，由于铁路运输的计划性和周期性较强，相对于其他运输方式，其运营效率可能较低。

2. 运输方式单一

绝大部分冷链规划以及冷链物流园设计均没有规划或设计铁路运输方式，没有铁路专用线进入物流园，造成铁路冷链运输不能直接实现"门到门"运输，两端增加了两次装卸和短途运输，不仅增加了铁路冷链的作业环节和经营成本，降低了铁路冷链的作业效率，也增加了铁路冷链货损的风险。

（三）发展趋势

1. 服务与产品多元化发展

随着市场需求的变化，铁路冷链运输将不再局限于传统的"站到站"服务模式，逐渐向"门到门"的全程冷链配送服务转变。铁路冷链运输企业将加强与上下游企业的合作，形成完整的冷链物流供应链体系。同时，除了传统的食品、农产品等，铁路冷链运输还将拓展到医药、化工等领域，满足不同行业对冷链物流的需求。

2. 业务国际化发展

随着"一带一路"倡议和 RCEP 等政策的深入实施，中欧班列、中老班列等国际班列的开行量将不断增加，为铁路冷链运输的国际化发展提供了有力支撑。铁路冷链运输的发展将改变原有贸易途径，优化贸易方式，促进产业多元化、进出口食品贸易便利化，这对开拓国际市场有重大意义。

三、水路冷链运输

（一）发展现状

1. 冷藏集装箱抢占运输市场

冷藏船和冷藏集装箱是远洋冷藏航运的主要设备。近几年来，冷藏集装箱船以其周转快、可以达到"门对门"、小批量冷藏货物运输等优点，抢占了大部分港口到港口间的货物运输。与冷藏船相比，冷藏集装箱的优势主要在于操作灵活、运输便利，能够实现公路、水路、铁路、航空等多种运输方式的联运模式，能够避免冷链运输中的"断链"，保证产品质量。

2. 冷藏集装箱港航服务提升

为进一步提升冷藏集装箱港航服务品质，推进冷链物流运输高质量发展，交通运输部开展冷藏集装箱港航服务提升行动。近年来，我国海运冷藏集装箱运输快速发展，沿海港口冷藏箱吞吐量近三年年均增长率达 10% 以上，保持快速增长态势，冷藏集装箱港航服务已成为我国进出口冷链的核心组成部分。冷藏箱海运服务网络不断拓展，运输组织模式不断优化，冷藏集装箱智能化水平和港口堆场供电堆存能力不断提升。

3. 港航服务网络不断扩展

航运企业不断创新运输服务模式，可提供"生鲜直航＋智能冷藏集装箱"等特色航线服务，满足个性化、高频次的市场需求。运输组织模式不断优化，积极开辟"海上巴士"航线，发展"海运直达快线＋内支线"模式，上海港、厦门港、北部湾港等主要港口，重点构建冷藏集装箱道路水路联运服务体系，提升了冷藏集装箱港航服务效率。

（二）发展问题

1. 航运企业冷链意识薄弱

许多航运企业自身尚未意识到发展冷链运输的重要性，不了解政策对其支持力度，缺乏对冷藏货运投资意识致使冷藏货运投资较少。此外，与冷链上的其他企业缺乏协作。

2. 冷链多式联运衔接不够顺畅

由于国际冷藏品运输距离远、时间长，大多需要转运和进行多式联运，因而参与方较多，如托运人、货主、码头经营人、相关承运人等。目前，我国航运企业与码头经营人和铁路部门之间的沟通协作较少，使冷链多式联运衔接不够顺畅，削弱了冷链多式联运的优势。

3. 市场占有率低

全球航运企业如马士基、达飞轮船、汉堡南方、美国总统轮船、韩进海运等都较早开始投资与策划冷链运输，并已经拥有一定的市场份额。相比之下，国内航运企业发展冷链运输起步较晚，市场占有率低。

（三）发展趋势

1. 冷藏船与冷藏集装箱将得到专业化分工

虽然目前冷藏集装箱的占比逐年提升，但是冷藏船能够一次性承运大批量货物，这是冷藏集装箱不能代替的。因此未来冷藏船与冷藏集装箱将会出现专业化分工，这两者将在自身适合的领域中快速发展。

2. 内河冷链航运与沿海冷链航运将快速发展

随着中国冷链物流行业的快速发展，冷链行业标准的制定以及冷链运输行业的不断规范，都将对内河和沿海冷藏运输提出新的要求，内河和沿海冷藏运输将作为中国冷链运输的重要部分而逐渐被重视，未来将得到快速发展。

3. 多式联运推动水路冷链运输的发展

2021 年 12 月，国务院办公厅印发的《推进多式联运发展优化调整运输结构工作方案（2021—2025 年）》中提出，到 2025 年，多式联运发展水平明显提升，基本形成大宗货物及集装箱中长距离运输以铁路和水路为主的发展格局。多式联运作为一种运输方式，持续带动冷链海运的发展。一方面，多式联运将水路运输与其他运输方式连接起来，提升了水路运输的运输效率；另一方面，多式联运也提升了运输范围与冷链物流的服务质量。

四、航空冷链运输

（一）发展现状

1. 市场需求量大

最近几年，航空冷链物流市场需求旺盛，一方面来自消费市场对温敏物资总需求的日益壮大，另一方面来自消费市场对商品品质要求的不断提高，一些对品质要求比较高的商品也进入温敏物资行列，致使航空冷链物流的市场日益扩大。一些鲜活易腐货物、生物制剂、医药用品以及精密仪器等关系到消费者食用和使用安全的温敏物资亟待航空冷链运输。

2. 高成本高风险，链条衔接复杂

航空冷链物流包括冷链地面运输、冷链空中运输、冷链仓储及冷链包装等环节是一种"贵族式"的运输方式，利用先进的技术设施，不可避免会产生较高的成本。

但温敏物品运输一般具有较高的附加值，利润也普遍较高。由于成本、利润高，和较多的参与主体，航空冷链物流同样存在较大的断"链"隐患，因此，运输风险也极高。

3. 航空货运和航空物流的新增长点

航空冷链运输是冷链物流中效益最高的运输方式，相较铁路、公路、海运，航空节约了更多的时间，降低了运输过程中的其他成本，从而成为费时最短的冷链运输方式，并且通过航空冷链运输，为航空公司提供了较高的利润，成为航空货运和航空物流的新的增长点。

（二）发展问题

1. 缺乏相关政策与标准

由于航空冷链运输起步较晚，未形成全国统一的、成熟的政策与标准。2022 年，民航局印发《"十四五"航空物流发展专项规划》，这是中国民航首次编制航空物流发展专项规划，为构建优质高效、自主可控的航空物流体系提供精准指引；同时也包括一些行业法规，如 2013 年国家食品药品监督管理总局发布的《药品经营质量管理规范》，2014 年中国民用航空局发布的《货物航空冷链运输规范》等。各个参与主体对标准的重要性认知不够，盲目追求成本最小化，影响航空冷链运输行业的健康发展。

2. 运营管理人才十分缺乏

航空公司和机场在人才引进和培养机制上都是"重客运轻货运"，导致在航空冷链各环节上出现无人可用的现象。尤其是在现代供应链与物流管理更加细分的领域和产品管理的形势下，更加缺乏专业人才，无法设计相应的服务产品，也不能提供高质量的运输服务。

3. 运输装备有待提升

我国航空物流企业采集温敏物资状态的信息普遍仍以人工录入的方式为主，而国外普遍采用 RFID（无线射频识别）技术的产品能够大幅提高温敏物资状态的录入效率。我国航空运输温敏物资的 ULD（集装设备）都是被动制冷 ULD，目前主动制冷 ULD 还未被批准使用和未通过适航认证。国外航空冷链运输普遍采用主动制冷 ULD 的产品，对箱内温度控制的精确度更高，可以满足更多疫苗、医药等温度敏感货物的航空冷链需求。

（三）发展趋势

1. 加大政策标准的建设与规范

随着航空冷链物流的发展，需要相关政策规范航空冷链物流各环节市场主体行为，健全各主体责任的法治建设，促进行业的健康发展；同时，完善航空冷链行业标准和相关联的航空冷链质量标准，成为保障温敏物资航空运输安全的有力支撑，为多式联运提供良好的政策保障，促进行业公平竞争。

2. 更多复合型人才进入行业

航空冷链物流人才的整体学历水平将有一定提升。各企业会加大对已从业航空冷链物流人员培养力度，学校逐步加大对各大高校专门的冷链物流人才的培养，重视产学研结合，促进行业向高素质、专业化方向发展。

3. 信息化开放式发展

信息产业技术的发展加速了航空冷链物流的信息化进程。先进信息技术如 POS 技术、EDI 技术、RFID 技术和 GPS 技术等，可以实现航空冷链物流信息一体化，对航空冷链运输实施全过程控制；建立开放式的航空冷链物流信息平台，取代传统物流节点的模式，未来的航空冷链物流平台不再只是内部一体化，而是一个开放式物流信息中心，能够处理航空冷链物流中产生的各种信息，使信息通过平台快速、准确地传递给其他相关的部门、机构等。信息化和开放式的发展能够有效提升航空冷链物流的效率，促进航空运输与其他运输方式的衔接。

五、多式联运冷链运输

（一）发展现状

1. 各种运输方式不断完善

我国的公铁水交通网络不断完善，快速交通网加快延伸，干线交通网不断织密，基础交通网更加完善。港口和铁路体系快速发展，加强了不同运输方式之间的衔接，"公转铁""公转水"深入推进，2023 年水路完成经营性货运量 93.67 亿吨，同比增长9.5%，铁路完成货运总发送量 50.35 亿吨，同比增长 1.0%，港口集装箱铁水联运量完成 1018.36 万标准箱，同比增长 15.9%。

2. 运输装备不断更新

目前我国已成为世界上最大的冷藏集装箱生产国，近年来我国冷藏集装箱产量逐年增长，截至 2022 年我国冷藏集装箱产量约为 66.62 万 TEU，2023 年增至 68.1 万 TEU，根据中商产业研究院分析师预测，2024 年产量将达 69.8 万 TEU。2022 年交通运输部办公厅印发了《智能冷藏集装箱终端设备技术指南》，明确了智能冷藏集装箱物联网终端设备的具体要求，推动物联网、北斗等新一代信息技术与冷藏集装箱运输深度融合，进一步提高冷藏集装箱港航服务品质，推进冷链物流高质量发展，这些都极大地促进了多式联运冷链运输的发展。

（二）发展问题

1. 各运输方式的标准和制度相对割裂

在标准上，不同的运输方式在票据单证格式、运价计费规则、货物品类代码、危险货物划分、包装与装载要求、安全管理制度、货物交接服务规范、保价保险理赔标准、责任鉴别等方面均有各自不同要求或标准。在制度上，铁路、公路、水运、航空不同运输方式管理体制相互割裂，各自的运单、载具等差别巨大无法互通，海关关检的规则、效率也不尽相同，影响了多式联运优势的发挥。

2. 多式联运配套基础设施相对缺乏

大部分港区没有与铁路直接连接，全国只有三分之一的港口实现了铁路进港，公铁联运的枢纽也相对缺乏，专用航空货运枢纽较少，配套分拨中心不能无缝衔接，集装箱仍然需要经过多次装卸，再通过卡车进行运转，运输的成本和时间都会被迫增加。冷链配套设施不足，"最后一公里"衔接不畅，港口、物流园区、大型工矿铁路专用线建设滞后，集疏运体系不完善，港口公路的集疏运通道受城市交通的挤压。

（三）发展趋势

1. 完善冷链多式联运设施

国家在政策层面鼓励多式联运技术装备的创新，助力加速国家骨干冷链物流基地等完善吊装、平移等换装转运专用设施设备，加强自动化、专业化、智慧化冷链多式联运设施建设。增强国家物流枢纽、综合货运枢纽冷链物流服务功能，推进港口、铁路场站冷藏集装箱堆场建设和升级改造，配套完善充电桩等设施设备。

2. 优化冷链多式联运组织

国家通过培育冷链多式联运经营人，统筹公路、铁路、水运、航空等多种运输方式和邮政快递，开展全程冷链运输组织，积极发展全程冷链集装箱运输。依托具备条件的国家骨干冷链物流基地等开展中长距离铁路冷链运输，串接主要冷链产品产地和销地，发展集装箱公铁水联运。依托主要航空枢纽、港口，加强冷链卡车航班、专线网络建设，提高多式联运一体化组织能力。

3. 大力发展冷链甩挂运输

企业将加速应用冷链甩挂运输，建立"冷藏挂车池"，有机融入公路甩挂运输体系，完善冷藏车和冷链设施设备共享共用机制，提高冷链甩挂运输网络化发展水平。

4. 公共信息平台整合运输资源

随着信息化的发展，相关多式联运公共信息平台将整合运输企业、中介等的冷链物流相关信息，拓展完善冷链物流服务功能，提高货源、运力、仓储等冷链资源供需匹配效率。

第二节　冷藏车市场分析

一、冷藏车市场增长情况分析

（一）冷藏车市场保有量与公路货运量情况

据不完全统计，截至 2023 年全国冷藏车市场保有量达到 43.2 万辆，同比增长 12.9%，冷藏车市场稳步提升。2019—2023 年全国冷藏车保有量及增速如图 5-1 所示。

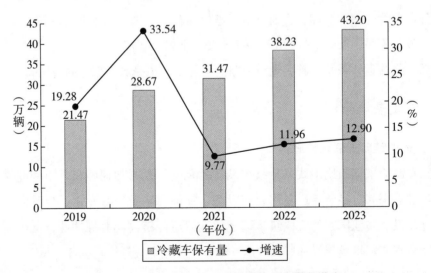

图 5-1　2019—2023 年全国冷藏车保有量及增速

资料来源：中物联冷链委。

据交通运输部、国家统计局数据显示，2023 年全年货物运输总量达 557 亿吨，同比增长 8.1%。其中公路货运量为 4033681 万吨，同比增长 8.7%（见图 5-2）；货物运输周转量达 247713 亿吨公里，增长 6.3%。其中公路货物运输周转量 73950.2 亿吨公里，同比增长 6.9%。

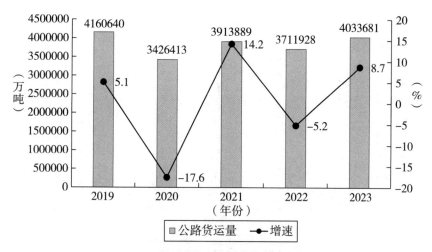

图 5-2 2019—2023 年全国公路货运量及增速

资料来源：交通运输部。

分省份看，公路货运量累计前十的省份分别为山东、安徽、广东、河南、浙江、河北、湖南、江西、四川和江苏，累计合计 2248922 万吨（见图 5-3），占比 55.75%；除云南累计货运量增速呈负增长外，其余省份累计货运量均呈正增长。

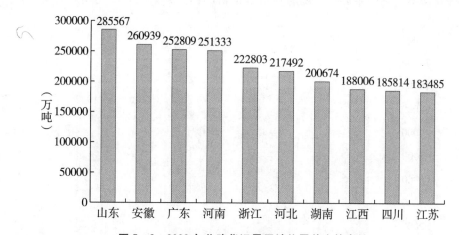

图 5-3 2023 年公路货运量累计位居前十的省份

资料来源：交通运输部。

（二）冷藏车销售情况分析

1. 冷藏车销量恢复增长，前三季度增势迅猛

据终端上牌数据不完全统计，2023 年冷藏车销售量 54138 辆，与 2022 年冷藏车终

端销量 52010 辆相比增加 2128 辆，同比增长 4.1%。2023 年冷藏车销量呈恢复增长趋势，2019—2023 年全国冷藏车销量及增速如图 5 - 4 所示。

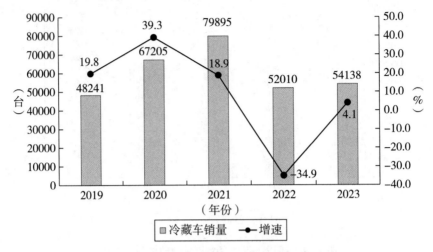

图 5 - 4 2019—2023 年全国冷藏车销量及增速

资料来源：中物联冷链委。

根据终端上牌数据，2023 年各季度冷藏车累计销量情况如图 5 - 5 所示，2023 年冷藏车销量市场有一定波动，其中第二、第三季度的销量增势迅猛，主要受钢价的下跌和油价的波动下降等因素影响，随着钢价和油价的回涨，第四季度的销量有所回落。

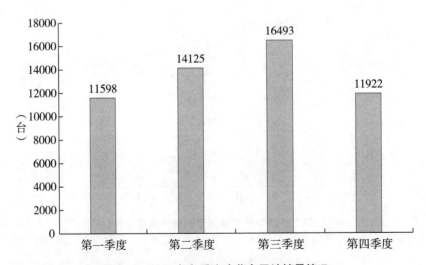

图 5 - 5 2023 年各季度冷藏车累计销量情况

资料来源：中物联冷链委。

2. 华东持续保持销量首位，山东销量迫近 7000 辆

从区域流入来看，2023 年冷藏车市场销量仍呈现分布不均，华东区域持续保持销

量最高地位，销量达 17196 辆，占总销量的 31.76%；华中、华北区域销量分别位居第二、第三，三个区域累计销量占比高达 65.62%（见图 5－6、图 5－7）。与 2023 年销量相比，除华北地区销量下滑 20.07% 外，其余地区均出现增长趋势，其中西南、华中地区的销量出现明显增长，分别同比增长 22.47% 和 17.41%。

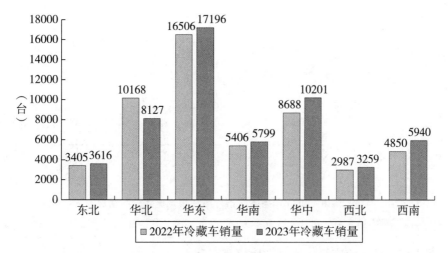

图 5－6 2022 年和 2023 年冷藏车区域市场流入数量

资料来源：中物联冷链委。

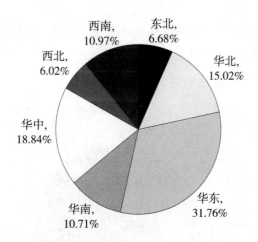

图 5－7 2023 年冷藏车区域市场流入占比

资料来源：中物联冷链委。

从省份来看，2023 年山东省冷藏车销量 6920 辆，领跑全国其他省区市，占总销量的 12.78%，湖北、广东冷藏车销量也均突破 4000 辆，分别位于销量第二位和第三位（见图 5－8）。

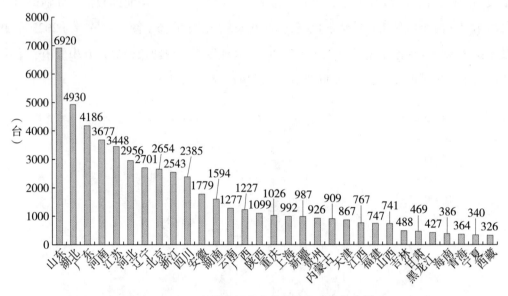

图 5-8　2023 年各省区市冷藏车市场流入分布情况

资料来源：中物联冷链委。

3. 轻卡仍占据主流市场，重卡占比略有提升

从车型来看，目前冷藏车包括轻卡、重卡、微卡、轻客、中卡、微客专用车、MPV（多用途汽车）专用车、皮卡八种细分车型。我国冷藏车销量以轻卡为主，轻卡销量占全部销量的 58.44%，主要是随着生鲜电商的崛起，城市配送需求量激增，面对庞大的市场需求，轻卡冷藏车作为城市冷链配送的主力车型，市场销量占比超过一半，是驱动冷藏车销量市场的关键（见图 5-9）。

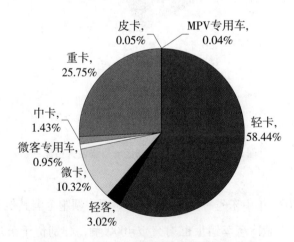

图 5-9　2023 年冷藏车细分车型结构占比

资料来源：中物联冷链委。

与 2022 年的销售车型占比相较而言，2023 年轻卡冷藏车占比略有下降，从 62.42% 降低至了 58.44%，重卡冷藏车占比有所上升，从 21.94% 上升至了 25.75%。主要是受蓝牌新规实施的影响，轻卡冷藏车市场震荡仍在持续，重卡冷藏车占比的提升一定程度上也说明城际冷链运输的需求有所增长。

4. 传统燃料冷藏车仍占据销量主位，新能源冷藏车逆势突围

按燃料种类来看，2023 年冷藏车销量市场仍以柴油冷藏车为主，柴油冷藏车销量占比高达 81.19%，汽油冷藏车销量占比 10.06%，占据次位（见图 5 - 10）。在"双碳"战略的持续推进和政策支持下，新能源冷藏车的销量有所增长，其销量从 2022 年的 2939 辆提升到了 4740 辆，增长了 61.28%，其占比从 2022 年的 5.65% 提升到了 8.76%。但新能源冷藏车市场销量占比仍然较低，由于新能源冷藏车实际续航里程较短，充电时间长且不方便，主要适用于城际冷链运输，对于城际冷链运输这种长途运输方式来说适用性差，企业对于新能源冷藏车的投入意愿较低。随着《"十四五"冷链物流发展规划》加快布局，新能源冷藏车相关配套基础设施逐步完善，从长期来看，新能源冷藏车势必会突出重围。

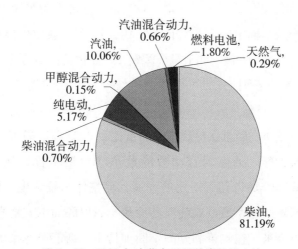

图 5 - 10　2023 年冷藏车燃料种类结构占比

资料来源：中物联冷链委。

5. 福田冷藏车霸榜，销量持续突破 31%

从冷藏车生产企业竞争格局看，2023 年销售冷藏车最多的企业是北汽福田，共销售 16799 辆，市场占比 31.03%；第二名是中国重汽，共销售 5598 辆，市场占比 10.34%；第三名是中国一汽，共销售 4685 辆，市场占比 8.65%，冷藏车销量排名前三的企业累计占据市场总份额的 50.02%，市场集中度较高（见图 5 - 11）。

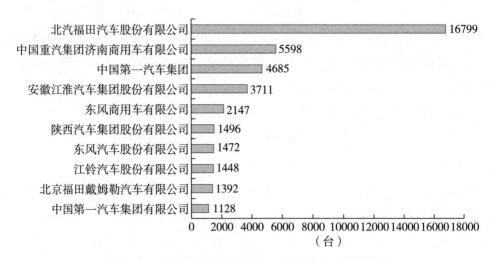

图 5 - 11　冷藏车年销量排名前 10 的生产企业销量情况

资料来源：中物联冷链委。

（三）冷藏车生产情况分析

2023 年，工业和信息化部公示了 367～378 批《道路机动车辆生产企业及产品》，公示的所有批次新产品车辆中冷藏车共计 531 辆，其中，传统的冷藏车 356 辆（占比 67.04%）、纯电动冷藏车 97 辆（占比 18.27%）、插电混合动力冷藏车（包含增程）33 辆（占比 6.21%），位列前三，可以看出传统冷藏车仍占据了生产领域绝对主导地位。

同时，纯电动冷藏车在新批次冷藏车中的占比较 2022 年有较大的提升，其占比从 4.81% 提升至了 18.27%，插电混合动力冷藏车（包括增程）从 2.14% 提升至了 6.21%，新能源冷藏车市场得到了一定的发展，但整体销量和生产体量仍相对薄弱。随着新能源冷藏车研发制造，换电式纯电动冷藏车、甲醇插电式增程混合动力冷藏车等新车型相继出现。未来，在政策利好的不断加持下，新能源冷藏车的生产比例将逐步扩大。

二、冷藏车市场发展因素分析

（一）冷藏车相关政策的强力支持和标准的不断完善

近年来，国家不断发布鼓励冷链物流基础设施建设的产业政策，掀起了冷链物流运输基础设施建设的热潮。其中，《"十四五"冷链物流发展规划》明确提出要提高冷藏车发展水平，加大标准化车型推广力度，统一车辆等级标识、配置要求，推动在车辆出厂前安装符合标准要求的温度监测设备等，加快形成适应干线运输、支线转运、城市配送等不同需求的冷藏车车型和规格体系。同时，国家有关乡村振兴和农产品产地建设等政策要求完善产地冷藏保鲜设施网络，推动冷链物流服务网络向乡村下沉，加强大型冷藏保鲜、仓储物流等保供公益性基础设施建设，在农产品冷链物流运输中需要冷藏车的支撑，这也极大地促进了冷藏车市场的不断发展。

冷藏车作为冷藏运输环节的重要设备，国家及行业标准不断落地，涉及冷藏车类型、技术要求和试验方法等多维度。随着我国冷藏车标准体系的逐步完善，推动了冷藏车市场的安全健康发展。

（二）冷链物流市场规模不断扩大

生鲜行业：随着人们生活水平的提高和健康意识的增强，对于新鲜、优质食品的需求在不断增长。冷藏车作为生鲜食品运输的重要工具，受益于消费者对食品安全和品质的要求，市场需求持续增加。

医药行业：许多药品和疫苗需要在恒定的低温环境下保持其有效性。随着医疗技术的发展和人们对健康的关注，医药行业对冷藏车的需求也在不断扩大。

电商行业：随着电子商务和在线零售行业的快速发展，越来越多的商品需要进行配送。其中包括生鲜食品、速冻食品等需要在冷藏条件下运输的产品需要冷藏车进行配送。

（三）受限少，补助多，助力新能源冷藏车得到发展

随着《工业和信息化部 公安部关于进一步加强轻型货车、小微型载客汽车生产和登记管理工作的通知》对轻型冷藏车在质量系数、利用系数等方面提出明确的要求，蓝牌轻卡的路权越来越受限制。新能源冷藏车不限行不限号、油电差等优势逐渐显现，促使冷藏车逐渐转型，新能源冷藏车市场规模逐渐扩大。

同时，2023 年 6 月财政部、国家税务总局和工业和信息化部联合发布的《关于延续和优化新能源汽车车辆购置税减免政策的公告》明确提出新能源汽车购置税减免政策再延续至 2027 年年底，随着减免政策的再度续期，将为新能源冷藏车市场渗透率持续增加提供助力。

三、冷藏车市场现存问题

（一）冷藏车市场竞争激烈，利润挤压严重

与冷库、冷藏集装箱等其他冷链设备行业相比，冷藏车行业的准入门槛较低，由于社会需求广泛，行业内企业分化较为明显，行业内卷严重，低价恶性竞争的现象十分普遍。近些年冷藏车原材料成本、车辆采购成本、人工成本、油价涨幅明显，冷机等保养成本较高且没有很好的售后渠道，面临着后期高额的维修费用，冷藏车生产和运营企业产生了很大的经营压力。同时冷链运输市场运费价格较透明且处于运价低位，企业之间存在价格战和恶性竞争的现象，部分企业盲目追求低成本，忽略了冷藏车的安全性、可靠性等，导致上下游夹击挤压利润空间，对冷藏车发展造成一定影响。

（二）冷藏车市内路权受限

冷藏车的配送末端大部分集中在市区内的卸货点、商超和零售网点，但国内很多省市对冷藏车进行了道路限时、限行等措施，使冷藏车进出受到限制，以北京市为例，其规定货车等特殊车辆在早晚高峰期间和限行时段内不得进入二环道路。目前全国多个省份已建立通行证制度，但北京等省份通行证存在一证难求、办理不便的情况，也容易造成交通管制违章的情况。通行证及市内通行限制问题，是目前困扰冷藏车城配运输的关键瓶颈之一。

（三）冷藏车投保困难

冷藏车作为特种车辆，与普通车相比更容易老化，设备故障率更高、维修费用更高。由于冷藏车的赔付比例较高，加之事故率高、定损难、主体责任难划分等原因，保险公司基于成本和风险的考虑，一般不愿承接冷藏车投保业务，而车辆统筹存在一定的监管问题，有理赔赔付不到位、不可理赔等风险，冷藏车车主投保困难、投保贵，因此投保难是一直困扰冷藏车车主的主要问题之一。

四、冷藏车市场发展趋势

（一）合规化

随着 2022 年 9 月蓝牌新规的正式实施，我国正式进入到新蓝牌时代，轻型冷藏车

市场开始洗牌，不合规的轻型冷藏车难以获得合格证，各地也开始整治不合规的轻型冷藏车，在一年多的时间里蓝牌新规的执行已经实现了常态化。《"十四五"冷链物流发展规划》也明确提出要"严格冷藏车市场准入条件，加大标准化车型推广力度，统一车辆等级标识、配置要求"。随着政府政策不断规范，不合规冷藏车被逐步清退，在持续的强压管制下，冷藏车行业将逐渐走向合法合规的发展之路，合规化冷藏车将成为行业必然。

（二）绿色化

随着"双碳"战略的不断推进，绿色发展对各行业的要求不断提升。冷藏车相比于普通货车，耗能高、碳排放高，绿色环保将对冷藏车提出更高要求，新能源冷藏车对于绿色发展有着天然优势。近年来，新能源冷藏车销量和占比不断提升，越来越受冷藏车市场的欢迎，燃料电池冷藏车、插电式、换电式纯电动冷藏车开始崭露头角，绿色低碳化将是未来冷藏车的主要发力点。

（三）技术化

冷藏车市场越来越要求高技术含量、高附加值的产品，市场对冷藏车的品质意识将逐步增强。物联网、云计算、大数据等技术的普及与应用，能够实现冷藏车的智能监控和远程控制，提高冷链物流的效率和质量。

目前在冷藏车的关键部件及核心技术方面，现阶段仍然以国外技术为主流引导。冷藏车市场将会更关注对保温技术、制冷系统、电池燃料等领域的技术创新，提高冷藏车的技术水平和服务水平，满足不同货物的运输需求

（四）多功能化

从客户角度看，冷藏车仍存在着无法监控运输过程、厢体质量差、舒适性差、安全性差、出勤率低、初期购入成本大、服务保障差、车辆油耗高等方面问题。基于"互联网＋"背景，通过对冷藏车未来需求进行深挖，企业发现未来冷藏车应从油耗管理、司机考勤、监控预警、维修保养、调度管理、车辆跟踪等方面出发，为司机、车队和企业带来实际的降本增效，挖掘商用车潜在 TCO 价值；通过定制化货车、客制化平台、一体化服务、全周期保障等方式开发多功能冷藏车。

第三节　冷链运输热点专题

一、中老铁路助力我国与东南亚进出口贸易发展

中老铁路，全称"中老国际铁路通道"或"中老昆万铁路"，该铁路北起云南省昆明市，穿越中国境内的磨盘山、哀牢山，跨过元江、澜沧江，通过友谊隧道，进入老挝北部，抵达首都万象，全长1035公里，是"一带一路"标志性工程。随着区域全面经济伙伴关系协定（RCEP）正式生效，中老国际物流需求日益旺盛。中老铁路自2021年12月3日开通运营以来，辐射效应持续增强、承运商品结构日益优化。中老铁路作为中国与东南亚果蔬市场的重要运输通道，在跨境冷链物流中也起着举足轻重的作用。

（一）发展现状

据昆明海关统计，2023年全年，海关累计监管验放经中老铁路进出口货运量达421.77万吨，同比增长94.91%。截至2023年12月31日，昆明海关累计已监管验放中老铁路进出口货运总量超640万吨。

中老铁路通车两年多来，海关大力推进"智慧海关"建设，应用"科技＋信息化"赋能智能监管。比如配备先进的铁路集装箱检查设备（H986），单列列车扫描仅需1～2分钟，叠加"雷达感应式"喷淋消毒、辐射探测门等高科技监管设备的应用，确保精准查验、快速放行，大幅提升风险排查效率和整体监管效能，实现了国门安全与高效通关的有机统一，对助力中老铁路跨境货运高质量发展起到积极作用。

在中老铁路带动下，老挝、泰国等东南亚国家的水果、铁矿石、橡胶等特色产品持续扩大进口，中国机电产品和"新三样"等高新技术产品也通过中老铁路进入东南亚各国。中老铁路已形成对内联通环渤海、长三角、珠三角经济圈等31个省（自治区、直辖市），对外辐射至老挝、泰国等12个"一带一路"共建国家的运输网，促进了中国与东盟国家间的贸易、投资、服务、金融等多方面合作。

中老国际冷链货运班列依托中老铁路打造，实现云南昆明、玉溪至老挝万象双向对开，全程运行 26 小时。中老国际冷链货运班列对内通过云南连通内陆，对外连通中国——中南半岛经济走廊，为云南服务和融入高质量共建"一带一路"，促进沿线共同繁荣、扩大高水平对外开放搭建了桥梁，注入了新的活力。来自老挝、泰国的榴莲、山竹等东南亚热带水果也通过冷链运输直达昆明，中国的鲜花、蔬菜、布匹等源源不断运往东南亚国家，很好地实现了贸易互补。

依托中老铁路的"黄金线路"效应，云南省形成了以昆明为集结中心，东连西部陆海新通道、西接孟中印缅经济走廊、南出辐射东盟国家、北上连通成渝地区双城经济圈的开放格局。中老铁路的高质量发展，也促进了中老两国以及"一带一路"共建国家间的经贸合作和文化交流，成为联通内外、辐射周边、双向互济的黄金大通道。

（二）发展案例

1. 腾俊国际陆港

2021 年 12 月 3 日上午，昆明市晋宁区青山物流片区腾俊国际陆港东盟多式联运仓储物流园内，首趟中老铁路国际货运列车满载着云南的新鲜蔬菜等货物，从腾晋物流铁路专用线驶出，无缝接入中老铁路，直达老挝万象。

中老铁路开通的两年来，腾俊国际陆港共通过中老线累计运输跨境货物超5000 标准箱，货物发运量超 12 万吨，业务覆盖老挝、印度、越南、泰国、缅甸、柬埔寨等国，货品扩大至化肥、咖啡豆、鲜花、水果、橡胶、钢材、铁矿石、木薯淀粉等。

乘着中老铁路带来的发展东风，中国与南亚、东南亚各国的经贸往来日益频繁，也为昆明发展枢纽经济提供了强有力支撑。在区位优势和政策优势叠加之下，"腾俊国际陆港东盟多式联运仓储物流园区公共货场建设能力提升"成为昆明市补链强链项目重要组成部分。

在项目资金支持下，腾俊国际陆港以公铁联运物流中心为基础设施依托，对多式联运换装设备进行智能化升级和标准化、绿色化改造，采购自动化门吊系统、高位侧移式叉车、电动翻转器、站驾式电动搬运车、冷链集装箱、托盘等设备，目前已完成设备更新 42128 台。

设备的更新升级，带来的是效率的大幅提升。"以往从卸货、箱体信息的采集、录入、核查、检对，到验箱、配箱及装货等，都需要人工来操作，不仅作业效率低，安全风险也大。"腾俊国际陆港东盟多式联运专用线主管刘秦鑫介绍，设备升级改造后，自动化智能作业系统会根据装卸计划生成任务列表，通过龙门吊上的扫描激光、控制器，智能定位列车、集装箱位置，自动运行。

2023年6月4日，泰国曼谷的兰卡邦国际陆港（曼谷ICD国际陆港）与腾俊国际陆港签订了中泰两国首个陆港间合作备忘录，双方深化合作的范围在中老铁路沿线区域进一步向南延伸。

2023年8月17日，在第7届南博会现场，泰国乌隆他尼府工业园区总经理刘汉源代表公司与腾晋物流签署合作协议。未来，双方将共同建立健全信息共享长效机制，围绕中老铁路沿线，以腾俊国际陆港—老挝万象南站—泰国乌隆他尼府工业园区为主干线，布局构建国际物流大通道，推动中国与东南亚国家的集合贸易与运输一体化的互联互通。

2. 云菜出滇

作为全国蔬菜主产区之一，得益于"天然温室"和"天然凉棚"并存的气候优势，云南冬季可利用南部热区和干热河谷区域生产夏季蔬菜；夏季可利用滇中以北的高海拔冷凉地区生产冬季蔬菜，从而形成了一年四季都有蔬菜种植，12个月都有蔬菜产品上市的特点。据统计，云南省叶菜类蔬菜种类繁多，全省共有31科、71属、142个种、1800多个蔬菜品种，并拥有大量珍稀和野生蔬菜种类，开发利用潜力巨大。

目前，云南已经形成夏秋反季蔬菜、常年蔬菜、热区冬春早菜三大稳定发展的优势产业区，蔬菜产业发展迅猛，种植面积不断扩大，单产、总产、产值、外销量、出口额等大幅提高。呈现出"种植面积不断增加、种植范围不断扩大、种植种类日趋多样、种植时间不断延长"的发展态势。

云南最大的蔬菜种植基地县和最重要的集散地——玉溪市通海县，每天有数百辆满载蔬菜的货车驶往全国各地。目前，通海蔬菜已形成"冬春销全国，夏秋销沿海，全年有出口"的格局。2024年，通海县坚持有机引领、绿色主导，以杞麓湖保护治理为核心，以规模化、专业化、绿色化、组织化、市场化为抓手，提早谋划、科学谋划蔬菜产业发展，促进产业转型升级，努力建成"国际一流、国内领先"的蔬菜生产基地和出口外销基地。

玉溪市通海县是云南省最大的蔬菜种植基地县和最重要的集散地，中老铁路开通以后，20小时就能到老挝万象，再从万象公路运往曼谷，两天左右就能到，不仅更快捷，运输成本还更低，每个货柜平均运费由3万元下降至2万元。

云南目前已经形成了以通海为重点的外向型蔬菜交易集散区，以元谋为重点的冬早蔬菜生产集散区，涵盖陆良、通海、砚山、泸西、弥渡的常年蔬菜生产区，以元谋、弥渡为重点的蔬菜制繁种和种子种苗供应中心，同时形成了怒江草果、砚山辣椒等特色蔬菜单品生产研发和加工区。

（三）发展趋势

1. 出台政策支持物流服务发展

未来政府将出台现代物流产业发展专项支持政策，支持云南省有条件的企业"走出去"与周边国家企业合作，开拓国际物流市场；出台中老铁路国际货运物流补助政策，对在云南省内集结和分拨的中老铁路跨境货物运输铁路站到站运费给予补助支持，组织和吸引更多国内外货物到云南省集散并依托中老铁路运输。同时，政府利用云南驻外商务代表处的作用，为云南省企业提供所在国投资、法律、金融方面的政策，加快企业"走出去"步伐。

2. 沿线专线建设加快

政府将推动玉溪大化产业园区铁路专用线建设。普洱工业园区宁洱片区和西双版纳勐养站—景洪产业园区、磨憨站—中国老挝磨憨—磨丁经济合作区铁路专用线将加快建设。昆明王家营、玉溪研和、化念、元江，普洱宁洱，西双版纳野象谷、磨憨等车站货运设施和联运体系建设加快推进。

3. 沿线产业优化升级

中老铁路沿线城市如昆明、玉溪、普洱、西双版纳等，正在利用中老铁路的优势进行产业结构的优化和升级。这些城市通过优化自身的产业布局，能够更好地融入面向南亚和东南亚市场的跨境产业链、供应链、价值链，从而推动高质量的开放型经济发展。

4. 发展数字化智慧物流和智慧通关

未来政府会鼓励企业提升改造或新建一批智慧物流园区，鼓励企业在中老铁路沿线投资建设物流集散中心、分拨中心、海外仓等设施，提升跨境物流服务能力。同时会加强部门间协调联动，会同有关部门加快推动海关平台、铁路数字口岸系统、国际贸易"单一窗口"等平台开展数据资源交互共享合作，提高货物通关效率，加快提升中老国际货运列车服务能力。

5. 加速与其他班列和通道实现互联互通

未来中老铁路将会与中欧班列、西部陆海新通道、中缅印度洋新通道实现战略对接，形成良性互动，实现互利共赢。加强国际合作和协调，共同进行铁路设施的建设和维护，提高运输效率和安全性；加强信息共享和物流协调，实现货物的快速转运和配送。

二、新能源汽车出海

中国新能源汽车产销量连续多年高速增长，目前已在全球汽车市场取得领先地位。据行业数据统计，自 2015 年起，中国新能源汽车产业连续 9 年全球产销量第一。2023 年全年，中国新能源汽车产销量分别完成 958.7 万辆和 949.5 万辆，同比分别增长 35.8% 和 37.9%。2023 年全年，国内新能源汽车销售量占全部汽车销售量比重达到 31.6%，较 2022 年提升 6 个百分点。据中国汽车工业协会发布的数据，2023 年，新能源汽车出口 120.3 万辆，同比增长 77.6%，增速超过传统燃油车，占汽车出口总量的 24.5%。

（一）我国全力支持和推动新能源汽车贸易快速发展

2023 年，我国新能源汽车出海驶入快车道，各级政府出台一系列政策，鼓励并推动新能源汽车出海。其中，《商务部等 9 单位关于支持新能源汽车贸易合作健康发展的意见》是目前对新能源汽车出海涉及面最广、影响最大的政策，该政策从提升国际化经营能力、健全国际物流体系、加强金融支持、优化国际贸易活动、营造良好贸易环境、增强风险防范能力等方面提供全方位、多层次的支持和保障、鼓励并加强我国新能源汽车对外贸易合作。

（二）欧美国家持续出台政策限制我国新能源汽车进入市场

近年来，欧美国家在贸易保护、贸易壁垒、低碳管理等维度出台相关政策，限制我国新能源汽车产业链进入其市场，限制中国新能源汽车产业链的海外发展。长期来看，欧美国家电动化转型略显疲态，中国如果能够在新能源汽车领域持续保持技术及产品领先地位，欧美的政策施压对我国新能源汽车产业发展的影响有限。欧美国家限制我国新能源汽车出海的措施如表 5-1 所示。

表 5 - 1　　　　　　　　欧美国家限制我国新能源汽车出海的措施

风险点	具体贸易壁垒措施表现
公平竞争	2023 年 9 月，欧盟宣布开启针对中国电动汽车的反补贴调查；2024 年 3 月起，欧盟对中国纯电动汽车实施进口登记制度，未来将可能依据反补贴调查的最终裁定结论对已登记的车辆施加"追溯性关税"
环境保护	2023 年 8 月 17 日，欧盟《新电池法》正式生效，该法案对电池中有害物质的含量、原材料碳排放等进行明确规定；自 2027 年起动力电池出口到欧洲必须持有符合要求的"电池护照"；并对关键原材料（如钴、铅、锂和镍）的回收比例进行具体规定
国家安全	2024 年 2 月，美国以汽车使用数据涉及国家安全为由，宣布对中国制造的联网汽车开展调查，并于 5 月 14 日宣布对中国电动汽车加征高达 100% 的关税

（三）东南亚国家出台政策支持新能源车辆发展

2023 年，泰国、马来西亚、印度尼西亚等东南亚国家纷纷加快了电动化转型的进程，为了推动新能源汽车的发展，这些国家出台了一系列激励政策从扩大内需、完善配套、增大税收减免或财政补贴等方面，这些政策的出台，为中国新能源汽车企业等外资企业提供了良好的投资环境。

短期内，泰国、马来西亚和印度尼西亚等国预计将继续出台更多利好政策，以深化与中国新能源汽车企业的合作，进一步推动当地电动汽车产业链的构建和市场培育。这一系列的合作不仅有助于提升当地的新能源汽车产业水平，也将为中国新能源汽车企业拓展国际市场、实现全球化战略提供有力支持。东南亚国家新能源汽车政策与配套产业建设情况如表 5 - 2 所示。

表 5 - 2　　　　　　东南亚国家新能源汽车政策与配套产业建设情况

	泰国	马来西亚	印度尼西亚	其他
顶层目标	到 2030 年实现生产 72.5 万辆电动汽车/皮卡车的目标，电动汽车将占总汽车产量的 30%	到 2050 年达到 80% 的电动汽车采用率，实现 90% 的本地电动汽车制造率，并且提高内燃机（ICE）燃油效率	到 2025 年将电动车的市场占有率提高到 20%，并打造电动车电池的生产基地	—

续 表

	泰国	马来西亚	印度尼西亚	其他
税收减免财政补贴	①消费税减免：由8%削减至2%。②购车补贴：购买新能源汽车的消费者可享受7万~15万泰铢现金补贴。③整车关税减免。④关键零部件关税减免：进口机械设备和原材料在一定年限内免征关税。⑤企业所得税减免：各类电动车供应方可享受最高8年的免企业所得税优惠，部分企业可再享受最高3年的企业所得税减半优惠	①消费税减免：2025年年底前免去本地组装电动车的销售及服务税；2023年年底前车主免缴道路税并可申请2500令吉的个人免税。②整车及关键零部件关税：2025年年底前本地组装电动车免征关税	①消费税减免：减免对汽车征收的奢侈品税；减免机动车税和机动车所有权转让税；对购车用户在政府确定的区域停车费用的奖励。②销售税减免。③整车及关键零部件关税：CKD或IKD模式下对电动车及关键零部件免征税；进口机械设备免征税。④企业所得税减免：最高可享受20年抵免企业所得税优惠	新加坡：道路税率将降40%；取消新能源汽车注册税（约5000新元）；菲律宾：对电动车及混合动力车的零配件进口实施零关税
配套产业建设	充电桩建设：计划到2030年建成1.2万个直流充电桩到2035年建成3.65万个，并对相关企业免征五年关税	充电桩建设：计划到2025年建成1.5万座充电站	充电桩建设：计划到2030年建成3.1万个充电桩；对充电桩相关生产企业进行激励	新加坡：2030年在市区公共停车场及私家车位建设6万余充电桩；菲律宾：对新能源汽车制造业及设置电动车充电站投资奖励优惠

（四）新能源汽车出海发展趋势

1. 越来越多的新能源汽车企业选择出海建厂

中国新能源汽车出口市场上，整车出口仍然占据主导地位。近年来，为了更深入地融入全球供应链，许多车企已经转向海外投资建厂的方式，这样的策略不仅有助于打通供应链的关键环节，也可以通过规模化效应实现降本增效。

对于自主品牌而言，虽然短期内在海外建设工厂可能面临供应链不完善、跨文化经营经验欠缺等挑战，从而增加经营成本。但从长远视角来看，海外建厂的优势显著，一个经营成熟的海外工厂不仅能够降低车企减少关税、跨境运输等环节的潜在风险，还可以提升企业在当地的品牌影响力，完善本地供应链布局，并降低生产成本。因此，海外建厂是自主品牌实现全球化战略的必经之路。

2. 欧洲、东南亚将是中国新能源汽车出口的核心市场

欧洲和东南亚是我国新能源汽车的主要出口地，根据海关总署统计数据，2023 年中国向欧洲出口 64 万辆纯电动汽车，占中国电动汽车总出口量的 41.27%；向东南亚出口 31 万辆纯电动汽车，占中国电动汽车总出口量的 20.09%。

2023 年，中国新能源汽车出口量最多的国家分别为比利时和泰国，纯电动乘用车出口量分别为 17.54 万辆和 15.59 万辆。同时，泰国和比利时也是中国新能源汽车出口渗透率最高的两个国家，在中国向这两个国家出口的汽车中，新能源汽车占比分别为 92.3% 和 80.6%。尽管比利时的出口量略高于泰国，但考虑到其在新能源汽车市场的渗透率，泰国在新能源汽车出口方面依然展现出强劲的增长势头，同时比利时市场也显示出较大的渗透空间。

3. 海外合规化发展日益重要

随着日益频繁的区域政治和军事冲突、单边贸易保护主义的兴起及其导致贸易规则多变，这使中国新能源汽车企业在海外合规管理上面临着日益增大的挑战。

新能源汽车企业可以通过深入了解目标市场法规、建立合规体系、加强与当地合作伙伴的合作等措施，降低出海风险。同时提升产品质量和技术水平，满足国际市场需求并实现可持续发展。

第六章　2023 年冷链物流行业现状、问题及发展趋势

第一节　冷链物流行业发展现状

一、冷链产业环境持续改善

2023 年整体政策聚焦于高质量发展主题，主要关注基础设施建设、下沉乡村建设、体系化建设、绿色发展、链接国际等方面。在资金支持方面，继续安排专项债券支持建设冷链物流设施，明确支持国家物流枢纽、农产品批发市场等城乡冷链物流设施建设等。标准方面，制定国际标、国标、行标及团标，有效提升行业准入门槛，促进行业规范发展。其中，《冷链物流分类与基本要求》和《食品冷链物流交接规范》两项国标正式实施。《质量分级及"领跑者"评价要求 食品冷链物流服务》团体标准的制定、发布与实施工作已完成。国际标准《冷链物流术语》正式立项，团体标准《冷库低碳评价指标》正式启动。

根据中物联统计数据显示，2023 年，我国冷链物流总额为 8.9 万亿元，同比增长 4.6%；2023 年，我国冷链物流市场总规模为 5170 亿元，同比增长 5.2%。我国冷链物流需求总量为 3.5 亿吨，同比增长 6.1%，保持稳定增长，在我国各品类冷链流通率逐步提升的情况下，冷链市场体量稳步扩大。

二、冷链物流基础设施初具规模，初见成效

2023 年冷链基础设施建设总投资 585.5 亿元，同比增长 8.2%；虽然冷库新建速度放缓，但高标准冷库比例提高。冷链三级基础体系建设取得了诸多成就，已建设 86 个国家冷链骨干物流基地，覆盖 31 个省区市，农业农村部也积极筹备农产品骨干物流基

地建设，推进落实农产品仓储保鲜冷链物流设施建设工程，截至 2023 年，农业农村部已支持建设 7.5 万个产地冷藏保鲜设施，新增库容 1800 万吨以上，县级覆盖率达 70% 以上，农产品损耗率大大降低，有力推动了小农户对接大市场；产销冷链集配中心和产地"最初一公里"和销地"最后一公里"冷链设施建设也在不断完善。冷库总量约 2.28 亿立方米，同比增长 8.3%，增速比 2022 年上升 1.5 个百分点；果蔬、肉类、水产品等农产品产地低温处理率分别为 23%、78% 和 80%，均高于 2022 年水平。

三、经济复苏增加冷链物流活力

消费重新成为我国经济增长的主动力。随着经济社会全面恢复常态化运行，促消费政策发力显效，消费潜力不断释放，服务消费加速复苏。2023 年，我国社会消费品零售总额超过了 47 万亿元，创历史新高。服务零售额比上年增长 20.0%，增速高于同期商品零售额增速 14.2 个百分点。2023 年，最终消费支出拉动经济增长 4.3 个百分点，对经济增长的贡献率达 82.5%，消费支出对拉动经济增长的基础性作用进一步增强。

其中，2023 年餐饮总收入首次突破 5 万亿元，比 2022 年增长 20.4%，表现亮眼，冷链需求明显回升。同时，根据网经社电商大数据显示 2023 年生鲜电商交易规模达到 6424.9 亿元，同比增长 14.7%，带动冷链需求增幅较大。"生鲜电商＋冷链宅配""中央厨房＋食材冷链配送""直播带货"等服务模式和消费业态的变革，推动冷链物流市场需求继续扩张。

四、预制菜等成为冷链新的需求点

2023 年，中央一号文件《关于做好 2023 年全面推进乡村振兴重点工作的意见》提出培育乡村新产业新业态，其中要求"提升净菜、中央厨房等产业标准化和规范化水平，培育发展预制菜产业"，这是预制菜首次被写入中央一号文件。预制菜产业一头连着田间地头，一头连着消费者餐桌，其快速发展既顺应了需求侧的变化，满足了消费者对美食的多元需求，也推动了农村一二三产业的融合发展，成为农业转型升级的新业态、农民"接二连三"增收致富的新渠道，为助力乡村产业振兴、实现共同富裕发挥重要作用。

近几年，预制菜行业发展按下"加速键"，呈现市场规模稳步增长、发展潜力巨大，根据中国餐饮连锁报告和艾媒咨询数据显示，2023 年，预制菜市场规模为 5434 亿元，2026 年将升至万亿元级别。预制菜不仅被食品企业视为第二增长曲线，也被地方纳入新一批"千亿产业集群"规划。2022 年以来，广东、山东、福建、河北等地先后出台预制菜产业发展政策，瞄准万亿产业前景，争夺"预制菜之都""千亿产业集群"或"单项冠军企业"。预制菜产业热度从市场、资本向政策端延伸，在此产业飞速发展之下，将进一步激发冷链物流新增量市场活力。

五、投融资方面，更关注企业的科创能力及平台整合运营能力

例如，瑞云冷链宣布完成 5 亿元人民币 A 轮融资，主要用于夯实冷链零担全国网络、数字化运力平台技术研发、行业整合并购。数字冷链平台"运满满冷运"完成了数亿元人民币的 B 轮融资，平台将货主端和运力端进行高效匹配和智能调度，提升交易效率、降低交易成本。冷链云工厂平台"粤十机器人"，获得数千万元天使轮融资，将用于加快推动海外产品的研发和市场拓展。

第二节　冷链物流行业存在的问题及难点

一、缺乏规划统筹，局部建设供大于求，重复建设导致资源浪费

近几年在政策、财政、金融、社会资本等多因素推动下，各地冷库增长速度过快，超过冷链需求增速，导致局部冷库过剩，存在冷库空置率高、价格一跌再跌等问题。且由于前期缺乏统筹规划、合理布局，使得结构性失衡现象严重，比如冷冻库多冷藏库少、产地冷库少销地冷库多，高标冷库少不达标冷库多。

二、相关法规标准执行不到位，有效监管缺失，行业规范程度不高，劣币驱逐良币

冷链物流新基建快速发展，一方面建设形成了一批高标准现代化、多功能、新模式冷库等一系列基础设施；另一方面又未对市场上资质证照不全的冷库进行有效监管，导致不合规冷库及冷藏车在市场中大量存在，不仅安全事故频发，而且成为行业价格

战的最大"杀手"。冷链物流行业这种"劣币驱逐良币"的现象，对行业的健康发展造成不利影响。此外，相关政策法规标准等执行不到位，例如，强制性国家标准《食品冷链物流卫生规范》发布至今，因缺乏配套监管制度、有效监管不足，执行的企业很少。

三、冷链物流"脱冷断链""伪冷链"等问题频发

我国冷链物流行业仍处于企业规模小、竞争较分散的阶段。缺乏规模化、全国性的龙头企业，市场鱼龙混杂，服务品质良莠不齐。冷链物流货主企业因其货物品类、企业规模、成本考量等方面的影响，对冷链服务的要求不尽相同，采用不合规车辆进行运输、租用普通仓库进行储存，且仓储作业、物流跟踪、温度监控、装卸交付等环节运作不规范，造成冷链"不冷"和"断链"问题突出。

四、绿色低碳和科技创新体现不足，亟待提档升级。

当前老旧高能耗冷库和制冷设施设备依然很多，节能改造不足，节能诊断推广不够，新能源冷藏车的占比很小，田头移动预冷库、冷库等设施设备利用率不高，绿色低碳新材料新技术的研发应用紧缺，冷链废弃物处置及逆向物流体系不完善等问题突出，亟须着力改善。

五、冷链物流服务跟上下游产业融合度不够，同质化服务普遍

当前，冷链仓干配类企业绝大多数以仓库租赁、干线（零担）运输及城市配送业务为主，或者通过平台实现仓运配一体化发展，处于存量市场的同质化竞争中，生存空间越来越小。对于冷链上游的现代农业和食品加工等业务不够重视，普遍缺乏拓展冷链后服务市场意识。在现存空间越来越小的情况下，融合创新是寻求新增量的重要途径。

第三节 冷链物流行业发展趋势

国内层面，在乡村振兴、高质量发展、区域联动、数字中国、美丽中国等战略深

入实施之下，冷链物流作为基础性、战略性、先导性产业，已深入融合到我国现代农业、食品工业和现代医疗等高质量发展过程中。在全球层面：可持续发展是全球性的价值共识，中国正以生态外交参与全球经济竞争。

2024 年是国民经济进入常态化恢复的第一年，是《"十四五"冷链物流发展规划》实施的攻坚之年。冷链物流作为提高人民生活质量、减少农食产品浪费、可持续发展的朝阳产业，其市场增量空间清晰可见。随着高品质、精细化、个性化的冷链物流服务需求日益增长；进口冷链产品、生鲜电商、社区团购、直播电商、预制菜等新业态促生的"新增量"不断涌现；快消食品及冷链等企业在海外积极布局寻求"新增量"，都促使冷链赛道继续创新发展，对冷链物流全流程、全环节、全场景，对创新新业态、培育新经济等提出更高发展要求。

因此，国家可以重点在做好顶层设计与统筹，加快构建现代冷链体系建设，促使冷链行业朝着产业链融合、业态创新、数字赋能、降本增效、绿色可持续及加速全球化等方面努力，同时引导行业规范化标准化发展，明确职责、加强冷链全链条的有效监管，促进冷链物流行业安全、高效、健康地发展。

第一，加强体系建设。我国要夯实冷链物流"三级"基础设施网络（完善国家骨干冷链物流基地布局，加强产销冷链集配中心建设，补齐两端冷链物流设施短板），加快推进"321"冷链物流运行体系，高质量推进城乡冷链物流体系建设，促进全国统一大市场的建设，推动冷链与现代农业、食品工业等融合发展，支撑构建国内国外循环新格局。具体通过完善建设"四横四纵"冷链物流骨干通道网络，提高国家骨干冷链物流基地间供应链协同运行水平，推动基地间冷链物流规模化、通道化、网络化运行。此外，建立全国统一的冷链物流体系，可以有效解决冷链物流系统资源重复配置、管理条块分割、市场区域割据、城乡渠道不畅等弊端。

第二，标准引领。未来将会加强对冷链物流过程的标准化管理，提高冷链物流的服务质量和效率。包括建设标准化的农产品冷链物流设施，提高物流效率和安全性；建立健全服务标准体系，规范物流服务行为，提高服务质量；优化物流流程，提高物流效率和降低运营成本；建立完善的质量追溯系统，实现对冷链产品生产、加工、储存、运输等各环节的质量控制和可追溯，提高产品的质量安全水平，提高客户信任度，以规范冷链物流市场秩序，提高整体水平。

第三，融合创新。一是在国家乡村振兴、产业升级、区域联动等战略深入实施之下，冷链物流作为基础性、战略性、先导性产业，已深入融合到我国现代农业、食品工业等发展过程中，促进行业转型和升级。重点聚焦"6＋1"重点品类，强化冷链供应链一体化服务能力，深耕产地链、产业链和价值链。二是冷链物流与种植养殖业、加工业、交通运输、零售业等多业态深度融合，催生产业发展新业态新模式。三是在人民日益增长的高质量、多样化消费需求及"直播带货""预制菜"等新消费形式驱动下，将对冷链物流新业态新模式新场景提出更高的要求。

第四，协同共享。随着冷链体系要下沉乡村、全社会物流体系要降本增效，协同共享是必要手段。一是在产地生产预冷端和配送末端的环节，冷链资源更加分散，空置率较高，通过资源协同，共享整合，可有效缓解下沉市场紧缺的冷链需求，提升预冷库及保鲜库的利用率。二是提高冷库、冷藏车、冷链园区等资源的共享利用率，能够有效促进冷链零担和共配等业务的增长，从"竞争"到"协同""共享"，实现降本增效。三是多数平台搭建都是通过共享资源，统一实现物流资源优化配置，提升系统效率，减少资源浪费，降低物流成本。

第五，绿色低碳。可持续发展是全球性的价值共识，中国正以生态外交、美丽中国建设等战略拓宽国际战略空间。我国已作出"力争在 2030 年前实现碳达峰，2060 年前实现碳中和"的庄严承诺，印发《"十四五"冷链物流发展规划》等顶层政策，冷链行业和个体都在为此而努力。冷链物流行业需要从冷库建设、冷链运输、园区建设、装备制造、运营管理等环节，力争做到节能减排、低碳零碳和降本增效，其中，新能源冷藏车、低碳冷库和零碳园区等是绿色低碳的重要抓手。

第六，数字赋能。科技创新和数智转型是冷链物流发展的新动力。物联网、大数据、人工智能等先进智能化技术可以为冷链物流各领域、各环节赋能。冷链物流行业要建立冷链信息共享机制，加强产业链上下游信息交流，实现科学布局和供需信息实时对接，完善物流信息网络，以及全过程智能化监测产品、调控设备、优化流程，提高冷链体系的质量效率、透明度和精准度，有效促进冷链物流业态模式创新和行业治理能力现代化。

第七，链接国际。随着"一带一路"倡议全面带动效应的体现，国内自贸区试点扩大及 RCEP 等政策不断深化，大量食品企业和冷链物流企业开始布局海外市场，寻求"第二条增长曲线"。随着政策的推动和实施，进出口生鲜品类和数量大幅提升，由此与之配套的海外冷链物流需求激增。未来，更多的冷链物流企业会加快海外冷链物流布局，提升相关口岸国内外冷链通道衔接和组织能力，推动国内外冷链双循环格局形成。

第七章　2023年冷链热点追踪

第一节　冷链物流在国家供应链中的定位与发力点

一、专业解读：冷链物流助力提升国家产业链供应链韧性与安全

冷链物流是通过温控、保鲜等技术工艺和设施设备，确保冷链产品在初加工、储存、运输、流通加工、销售、配送等全过程始终处于规定温度环境下，是保障农产品、食品和医药等产品生产和流通安全的重要手段，对产业链供应链的稳定性具有直接影响。

关于冷链物流与供应链的异同。从定义上来看，供应链的广泛性要大于冷链物流。供应链是一个从原材料到消费者的全过程，涵盖了物流、采购、生产、销售等多个环节，旨在实现产品的供应、提高生产效率、降低成本并增加企业利润；而（冷链）物流则更侧重于货物从供应商到客户处的流动过程，包括（冷链）采购物流、生产物流、销售物流、逆向物流等，是供应链中的重要支撑。从管理服务范围来看，（冷链）物流管理比供应链管理更广，（冷链）物流商更易规模化运作并提供精细化服务。单个（冷链）物流服务商大多同时跨多条供应链，提供相应服务，达成不同的产出；而单条供应链则往往仅为经营目标，采取较统一的管理办法。全社会供应链运营是众多冷链物流体系和供应链体系相互交叉和支撑的过程。（冷链）物流体系与供应链体系关系如图7-1所示。

关于冷链物流在供应链体系中的地位。产业链供应链的韧性与安全是我国实现产业升级与参与全球经济竞争的核心。在国家层面：在乡村振兴、美丽中国、高质量发展、区域联动、数字中国等战略深入实施下，冷链物流作为基础性、战略性、先导性产业，深入融合到我国现代农业、食品加工、医药医疗等行业高质量发展过程中，加快推动产业转型升级，全面推进中国式现代化建设，同时，全力保障民生"菜篮子"

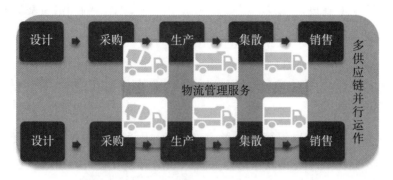

图7-1 (冷链)物流体系与供应链体系关系

"米袋子""果盘子""肉案子"日常供应与应急供应,满足人民日益增长的美好生活需要。在全球层面:冷链物流已成为国际贸易和供应链合作的重要组成部分,是畅通国内大循环、促进国内国际双循环的桥梁之一;很好地将高品质冷链产品引进来,支撑中国(制造和贸易)供应链抱团走出去,参与国际竞争和合作,更好地获取国际资源,提升中国的供应链稳定性和抗风险能力,整体提升我国在全球的供应链韧性和竞争力。

具体来看,冷链物流首先要保证的就是确保产品的过程质量和安全性,减少产品损耗,确保产品从农田到餐桌的新鲜度,提高产品质量,有助于鲜活农产品实现错峰销售,从而提高产业链的附加值和增强供应链的稳定性,从而体现冷链物流的行业整体价值。其次,通过冷链物流运输的生鲜产品覆盖范围不断扩大和销售半径的不断拓宽,从最初的本地市场逐渐拓展至全国乃至国际市场。这不仅为企业带来了更多的商机,也满足了消费者对多样化产品的需求。冷链物流客观上扩大供应链的区域范围,其行业特性可以使温度敏感产品在更广泛的地理范围内运输和分销,从而帮助企业拓展市场,满足消费者对多样化产品的需求。再次,冷链物流可以通过优化物流网络和采用先进的物流技术,不断提高供应链的效率。一方面,冷链物流通过建立覆盖全国的冷库、冷藏车和配送网络,实现产品的快速、高效运输;另一方面,冷链物流积极采用物联网、大数据等先进技术,实现对产品的实时跟踪和监控,有效减少了不必要的延误和损失。在全局整体的视角下,提高供应链的运作效率,也降低了全链的运营以及协同成本。最后,不断完善的信息化共享机制,不仅有助于消费者了解产品的来源和质量信息,也为货主企业及承运企业提供了有效的风险管理手段。多措并举以增强消费者对产品及服务的信任度,促进冷链市场的健康发展,同时在社会认可及接受度层面塑造国内冷链物流体系的样貌,让消费者不断感受到冷链物流不只是经营或消费的一种成本,更是一份产品周围服务的保障。这种稳定性还可以体现在维护消费者的信任，降低退货和投诉的风险，进而提升整个供应链生产端和消费端的稳定性，正向与反向，促进国家产业供应链的良性循环。

二、企业实践：思念食品如何让冷链物流更好地助力大供应链发展

思念食品有限公司（以下简称"思念食品"）秉承着给客户创造价值是核心经营理念，近些年不仅加大冷链物流基础建设投入、同时也在提升冷链物流服务质量、加强信息化建设、优化冷链物流管理方面下了不少工夫，把推动冷链物流行业的标准化和规范化建设，作为企业的社会责任。疫情后速冻米面行业的竞争环境愈发激烈，小而精的水饺面点厂如雨后春笋般出现在竞争中。思念作为深耕行业二十几年的品牌，也同样面临着需求分层、渠道多元化，传统渠道略显无力的局面。于是果断提出渠道下沉，聚焦大单品战略，通过产品端不断开发拓展新品，渠道端线上线下协同作战，和多年的经销商伙伴共同面对经济下行下的市场阻击战。

从全球供应链布局来看，思念食品已布局 6 个全球工厂，24 个全国布局分仓，有90 万吨生产能力/年，1 万多名员工，辐射全国 5 千多家经销商，10 万多个经销终端，产品出口 50 多个国家，实现 100% 干线冷链监控。从布局来看，思念在郑州、遂平、湖州、成都、广州等布局生产基地，且均投建了立体冷库，助力销地产品在流向市场过程中高效短链，口味最佳。冷链高周转是思念食品所追求的。供应链上游通过和供应链信息协同，质量前移管理，缩短交货期，优化供应商和链主两端库存；供应链下游连接经销商端，升级报单商城、优化报单逻辑，通过拆合订单智能组线等数字化工具，实现快速响应客户需求的目标。交付周期的缩短，有效地改善了经销商端库存。另外，为更好地给客户创造价值，思念食品对经销商端库存的合理性进行分析，支持相关专业补货模型，帮助客户建立快周转模式，让客户资金周转更快。

思念食品积极参与冷链物流行业标准的制定和推广工作，推动冷链物流行业的标准化和规范化，促进行业的发展。加强对冷链物流从业人员的培训和监督，提高专业素养和服务水平。在上下游资源方面，思念食品通过与专业的冷链物流公司合作，共建共商行业标准落地措施，联动冷链物流承运商制定严格的冷链运输标准和流程，确保从生产到销售的每一个环节都符合冷链要求，逐步在行业内形成有价值的"思念标准"。助力冷链合作伙伴承接更多互补性业务，提升车辆重载率，助力拉动社会冷链大物流体系高效运作。

如何在交付环节更好地支撑"思念标准"落地，思念食品通过引入先进的数字化

应用系统 OTW、DMS、KMS、TPM 等，实现对冷链物流全过程的实时监控和数据分析，提高物流过程的透明度和可追溯性。夯实过程管理，温度轨迹实时预警，实时异常信息推送，在短时间内快速干预，有效管控。这样不仅可以更好地管理冷链物流，还能及时发现和解决潜在问题，对合作承运商在驾驶员的管理上也提供了一套工具。对于客户端，让客户放心是服务宗旨，使账户资金移动及额度变化实时可见，对货物到达进度关键节点进行信息推送，使信息流充分协同，带来的便是实物流的高效流转，而没有信息化数字化智能化手段的加持，这些是无法实现的。

思念食品的供应链数字化建设布局如图 7-2 所示。

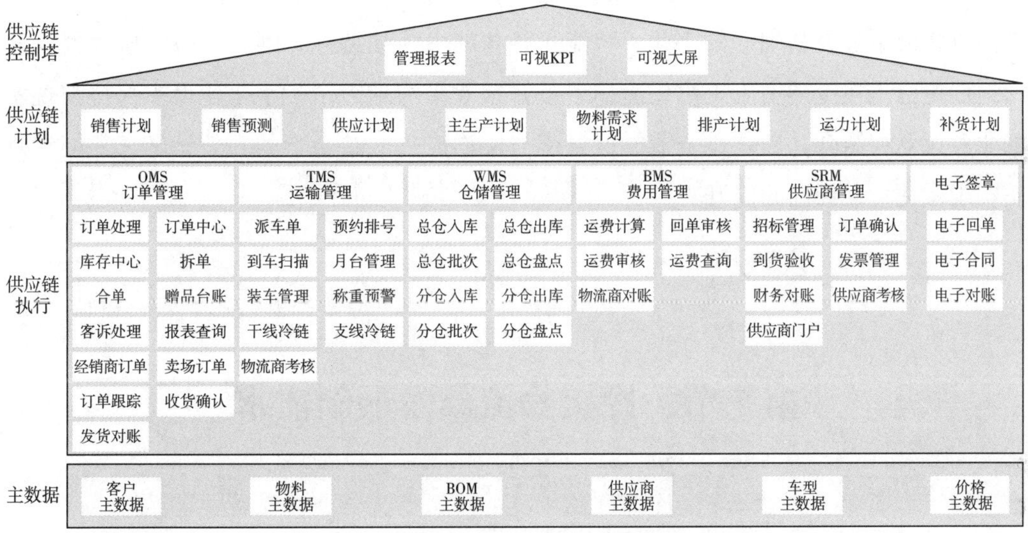

供应链控制塔：管理报表　可视KPI　可视大屏

供应链计划：销售计划　销售预测　供应计划　主生产计划　物料需求计划　排产计划　运力计划　补货计划

供应链执行：

OMS 订单管理		TMS 运输管理		WMS 仓储管理		BMS 费用管理		SRM 供应商管理		电子签章
订单处理	订单中心	派车单	预约排号	总仓入库	总仓出库	运费计算	回单审核	招标管理	订单确认	电子回单
库存中心	拆单	到车扫描	月台管理	总仓批次	总仓盘点	运费审核	运费查询	到货验收	发票管理	电子合同
合单	赠品台账	装车管理	称重预警	分仓入库	分仓出库	物流商对账		财务对账	供应商考核	电子对账
客诉处理	报表查询	干线冷链	支线冷链	分仓批次	分仓盘点			供应商门户		
经销商订单	卖场订单	物流商考核								
订单跟踪	收货确认									
发货对账										

主数据：客户主数据　物料主数据　BOM主数据　供应商主数据　车型主数据　价格主数据

图 7-2　思念食品的供应链数字化建设布局

综上，作为行业龙头，企业在保持增长的同时，和上下游产品高效协同，共同进步，才能更好地履行社会责任，才能推动国家大供应链更好地良性发展，才能建设面对民众更高效、更安全、更可靠的食品供应链。

未来，如何应对多样化，不确定性的市场环境，敏捷性和韧性对速冻米面制造型企业供应链来讲仍然是关键和核心。

首先应通过冷链仓网的规划布局开始，用以应对大供应链变化。仓网布局规划包含基础的仓网资源整合和仓储网络及运输路径的设计优化。仓网资源整合是企业惯用的仓网布局方式，通过资源的拼接、组合来扩大行业影响力并提升规模效应，主要解决的是可用资源保有量的问题。可以观察到的是，有很多冷链物流（供应链）企业已持续在做国内外市场资源整合的相应布局，提升整体仓网能力以获得行业竞争力，包括京东、瑞云冷链、运荔枝等行业头部企业。其实现途径是数据建模与最优求解的有机组合，将公司仓网的基本情况及日常运行的约束条件转化为数学语言，通过建模的方式做系统性梳理，在单级仓网的现状下模拟运输线路整合、仓点缩减以及多级仓网的运行结果，再使用优化求解器求出最优成本下的多级仓点组合及仓点上下游覆盖关系。

还要通过数字化加持创造新价值。不论是环境保护、低能耗意识的提升，还是人力成本、信息化需求的提高，都对冷链物流通过信息化手段助力可持续发展及满足服务属性提出了更高的要求。诸多案例都说明了信息技术与物流能力结合后的一体化服务，对提升服务价值及合作可持续性的重要作用。

以物流服务为基础，数字化、智能化科技能力为加持项，助力供应链敏捷性韧性落地性更强。在冷链物流规模化运作中秉持增效集约理念，数字化建设中保持与现实的业务运营相结合，提升资金流、信息流与实物流三流结合下的高效运转，才能够真正实现敏捷性、韧性的提升。

（思念食品有限公司　王成丽）

第二节　冷链物流新发展新需求

一、专家观点：新管理模式势在必行

（一）新冠疫情后的经济形势及对冷链物流的影响

一场突如其来、席卷全球的新冠疫情，影响了全人类的生命安全和全球经济的正常发展。经历了持续三年的新冠疫情和国内经济低迷双重叠加重压，我国经济增长方式转向了高质量发展阶段。

2023年年初，国内经济迎来了全面复苏。在进入2024年之后，经济取得了开门红。2024年第一季度GDP达29.63万亿元，同比增长5.3%。

2023年，我国冷链物流市场整体处于承压前行、需求逐步企稳回升的震荡发展局面。全国全年冷链需求总量约3.5亿吨，同比增长6.1%；冷链物流总收入约5170亿元，同比增长5.2%。

虽然，我国经济增长总体表现不俗，但是实体经济复苏情况并不乐观，三年新冠疫情使实体企业发展滞缓，影响了资金链；再加上 2024 年全球经济下行压力较大，未来国内实体经济还将面临诸多挑战，各种不确定性因素在增加。

结合冷链物流业的发展思考，我们要改变过去依靠外延式扩大再生产的经济增长模式，需深度关注高质量发展之路，将创新、降本增效作为高质量发展的核心和实体经济增长的主要引擎。

（二）2024 年，冷链物流企业如何发展？

国内冷链物流领域，无论是甲方还是乙方，历经三年新冠疫情后，突然发现，尽管经济复苏令人感到欣慰，但是报复性消费、报复性购房、报复性就业等，并没有发生。2024 年开年到现在，不论是企业物流还是物流企业都感到巨大的压力！企业运作的高成本与经济恢复期的缓慢形成矛盾，甚至倒挂。笔者认为有以下两点问题。

第一，2024 年、2025 年可能是物流业竞争最激烈的两年，竞争激烈程度将比往年都大，直到部分缺乏创新模式的物流企业被淘汰出局。

第二，企业物流与物流企业，从自身功能、物流资源、物流技术等方面将打破壁垒，实现相互交融、共享、成本最优化，利润分配最合理。

2023—2024 年，结合笔者实际操作，举例说明并作如下分析、判断。

（1）现在物流企业为什么难干？究其原因，就是供大于求，物流多、货源少。

①举例说明：据不完全统计，2023—2024 年，本人服务的企业在国内物流干线招标中呈现的状况：2023 年发出 16 个招标区域，物流企业投标 162 家，运价总成本比 2022 年下降 2.2%；2024 年发出 18 个招标区域，物流企业投标 201 家，运价总成本比 2023 年下降 2.7%。

②不难看出：投标的物流企业数量连年上升，可见市场物流多、货源少；连续两年运价总成本降幅 4.9%，表明物流企业单笔运单利润率呈现下降趋势。

（2）现在生产企业物流为什么难干？究其原因，国内大环境尚处于经济恢复期，企业的产品销量尚处于爬坡过程中，制造成本、供应链成本反向增加，这就要求企业物流管理者努力降低物流成本。当下，市场物流运价已经基本透明化，企业物流管理者需将重心放在物流管理运作模式创新上。

①以线上物流快递为例，快递企业的运价结构分为两个模块：运输费用（城际分拨＋城配）及增值费用（储存仓租费＋人工分拣费＋物流包装箱费）。在这个运价结构中，运输费用（城际分拨＋城配）是快递企业核心功能产生的费用，但增值费用部分，作为生产企业，也可以通过自有仓库合理规划、提高人员劳效、自采物流包装箱等创

新方式，实现降低成本。结合以上分析，企业可以采用生产企业与快递企业功能融合的模式，各自发挥核心功能。

一是将分布于华东、西南、华南、华北的12家工厂的物流部增设快递功能，即：各工厂物流部内部完成订单整合、产品集货、分拣、打包、TMS录入及与快递企业信息系统后台的对接联动；以各工厂所处城市，半径300公里内实现快递区域覆盖，按集团物流本部指定快递合作方，通知快递企业进行分拨及城配作业。二是推行物流快递费年度汇算规则。即：在甲乙双方形成战略合作基础上，生产企业年度达成一定的线上销量（如10亿元）、快递费率不高于设定比值。对高出部分实行回算，双方互为服务对象，发挥自身核心竞争力，共同提升消费满意度。

②以线下冷链物流运配为例，将自有冷库的存储功能转型为"动态降温流水线车间"，缩短产成品降温、装车时长，主要措施有以下两点。

一是将冷库高位货架改造为动态流水线，产品从入库到出库始终处于动态循环。二是将冷车改造为三温车，实现在途运输中的二次降温；通过物流模式变革，减去冷库静态存放的呆滞成本及二次搬运成本，提升库存周转率，从而降低物流成本，且快速运达终端，提升边际利润率。

（3）2024年会淘汰一批物流企业，等供需关系相对好起来以后，才能真正好起来。因此，一方面守住原有阵地，保存实力，不主动出击，在客户层面坚持优质服务，不盲目投资扩张，须知"扩张只能说明资本实力，但实力不完全代表创新力"，实践证明，盲目扩张往往使战线拉得太长而丧失了优势。另一方面，努力探寻企业降本增效方式方法与创新的管理模式是发展的首要。

（三）以降本增效为目标，通过创新，催生全新的管理模式

2024年，物流企业必须锻造自身具备的优秀管理模式，从而达到企业整体策划方向明确、资源整合精准、运作成本可衡量、技术设备效能最大、人员劳效提升。这些是每个企业、每位老板都希望的目标。核心就是建立符合企业自身发展需求的有效落地的管理运作模式，以达到降本增效、精益管理、永续经营。在此，初步分享多年学习并实践成功的企业管理模式。

一是建立目标，制定总目标，各部门把总目标拆解为部门目标，制定不同阶段里程碑，确定各部门的目标是否互相加持。二是制定关键策略，三个驱动策略、两个赋能策略。三是将策略分解成工作任务，将策略具体到至少有三个具体可落地的工作任务，具化到关联人的周、月、季、年度计划中。四是制定工作指标，将每项工作任务

关联对应指标，这是最具体的落实点，比如客户转化率达到多少、利润率提升多少等指标。

相信"外求发展、内修管理"，冷链的未来辉煌指日可待！

（香飘飘食品股份有限公司　宋学军）

二、企业实践："干—仓—配"高效模式推动冷链物流业良性循环发展

随着人民对美好生活的向往以及对生鲜食品高质量的要求，冷链运输行业面临诸多困难与挑战，冷链运输如何做到成本更低，效率更高，时效更短，这是每个物流企业乃至整个冷链物流行业亟待解决的问题。

河南牧原物流有限公司成立于 2017 年，依托牧原实业集团平台，建立了从原粮辅料、生猪运输，到屠宰加工的全程物流运输，冷链运输作为牧原物流核心板块之一，一直致力于如何实现冷链物流行业良性循环发展，探索出一种能够解决冷链运输行业成本高，效率低，时效低等一系列的难题的"干—仓—配"模式。

干：当前鲜品干线运输仍处于成本较高的现状，主要原因是受客户群体需求及国家道路管理条例限制导致主流承运车辆仍为中小型车辆，为解决这一难题牧原物流通过不断地探索和实验。

（1）倒车模式创新：传统模式是由 4.2 米冷藏肉钩车直接配送至客户终端，弊端是物流运输成本比较高，且配送时效无法保证，干仓配半挂车倒小车模式是指用半挂或 9.6 米冷藏肉钩车将冷鲜产品从屠宰场配送至目的城市外圈，然后用 4.2 米肉钩车进行分流配送，这样通过便携装卸设备解决卸货倒货环节耗时耗力问题，一是实现物流配送成本降低；二是配送时间短，时效有保证；三是减少产品在外界暴露时间，避免带来质量安全风险。整个倒车环节通过将配送车辆调整至 9.6 米、半挂肉钩冷藏车创新升级，实现半挂车与装载货物的模块单元化和便捷化组装，提升转运卸运效率，保障产品安全。

（2）成本节省：通过单人驾驶与智能无人驾驶相结合，改变传统冷链干线运输双人驾驶模式，不仅能够降低运输成本，更能解放劳动力，促进社会进步。

（3）新能源：目前已经实现 4.2 米冷链肉钩新能源车辆进行干线运输，经过测试可以节省 2%～5% 运费，未来将尝试使用半挂冷链肉钩新能源车辆进行干线运输，会更大程度节省运费。

仓：受城市布局影响，当前国内中心城市物流园位置分布呈现不协调，不均衡的现象，最终导致城配运输业务出现运距长，成本高，时效低等问题，为解决这一问题牧原物流在城市高速交叉点建立共享物流园，可实现运距最短，成本最低，时效最快，同时共享仓可实现集货物储存＋分隔＋加工＋贸易于一体的综合型物流园能够满足不同物流企业需求。

配：随着城市规模的不断扩张，冷链城配业务面临着配送范围广，配送成本高，装卸效率低等问题，牧原物流从源头解决问题。

（1）统仓共配：整合农牧产品冷链运输过程各环节信息资源，打造货物流、车物流的一体化信息共享平台，进而实现冷链运输全程透明化管理和监管，提升冷链运输效率，保障全链食品安全。

（2）技术研发：根据业务场景试验，设计轮滑导轨装置可实现车—车，车—库高效快捷装卸。

（3）车辆升级：目前城配车辆多为油车，纯电车占比较少从而导致成本较高，为解决这一现象，牧原物流与多家新能源汽车合作，提供纯电动，油电混动新能源车辆从而解决成本配送成本高的问题。

（4）无人驾驶：将无人驾驶技术应用于城配业务当中能够实现降本增效。

"干—仓—配"模式的落地离不开每个冷链物流企业乃至整个冷链物流行业共同努力，牧原物流也欢迎与每一个物流企业开诚布公、通力合作打造"干—仓—配"一体化，最终实现共赢，助推冷链物流业良性循环发展。

（河南牧原物流有限公司）

三、企业实践：大都市城市共配新格局新趋势

随着城市产业布局调整、现代消费方式不断升级、电子商务技术广泛应用，以及城市工商业发展模式的日趋多元，围绕"小批量、多频次、即时配送"展开的住宅配送以及"门到门"配送需求日益增长，城市配送作为保障和改善民生的重要领域，是现代物流发展的重要环节，是社会经济正常运行的基本支撑，作为支撑力量前景必然广阔。

城市配送既是物流活动的中端也是终端，城市配送并不是一个独立的产业，整个城市配送体系由城市配送网络系统、城市配送运营系统、城市配送信息系统三大主体和

外部环境（需求、政策）构成，几乎囊括了运输、仓储、装卸、加工、整理、配送、回收、信息等各方面的内容，并以此为基本要素，紧密结合构成了一条完整的物流供应链。

主要分为三类，一是专门为物流专线、快递、快运、电商公司做落地配送服务的公司；二是专业为城市各流通、生产企业提供仓储、配送服务的公司（如各地的商业储运公司等）；三是近两年随着本地电商兴起的同城急送公司（如各种外卖、鲜花、礼品类的公司）。主要服务的是终端零售行业，零售规模间接影响城市配送规模的大小。2022 年，城市配送市场总体规模约 14292 万亿元（见图 7 - 3），同比下降 3.9%。下降原因主要体现在快消配送市场，一方面是由于快消市场整体货量的减少，另一方面则主要体现在品牌商同城短途货量密度不足，从而转变为城际长途的统仓共配。

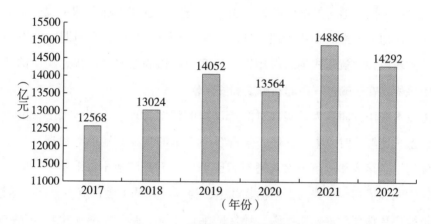

图 7 - 3　我国城市配送市场规模

资料来源：运联研究院。

城市配送的发展，大致可以分为经历过自由配送、集中配送和共同配送三个阶段。不同的城市，可能正在经历的阶段不同，或者是在一个城市里边有多个场景同时存在。城市配送市场与快递、快运市场不同，当前城市配送市场集中度极低，企业的规模普遍很小。发展过程中仍存在很大的提升空间。市场上存在众多的物流配送公司，但实际运行过程中，城市配送主体呈现多、散、乱的特征，整体配送效率和服务质量处于较低水平，尤其是当下城市化进程加快带来的城市交通拥堵压力提升，使城市配送效率大大降低。

共享经济下，利用资源整合共享的城市共配可以缓解城市配送资源紧张，同时降低物流企业的成本，提升配送效率，近年来得到了大力发展。城市共同配送是城市物流业态发展的主要方向，集成了新消费经济升级转型和现代城市智能、集约管理的需求。

城市共同配送是在城市范围内，商业流通企业、生产加工企业和物流配送企业，通过各种合作方式，对配送资源进行整合和规划，共同针对城市某一区域内多个用户的要求，统筹安排配送时间、次数、路线和货物数量，提供多功能增值服务，优化组合后形成的新型系统，可实现资源配置的社会化。

而冷链配送中心作为城市共同配送的重要环节，不仅承载着保障食品安全和人民健康的重要使命，还对推动城市经济发展、优化产业结构具有不可忽视的作用。然而，在一些特大城市中，冷链基础设施的顶层设计却显得捉襟见肘，对冷链重要性的认识不足成为其进一步发展的瓶颈。

五环顺通作为一家以冷链物流为主营业务的新型供应链企业，针对冷链餐饮配送需求，通过在全国范围内的战略布局，引进先进的信息技术和全球定位、温度监控等先进系统，再加上严格的企业管理，打造"全过程、全方位、全周期"的城市商超共同配送服务新模式。新模式创新应用下，为客户提供高效安全、快速响应的智能运输服务，确保货物在运输过程中的新鲜度和安全性。

先进技术应用方面：为了实现对配送过程的精细管理，成功引入了智能配送管理系统。该系统能够实时收集、处理和分析客户下单的货品、地址等数据，为配送人员提供最优的配送路线和调度方案。通过智能调度，五环顺通不仅缩短了配送里程，减少了运输时间和成本，还提高了车辆装载率，为客户降低了运营成本。在配送过程中，始终坚持绿色环保理念，采用低碳、环保的配送车辆，减少了对城市环境的污染。此外，通过智能配送管理系统的优化调度，还为缓解城市交通拥堵作出了积极贡献。

严格企业管理方面，五环顺通实行全员绩效管理、6S管理、精细化核算管理、节能降耗管理、员工学习发展规划、安全管理、客户服务管理七项管理，确保企业运营的稳健和高效。这种全面而细致的管理体系不仅提升了企业的核心竞争力，也为员工提供了一个良好的工作环境和发展平台。

（北京五环顺通供应链管理有限公司　宋微）

四、企业实践：探索生鲜流通新篇章——从"冷链+"到"+冷链"

冷链物流是保证生鲜农产品新鲜度的重要基础，是降低农产品损耗率的关键措施。随着消费者对生鲜产品品质和新鲜度的日益关注，传统的生鲜流通模式正面临前所未有的挑战。一是对流通增速的要求，从"田头"到"餐桌"多个环节的流通被质疑影响了效率；二是对流通降本的要求，冷链"用不起"是断链和不足的主要原因；三是对性价比的追求，资本加持下的平台以及各种模式的竞争促使商户追求极致性价比；四是对比过去有冷链即可，当前用户对生鲜品质的认知要求提高，对冷链过程的温区不分、冷链环节失温造成品质下降的敏感度显著提升。为了应对这一挑战，业界开始探索——从"冷链＋"向"＋冷链"的转变。

（一）"冷链＋"模式的局限性

"冷链＋"模式，即在传统的冷链物流基础上增加其他服务，避免同质化，如仓储、分拣、包装或配送等。该模式在一定程度上提高了生鲜产品的流通效率，尤其是提升了冷链企业的竞争力，但随着市场不断变化，其短板也日益凸显，主要体现在业务局限性、季节性和专业性三个方面。首先，"冷链＋"模式下的假设前提是针对已经使用或能接受既定冷链服务的客群，在提供冷链服务的基础上叠加业务项目的好处是增强供应商的竞争力和行业的多元化发展。但是该模式没有做大市场，容易造成存量"内卷"，并且增加的分拣、包装或配送等业务相对独立，无法实现"1＋1＞2"，容易再次陷入"价格战"。其次，在应对大规模、高效率的生鲜流通需求时，显得力不从心。原因在于"冷链"作为派生业务，是生鲜流通的保障体系，脱离流通谈冷链就有伪命题之嫌，现实情况却是冷链企业被动"关注"流通，甚至以专注本业为由拒绝参与流通，以固定的产品去框定业务或期望"伴随"贸易成长的结果就是：旺季出现"冷库爆仓"、冷链运输"一车难求"，淡季则出现"空仓闲置"和"一货难求"，造成冷链发展"热"但业务开展"冷"的局面。最后，冷链企业强调的"专业性"更多地集中在标准化层面，既定的温度、固定的操作模式、标准的运输载具等，没有很好地支撑和融合生鲜产品的种植养殖、采摘、加工、分拣、包装、储藏、运输、销售等全流程。

（二）"＋冷链"模式的创新

1. "＋冷链"模式的概念

"＋冷链"模式是一种全新的思路，它强调将品质保障作为生鲜供应链的核心，将其作为一种思维理念，即代表着对生鲜产品的相互作用、食品安全、产品质量和交付的有效保障以及整个流通链路的提质增效。是以预冷保鲜、冷链仓储、运输等业务为基础，以冷链的控温保鲜、品控管理、加工分拣等为抓手，建立上下游资源的有效协同，围绕流通产品的特性及流通的需求，建立保鲜保质的管理体系，提供从生产到消费的全链条解决方案，同时通过技术创新、数据驱动和供应链协同，提高了整个生鲜流通的效率和响应速度。

"＋冷链"不仅有冷链，也是以突出"冷链"的品质保证、安全保障和全程可控可溯源的供应链管理，在实际应用中将叠加更多的内容并与之融合，比如"＋科技"即借助科技的力量进行简化，减少交接与浪费，衔接更为精准和专业的服务；又如"＋获客"则以客户和消费者为目标开展需求分析，加强客户对品质的感知，围绕客户特点与习性配置包装或服务网点等，制定服务策略。

2. "＋冷链"模式的特点

"＋冷链"模式下将企业所需的冷链各项技术与应用场景有机结合，其中一项基本前提就是将已有的冷链技术作为一个基础底盘，作为"＋冷链"模式下具有的服务能力。比如某知名供应链的智慧冷链底盘（见图7-4），集成订单、运输、仓储、结算等多个环节，实现冷链业务一体化闭环。

图7-4 供应链的智慧冷链底盘

一是可以集成应用物联网（IoT）、人工智能（AI）、区块链技术等新技术来优化生鲜供应链和创新技术应用空白。利用 IoT 设备监控温度、湿度、成熟度等关键参数，实时跟踪产品状态，从而确保产品在整个供应链中保持最佳状态；应用 AI 进行数据分析，优化库存管理和需求预测；应用区块链技术提升透明度和可追溯性。二是在当前价格竞争激烈但品质不稳定的时期，有效鼓励和引导企业提升服务质量，并引导消费者认识到高标准服务的价值，对高质量服务的定价机制形成相应的区分，在提升消费者对品牌的信任和忠诚度的同时，避免企业"向下竞争"。通过市场调研、消费者调查、社交媒体分析和其他数据收集方法，详尽分析消费者的偏好、购买行为、生活方式和文化趋势等，精准制定产品适用的冷链场景、匹配的相关设备和对应的操作规范等。三是充分融合在生产、加工、仓储、运输、配送等供应链流通全环节中，融合在预制菜、餐饮新零售等新业态中，融合在各种"产地直发""线上＋线下""直播带货"等新模式中，推动整个供应链提升效率和创新。四是建立共享平台共享数据和信息，并制定统一策略，如共同采购和市场开发，共同承担风险和分享成果，提高供应链的韧性。

（三）"＋冷链"模式的探析

国内冷链体系中，生鲜企业（平台）通常是以产品或服务为中心，向上下游辐射，在供应链层面为各级客户提供代表品质和某种核心优势的服务。但是随着社会消费的升级、多平台的加入、冷链技术的发展，高性价比的服务需求等情形倒逼冷链企业以一种全新的商业模式向不同的客户提供更为完整的解决方案。

1. 供应链上下游的"痛点"分析（以生鲜果品为例）

（1）上游种植端：季节性的非标准产品居多，大部分仅按果径分级加以人工拣选，几乎没有采摘后在产地进行商品化处理，无法错峰销售，产品增值空间小。一方面依托经纪人、合作社和多级批发商等外销渠道方式实现小农户和大市场对接；另一方面产后商品化处理和冷链流通成本较高，大多数果农希望采取简单的交易模式批量出售，因此带来品质不均、保鲜不足和售价不高等痛点。

（2）中游批发商：产品非标准化，组织货源和销售都呈碎片化，但竞争激烈促使采购价、运输价基本透明；为提升增值空间，需在源头额外投入产地商品化处理和全程冷链，延迟或提前果品的成熟度，满足市场期、货架期需求；让消费者买单冷链"高成本"，容易遭到"向下竞争"的冲击。

（3）下游销售商：无论实体店或线上卖家在本地批发市场进货需耗费大量的时间进行比选、议价并安排物流与售后对接，在档口进货需要承担品质不稳定、库存压力和低价竞争的痛点；下游的分销商若要从产地进货则面临专业度不够、议价能力弱、资金压力和售后成本高等痛点。

为此，如仅关注各个环节的问题或需求，难免会陷入"头痛医头，脚痛医脚"的困境，当前各类线上生鲜平台不断将互联网和IT技术植入传统行业，在成本控制、客群互联和上下游协同方面形成优势。

2. 案例分析

现从解决问题、商业模式、盈利模式等几个维度归纳和介绍当前 2 类平台实践"+冷链"内涵的发展路径。

（1）集采集配平台应用。

该模式通常以互联网为基础，在线上结合下游需求形成批量订单，以获取更好的议价能力在源头完成采购，再结合冷链、物流和多层级仓储体系，统一配送至末端，以降低仓储物流成本。

①解决问题：增强供应链能力来提供生鲜的代采服务，目的是解决生鲜采购的几大难点：一是多品类下的基地采购，跨度大、议价难；二是对每个品类的专业化处理，品质不稳定；三是产区、地域和时节带来的价格大幅波动，价格不透明、无公信力。

②商业模式：树立行业品牌，面向小微型门店、社区团购团长、零售商等（称之为中小型 B 端客户），提供在线下单采购，平台集聚订单后向产地或农批市场采购，通过建立自营或加盟型的物流网络配送至城市仓、社区仓等方式，平台向买家收取代采费（比例扣点或固定单价）、物流费等。

③模式特点：看似简单，但在实际运作中需要确保代采产品的品质、价格和服务的稳定，即代采可以帮助客户省钱、省时和省心。这需要以下各项的加持：一是市场需求与消费者画像数智化分析中台；二是公开透明的交易机制；三是以赋能的方式吸引客户；四是严格的成本管理和效率控制。

④未来挑战：一是生鲜的"非标短保"特性下的品控难度高，对专业、经验和上下游的管控提出要求，如何有效降低客诉是挑战；二是平台实时结算的"双刃剑"效应，满足了上下游即时提现的需求，但缺少约束机制，给售后提出挑战；三是平台收费模式最终都会转嫁到产品的卖价上，单纯的降本思路容易被传统渠道冲击，能够提升品质和实现赋能服务是挑战。

（2）供应链共享平台（代表：某知名品牌）。

该模式以供应链思维建立服务平台，以新技术和科技为特点，打造服务种植基地、品牌商、经销商、批发商、终端门店和消费者在内的完整生鲜流通途径，把供应链和产品、库存、货物全部升级成一个系统，减少品牌商的操作难度。

①解决问题：通过信息系统建立产地、批发商和终端用户的生鲜产品信息机制，解决信息不对称问题；协助各环节有需求的商户在平台经营或利用系统强化运营管控，解决能力不足问题；整合相同区域、线路订单，向上集中采购，向下集合配送，解决

综合成本居高不下的难题。

②商业模式：通过信息和互联网技术，将生鲜流通场景线上化，通过这个模拟供应链各环节的发展，按品类或区域组建产地联盟，采取经纪人方式将线上服务落地到联盟层面，或替代上游角色完成对下游客户的服务；在下游建立城市生鲜销售或物流网络，也有平台选择实体门店，按标准化模式运营，在城市或区县级建立大宗批发交割仓或城市仓，作为服务 B 端"团购"的交付实体。

③模式特点：一是以"平台＋服务"形式，连接上游与下游企业，提供多样化销售、仓储、运输等服务。二是通过线上赋能或补充线下的方式解决线下的各种难题，比如跨区域多点交付、多品类多区域一站式采购、电子融资或担保等。三是相较于传统农批模式，供应链共享平台有无边界市场、销售通路多样、支持一件代发等现代社群及网络营销通路、销售成本根据流量浮动、无仓储及运输方面的工作量等优势。四是为线上核心用户提供资金解决方案是十分有效的抓手，同样也成为银行发行金融产品的有效载体。

④未来挑战：一是信息不对称已变为"信息过载"，在众多平台发展和竞争的当下，各种模式、角色、操作让客户眼花缭乱，哪些是客户真正需要的，哪些是平台需要的，如何调和是难点；二是电子结算带来海量的资金流，缺少支付牌照或合规性监管的结算清分、资金沉淀等操作可能触碰法律红线；三是商户与客户的需求更加多变，供应链共享平台的稳定性面临柔性需求的挑战。

（四）未来展望

"＋冷链"模式通过整合先进技术和高效管理实践，重塑了传统的冷链物流，使其转变为一种全方位的供应链解决方案。这种模式不仅注重产品的品质和安全保障，而且强调通过技术创新和供应链协同提升整个生鲜流通的效率和响应速度。随着技术的不断进步和市场需求的持续增长，"＋冷链"模式有望成为生鲜流通领域的新趋势，不仅能够满足消费者对高品质生鲜产品的需求，还将推动整个行业的创新和发展。

（南京众彩供应链管理有限公司　钟翔　仵江路）

五、企业实践：澳柯玛——智能零售场景解决方案提供者

随着人民群众对高品质消费品和市场主体对高品质物流服务的需求不断提高，我

国冷链物流近年来发展迅猛。一方面，社会经济对冷链物流需求的持续增长；另一方面，我国冷链物流行业仍处于起步阶段，存在冷链流通率偏低、设施不足、损耗偏大、成本较高、管理和行业标准欠缺等短板，无法同我国的经济发展和人民生活需求相匹配。

从需求端来看，我国冷链物流服务呈现高度定制化和个性化的特征，订单具有分散和非标的特点，尤其伴随着末端生鲜零售场景的多元化和碎片化，冷链运输的要求日趋严格。

总体来看，冷链物流面临的新形势：一是冷链物流市场保持稳步快速增长；二是生鲜电商推动冷链物流模式升级；三是跨界竞争呈现更加多元化的特征；四是资本对冷链物流影响出现新趋势；五是冷链物流智能化；六是冷链物流温区精细化；七是冷链物流基础设施将进一步完善。

在这样的大背景下，企业从旧模式转向新模式，从原先依靠高规模和低成本走向依靠创新和科技的新时代。为此，澳柯玛提出了"互联网＋全冷链"战略，并提供详细的智慧全冷链系统解决方案。

1. "互联网＋全冷链"战略

青岛澳柯玛冷链集成有限公司主要以商超便利、酒店厨房、智能零售、冷库存储四大场景全商用冷链产业布局，借助物联网等技术，搭建冷链物联网管理平台，实现对终端设备的远程监控和云资源管理，为有温度需求的客户提供了从产地到餐桌、从"最初一公里"到"最后一百米"的智慧全冷链专业定制化服务。

2. 智慧全冷链系统解决方案

为有温度需求（冷藏冷冻）的客户提供产地预冷库→中重型冷链运输车→食品加工制冷设备→大型冷库→城乡中型冷链配送车→城市仓→市内小型冷链运输车→前置仓→"最后一公里"冷链配送车→终端展示售卖（商超、连锁便利、仓储零售、电商自提、餐饮外卖、无人零售），全流程、全链条系统解决方案（见图7-5）。

3. 方案特点

一是应用物联网、大数据、云计算等现代信息技术，构建云端大数据，为客户提供不同场景的定制化解决方案，提升智能化管理水平。二是以"以温度·在室、在途"为目标，延伸到供应链管理的各个环节，提供全流程、全链条系统解决方案，智慧全冷链管理系统（ICM）覆盖国内外冷链全生命周期；与合作伙伴共建全冷链、全场景物联网管理生态圈，为客户提供平台化综合服务；以用户为中心，贴近市场及用户，服务为先，致力于提升客户服务与体验。

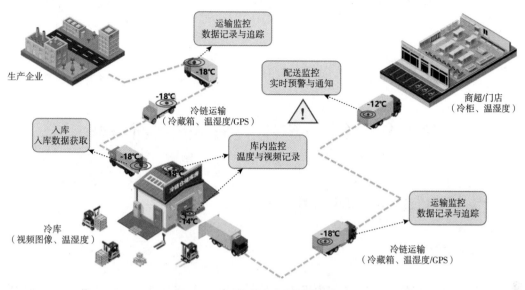

图7-5　智慧全冷链系统解决方案

4. 提供细分场景的技术解决方案

一是围绕商超场景下，以"食在终端，始于新鲜"为主题，产品搭载最新直流变频技术、高效换热技术、高效风幕技术等，针对全国连锁超市、中高端超市客户，提供了全方位的高效节能技术解决方案，助力客户降低运营成本，提升食品新鲜度和顾客满意度。通过提供组合式岛柜、冰激凌柜、服务柜、风幕柜等各类产品，将商超场景打造成一个生态友好、能源高效、可持续发展的购物环境，打造时尚的自选超市模式。同时在商超场景下融入餐饮明档区，为消费者带来了全新的购物体验。围绕便利店场景，提供午餐柜、封闭式冷库、冷冻立柜、冰激凌柜、上下组合柜等各类产品。同时提供前置仓解决方案，降低了便利店的开店成本，具有节能、减耗、降碳等优势。二是以数字化为基础融合AI算法、图像识别等新技术，通过智能硬件和智能零售平台连接消费者与品牌商，助力智能零售行业的数字化发展，打造零售业创新发展模式。例如，为消费者提供了自动售货机服务模式。连通运营云存储数据，实时掌握库存情况和零售数据，便于商品管理、价格管理及柜体管理，实现了人力成本的节约和结算效率的提升。

5. 未来展望

一是将继续投入研发，持续创新，推出更加智能化、高效化、环保化的冷链设备和解决方案，以满足市场需求。二是加强与上下游企业的合作，共同推动冷链行业的发展。通过与供应商、物流企业、零售商等建立战略合作伙伴关系，实现互利共赢。

三是更加关注可持续发展，采用环保材料和技术，减少对环境的影响，为社会和环境作出贡献。

（青岛澳柯玛冷链集成有限公司）

第三节　冷链 ESG：高质量发展新引擎

一、物流行业 ESG 发展背景及概况

（一）ESG 概念

环境、社会和公司治理又称为 ESG（Environmental, Social and Governance），从环境、社会和公司治理三个维度评估企业经营的可持续性与对社会价值观念的影响。Environmental 包括气候变化、生物多样性、水资源有效利用、能源利用、碳排放强度、环境治理体系等议题。Social 包括机会平等、结社自由、健康和安全、人类权利、顾客 & 产品责任、童工等议题。Governance 包括商业道德、合规、董事会独立性、高管薪酬、股东民主等议题。

ESG 评价旨在发掘关注环境、有社会责任心的企业。相较传统的以追求财务绩效为目标的投资决策，ESG 更提倡一种在长期中能够带来持续回报的经营方式，主要考察环境因素、社会责任和公司治理三项非财务指标。在实务应用中，ESG 投资也可以被称为可持续的社会责任投资（SRI），强调社会可持续发展理念。ESG 主要从三个方面对企业进行评价：环境方面，主要考虑企业对环境的影响，如企业在生产过程中如何管理和控制各类污染物的排放（包括自身生产经营产生的直接污染和带动上下游产生的间接污染）以及对废物的处理方式等；社会责任方面，主要考虑企业对社会造成的各种影响，如员工管理、福利与薪酬、员工安全、与上下游供应商及服务商的关系、产品安全性等；公司治理方面，主要考虑公司组织架构、股东和管理层的利益关系、是否存在腐败与财务欺诈、信息披露透明度及商业道德等方面。一般来说，ESG 表现良好的企业通常具有低估值、高盈利、股价和分红稳定等特征。

（二）ESG 发展历程

早在 18 世纪，美国已存在与 ESG 相关的"伦理投资"的理念，当时的宗教团体

拒绝向涉及贩卖劳动力、烟草贸易、制造武器以及走私等行业投资。在这种价值观的影响下，产生了"负面筛选"名单，也催生了早期的社会责任投资

20 世纪 60 年代，越南战争、南非种族隔离制度、环境污染等事件推动了反战主义、人权运动和环保运动，部分投资人希望通过改变投资行为来表达对积极社会价值取向的诉求。南非种族隔离是社会责任投资理念发展的重要动力，投资者因南非种族隔离制度而决定撤资，该撤资行为最终导致南非种族隔离制度的结束，运动的成果被看作是负责任投资的初步胜利。

1992 年，联合国通过了《联合国气候变化框架公约》，各国同意"将大气中温室气体的浓度稳定在防止气候系统受到危险的人为干扰的水平上"。为了评估气候变化的进程，于 1995 年起每年召开缔约方会议，即 COP（Conference of the Parties）。在 1997 年，COP 上通过了著名的《京都议定书》，于 2005 年正式生效，设定了具有约束力的减排目标，签署国同意在 2008 年至 2012 年期间，实现在 1990 年排放水平上减排 5% 的目标。1994 年，John Elkington 提出了"三重底线"的概念（Triple bottom line - profit，people，planet）。他认为盈利最大化不是企业长期发展的唯一要素，还需要统一社会责任和环境责任。"三重底线"概念的出现进一步催生了当代 ESG 理念的发展。

进入 21 世纪，联合国全球契约（UN Global Compact）于 2000 年启动，并在 2004 年发布的"Who Cares Wins"的报告中首次提及 ESG，呼吁金融机构将 ESG 理念融入资产管理、证券经纪服务和相关的研究流程中，并希望提升金融市场各方参与者对 ESG 的关注度。随后，在 2006 年，联合国发起了负责任投资原则（Principles for Responsible Investment），签署方需贯彻执行负责任投资六项原则，使签署方认识 ESG 问题对投资的影响，并支持签署方将 ESG 要素纳入投资和所有权决策。可持续发展目标（Sustainable Development Goals）首次在 2012 年联合国可持续发展大会上出现，并于 2015 年在《2030 年可持续发展议程》中正式提出 17 个可持续发展目标，同时取代 2000 年提出的联合国千年发展目标。同样在 2015 年，COP 21 上通过了具有法律约束力的《巴黎协定》，目标将全球气温升幅控制在工业化前水平以上低于 2℃，最好是 1.5℃之内。2019 年年底，欧盟委员会推出了《欧洲绿色新政》，设定了欧洲到 2050 年成为首个气候中和大陆的目标，同时 2030 年温室气体净排放在 1990 年水平基础上减少至少 55%。除了设定减排目标，《欧洲绿色新政》还明确了实现目标的政策路径、资金渠道和保障措施。

（三）国内 ESG 发展概况

ESG 在全球范围内得到了广泛的关注和发展，多个国家和地区纷纷颁布与 ESG 相

关的政策法规，推动包括金融机构、实体企业等各类主体在经济活动中践行可持续发展理念。国内 ESG 体系发展较晚，但近年来其关注度得到显著提升。近年来，我国大力推进的"绿色金融"与 ESG 发展理念不谋而合。内地 ESG 信息披露监管框架主要以政府、监管部门、交易所、行业协会发布的一系列指引和政策为主，主要经历了三个发展阶段。第一阶段，ESG 理念形成与倡导自愿披露责任报告阶段（2008 年以前）。第二阶段，社会责任报告和 ESG 报告自愿披露与强制披露相结合阶段（2008 年至 2015 年 9 月）。第三阶段，进一步完善社会责任报告和 ESG 报告披露制度阶段（2015 年 9 月至今）。

国内部分 ESG 相关文件及政策如表 7－1 所示。

表 7－1　　　　　　　　　　国内部分 ESG 相关文件及政策

政策发布时间	发布单位	政策名称	内容简介/相关内容
2018 年	中国证券投资基金业协会	《中国上市公司 ESG 评价体系研究报告》和《绿色投资指引（试行）》	《研究报告》从我国资本市场实际和绿色发展内在要求出发，构建了衡量上市公司 ESG 绩效的核心指标体系；《指引》界定了绿色投资的内涵，明确了绿色投资的目标、原则和基本方法
2021 年 5 月	生态环境部	《环境信息依法披露制度改革方案》	是重要的企业环境管理制度，提出到 2025 年，环境信息强制性披露制度基本形成，企业依法按时、如实披露环境信息
2022 年 2 月	中国人民银行、市场监管总局、银保监会、证监会	《中国人民银行 市场监管总局 银保监会 证监会印发〈金融标准化"十四五"发展规划〉》	提出到 2025 年要建立融合经济效益、社会效益、质量效益和生态效益的标准化金融体系。明确要"建立环境、社会、治理（ESG）评价标准体系"，以推动经济社会的绿色发展和低碳转型
2022 年 4 月	中国企业改革与发展研究会	《企业 ESG 披露指南》	作为中国首份企业 ESG 信息披露的团体标准，设计了 E、S、G（环境、社会、治理）三大维度共计 118 个指标，企业可根据不同行业、不同发展阶段等实际情况，选择全部或部分指标进行披露

政策发布时间	发布单位	政策名称	内容简介/相关内容
2022 年 6 月	银保监会	《中国银保监会关于印发银行业保险业绿色金融指引的通知》	该指引要求银行保险机构从战略层面积极推动绿色金融发展
2022 年 7 月	中国人民银行	《金融机构环境信息披露指南》	指导超过 200 家金融机构进行环境信息披露报告的试点工作
2023 年 7 月	国务院国资委办公厅	《关于转发〈央企控股上市公司 ESG 专项报告编制研究〉的通知》	进一步规范央企控股上市公司的 ESG 信息披露工作
2023 年 9 月	中国社会科学院财经战略研究院与社会科学文献出版社	《中国 ESG 投资发展报告（2023）》	梳理总结了近年来我国 ESG 投资的特征与趋势，按照总报告篇、产业篇、专题篇、区域篇分析了金融行业、油气行业、能源电力行业 6 个 ESG 投资热点行业

（四）物流行业 ESG 发展概况

近年来，全球环境问题日益严峻，应对气候变化和绿色发展已成为全球共识，可持续发展引发世界各国的关注与重视。随着世界各国碳减排目标的提出，ESG 逐渐成为热点话题，受到国际组织、监管者、投资者、消费者以及各种利益相关者的高度重视。现代物流一头连着生产，一头连着消费，高度集成并融合运输、仓储、分拨、配送、信息等服务功能，是延伸产业链、提升价值链、打造供应链的重要支撑，在构建现代流通体系、促进形成强大国内市场、推动高质量发展、建设现代化经济体系中发挥着先导性、基础性、战略性作用。ESG 理念已通过供应链的传导渗透到物流企业，作为重要职责加入企业的战略规划中。物流企业纷纷设定碳目标、减少排放、节约资源及循环利用，并呼吁消费者采用绿色消费等方案，积极践行 ESG 理念。

1. 物流行业 ESG 发展背景

（1）"双碳"目标及政策积极推动物流行业企业开展 ESG 实践。

2020 年 9 月，习近平主席在第七十五届联合国大会一般性辩论上提出，应对气候变化《巴黎协定》代表了全球绿色低碳转型的大方向，是保护地球家园需要采取的最低限度行动，各国必须迈出决定性步伐。中国将提高国家自主贡献力度，采取更加有力的政策和措施，二氧化碳排放力争于2030年前达到峰值，努力争取2060年前实现碳中和。目前我国已出台了一系列支持"双碳"战略的政策和法规并建立了碳市场体系，推出了碳排放配额交易制度。中国"双碳"战略对物流行业有着深远的影响。物流企业需要积极响应"双碳"目标，通过优化供应链和物流网络、提升能效和能源转型以及加强合作与创新等措施减少碳排放，推动物流行业的绿色发展。政府的政策引导和法规支持也将为物流企业提供重要的支撑和推动力，促使整个行业向更绿色、低碳和可持续的方向发展。

部分绿色物流相关政策如表7-2所示。

表7-2　　　　　　　　　　部分绿色物流相关政策

发布年份	政策名称	相关内容
2018	《绿色物流指标构成与核算方法》（GB/T 37099—2018）	明确绿色物流的概念，规定企业绿色物流指标体系与指标核算方法
2021	《交通运输标准化"十四五"发展规划》	修订绿色物流、交通和信息化等重点领域标准体系
2022	《"十四五"数字经济发展规划》	鼓励发展数字商务，加快商贸和物流的数字化转型，以及推动智慧能源建设应用，促进能源生产、运输、消费等各环节的智能化升级，推动能源行业向低碳转型
2022	《"十四五"节能减排综合工作方案》	从多方面强调交通物流的节能减排，在基础设施上，推动绿色铁路、绿色公路、绿色港口、绿色航道、绿色机场、绿色仓储和绿色物流园区的建设
2022	《"十四五"现代物流发展规划》	提出加强绿色物流新技术和设备研发应用，推广使用循环包装，减少过度包装和二次包装，促进包装减量化、再利用
2023	《物流企业绿色物流评估指标》（WB/T 1134—2023）	规定了物流企业绿色物流评估的基本要求，物流企业类型和级别划分，以及评估指标，适用于物流企业绿色物流的评估
2023	《物流企业温室气体排放核算与报告要求》（WB/T 1135—2023）	给出了物流企业温室气体排放核算的基本原则，规定了核算边界、核算步骤、核算框架、核算方法以及核算结果，适用于物流企业温室气体排放的核算

（2）客户需求和投资需求转变，促使企业开展 ESG 实践。

随着终端客户对商品的需求更加复杂化和多样化，物流服务随之趋向专业化和精细化，控制物流成本成为大小企业成本管理的重要环节。创新战略和措施是 ESG 社会维度中产品责任议题的要素之一，如果物流企业能够通过创新能力建设，开发出智能管理系统来优化运输路线、仓储管理和运输模式等，不仅运输链的整体效率可以得到提升，也为下游客户创造降低成本的附加值。出于追求效益最大化的目标，客户企业需要控制物流成本在总成本中的比重。物流企业在发展 ESG 建设中通过打造科技创新能力，不断提高自动化率以提升物流运作效率，降低运输成本、人力成本、库存管理成本等，最终得以让客户实现有效管理物流成本的利益诉求。

近些年来，ESG 作为企业社会责任投资理念的延伸和表现，是当下投资者在进行投资决策时重点关注的指标之一。对于投资者来说，ESG 除了可以辅助投资者识别风险，更好地开展投资决策，做投资回报的"加法"外，还可以帮助投资者做风险规避的"减法"。2024 年 1 月海通证券发布标题为《ESG 主题报告一：ESG 的全球发展历程及中国 ESG 的后起迸发》的研报，其中提到 ESG 是 Environmental, social and governance 的简称，其从三个维度检视参与者行为。这个检视的概念就反映了对于标准和框架的认知。该报告也提到，时至今日，ESG 不仅仅是一种衡量公司在可持续发展方面表现的重要方式，更是一种需要长期主义的投资标准。ESG 是对企业可持续发展情况衡量的标准，并且也被应用到了投资标准中。这种影响正随着可持续发展理念在全球范围内的快速发展而越来越强。物流企业在满足市场的可持续发展需求以及建立自身竞争优势时，需要大量的资金支持。企业开展 ESG 过程催生出许多题材，一方面为投资者提供了多样化的投资机会和投资方式，提高投资组合的分散性和多样性。另一方面满足不同价值观投资者的偏好。

（3）企业可持续发展需求和社会责任。

可持续发展不仅来自社会长期发展和保护自然环境的需求，也是企业自身长期经营的保障。重视可持续发展能力建设对物流企业意味着新的业务增长点、更高的运营效率以及持续的经营和盈利，对实现股东价值至关重要。当物流企业把握住可持续发展带来的新的商业机会时，可以获得新的客户和更高的市场份额。当物流企业通过提高 ESG 管理能力来提升运营效率时，可以降低运营成本从而实现更高的利润。相反，ESG 管理能力缺失将增加企业的经营风险。若企业的环境管理水平未能与同行匹配，那企业可能在竞争新时代消费者的市场份额中落败。发展 ESG 对物流企业实现自身长期价值的意义体现在三个方面：提高营业收入、降低成本和提高风险管理能力。

2. 物流行业 ESG 报告披露情况

企业 ESG 信息的披露途径主要是通过定期报告如年报、ESG 相关报告、专题报告以及官方网站或媒体账号等。一般情况下，披露的主流方式是 ESG 报告。企业披露 ESG 报告的直接动机分为强制披露和自愿披露。强制披露是来自政府监管的要求，企业必须披露 ESG 信息来提升信息透明度，使投资人和利益相关方了解企业在 ESG 方面的表现和风险管理能力。由于 A 股上市公司并未被监管机构强制要求披露 ESG 报告，A 股上市公司的 ESG 报告为自愿披露，企业根据自身意愿，选择信息公开的运营范围、报告内容、指标绩效等。

（1）物流行业 ESG 披露情况。

截至 2023 年第三季度末，2020—2022 年度 A 股上市公司中，物流行业的 194 家企业披露的 ESG 报告数量分别为 80 份、89 份、106 份（见图 7-6），披露率分别为 41%、46%、55%。2020 年至 2021 年、2021 年至 2022 年的 ESG 报告数量增长率分别为 11.25%、19.10%。尽管 ESG 理念在中国起步较晚，且 A 股目前没有强制披露 ESG 报告的要求，但从近三年物流行业 ESG 报告的披露情况来看，物流企业披露 ESG 报告的比例呈稳步上升的趋势。

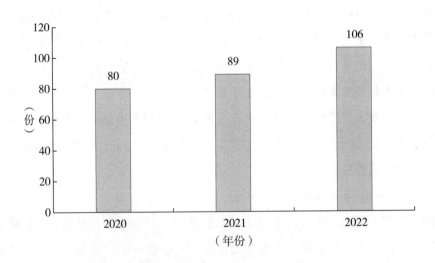

图 7-6　2020—2022 年物流行业 ESG 报告披露数量
资料来源：中物联绿色物流分会。

物流行业对环境和社会的影响有其行业特殊性。例如，环境方面，冷链环节涉及制冷系统及制冷剂的管理，若管理不当，氢氟烃等制冷剂泄漏会导致产生严重的温室气体效应。另外，运输过程中还会产生噪声和振动，对交通枢纽和主干道附近的居民区造成不良影响。社会方面，交通运输安全是物流行业需要重点关注的领域，要对驾驶员的驾驶行为以及道路交通安全等制定严格规定，保障交通运输平稳安全运行。如图 7－7 所示，2022 年物流行业的特色指标的披露率均低于 10%，说明物流企业需要提高相应领域的管理水平。

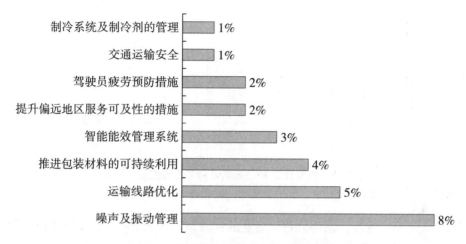

图 7 － 7　2022 年物流行业特殊指标的披露率

资料来源：中物联绿色物流分会。

（2）物流行业企业 ESG 报告获得第三方认证情况。

ESG 报告第三方认证是企业委托第三方认证机构就 ESG 报告中披露的关键数据和内容按照国际认证准则进行不同程度的审验，提升 ESG 报告内容的可信度。《国际鉴证业务准则第 3000 号（修订版）——历史财务信息审计或审阅以外的认证业务》（ISAE 3000）是国际上影响力较大的审验标准之一。

2020—2022 年，通过第三方认证的 ESG 报告比例，从 2020 年的 6% 上升至 2022 年的 9%（见图 7－8）。积极披露 ESG 信息是 ESG 管理能力的体现，物流行业的 ESG 报告披露数量已从 2020 年的 80 份增至 2022 年的 106 份，体现更多物流企业开始管理 ESG 事务。但数据披露是基础的一步，委托第三方对披露内容和数据进行校验，不仅可以帮助企业认识报告编制和数据收集过程中的不足，进一步规范企业的 ESG 管理，还可以增强披露信息的可靠性和可信度，为企业赢得来自监管机构、投资者和客户的认可。

（3）物流行业企业 ESG 评级情况。

ESG 评级是投资者评估企业 ESG 表现的重要工具，投资者通过 ESG 评级对投资标的进行分析和筛选，最终构建符合 ESG 投资目标的投资组合。本小节通过妙盈科技 ESG 评级，从整体情况、跨行业对比、时间变化来分析物流行业的 ESG 评级。整体来

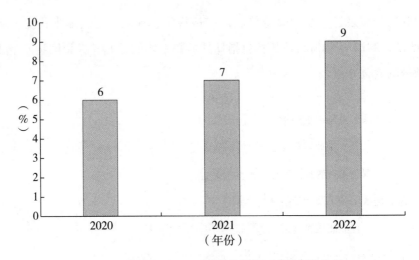

图7-8　物流行业ESG报告获得第三方鉴证的比例
资料来源：中物联绿色物流分会。

看，在2023年第二季度，大部分物流企业的评级集中在CC和C，评级表现一般（见图7-9）。从ESG三个维度的评级分数来看（0~100分，分数越高，ESG表现越好），环境分数在最低区间的占比最高，接近100%。公司治理分数较为均匀地分布在中间两个区间，而社会分数在最高区间占比最大，约占58%。这反映了物流行业的环境评级表现仍有很大提升空间。

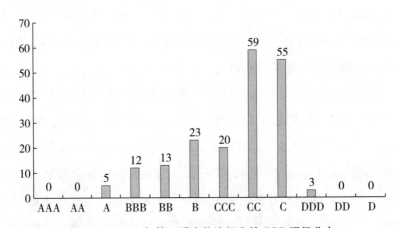

图7-9　2023年第二季度物流行业的ESG评级分布
资料来源：中物联绿色物流分会。

（五）冷链物流行业企业ESG发展

随着ESG理念的广泛传播和逐渐渗透，ESG治理正在冷链产业链由下至上进行传导。越来越多的下游企业开始进行ESG治理，并将ESG表现作为筛选供应商的标准之一，倒逼上游企业进行 ESG 治理并提供绿色环保产品和服务，由此推动了整个产业链的发展。在冷链物流行业高质量发展过程中，用户选择与 ESG 表现良好的冷链物流企业合作必然将成为一种新的趋势。

近年来，越来越多的冷链头部企业开始关注并布局 ESG 发展，将 ESG 因素考量纳入投资和决策中来，成为企业未来 10 年乃至 30 年的推进目标；其中通过企业官网公布可持续发展情况或发布 ESG 报告，成为企业公布 ESG 实践内容的主要途径。全球冷链物流头部企业在践行 ESG 中，多数企业通过发展可再生能源降低碳排放，方法聚焦太阳能发电、水资源循环利用、电池回收等；部分企业通过使用天然气降低碳排放，如日冷集团将推广使用天然制冷剂，减少制冷剂泄漏。当前，国内冷链物流企业也在积极开展 ESG 实践，如京东物流、万纬物流、荣庆物流、玉湖冷链、中通冷链等。

长远来看，满足 ESG 的要求不仅是挑战也是机遇，ESG 发展是企业未来可持续高质量发展的必由之路，也为冷链物流行业提供了新的发展路径，对于冷链物流服务商而言，发展过程中除了要关注经济效益外，更要重视其在运营过程中对环境、社会和公司治理方面产生的影响。在企业全方位发展过程中贯彻 ESG 理念，多举措开展 ESG 实践，进而应对市场变化提升企业竞争力，实现可持续高质量发展。

二、专家观点：从 ESG 视角看冷链物流行业高质量发展新赛道

作为实体经济的"筋络"，习近平总书记高度重视现代物流业在促进商贸流通、保障社会民生中的关键地位，而冷链物流更是连接着农业生产和食品流通、医药制造和药品安全，牵涉着千家万户、各行各业，在保障国家食品安全战略、建设健康中国、更好满足人民日益增长的美好生活需要中都发挥了极其重要的价值作用。

我国冷链物流行业整体保持着趋稳向好、稳中求进的发展态势。顺应国家顶层战略要求，以新的战略重点迎接市场变局，冷链物流已逐渐步入行业转型升级的新阶段，绿色、智能、创新，都将是行业高质量发展的关键词。

放眼全球，随着国际上越来越多证券交易所与监管机构推出上市公司 ESG 信息披露要求，全球资本市场对上市公司控制环境和社会风险、更好地管理非财务绩效，提出更为明确的指引，多个机构为企业开展 ESG 评级，ESG 报告被称为企业的"第二张财报"。环顾国内，ESG 理念正逐渐深入人心，成为推动企业可持续发展的重要动力，更是我国新发展格局的战略支点、现代物流业高质量发展的崭新航道、构建中国式现

代化冷链物流企业的关键赛道。

（一）我国冷链物流 ESG 发展现状

1. 在哪儿：我国冷链物流 ESG 发展现状

（1）我国物流行业 ESG 发展概述。

①我国物流行业 ESG 发展需求分析。

一是落实国家及行业政策要求。国家"双碳"目标、"十四五"规划、物流业中长期规划，以及国家出台的相关意见条例，均明确提及绿色供应链、绿色制造、绿色流通以及逆向物流体系的建立，要求物流企业须优化自身供应链和物流网络、进而提升能效、加快能源转型、加强合作创新。

二是满足客户和投资者的需求。物流供应链环节中的成本效益、环境管理、温室气体排放、信息透明等均是客户密切关注的基本诉求；而投资者往往关注投资标的内在价值、企业风险评估洞察、长期可持续的投资价值回报，以及更加真实透明的信息数据披露。

②我国物流行业 ESG 报告披露情况。

一是物流行业 ESG 报告披露率呈逐年上升的趋势。据中物联统计数据分析，2020—2022 年，194 家物流行业 A 股上市公司的 ESG 报告披露率分别为 41%、46%、55%。其中，2020 年至 2021 年、2021 年至 2022 年的 ESG 报告数量增长率分别为 11.25%、19.10%。

二是物流行业 ESG 报告披露率在所有行业中排名靠前。据中物联统计数据分析，2022 年，供应链服务、油气运输与存储、航空运输等物流相关行业的 ESG 报告披露率均高于行业平均水平，分别为 50%、57.14% 和 60.92%。

③我国物流行业 ESG 报告披露框架使用。

如何选用市场认可的标准化方法来评估和披露自身 ESG 表现，是摆在企业面前的一道难题。在参考披露标准时，企业会参考多个国内或国际披露框架，以满足多方对于信息披露的需求。当前，GRI 和 CASS - CSR 是最广泛使用标准，其中，GRI 是国际主流披露标准，因框架体系较为成熟而被许多企业选择作为披露依据；而 CASS - CSR 因贴合国内情况，而具有良好的地区和社会适应性。此外，为更好识别、量化并管理气候相关风险，物流行业应当更加重视对气候变化影响信息的信息披露，目前仅有不到 5% 的物流企业使用 TFCD 框架对 ESG 报告进行披露。

④我国物流行业ESG评价标准情况。

在新发展阶段，物流行业的准入门槛、管理标准都有了一个根本性的提升，对于物流企业，企业和市场最大的痛点是完善现代物流标准体系。尽管国外诸多组织陆续建立ESG相关标准，但目前已有的ESG评价体系在理论基础、评价导向、指标选取等方面与中国国情的契合度仍有待提高，部分标准的环节内容仍不够详细，亟待进一步规范我国物流企业ESG评价标准，提高物流企业服务质量。

值得注意的是，由上海第二工业大学主编的我国物流ESG领域首个团体标准——《物流企业ESG评价指南》，于2023年7月正式发布实施。2024年，《物流企业环境、社会和公司治理（ESG）评价指南》行业标准成功获国家发展改革委办公厅批准立项，标志着我国物流行业ESG发展迈出了关键一步，将为我国物流企业ESG建设指明更加清晰的发展方向和行为规范。

（2）我国冷链物流ESG发展概述。

近年来，《2030年前碳达峰行动方案》《"十四五"冷链物流发展规划》等顶层政策纷纷落地。由此看来。冷链物流行业已明确发展方向，共同推进绿色低碳可持续发展，并将ESG发展融入企业规划，彰显了责任担当。当前，中国冷链物流企业正在积极探索新的技术应用，持续推动人工智能等技术与实际冷链物流场景的深度融合，实现全程温度监控、实时预警及双向通信等功能；同时也在尝试优化决策支持和提高客户体验，以期实现冷链物流高效、可持续性发展。从企业层面来看，例如，万纬冷链在上海打造了零碳冷链物流园，通过人体感应照明，热氟融霜代替电融霜，避峰填谷提高"谷电"使用率等来降低运行能耗；京东物流ESG报告中提出，将于2025年全面淘汰R22型制冷剂，替换为R507以及二氧化碳复叠式制冷剂。

2. 去哪儿：我国冷链物流ESG发展目标

总体来看，我国冷链物流ESG发展仍然刚刚起步，亟须破难题、强弱项、提品质。

（1）破难题，夯实行业发展之基础。

尽管我国肉类、水果、蔬菜、水产品、乳品、速冻食品以及疫苗、生物制剂、药品等冷链产品市场需求快速增长，冷链物流整体营商环境持续改善，但仍面临不少突出瓶颈和痛点难点卡点问题，难以有效满足市场需求。在此背景下，冷链物流要进一步发展ESG，固本强基应摆在首要位置，诸如冷链全周期的环境影响与碳足迹核算、数字化、自动化技术推广应用、标准统筹协调与实施、冷链专业人才培养等，均是发展需要关注的关键目标。

（2）强弱项，补齐信息披露及评级认证之短板。

由于专业监管机构未针对企业的 ESG 管理事项采取强有力的监督措施，企业还没有将提升 ESG 管理水平作为重要的企业战略，ESG 披露水平未能达到理想程度。鉴于此，冷链物流行业 ESG 发展目标应关注信息披露与评级认证。

一方面，应围绕能源使用管理、温室气体排放管理、污染物治理、废弃物管理等方面设立环境管理目标，同时关注员工发展与职业健康、数据安全、供应商管理、客户隐私管理等社会绩效，进而逐步提高企业管理水平、降低企业风险。此外，据统计，物流行业特色绩效指标的披露率均低于 10%，这也是冷链物流企业健全 ESG 管理体系所需要关注的要点。

另一方面，为增强 ESG 信息披露的可靠性与可信度，需要委托第三方进行认证评级。由于 ESG 评级机构使用的评级方法论不同，比如话题覆盖度、使用的指标、计算流程等，相同物流公司在不同评级体系下获得的 ESG 评级是有差异的，比较难直接对比机构间的评级分数。

（3）提品质，持续提升民生福祉。

ESG 理念在冷链物流行业是否落地，还要以"物流服务是否得到全面优化、人民生活是否得到本质提升"为衡量目标。

一看肉类冷链物流领域。ESG 转型发展要求行业注重模式升级，下一步要重点促进肉类冷链物流与上下游深度融合创新，推陈出新"牧场＋超市""养殖基地＋肉制品精深加工＋超市"等新模式。

二看水产品冷链物流领域。ESG 转型发展要求行业注重技术创新，下一步要重点创新高密度冷链、安全温控数据共享、预冷保鲜设施装备等冷链技术，适应和满足持续扩大的高品质水产品消费需求。

三看乳品冷链物流领域。ESG 转型发展要求行业注重体系建设，下一步要重点加强低温液态奶冷链配送体系建设，完善从生产厂商至消费者的低温液态奶全程冷链物流系统。

四看果蔬冷链物流领域。ESG 转型发展要求行业注重社会保障，下一步要重点提升跨季节、跨区域调节农产品供需的能力，更好地稳定市场供应、平抑价格波动、减少流通损耗。

五看速冻食品冷链物流领域。ESG 转型发展要求行业注重服务保障，下一步要重点支撑速冻食品流通渠道由线下为主向线上线下多渠道拓展，满足城市快节奏生活方式和城乡居民对速冻食品日益增长的消费需求。

六看医药产品冷链物流领域。ESG 转型发展要求行业注重应急保障，下一步要重点提高医药产品冷链应急保障能力，健全应急联动服务及统一调度机制，保障紧急状态下疫苗及其他医药产品冷链运输畅通和物流过程质量安全。

3. 如何去：我国冷链物流 ESG 发展思路

党的二十大报告关于高质量发展和绿色发展的论述为我国冷链物流 ESG 发展奠定了重要的理论和政策基础，也为行业高质量发展指明了目标方向。下个阶段，我国冷链物流全行业应遵循国家指导方针，在促进现代农业、食品工业、医药产业等供应链转型升级的同时，要进一步引领全行业向更加环保和社会友好的方向转型。

在环境保护方面，要致力于减少冷链物流仓储、运输等环节的碳足迹与能耗水平，并通过科技创新与数字转型，优化用能结构，加强绿色节能设施设备、技术工艺研发和推广应用，进而加快减排降耗和低碳转型步伐，推进冷链物流运输结构调整，提升整体环境管理并实现行业健康可持续发展。

在社会责任方面，要致力于提供高品质、精细化、个性化的冷链物流服务，建设集约化、规模化运作的冷链物流枢纽设施，健全覆盖全国的骨干冷链物流网络，加快融入"通道 + 枢纽 + 网络"的现代物流运行体系，为提高社会供给水平、衔接社会生产消费、服务保障社会民生奠定坚实基础。

在企业治理方面，要致力于推进专业化、规范化和透明化的治理机制，贯穿到冷链物流全链条、各领域，压实各方责任，强化内部控制和风险管理体系，引导并要求企业关注员工健康安全和职业成长，不断增强员工的获得感、幸福感、安全感，为公司健康与可持续发展护航。

（二）重点冷链物流企业 ESG 实践探索

1. 全球重点冷链物流企业的实践经验

全球 Top10 企业中 90% 已进行 ESG 实践。如最大的冷链企业 Lineage Logistics 正式签约气候承诺，到 2040 年实现净零碳排放，将 ESG 作为投资指引的关键。日立物流集团将低碳运营作为企业可持续发展的重要方向，提出到 2030 年，75% 的设备将改用天然制冷剂等。同时，全球重点冷链物流企业正在积极围绕供应链脱碳，制定了长期的环境目标和低碳政策（例如，作为日本冷冻食品市场占有率最大的龙头企业，日冷集团 ESG 战略显示，与 2016 财年相比，2025 财年二氧化碳排放量减少 30%，2031 财年减少 50%；主要原材料和供应商的 ESG 尽职调查实施率达到 100%），并聚焦太阳能光伏等可再生能源，创新购买绿电，引入应用厌氧消耗、制冷剂泄漏 24 小时探测器等方法，逐步实现能源自给自足、零碳排放的目标。这些经验都可以作为我国冷链物流企业的"他山之石"。

2. 荣庆物流 ESG 实践价值分析

荣庆物流是一家集冷链、化工、普运、医药为核心业务的国家"AAAAA"级综合物流企业，注重柔性供应链优势的构建，关注碳管理、自然资源利用和环境治理等方面，致力于提高运营效率、降低环境影响。该公司通过关注全链路节能减排措施、数字化物流管理平台、全程精细化管理三方面，强化自身 ESG 创新发展。该公司在 ESG 方面主要的实践成果包括但不限于：仓库屋顶分布式光伏系统、自主研发的 TMS 鲸链系统、屋顶雨水回收系统、新能源纯电动冷链卡车、B5 生物质柴油卡车、自动驾驶重卡、多种绿色冷链包装，以及运用完善的风险辨识与评估系统，降低员工工伤事件的发生概率。

3. 蒙牛 ESG 实践价值分析

众所周知，畜牧业是高碳排放行业，碳排放量占全球总排放量的比重高达 15%。在这样的大环境下，蒙牛在 MSCI（摩根士丹利资本国际公司）的 ESG 评级却实现三连增，并于 2023 年达到"AA"级，成功跻身行业领导者之列；与此同时，蒙牛曲靖工厂顺利通过德国 TUV 莱茵的审核，取得碳中和及零碳工厂认证证书，该工厂此前已获得国内的碳中和证书，是乳品行业首个实现国际、国内双认证的零碳工厂。

"可持续的公司治理、共同富裕的乳业责任、环境友好的绿色生产、负责任的产业生态圈、营养普惠的卓越产品"，即蒙牛"GREEN 可持续发展战略"。蒙牛高度重视 ESG 报告编制工作，除了联交所要求及 GRI 指引，更将投资者、各大评级机构关注的 ESG 信息系统性披露于 ESG 报告中。同时，蒙牛将 ESG 议题相关的政策文件、专项报告均及时披露于官网，与全球投资者进行高频沟通，为评级奠定坚实基础。"当下 ESG 推进的背后逻辑已经从投资者主导向利益相关方主导转变。产业链合作伙伴、行业生态圈成员都是企业 ESG 共同体。"这是蒙牛企业所坚信的，也是对于冷链物流行业的价值启发。

（三）冷链物流 ESG 国际接轨与认证概况

ISO/TC 315（国际标准化组织冷链物流技术委员会），于 2021 年 1 月由 ISO 批准设立。2022 年 6 月 23 日，国家标准委发布公告，批准中国物流与采购联合会承担国际标准化组织冷链物流技术委员会（ISO/TC 315）国内技术对口单位。两年以来，中物联一直积极参与 ISO/TC 315 及各国标准化组织的交流与合作，在多项国际标准制定工作的开展过程中，不断代表中国在世界冷链物流领域发出中国声音，标志着我国正在国际上展现中国冷链物流领域内的技术能力和标准化水平。通过积极与国际接轨的方式，冷链物流也一直在 ESG 领域探索新的发展方向。

一方面，以更优质的服务塑造更负责任的行业品牌。参与《间接温控冷藏配送服务——具有中间转移的冷藏包裹陆上运输》国际标准的制定。此项国际标准规定了冷藏配送服务企业的服务、运营以及资源、操作、通信等方面的要求，适用于接收包裹至配送包裹的全过程，目的是帮助消费者在选择温控冷藏运输服务时做出更为明智的选择，同时通过标准化手段增强消费者对冷藏配送服务的信任度。

另一方面，以国际标准化深度实践助力社会福祉提升。2023 年 9 月，我国共计 29 位专家参加 ISO/TC 315 第四次全体工作会议，会上积极研讨《温控仓库和道路车辆的温度验证方法》（ISO 31513）、《冷链物流中食品可追溯性的要求和指南》（ISO/AWI TS 31514）、《冷链物流术语》（ISO/WD 31510）、《冷链物流中无接触配送服务的要求》（ISO/CD 31511），并充分交流国内企业的实践操作。

下一步，在国内技术对口单位的指导赋能下，我国将与冷链物流国际标准化机构及各国相关标准化组织加强交流与合作，积极参与工作会议及相关活动，推动中国冷链物流标准走出去与国际冷链标准引进来，进一步强化 ESG 国际接轨与认证，促进国内国际冷链物流标准化的协同发展。

（四）关于冷链物流行业深化践行 ESG 理念的对策建议

1. 强化 ESG 信息披露，完善 ESG 体系建设

在全面践行绿色发展理念、持续增强社会责任意识、深度提升公司治理水平的同时，首先要健全 ESG 信息披露与体系建设工作。一是构建冷链物流行业 ESG 信息发布的内容架构，并按照 GRI 标准，把信息发布质量指标确定为完整性、可理解度、可信度、实质性、可比性、平衡性、时效性等维度，制定发布定量数据的计量或计算方式，以提高信息的可比性和可信度。二是加大信息公开规定的执行力度，公司必须公开与环保、社会和管理有关的信息，以及涉及环境投资、员工福利和董事会管理等方面的信息和数据。三是进一步拓宽第三方鉴证领域，并采取报告内容的全面真实性承诺和第三方评价，以增强信息的准确性。

2. 注重科技创新，发挥好新质生产力协同效应

一是推动冷库产业区域一体化建设，促进产业合作与资源共享，建立长效机制，鼓励先进技术交流合作，提高冷链体系透明度和精准度，发挥地区特色优势培育发展

新质生产力，有效促进冷链物流业态模式创新和行业治理能力现代化。二是推动建设冷库产业新型基础设施，探索自动立体货架、智能分拣、物流机器人、智能化温控等设施设备在冷链物流领域的应用场景，加大全链监控系统、智能周转箱、冷链无人仓配等创新技术的研发投入，促进智能化、绿色化技术的创新研发与应用，加强冷库产业新型基础设施建设。三是建立严格的数据治理体系和制度，明确数据收集、处理、存储和使用的规范和标准，有效维护数据的完整度和精确度，进而构建智慧互联，建立透明韧性供应链。

3. 聚焦社会责任，积极投身冷链物流通道建设，打造经济发展"快车道"

一是强化冷链物流上下游企业协同联动，抓住跨境冷链发展机遇，打破产业链上下游壁垒，借助区域经济走廊优势，深化冷链物流"走出去""引进来"发展战略，实现企业间的共生、共赢、共享。二是巩固陆路物流通道综合优势，提升航空物流通道服务能级，补齐水路物流通道发展短板，加快构建集陆路、航空、水路于一体，对内辐射全国、对外连接全球的冷链物流骨干通道。三是试点开通直达铁路冷链班列和公路冷链专线，深度融入共建"一带一路"、西部陆海新通道，抢抓RCEP机遇。

4. 坚持标准领航，加快国际接轨与标准认证，提升在国际标准化组织中的影响力

一是进一步推动冷链物流国际化的进程，建立国际标准与国内标准项目同步发展的工作机制，形成国际国内标准一体化的工作模式，以参与《间接温控冷藏配送服务——具有中间转移的冷藏包裹陆上运输》国际标准制定为新起点，在冷链物流关键技术领域构建标准制定、技术创新、认证服务协同发展体系，以国际标准推动国家治理现代化，让国际标准制修订成为联通国际贸易新市场、助力冷链物流新发展的关键抓手。二是出台更多支持业内专家在国际组织任职的政策，推动标准化专家从国内转向国际，培养国际规则意识和思维方式，并聚焦重点领域国际标准制修订，推荐更多外语和技术能力强的复合型人才承担国际标准化组织领导和专家。

（上海第二工业大学经济与管理学院　郝皓　陶世鹏）

三、专家观点：冷链 ESG 国际接轨与认证

ESG 信息披露已成为全球趋势，越来越多的投资者和利益相关方开始关注企业在

环境、社会和治理方面的表现。随着中国"双碳"目标的推进，ESG 也在中国得到了前所未有的关注。2023 年我国发布了《关于转发〈央企控股上市公司 ESG 专项报告编制研究〉的通知》，从国家层面对 ESG 信息披露标准、数据质量及第三方机构评价作出规范与建议。除了政策要求，投资领域也愈发重视企业 ESG 风险，越来越多的企业和组织在各自领域积极践行 ESG。越来越多的冷链行业头部企业开始关注并布局 ESG 发展，并将 ESG 因素考量纳入未来的投资和决策中。在这样的背景下，冷链物流企业需要不断推动治理结构和管理模式的改革和创新，以实现可持续发展目标并提高企业在行业中的竞争力水平和社会影响力水平。其中，冷链行业基于 ESG 背景下的国际认证就成了企业与国际市场接轨的重要抓手，是确保冷链物流行业在全球范围内符合环境、社会和治理标准的重要措施。

SGS 出席 ESG 全球领导者峰会：借助 ISO 标准助力企业提升 ESG 管理水平。

（一）冷链行业与可持续发展相关的国际标准介绍

随着全球对可持续发展的关注度不断提高，一些国际组织如联合国、世界贸易组织等开始制定关于冷链物流的可持续发展相关标准。这些标准涉及环境保护、社会责任和公司治理等多个方面。

1. 安全管理体系标准

ISO 28000 供应链安全管理体系标准，旨在帮助组织在全球范围内建立和维护一套有效的供应链安全管理体系。其目标是提高供应链的可靠性和安全性，降低风险并确保供应链持续运作。获得 ISO 28000 认证对于组织来说具有重要意义，它不仅能提高组织的竞争力，还能增强合作伙伴和消费者对供应链的信任度。

2. 温室气体量化标准

国际标准化组织（ISO）在 2018 年 12 月发布了 ISO 14064 - 1：2018 *Part 1：Specification with guidance at the organization level for quantification and reporting of greenhouse gas emissions and removals*，在 2019 年 4 月发布了 ISO 14064 - 2：2019 *Part 2：Specification with guidance at the project level for quantification, monitoring and reporting of greenhouse gas emission reductions or removal enhancements*。组织碳核查是对一个组织在特定时间段内，所有与温室气体排放相关活动的核算、报告和审查的过程。

组织碳核查的详细步骤包括确定组织的边界，识别排放源，计算排放量，以及进行质量保证和核查。这些步骤确保了排放数据的准确性，为制定减排策略提供了科学依据。核查工作通常需要第三方专业机构的参与，以增强数据的客观性和公信力。

除此之外，ISO14064 不仅是一个涉及温室气体量化、报告和验证的国际标准，它还是一个推动组织实现环境可持续性的工具。通过实施 ISO14064，组织不仅能够更好地管理和减少其温室气体排放，还能在全球市场上树立一个负责任和环境友好的形象。

3. 绿色低碳物流管理体系

由 SGS 参与制定绿色低碳物流管理体系标准，规定了组织用于建立、实施、保持和改进绿色低碳物流管理体系的要求，旨在使组织通过系统方法将绿色低碳物流的建设融入组织运营流程、降低物流过程中各个环节对环境的影响，为社会可持续发展作出贡献。

绿色低碳物流管理评价指标分为二级，其中一级评价指标 5 项，二级评价指标 33 项。该评价指标体系绿色低碳物流管理评价指标体系包括战略及目标指标、环境影响指标、绿色物流指标、绿色设施设备指标、信息化管理指标 5 个方面。指标分为现行指标、发展指标。现行指标基于满足国家法律法规基本要求，及满足绿色低碳物流的基础指标；发展指标是在此基础上对企业绿色化的进一步要求。其中现行指标为首次认证周期内认证必须满足的指标，发展指标为企业需要争取达到的指标，每年会发布更新指标类型。绿色低碳物流管理评价指标如表 7 - 3 所示。

表 7 - 3　　　　　　　　　绿色低碳物流管理评价指标

一级指标	序号	二级指标	指标分类	指标类型	单位
战略及目标	1	物流管理体系 X101	现行指标	定性	—
	2	物流运营方案 X102	现行指标	定性	—
	3	物流信息化及绿色信息披露 X103	现行指标	定性	—
环境影响	4	噪声排放限值 X201	现行指标	定量	%
	5	单位业务量固体污染物产生量 X202	现行指标	定量	kg/（km·t）
	6	单位业务量液体污染物排放量 X203	现行指标	定量	L/（km·t）
	7	固液体污物合规处理率 X204	现行指标	定量	%

SGS 根据组织的绿色物流绩效评价指标表登记分布情况，对组织进行绿色物流认证，将组织的绿色物流管理体系认证结果分为四种级别：认证级绿色低碳物流企业、银级绿色低碳物流企业、金级绿色低碳物流企业、绿宝石级绿色低碳物流企业。绿色

低碳物流认证等级如图 7 – 10 所示。

图 7 – 10 绿色低碳物流认证等级

4. ESG 认证

ESG 是组织为展示其为利益相关方和社会带来的价值而努力实现的环境、社会和治理标准及目标。ESG 认证是 SGS 独立开发的自愿性认证计划，依据 SGS 在环境、社会和治理三个类别的标准及认证服务评估客户的绩效表现，对 ESG 管理实践进行第三方评估，并为符合标准的客户颁发证书。ESG 认证审核以 ESG 风险评估为基础，采用环境、社会和治理标准及 SGS ESG 准则，提供认证审核选项，包括可选的 ESG 认证标准、SGS ESG 准则、SGS ESG 准则和可选的认证标准。

SGS 是国际公认的测试、检验和认证机构。其全球服务网络由 99600 名员工、2600 个实验室和分支机构组成。为企业提供 ESG 综合解决方案，涉及 ESG 验证

SRA 报告验证、ESG 绩效优化、ESG 认证等。凭借 30 年可持续发展领域专业丰富经验，提供全球化的技术支持和服务网络。

SGS ESG 认证根据对 ESG 的洞察和过去 30 年来积累的审核数据制定了 ESG 认证标准。标准考虑了当下应用广泛的可持续发展标准以及 ESG 优秀实践的要求。同时遵守 ESG 标准不仅可以获得 ESG 证书，还可以建立可审核的内部流程，这是持续改进的基础。同时，还能够让企业员工和供应商致力于 ESG 目标，随着时间的推移，进一步增强企业的 ESG 资历。另外，获得 ESG 证书，可以向利益相关者证明企业 ESG 资历的真实性，避免"漂绿"。尤其是当企业在进入新市场时，特别是在招标和融资阶段，可以为企业带来更大的竞争优势。

（二）冷链企业提升自身 ESG 表现的建议措施

1. 环境保护方面

冷链物流在节能减排方面的行动：冷链物流通过控制温度等手段，可以减少能源

消耗和碳排放，对环境保护有着重要作用。例如使用先进的冷藏技术、设备，选择绿色运输方式等。同时可以采取一些策略如优化路线规划、使用新能源和清洁能源车辆、提高装载率等，以降低碳排放和环境影响。

2. 社会责任方面

冷链物流在保障食品安全方面的作用：冷链物流通过严格控制温度和湿度等条件，确保食品在运输和储存过程中的质量，从而保障食品安全。同时，良好的供应链管理也能帮助减少食品浪费等问题。

另外，考虑到冷链物流对社会医疗和农业发展的影响：冷链物流的发展可以为医药行业和农产品提供更加稳定的供应服务，保障药品质量和农产品质量。这对于社会医疗保障和农业发展具有重要的推动作用。

3. 公司治理方面

冷链物流企业的治理结构和管理模式特点：物流企业一般采用现代化的公司治理结构，强调风险管理、合规管理等方面的制度完善和执行。对于冷链物流企业而言，还需特别注意质量控制和风险管理等方面的能力。另外随着社会责任和企业伦理日益受到重视，越来越多的冷链物流企业也在寻求企业社会责任和可持续发展的管理方式。在此基础上引入环保理念和供应链管理优化方法等措施加强企业管理质量和社会影响力。同时加强员工培训和教育提高员工素质和能力水平，并关注行业发展趋势和技术创新不断提高自身的核心竞争力以适应不断变化的市场环境。

（SGS 通标标准技术服务有限公司　谷晓宇）

四、企业案例实践：蒙牛的冷链物流可持续创新管理实践

蒙牛是中粮集团旗下的专业化乳品公司，2004 年在香港上市，目前位居全球乳业八强，在全球拥有 68 座工厂和 3 座海外生产基地。作为国内领先的乳制品企业，蒙牛在 2019 年发布首个可持续发展战略，提出了"守护人类和地球共同健康"的可持续发展愿景；2022 年，蒙牛升级发布"GREEN"可持续发展战略，从公司治理、社会责任、绿色低碳、可持续生态圈、卓越产品五个维度，全面践行可持续发展理念。同时，蒙牛也是最早提出双碳目标的乳企，承诺 2030 年前碳达峰，2050 年前全产业链碳中和。其设立 2030 年实现碳达峰，2050 年实现碳中和的目标，并分阶段设定单吨乳品碳排放强度量化目标。蒙牛集团"双碳"目标具体规划如表 7-4 所示。

阶段	规划目标
表 7−4	蒙牛集团"双碳"目标具体规划
第一阶段 2023—2025 年	结合集团 2025 战略规划，测算集团 2025 战略下阶段性碳排放趋势，以范围一、范围二生产环节降碳为核心，同时探索部署范围三降碳举措，为实现碳达峰奠定坚实基础；2025 年实现单吨乳品碳排放强度不高于 $165kgCO_2e/t$
第二阶段 2026—2030 年	结合集团第一阶段战略规划和产业结构调整背景，持续推进范围一、范围二生产环节降碳，同时深化开展范围三降碳举措落实；2030 年实现范围一、范围二碳排放绝对值达峰，单吨乳品碳排放强度不高于 $160kgCO_2e/t$
第三阶段 2031—2050 年	以碳中和为目标，巩固范围一、范围二减排成果，全面推进范围三降碳，可再生清洁能源占比逐年递增，产品碳足迹逐年下降，到 2050 年实现范围一、范围二、范围三碳中和

可持续发展提升成为蒙牛企业战略，与企业管理相结合，致力于贡献力量提升自身和行业的生产力。蒙牛产品线覆盖乳制品全线，价值链物流运输网络覆盖广泛，涵盖上游原辅料运输和下游产品运输。为降低在物流运输过程中产生的碳排放，蒙牛正在逐步将物流车辆升级为电动车，替代使用生物质燃油，优化了运输物流结构，建立起更加高效、低碳的物流体系，实现物资运输环节的绿色低碳发展。基于此，蒙牛在行业共建、资源平台共享、数字创新物流和绿色能源绿色包装方面均积极探索实践，满足市场、客户和消费者需求。

（一）积极参与行业政策制定，高标准执行并践行国家行业规范

2023 年蒙牛通过中物联冷链委平台，参与编制《乳品冷链物流服务规范》。蒙牛高度重视并成立物流标准化工作小组，并积极开展六期"互链同行"企业内训。蒙牛内部首创组织合作伙伴、工厂履约人员共同参与的冷链物流专业提升项目，课程从多维度赋能承运商，共同打造物流合作新模式。

（二）物流业务共创共建共享

2024 年蒙牛内部跨多个事业部业态物流共享共配，完成集团内仓储物流项目第一阶段的资源统筹和成本控制目标，进一步验证规模效应，梳理整合发运线路 23 条，成本节约效果明显。冰品事业部探索 BC 同仓，即在试点仓库内，同空间进行 B2B 业务和 B2C 到家业务，进行仓内分拣打包标准服务、组套贴标等增值服务；依托资源整合、仓配分离运营、自行设计运营标准和全流程方案，制定冷媒耗材柔性配置方案，在保

冷的前提下实现降低成本，服务于多个区域到家业务消费者。多业务体实现库存共享，从多盘货向一盘货过渡，2C 订单可同仓应急补货，快速反应，做到同仓零距离调货，短驳送三方电商仓及装卸成本接近 0，杜绝无效货物搬运，同时将试点多个仓设置为接货仓，路由路径直达快递一级分拨转运中心，缩短链路和快递在途时间，降本提效，为电商业务竞争力加码。

（三）数字创新物流

1. WMS 业务

蒙牛低温事业部工厂、分仓 WMS 业务实现全面覆盖，保障了物流作业效率提升 20%，数据准确率及批次追溯率提升至 100%。工厂端 PDA（运单/中转场/仓库数据采集）智能设备的使用，支持暂存区、库存出库 PDA 进行拣选操作，记录详细批次与时间，标志着出、入库操作实现了电子化记账管理（纸单记录改为 PDA 校验）。物流自动化立库管理系统（WMS/WCS + OCP）的上线，以物流智能化、数字化为核心，通过对全链路物流数字化推行，降低产品在物流环节可能遇到的丢失、窜货、脱冷等风险，增强服务意识，创新服务手段、拓宽服务领域、提高服务水平。

2. TMS 运输管理系统

①基础管理：通过线上承运商管理、车辆管理、司机管理、线路管理及客户管理等，减少无纸化办公，提升作业效率。

②订单管理：订单导入、订单拆单、司机任务执行、订单监控、客户电子签收、自动分析报表。

③智能排线：路径最优规划，减少运输耗能，降低碳排放。

3. 温度监测系统

蒙牛低温事业部工厂、分仓、分子公司、重点经销商库房全部实现温度线上可视化监测，分级报警管理，报表自动分析，节约能耗，依据国标新规定，库房存储温度由 2~6℃调整为 0~10℃，能耗降低 8%~12%。同时对运输温度全面管理，干线运输全程实现温度可视化监测，分级报警管理，减少能源浪费。同时对运输温度全面管理，干线运输全程实现温度可视化监测，分级报警管理，减少能源浪费。

（四）绿色能源升级绿色包装

1. 绿色仓储

蒙牛在供应链大力推广绿色能源升级助力低碳零碳。如北京工厂采取的一系列措施构建绿色仓储，推进可持续物流的循环发展。仓库屋顶采用单晶硅电池高效轻质光伏组件，实现装机容量2.42MWp，预计年均发电量249万kWh，年均二氧化碳减排量2483T。库房外围采用太阳能照明；库房叉车油改电，与内燃车相比，低噪声、无尾气、无酸雾，随充随用，改善工作环境，提升作业效率；自动化立体仓库采用AGV、堆垛机、运输机提升仓储作业效率，优化资源配置，实现24小时不间断"黑灯"作业；将库房装车口升级改造海绵式门缝，改造后车辆倒挂车厢四周包裹严实，减少库房跑冷。

2. 绿色运输

主要通过优化运力结构、运输路径及车货精准匹配，降低能耗。以低温事业部为例，逐步升级城配车辆绿色使用，一个试点城市35台城市配送车辆为新能源电动货车，年度减少碳排放870吨；通过仓网科学布局、优化，减少中转，提升车辆满载率。优化运输路径80+条，缩短里程4700+公里，碳排放降低2400吨。

3. 绿色包装

北京、上海同城配送新模式，采用"EPP循环箱+手提袋履约"模式，绿色循环箱相较于传统的白色泡沫箱，EPP材质具备更优的耐高温、抗菌、无毒等环保性能，可自然降解，无白色污染；对比泡沫箱可减少30%的胶纸用量，且可循环利用，平均一个箱子可循环利用30次，打造更安全、更环保的冷运物流。

可持续发展是蒙牛集团长期坚持践行的战略。未来将持续在"链接数智"的方向不断创新，持续提升服务，笃行不息、踔厉奋发，实现履约全链路数字化转型，做有温度的物流，做高端物流，做创新物流，迈向低碳数智转型成功之路。

（内蒙古蒙牛乳业（集团）股份有限公司　朱生伟　潘晓燕）

五、企业实践案例：荣庆物流冷链ESG实践

我国冷链物流的ESG发展起步较晚，经常会被纳入综合物流的ESG实践中一起讨论。但与传统物流不同的是，冷链物流在温控性和时效性方面有着极其严苛的要求，从发货—仓储—分拣—配送各个环节都需要精细化的管理来实现，因此在ESG管理上也有着比综合物流更高的需求。冷链物流ESG特点可以总结为三点：①全链路的节能减排措施；②数字化物流管理平台；③全程精细化管理。荣庆物流结合自身运营管理实践，分享冷链物流中的ESG创新与发展趋势洞察。

（一）全链路的节能减排

1. 冷链仓储

荣庆物流持续推进仓储物业的绿色节能工作。上海马陆园区全部使用"绿电"；2020 年起，所有新建仓库的照明均替换为 LED 节能灯，节能约 30%；部分自持仓库正在开展屋顶分布式光伏系统铺设改造工作，预计有 40% 左右的电力由分布式光伏系统提供。

冷链仓储方面，拥有 GSP 认证的多温区数字化医疗仓储系统，服务 -20℃冷冻库，2~8℃冷藏库，15~25℃温控库。该系统可对仓库内不同温区进行实时监控，温度不达标时会有声光及微信预警，并启动制冷模式。自有鲸链系统提供可视化温度/湿度 HUD 看板，可实现冷链仓储高效恒温保障。多温区数字化医疗仓储系统如图 7-11 所示。

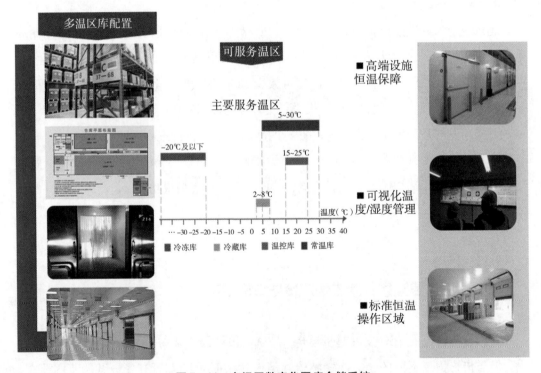

图 7-11　多温区数字化医疗仓储系统

屋顶雨水回收系统收集和过滤雨水，用于浇洒室外绿化。已收集区面积达 $4000m^2$，蓄水池容积达 $120m^3$。约有 20% 的水资源被收集并循环使用。

2. 冷链运输

荣庆自营车辆 1500 余辆，外部承运车辆资源 1000 余辆。其中，新能源车辆超过 200 辆，车型包括 LNG 车、氢能源车、纯电卡车等。据计算，一辆 15 米长，29 吨载重的 LNG 卡车，所用燃料为液化天然气，每百公里运输产生的二氧化碳排放量比同型号柴油车约降低 16%；纯电动卡车通常为 4.2 米长的厢式货车，适用于市区内的短驳配送服务，其每百公里碳排放约降低 40%。

在传统燃油车方面，引入了更为清洁的 B5 生物质柴油，其尾气中有毒有机物仅为石化柴油 10%，颗粒物约为 20%，每消耗一吨 B5 生物质柴油可以减少 2.83 吨碳排放。2023 年，荣庆自购 B5 生物质柴油占总柴油购买量的 35%。

2023 年，荣庆与纯电动重卡供应商达成新能源战略合作协议，签订 200 辆纯电动重卡订单。该订单目前为国内最大的纯正向研发纯电重卡订单，首批将于 2024 年起交付使用。其续航里程达 700km，拥有自动驾驶功能，可优化运输路线，提高驾驶能效。

3. 包装及循环材料

在生鲜运输方面，为降低货损，提高运输效率，减少碳排放，荣庆在物流包装上选取与产品规格对应的托盘或纸箱，以提高货物堆放效率，减少包装尺寸空隙可能造成的运损；积极使用塑料周转箱代替传统纸箱包装，增加循环利用率，减少纸箱消耗，每月平均节约 6000 个一次性包装纸箱；对一些易产生挤压破损的生鲜类产品，优先考虑配备带有空气悬挂的卡车，以减少路面颠簸出现商品损耗。

在医药冷链服务中，荣庆提供多种绿色冷链包装，包括冷链方舱，医药冷藏箱等；冷链方舱为可充电式冷藏设备，一次充电可以保证 6~7 天的冷藏效果，运输时可以选用普通厢式货车，减少使用冷藏车；医药保温箱为特殊设计的泡沫保温包装，有效减少在途运输中的制冷需求，且可以多次循环使用，每次使用平均可以降低 $250gCO_2$ 的排放。

（二）数字化管理平台

1. 冷链在途运输温控系统

荣庆物流冷链运输团队联合公司自身 IT 资源，在荣庆自研的 TMS 鲸链系统基础上，开发打造一套冷链运输在途温度可视化系统平台，能够融合系统自动 + 人工多层级监控，实现全程保温、自动监控预警并人工录入异常原因和追溯记录。

2. 自动驾驶重卡

荣庆物流于 2022 年签订了 100 台与智加科技、挚途科技、一汽解放联合打造的 J7 自动驾驶重卡订单，首批订单已于 2023 年交付。该自动驾驶车型结合荣庆智慧运输管理平台，功能包括自动路线优化、驾驶员疲劳预警、盲点监测、车道偏离预警等，对驾驶全程进行线上监控，有效保障司机安全驾驶，降低事故率；同时，使用自动驾驶平均百公里油耗可以节约11%，降低了运输中的碳排放。智慧运输管理平台如图7-12所示。

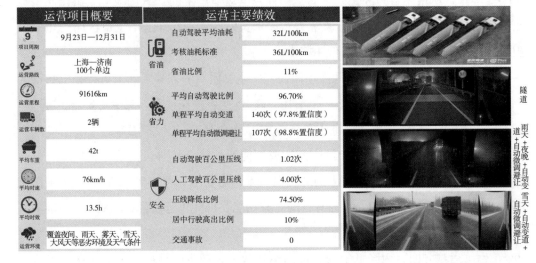

图7-12　智慧运输管理平台

3. 全程精细化管理

荣庆物流已形成一套高效的风险管理控制措施，形成风险识别—风险预测—风险评估—风险处理措施的一套风险辨识与评估系统。采用PDCA的处理方法，从人、车辆、货物、环境、管理五个环节，对物流运输全程进行精细化风险管理，降低物流运输事故发生率。2023年，员工因工伤损失工作日数同比下降11.9%。

（荣庆物流供应链有限公司　王恺）

六、企业实践案例：冷库节能势在必行

（一）冷库进入节能新时代

冷链物流行业繁荣的背后也存在着之前因粗放式管理、野蛮式生长、过度竞争等原因导致的一系列问题，"提质增效、扩大内需"成为新的关键词。

在冷链设施行业：一方面整体呈现供应略微大于需求现象、部分地区供过于求、冷链设施供需空间分布不均、逐步向产地端延伸，随着产地端冷链基础设施逐步完善，冷链市场下沉成为必然趋势。另一方面城市配送、电商服务的高标多温仓更受市场青

睐，成为新建冷库等项目的主流选择。

食品加工与预制菜国家级标准：国家级新规的发布，统筹制定严谨、统一覆盖预制菜生产加工、冷冻冷藏和冷链物流等环节的标准，明确规范预制菜食品安全要求，强监管时代或将来临！

数智冷链：随着大数据、物联网、人工智能等新兴科技的发展，相关技术在冷链物流的应用落地越来越频繁，自动搬运、无人设备、远程监控、智慧管理都取得了可喜的成果。

因此如何降低冷库运营成本、提高制冷设备的运行效率和管理水平，从而整体提升冷链企业的市场竞争力，挺过行业转型的"寒冬"，迎来"春暖花开"的未来是当下每个企业都要面临的挑战与机遇。

（二）压缩机设备企业如何赋能冷链行业

在冷冻冷藏领域，分别推出单级冷藏专用压缩机、单级高效冷冻压缩机、宽温区双级压缩机、全配置双级变频压缩机以及开启压缩机与亚临界 CO_2 压缩机，多样化产品能满足不同用户的需求。

1. 变温库应用

针对物流中转冷库中会存在货物存储需求的不确定性，不同货物需求的库温有所不同，汉钟精机开发的 RC2 – D 系列冷藏专用压缩机，可满足客户同一冷库不同货物储存温度要求。在变温库项目中，市场主流单级机由于运行范围限制，需要用到 2 套机组，其中一套用于高温库应用，另一套用于低温库应用，而使用 RC2 – D 产品可同时满足此变温库应用。

2. 低温冷藏库（冷冻库）& 速冻库应用

在国内外市场上单级压缩机是冷库市场的主流产品。常规双级压缩机因为运行范围限制，蒸发温度上限往往在 –30℃ 左右，所以无法应用于冷冻库中，汉钟精机突破了这个限制，将双级压缩机的蒸发温度上限提高至 –10℃，推出了宽温区双级压缩机。在冷冻库应用场景中，产品较市场常规低温单级螺杆机综合能效提高 20% ~ 30%。对于冷冻库而言，压缩机耗电量占冷冻库总耗电量的 85% ~ 90% 左右。

3. 速冻机应用

常规滑阀能调技术的卸载运行能效会较满载衰减明显，尤其是在速冻工况下能效衰减更为严重，但是通过变频技术的导入，汉钟精机成功研发出全配置双级变频压缩机，可以让能效在卸载的情况下和满载时的表现相同。在速冻工况下，全配置双级变频压缩机较定频双级机综合能效高 20% 左右；在低温冷藏工况下综合能效较低温定频单级机高 30% 左右，符合节能要求更高的速冻机与低温冷藏库应用，从根本上提升系统能效。

不可忽视的是市场上存在很多"伪"变频压缩机，在定频压缩机上装一个变频器，但是只能将频率范围往下压，把 50Hz 变成 40Hz，或者更低。汉钟的双级变频压缩机一开始就是按 80Hz 设计，同样的压缩元件，同样的转子，会因为频率上升了 60% 而将制冷量提升 60%，虽然采用变频专用的轴承、电机以及流道设计等方式可以拉高一些成本，但是由于压缩机制冷量的大幅提升，使此变频压缩机的冷量单价较常规变频压缩机有明显优势，可以让变频节能技术更好地落地。

（三）秉持节能信念，持续开拓创新

2024 年，汉钟精机将针对变温库和速冻库加大产品创新研发，采用可变容积比技术，使压缩机在初温及设计温度点运行时始终保持最佳性能，兼顾变温库与速冻库的变工况高效应用；专为低温应用而设计的流道及结构使压缩机的噪声及振动有明显降低；采用全新集成式云端保护模块，具备油流保护、压差保护等功能，简化机组控制系统，同时实时监控压缩机运行状态，保证压缩机的正常运行。半封闭单级冷冻冷藏螺杆压缩机如图 7-13 所示。

图 7-13　半封闭单级冷冻冷藏螺杆压缩机

双级变频压缩机（见图 7-14）最大能达 300 匹，在速冻单冻机的应用中能达 2.5 吨，而 450 匹的机型单机速冻量可多达 4 吨，意味着可以用半封闭压缩机满足客户大需求量的能量范围，弥补之前开启的压缩机存在轴封泄漏的问题，也不需要定期去更换。除此之外该机型还配置了变频方案，搭配变频器与变频控制器整体销售，提高变频技术可靠性与整体能效。

新一代开启单级冷冻冷藏螺杆压缩机，适用氨等多种冷媒；采用全新齿形与结构设计，使性能大幅提升，全新轴封结构设计，使寿命大幅提升；产品自带中托架结构设计，

图 7 - 14 双级变频压缩机

安装简易，维修方便；产品细分为 M 子系列、L 子系列，满足不同工况的应用需求；自带经济器截止阀和内置排气止回阀设计，简化系统氟路管路配置；可变容积比设计，满足用户不同工况下的需要，始终高效平稳运行；能量滑阀无级可调，根据用户需求提供冷量，节省电能；内建油过滤器、油流开关、压差开关等系统配件，简化系统油路管路配置；采用全新集成保护模块，具备油流保护、压差保护等功能，简化系统控制系统。

（四）创新引领，共促冷链发展

汉钟精机的愿景是成为行业的领导品牌，汉钟精机也一直以此为目标进行产品发展与市场布局，希望通过高效技术引领行业升级，与行业上中下游多方共同发展，同时能在此过程中为行业的双碳转型做出更多贡献。愿汉钟精机乘时代之翼，不断竭诚创新，为制冷事业接续奋斗，为制冷环境带来清凉春风！

（上海汉钟精机股份有限公司）

第四节　全球化发展新趋势洞察

2023 年，中国经济顶住多重压力实现量的合理增长，在爬坡过坎中经济实现质的有效提升，全年经济运行呈现前低中高后稳态势。物流运行环境持续改善，行业整体恢复向好。我国冷链供应链发展态势良好，综合竞争力不断提升。一是我国冷链市场需求持续增长。2023 年全球冷链物流市场规模约 2928.9 亿美元，其中，中国约 733.6 亿美元，约占 25%。我国全社会冷链物流行业需求总量约 3.5 亿吨，同比增长 6.1%。二是努力夯实冷链物流"三级"网络和运行体系，积极推进国内统一大市场建设，增强国内大循环内生动力和可靠性，极大提升了我国产业链供应链的稳定性与韧性。三是冷链生态圈上下游融合发展，国内预制菜、生鲜电商、社区团购、直播带货等蓬勃发展，在促进国内冷链新业态新场景高质量发展的同时，也为引领海外创新发展打了很好的样板基础。四是冷链产品进出口动能活跃。2023 年，中国农产品进出口金额3330.3 亿美元，同比下降 0.4%。我国跨境电商进出口 2.38 万亿元，增长 15.6%。其中，出口 1.83 万亿元，增长 19.6%；进口 5483 亿元，增长 3.9%。五是冷链发展标准化、数字化和绿色化和海关协同化水平等不断提高，有助于加快国际化进程。

冷链物流发展的十多年间，在政策关注增加、各路资本入局、互联网经济腾飞、消费市场活跃、新业态兴起之下，冷链物流进入高速发展新年代。时至当下，中国冷链物流行业增速放缓，内卷加剧，行业加速进入高质量整合发展阶段，行业竞争由"增量"市场逐步转向"存量"市场的竞争。对于国内的冷链物流企业而言，"出海"成为行业新的关注点，根据《2023 年中国企业出海信心报告》调研显示，超过六成的中国企业已蓄势待发，规划海外市场拓展，主要通过产品输出和产能合作等方式，探索并挖掘新市场新机遇。

一、全球化发展背景下跨境冷链物流机遇与挑战

1. 全球化冷链市场空间大，未来发展前景广阔

根据 Statista 数据，2023 年全球冷链物流市场规模约为 2928.9 亿美元，预计到2028 年达到 4108 亿美元左右，而且全球至少 50% 的食品和药品都需要冷链物流服务，未来国际冷链物流市场还有巨大的发展潜力。据 Cold Link、The Insight Partners 等国外机构研究报告显示，相较于北美、西欧等逐渐发展成熟的地区，亚太地区将为未来 5 ~ 10 年全球市场规模持续扩大提供最强劲的驱动力，其中，中国是这一地区增长最重要的贡献者，依靠快速崛起的冷链需求及相关基础设施发展成长为举足轻重的新兴市场，并迅速地从生产导向型经济体大步迈向消费导向型经济体。

在新兴地区，例如东南亚、非洲等地区，各国的冷链物流市场规模持续增长，农食产品人均消费水平有较大提升空间，生鲜电商、清真产业等传统和新兴场景、业态等快速发展，未来冷链发展空间巨大。然而，其冷链基础设施参差不齐，冷链设备和技术落后，信息化程度偏低，导致冷链物流运转效率低。以印度尼西亚为例，其冷链市场规模约 8 亿美元，预计到 2030 年将增长至 22 亿美元，冷链发展市场空间巨大。根据印度尼西亚冷链协会数据，印度尼西亚国内冷库总量约 2000 个，托位约为 286 万个，远远小于其市场需求托位 400 万个，而且其冷藏车有完善温控系统的仅约 1.3 万辆。因此，新兴地区冷链物流市场具有广阔发展空间与潜在机会。中国在国内市场积累的成

熟运营模式和管理经验将是很好的"敲门砖",融入当地,拥抱多元文化和海外消费者习惯。此外,企业通过开拓海外市场业务还能反哺国内市场,吸纳海外优质产品,丰富产品资源,满足人民日益增长的美好生活需要,提升我国产业链供应链的韧性和安全性,有效助力提升我国全球综合竞争力,实现多元增长。

2."跨境电商 +"助推冷链跨境发展

近年来,中国的跨境电商持续高速发展,并成为我国外贸出口的亮点之一。跨境电商是我国外贸发展的有生力量,也是国际贸易发展的重要趋势。得益于经济全球一体化推进以及互联网技术的迅猛发展,跨境电商贸易获得了巨大市场发展空间,跨境电商的蓬勃发展进一步凸显了冷链物流的价值。

2021 年,国务院常务会议即要求"积极推动海外仓发展,鼓励传统外贸企业、跨境电商和物流企业等参与海外仓建设";2023 年 4 月,《国务院办公厅关于推动外贸稳规模优结构的意见》提出"推动跨境电商健康持续创新发展"等;2023 年年底召开的中央经济工作会议强调,扩大高水平对外开放。要加快培育外贸新动能,巩固外贸外资基本盘,拓展中间品贸易、服务贸易、数字贸易、跨境电商出口;2024 年 6 月,《商务部等 9 部门关于拓展跨境电商出口推进海外仓建设的意见》(以下简称《意见》)推出 15 条举措,旨在拓展跨境电商出口,优化海外仓布局,加快培育外贸新动能。另外,上海、广东等地区近年来也陆续出台了关于跨境电商和海外仓的一系列政策。跨境电商利好政策等多维度因素影响下,我国跨境电商贸易规模也呈现稳步增长态势,占外贸进出口总额的比重逐步提升。据海关统计,我国跨境电商进出口额从 2019 年 12903 亿元,增长到 2023 年 2.37 万亿元。2023 年,我国跨境电商进出口总额同比增长 15.3%,占同期我国货物贸易进出口总值的 5.7%,比重提升 0.8 个百分点。2018—2023 年跨境电商进出口总体情况如表 7 - 5 所示。

表 7 - 5 　　　　　　　**2018—2023 年跨境电商进出口总体情况**

年份	金额(亿元)			同比增长(%)			出口/进口
	进出口	出口	进口	进出口	出口	进口	
2018	10557	6116	4441	—	—	—	1.4
2019	12903	7981	4922	22.2	30.5	10.8	1.6
2020	16220	10850	5370	25.7	39.2	9.1	2
2021	19237	13918	5319	18.6	28.3	-0.9	2.6
2022	20599	15321	5278	7.1	10.1	-0.8	2.9
2023	23744	18409	5335	15.3	20.2	1.1	3.5

资料来源:海关总署。

Temu（拼多多海外）、SHEIN（希音）、TikTok Shop（抖音海外）、速卖通"四小龙"等跨境电商和 TradeKey、中国制造网等贸易服务跨境电商平台强力支撑。据商务部公开数据，全国跨境电商主体已超 12 万家，跨境电商产业园区超 1000 个，建设海外仓超 2500 个、面积超 3000 万平方米。

从商品品类来看，跨境电商出口商品中消费品占 97.3%，主要为服饰鞋包及珠宝配饰、家居家纺及厨房用具、手机及各类数码产品、家用办公用电器及配件等。跨境进口消费品占 97%，主要为美容化妆及洗护产品、食品生鲜、医药保健品及医疗器具、奶粉、服饰鞋包及珠宝配饰等。

从商品产销地来看，跨境电商出口货物主要来自广东、浙江、福建及江苏。进口货物的消费地集中在广东、江苏、浙江、上海和北京。从出口目的地来看，美国（37.4%）、英国（8.7%）、德国（4.7%）、俄罗斯（4.6%）、法国（3.7%），合计占出口总额近六成。泰国（2.5%）、越南（2.4%）、马来西亚（2.4%）、澳大利亚（2.1%）等新兴市场活跃（见图 7 – 15）。

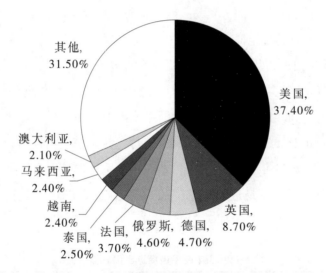

图 7 – 15　2023 年跨境电商出口目的地情况

资料来源：海关总署。

3. "餐桌全球化"助推跨境冷链发展

农业农村部公布数据显示，2023 年我国农产品进出口额 3330.3 亿美元，与 2022 年基本持平。其中，进口 2341.1 亿美元，比 2022 年下降 0.3%，增速较上年回落 7.7 个百分点；出口 989.3 亿美元，增长 0.9%，增速较 2022 年回落 15.6 个百分点。2009—2023 年中国农产品进出口贸易情况如图 7 – 16 所示。

我国是全球第二大农产品贸易国、第一大进口国，第五大出口国，自 2017 年以

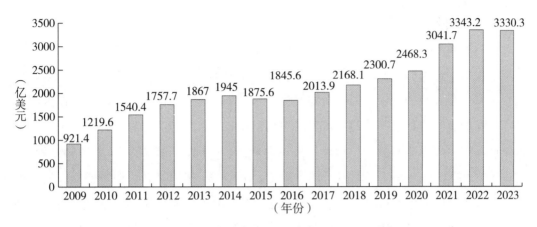

图 7 - 16　2009—2023 年中国农产品进出口贸易情况

来，连续 6 年每年进出口额超过 2000 亿美元，2021 年、2022 年连续两年超过 3000 亿美元。我国是大豆、油菜籽、棉花、猪肉、羊肉、奶粉、食用油、食糖等大宗农产品进口国，其中有些产品也是全球最大买家，同时也是大蒜、生姜、罗非鱼、苹果、茶叶等产品的最大出口国。2022 年，我国农产品跨境电商零售进出口总额为 81 亿美元，同比增长 25.9%，继续保持正增长。其中，进口额为 68.9 亿美元，同比增长 15.7%；出口额为 12.1 亿美元，同比增长 153%。国际市场对食品安全和环境友好型农产品需求的逐渐增加，也将推动中国农产品的进出口。预计未来几年内，中国农产品进出口将继续保持稳定增长的趋势。RCEP 进一步扩大优势农产品出口，在 RCEP 生效后，中日首次达成农产品关税减让安排，我国部分水产品、果蔬、加工食品、酒类等可享受输日免税待遇，有利于促进我国优质农产品出口日本市场，高水平贸易便利化的规则，会提升跨境贸易在海关和物流的效率。中国农食产品、餐饮及零售等企业纷纷拓展海外市场，消费升级下农产品需要更高品质地出现在消费者的餐桌上，由于农产品食品的特殊性，尤其是生鲜产品，时间就是命脉，冷链物流作为其重要保障，农产品跨境电商的发展势必加速推动跨境冷链的发展。

4. 冷链生态圈抱团出海初见端倪

中国冷链生态圈抱团出海已初见端倪。冷链产业链上游以中餐茶饮为代表，竞相出海布局，其中超过 50% 的品牌选择华人较多的地区作为出海首选；冷链物流作为基础保障，纷纷以自建、合资、收购、加盟等方式开拓国际市场，支撑我国产业链条拓展空间，吸纳海外优质产品，丰富产品资源，满足人民美好生活需要；此外随着"中国制造"的能力提升，得到全球认可，冷链技术和设施设备行业也逐步开始"产品出海""制造出海"和"技术出海"。

5. 国内外政策利好推动跨境冷链发展

国内层面多项相关措施的出台，为跨境冷链构建了良好的发展环境，习近平总书记所倡导的"人类命运共同体""一带一路"是我国推动全球化重要的思想动能，深入推进"一带一路"倡议，倡导构建国内国际双循环新发展格局。2021 年，国务院办公厅发布的《"十四五"冷链物流发展规划》中指出，要依托国家立体交通网，结合冷链产品国内国际流向流量，构建服务国内产销、国际进出口的两大冷链物流系统，推进干支线物流和两端配送协同运作，建设设施集约、运输高效、服务优质、安全可靠的国内国际一体化冷链物流网络。国际层面，中国与各国贸易协定及《区域全面经济伙伴关系协定》（RCEP）等全面落实，有利于降低贸易壁垒，促进国际贸易和拓宽服务合作空间。

6. 跨境冷链面临的挑战

全球化发展新趋势下，跨境冷链发展迎来新机遇，新机遇也带来了新的挑战。

（1）全球供应链经营环境和管理环境的复杂性。

地缘政治的紧张局势与监管环境的日趋严格，复杂多变的国际政治经济环境下，中国冷链物流企业走向海外市场面临着更为严格的市场准入标准、更为错综复杂的经营环境。

（2）地域差异性及冷链基础设施建设不足。

全球各地自然地理环境、各地经济发展水平、文化、习俗、宗教信仰、法律法规、通关等社会制度、冷链标准化要求不一等巨大差异性，冷链物流基础设施建设不足等诸多因素制约着跨境冷链的发展。物流运输基础设施制约着跨境冷链物流运输的全过程。跨境冷链物流的基础设施主要包括冷库和冷藏车。我国冷藏车保有量虽保持增长趋势，但数量上仍远远落后于发达国家。

（3）国外竞争压力带来挑战。

跨境冷链面临跨国运输，物流成本高、时效性差等问题，而且面临国际冷链物流巨头在成本、服务质量和知名度等方面的竞争压力。冷链跨境出海企业面临更高压力。

二、跨境冷链物流发展应对策略

面对新机遇、新挑战和新态势，我们要加快实施冷链全球连通与跨界融合新策略，突破瓶颈，寻求新增量，打造新优势，合力谱写全球冷链生态圈新篇章。

一是跨界融合，优化升级冷链供应链体系。食品冷链生态圈是上中下游包括产品生产、加工、仓储、流通、配送等多环节、多层次的运营联合体；是跨区域、跨行业、跨领域的协调合作、协作分工及协同创新的集成化网链结构体系。新时期，需从融合冷链生态圈上下游核心层和关联层出发，抱团发展，协同共赢，优化升级冷链供应链体系。其中，核心层包括上下游仓运配各节点多主体；关联层包括技术装备研发/生产及后服务支撑、能源建筑基础建设、海陆空等协同联运、金融保险支持、商业模式创新、数字信息护航等。

二是全球联通，寻求新机遇与激发新增量。出海方面，关注国际新兴市场和消费趋势，积极拓展新的业务领域和市场空间；根据不同国家和地区的市场需求和特点，优化冷链出口产品结构、形式和市场布局；借鉴全球先进经验，提前布局，抢占数字化、新能源等冷链领域。进口方面，关注消费者新需求，聚焦消费业态与商业模式创新，积极探索跨境电商"保税进口＋区内加工""线下保税展示＋线上扫码引流"零售、保税区直购等新模式，利用全程一站式数字化服务技术整合全球资源，形成"线上线下""境内境外"等多渠道、多维度进口网络，降低成本，提高时效。

三是基础夯实，产品产能连接国际大市场。国内方面，加强冷链基础设施建设，建立冷链地网、库网、车网、货网、配网等网络体系，不断优化冷链物流空间布局和商业供应链体系，构建统一大市场，为促进国内冷链供应链尽快融入国际供应链创造条件。国际方面，加快国际标准化对接，积极构建海外技术研发创新基地、工厂和产品代理点，夯实跨境电商平台、对外交通运输及海外仓等通道基础，配套通关协同、金融保险、贸易、法律等服务平台，搭建一个互通有无、开放融合的"买全球""卖全球"新发展格局，共同开拓与扩展全球冷链供应链商业版图。

四是品牌升级，塑造"中国制造"新形象。一方面，积极促进农食产品冷链物流全流程实现国际标准化，强化国内产品生产流通的高质量发展，主动加入国际标准联盟，参与国际技术标准等制定，加强产品原产地认证，获得国际认证认可；通过冷链产品及技术标准、专利等，拓宽国际市场版图。另一方面，将国内成熟供应链制造体系，以工厂建设、产品出海、技术支持及创新服务等形式成功复制并占领海外市场，打造"优质、高效、绿色、创新以及国际友好"新形象，为"中国制造"赋予了更强的生命力和影响力。

五是技术革新，新一轮科技革命和产业变革正在重构，跨境物流庞大的市场需求也推动着冷链物流技术不断创新，向低成本高效益的方向发展。随着物联网、云计算、大数据、人工智能、区块链等新兴数字技术的飞速发展和应用，数字技术也成为各行业的高速发展的新动能，经济持续增长的新引擎。跨境冷链整个运输过程货物流、资金流、信息流的流程长，人、货、场更迭频繁等，迫切需要进行技术革新增强核心竞争力，充分在各环节采用先进的技术和设备，先进的管理模式来有效降低成本投入，提高运行效率、增加经济效益、保障产品安全等，满足国际市场对高品质、高效率的冷链物流服务的需求。

三、实践案例：冷链装备与技术出海，促进全球冷链产业可持续发展

随着经济的不断发展，人民生活水平的提高，冷链物流作为重要的支撑保障一直在快速发展。随着中国国家骨干冷链物流基地和产地销地冷链设施建设等三级冷链物流体系建设的稳步推进，冷链设施装备水平的显著提升，生鲜电商需求的快速增长，新产业新业态等新需求，中国冷链物流行业近年来发展迅猛，市场规模持续扩大。其基础设施建设的水平和层次得到进一步提高，在冷链产业发展过程中，中国企业和行业组织积累了大量的技术经验、行业经验，在技术研发、产品应用、专业人才建设等方面都有很大进步和发展。

与中国冷链物流产业迅猛发展相比较，海外部分市场区域尤其是新兴市场国家冷链物流发展水平较低，具体表现在产业规模小、智能化自动化程度低、某些设备和领域技术水平低、依赖进口及产业分散等方面。

在中国制造业和冷链物流行业大发展的背景下，"中国制造"的工业门类齐全，技术水平、制造能力和工程配套能力进一步提高，得到世界范围尤其是新兴市场国家的认可。各行各业走出国门，冷链技术和设施设备行业也不例外，逐步开始"产品出海""制造出海"和"技术出海"。冷链技术及设施设备行业的出海，一方面促进了中国冷链设备行业自身的发展；另一方面，也推动了海外市场所在国家冷链物流行业发展水平的提升。

以印度尼西亚为例，自20世纪90年代以来，该国的冷链物流行业在制冷技术与装备方面经历了显著发展，该行业的技术演进包括从氟制冷技术过渡到氨制冷技术，再到二氧化碳制冷技术，直至目前的冷热联动技术。在印度尼西亚、泰国等国家，大型冷库的发展也经历了从早期的粗放式存储操作到货架式冷库，进而发展为今天的半自动化及自动化立体冷库。在这些国家，每一步的技术升级、设备更新和系统优化均与中国冷链装备企业的"走出去"战略密切相关。如今，许多中国冷链装备企业不仅服务于东南亚和南亚，还扩展到中东北非、非洲大陆、俄罗斯、中亚、美洲和欧洲等地。

这些企业的国际化不仅展示了他们的技术和服务，也通过与当地企业的合作与竞争，共同推动了东道国和地区冷链物流行业及经济的发展。同时，中国企业在出海的过程中，也注意吸收和学习借鉴当地冷链行业某些专业的先进技术和经验，为我所用，促进自身发展。

在冷链设备企业出海的进程中，冰轮环境稳扎稳打，是冷链设备企业出海的一面旗帜。冰轮环境自20世纪90年代起便开始了自营出口的步伐，1998年设立了第一个海外办事处——泰国办事处，2006年胡志明在越南投资设立了越南公司，主要生产速冻设备和冷库保温板，面向越南、亚洲市场乃至全球范围内的区域销售，2015年投资设立印度尼西亚公司，为印度尼西亚冷链物流行业提供本土化的专业技术服务，目前冰轮在20多个国家和地区设立了专属的营销服务机构，服务区域遍布东南亚和南亚、俄罗斯和中亚、中东、非洲和美洲地区。

冰轮环境承建正在施工中的秘鲁某鱿鱼加工厂和印度尼西亚正大食品厂项目如图7-17所示。

图7-17　冰轮环境承建正在施工中的秘鲁某鱿鱼加工厂和印度尼西亚正大食品厂项目

在"双碳"和可持续发展的背景下，冷链物流行业也引入了低碳环保的绿能技术。在这一领域，冰轮环境有显著的先发优势，在国内率先倡导并研发应用了利用天然工质氨和二氧化碳作为制冷剂/载冷剂的制冷技术，其较早研发并引领市场的氨和二氧化碳覆叠和载冷系统解决方案已经成为目前大型冷库级食品加工设施用冷需求的主流方案。目前该公司已建设众多的应用二氧化碳制冷技术的大型冷链物流库项目，其中国内有500多个，海外市场有40多个，主要分布在新西兰、印度尼西亚、马来西亚、新加坡、泰国、乌兹别克斯坦、俄罗斯等国家和地区。这些海外重点项目的实施，有力地带动了国内相关产业和企业"走出去"步伐，并提升了当地冷链设施相关技术与应用的水平，促进了当地经济的发展。

冷链设施设备行业是面向冷链物流行业的工业装备行业，涵盖技术研发、生产制造和工程建设，涉及的技术分类和设备种类多样，需要一大批敢于探索、积极进取的冷链设备公司，共同推进中国冷链设施设备行业的发展，促进冷链设备出海进程，为全球冷链物流行业的可持续发展创造更多价值，做出更多贡献。

（冰轮环境技术股份有限公司　张绪洪）

第五节　冷链物流骨干基地建设现状分析

一、国家骨干冷链物流基地

（一）国家骨干冷链物流基地建设概况

1. 国家骨干冷链物流基地建设现状分析

2020 年的中央一号文件提出"安排中央预算内投资，支持建设一批骨干冷链物流基地。"这是我国"国家骨干冷链物流基地"建设项目的起点。2021 年 12 月国务院办公厅发布的《"十四五"冷链物流发展规划》明确指出，国家骨干冷链物流基地属于我国三级冷链物流节点的一级节点，是冷链物流运行体系中发挥基础支撑和组织核心作用的节点，承担产业引领、产地服务、城市服务、中转集散、口岸贸易等功能。根据国家骨干冷链物流基地定义和定位，国家骨干冷链物流基地具有开放和公共属性，能够提供较为完备的公共冷链物流服务，包括冷冻冷藏、冷链干线运输、冷链分拨配送、冷链物流信息等服务。同时，还有较强的辐射带动作用，能够引导区域内分散的冷链物流资源有序聚集。

国家骨干冷链物流基地是国家布局建设、面向高附加值生鲜农产品优势产区和集散地，依托存量冷链物流基础设施群建设的重大冷链物流基础设施，是国家骨干冷链物流设施网上的重要节点。国家骨干冷链物流基地建设，是促进我国冷链物流高质量发展的重要举措。作为农产品主产区、重要集散地或主要销售区的城市，建设国家骨干冷链物流基地是发挥其资源与区位交通优越条件、惠民生、促消费，提高城市影响力的良好机遇。

2020 年以来国家骨干冷链物流相关政策文件如表 7-6 所示。

表 7 - 6   2020 年以来国家骨干冷链物流相关政策文件

发布时间/发文单位	政策名称	相关内容
2020 年 1 月 中共中央 国务院	《中共中央 国务院关于抓好"三农"领域重点工作确保如期实现全面小康的意见》	安排中央预算内投资，支持建设一批骨干冷链物流基地。这是我国"国家骨干冷链物流基地"建设项目的起点
2020 年 7 月 国家发展改革委	《关于做好 2020 年国家骨干冷链物流基地建设工作的通知》	公布了首批 17 个国家骨干冷链物流基地建设项目名单
2021 年 4 月 国家发展改革委	《2021 年新型城镇化和城乡融合发展重点任务》	支持城郊承接城市专业市场和物流基地疏解，在县乡村合理布局冷链物流设施、配送投递设施和农贸市场网络，畅通农产品进城和工业品入乡通道
2021 年 6 月 国家发展改革委	《关于印发〈城乡冷链和国家物流枢纽建设中央预算内投资专项管理办法〉的通知》	明确了城乡冷链和国家物流枢纽建设支持范围、申报条件及工作要求
2021 年 8 月 国务院办公厅	《国务院办公厅关于加快农村寄递物流体系建设的意见》	构建冷链寄递体系，鼓励邮政快递企业、供销合作社和其他社会资本在农产品田头市场合作建设预冷保鲜、低温分拣、冷藏仓储等设施，缩短流通时间，减少产品损耗
2021 年 12 月 国务院办公厅	《"十四五"冷链物流发展规划》	到 2025 年在全国布局建设 100 个左右国家骨干冷链物流基地的部署。提出建设"四纵四横"国家冷链物流骨干通道网络，建立三级冷链物流节点，构建服务国内产销、国际进出口的两大冷链物流系统，形成"321"冷链物流运行体系。三级物流节点由国家骨干冷链物流基地、产销冷链集配中心和两端冷链物流设施组成。承载城市负责建设国家骨干冷链物流基地
2021 年 12 月 国家发展改革委	《国家骨干冷链物流基地建设实施方案》	落实"十四五"冷链物流发展规划，围绕支撑构建"四横四纵"的国家冷链物流骨干通道网络，依托国家骨干冷链物流基地承载城市开展基地建设。该方案明确了国家骨干冷链物流基地建设的七大重点任务
2022 年 1 月 国务院	《"十四五"现代综合交通运输体系发展规划》	强化国家骨干冷链物流基地功能，完善综合货运枢纽冷链物流服务设施，加强不同运输方式冷链设施衔接

续　表

发布时间/发文单位	政策名称	相关内容
2022 年 10 月 国家发展改革委	《关于做好 2022 年国家骨干冷链物流基地建设工作的通知》	发布 2022 年国家骨干冷链物流基地建设名单（第二批）。本次明确的 24 个国家骨干冷链物流基地在健全冷链物流网络体系、保障区域生活物资供应、促进冷链物流与相关产业联动发展等方面具有重要作用
2022 年 12 月 国务院办公厅	《"十四五"现代物流发展规划》	明确提出完善冷链物流设施网络，发挥国家物流枢纽、国家骨干冷链物流基地的资源集聚优势，加强产销冷链集配中心建设，完善销地城市冷链物流系统，提高城乡冷链设施网络覆盖水平。按照规划，到 2025 年，布局建设 100 个左右国家骨干冷链物流基地，基本建成以国家骨干冷链物流基地为核心、产销冷链集配中心和两端冷链物流设施为支撑的三级冷链物流节点设施网络，带动提升冷链物流规模化、集约化、组织化、网络化运行水平，推动农产品产运销一体化运作、全程"不断链"水平明显提高
2023 年 2 月 中共中央 国务院	《中共中央 国务院关于做好 2023 年全面推进乡村振兴重点工作的意见》	完善农产品流通骨干网络，改造提升产地、集散地、销地批发市场，布局建设一批城郊大仓基地。支持建设产地冷链集配中心
2023 年 6 月 国家发展改革委	《关于做好 2023 年国家骨干冷链物流基地建设工作的通知》	明确新一批 25 个国家骨干冷链物流基地建设名单（第三批）

　　一方面国家骨干冷链物流基地作为一定区域内冷链物流设施群组和冷链物流组织中心，为农产品生产、加工、流通企业提供集冷链中转、分拨配送功能于一体的综合集配服务，提高农产品产业化发展水平；减少生鲜农产品产后损失，延伸农业产业链，提高生鲜农产品增值能力；扩大高品质生鲜农产品市场供给，保障食品安全，促进居民消费升级。另一方面联动其他冷链骨干基地，辐射及带动产销冷链集配中心和两端冷链物流设施，促进构建三级冷链物流网络体系，加快传统冷链物流转型升级，推进物流降本增效，为促进形成强大国内市场奠定坚实基础，为国家重大战略提供有力支撑。

　　"十四五"期间，将围绕支撑构建"四横四纵"的国家冷链物流骨干通道网络，结合农产品生产、流通空间格局、大型消费市场以及冷链物流基础设施区域分布，依托国家骨干冷链物流基地承载城市开展基地建设。到 2025 年，布局建设 100 个左右国家骨干冷链物流基地，基本建成以国家骨干冷链物流基地为核心、产销冷链集配中心和两端冷链物流设施为支撑的三级冷链物流节点设施网络，带动提升冷链物流规模化、集约化、组织化、网络化运行水平，推动农产品产运销一体化运作，全程"不断链"水平明显提高，有效发挥冷链物流在支撑农产品规模化生产、调节跨季节供需、减少流通环节损耗浪费、平抑市场价格波动、扩大优质供给等方面的重要作用。

2020 年以来，国家发展改革委已分 3 批将 66（17 + 24 + 25）个国家骨干冷链物流基地纳入年度建设名单。2020—2023 年国家骨干冷链物流基地名单如表 7 - 7 所示。

表 7 - 7　　　　2020—2023 年国家骨干冷链物流基地名单（排名不分先后）

序号	国家骨干冷链物流基地	所在地	入选年份
1	平谷国家骨干冷链物流基地	北京	2020
2	晋中国家骨干冷链物流基地	山西	2020
3	巴彦淖尔国家骨干冷链物流基地	内蒙古	2020
4	营口国家骨干冷链物流基地	辽宁	2020
5	苏州国家骨干冷链物流基地	江苏	2020
6	舟山国家骨干冷链物流基地	浙江	2020
7	合肥国家骨干冷链物流基地	安徽	2020
8	福州国家骨干冷链物流基地	福建	2020
9	济南国家骨干冷链物流基地	山东	2020
10	郑州国家骨干冷链物流基地	河南	2020
11	武汉国家骨干冷链物流基地	湖北	2020
12	怀化国家骨干冷链物流基地	湖南	2020
13	东莞国家骨干冷链物流基地	广东	2020
14	自贡国家骨干冷链物流基地	四川	2020
15	昆明国家骨干冷链物流基地	云南	2020
16	宝鸡国家骨干冷链物流基地	陕西	2020
17	西海岸新区国家骨干冷链物流基地	青岛	2020
18	滨海新区中心渔港国家骨干冷链物流基地	天津	2022
19	保定国家骨干冷链物流基地	河北	2022
20	呼和浩特国家骨干冷链物流基地	内蒙古	2022
21	沈阳国家骨干冷链物流基地	辽宁	2022
22	四平国家骨干冷链物流基地	吉林	2022
23	哈尔滨国家骨干冷链物流基地	黑龙江	2022

续 表

序号	国家骨干冷链物流基地	所在地	入选年份
24	临港新片区国家骨干冷链物流基地	上海	2022
25	常州国家骨干冷链物流基地	江苏	2022
26	嘉兴国家骨干冷链物流基地	浙江	2022
27	蚌埠国家骨干冷链物流基地	安徽	2022
28	威海国家骨干冷链物流基地	山东	2022
29	商丘国家骨干冷链物流基地	河南	2022
30	宜昌国家骨干冷链物流基地	湖北	2022
31	长沙国家骨干冷链物流基地	湖南	2022
32	江门国家骨干冷链物流基地	广东	2022
33	玉林国家骨干冷链物流基地	广西	2022
34	沙坪坝国家骨干冷链物流基地	重庆	2022
35	成都国家骨干冷链物流基地	四川	2022
36	贵阳国家骨干冷链物流基地	贵州	2022
37	延安国家骨干冷链物流基地	陕西	2022
38	兰州国家骨干冷链物流基地	甘肃	2022
39	西宁国家骨干冷链物流基地	青海	2022
40	乌鲁木齐国家骨干冷链物流基地	新疆	2022
41	北仑（奉化）国家骨干冷链物流基地	宁波	2022
42	滨海新区东疆综合保税区国家骨干冷链物流基地	天津	2023
43	秦皇岛国家骨干冷链物流基地	河北	2023
44	通辽国家骨干冷链物流基地	内蒙古	2023
45	齐齐哈尔国家骨干冷链物流基地	黑龙江	2023
46	南京国家骨干冷链物流基地	江苏	2023
47	台州国家骨干冷链物流基地	浙江	2023
48	宿州国家骨干冷链物流基地	安徽	2023
49	阜阳国家骨干冷链物流基地	安徽	2023
50	南昌国家骨干冷链物流基地	江西	2023
51	烟台国家骨干冷链物流基地	山东	2023
52	潍坊国家骨干冷链物流基地	山东	2023
53	新乡国家骨干冷链物流基地	河南	2023
54	漯河国家骨干冷链物流基地	河南	2023
55	襄阳国家骨干冷链物流基地	湖北	2023
56	衡阳国家骨干冷链物流基地	湖南	2023

续　表

序号	国家骨干冷链物流基地	所在地	入选年份
57	永州国家骨干冷链物流基地	湖南	2023
58	湛江国家骨干冷链物流基地	广东	2023
59	防城港国家骨干冷链物流基地	广西	2023
60	巴南国家骨干冷链物流基地	重庆	2023
61	绵阳国家骨干冷链物流基地	四川	2023
62	西安国家骨干冷链物流基地	陕西	2023
63	张掖国家骨干冷链物流基地	甘肃	2023
64	阿克苏国家骨干冷链物流基地	新疆	2023
65	喀什国家骨干冷链物流基地	新疆	2023
66	阿拉尔国家骨干冷链物流基地	兵团	2023

国家骨干冷链物流基地网络覆盖 29 个省（自治区、直辖市，含新疆生产建设兵团）。其中，山东、河南、安徽、浙江和湖南的国家骨干冷链物流基地最多，宁夏、海南、西藏暂无国家骨干冷链物流基地。

从区域分布来看，国家骨干冷链物流基地集中在东部和中部地区，其中，华东地区最多，共有 19 家，占比 29%，其次是华中和西北地区，分别有 11 家和 10 家，占比分别为 17% 和 15%，华北、西南、华南、东北分别有 9、7、5、5 家。

已公布的三批国家骨干冷链物流基地区域分布占比如图 7 - 18 所示。

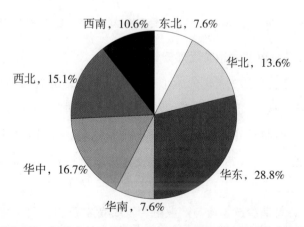

图 7 - 18　已公布的三批国家骨干冷链物流基地区域分布占比

从功能类型来看，已公布的三批国家骨干冷链物流基地中，销地冷链物流基地多于产地冷链物流基地，分别为 39 处和 27 处，占比为 59% 和 41%（见图 7 - 19）。

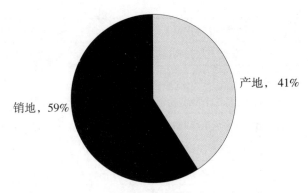

图7-19　已公布的三批国家骨干冷链物流基地功能类型占比

从运营类型来看，已公布的三批国家骨干冷链物流基地中，物流园28处，交易市场27处，加工园11处，占比分别为42%、41%和17%（见图7-20）。

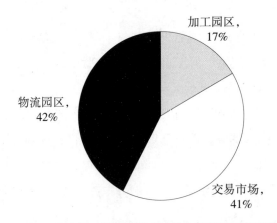

图7-20　已公布的三批国家骨干冷链物流基地运营类型占比

2. 国家骨干冷链物流基地运营发展建议

截至2023年，已公布的三批国家骨干冷链物流基地，随着存量与增量基础设施建设的逐步完善，逐渐由建设阶段转为精细和高效的运营阶段。主要从以下几方面着手。

一是继续完善冷链物流存量设施，科学匹配新增量，提升基地服务能力。完善自动化立体冷库、低温初加工、生产预冷等设施，提质升级特色冷链物流服务水平；不断提升信息化、绿色化发展水平；提升冷冻冷藏、冷链干线运输、区域分拨配送和流通加工等服务水平，打造冷链物流与产业融合发展新生态。

二是强化资源整合，集聚冷链上下游企业。深度整合区域内存量冷链物流资源以及仓储、运输、分拨等物流基础设施，提高一体化运作水平。吸引生鲜农产品流通、生产加工等上下游企业以及互联网平台企业集聚，加快传统农产品流通模式升级，支持特色农产品做大做强,结合实际拓展经营品类,提升生鲜农产品产业化发展水平。

三是推动互联互通,有效促进构建三级冷链物流运营体系。着力加强与国家物流枢纽、其他国家骨干冷链物流基地等重大物流基础设施间的业务对接和功能匹配,促进作业流程和信息互联互通,加快形成国家骨干冷链物流基础设施网络的总体框架,同时提升带动产销冷链集配中心和两端冷链物流设施运营能力,提高我国冷链三级物流体系规模化、集约化、组织化、网络化发展水平。

四是提升冷链物流信息化水平。建立区域性生鲜农产品冷链物流公共信息平台,加强市场信息、电子商务、金融对接、产品检测、客户服务、库存控制和仓储管理、运输管理和交易管理智能化建设,打造全链条、可追溯、"无断链"的冷链物流体系,提供安全可靠的冷链物流服务。

五是强化绿色低碳可持续发展理念和水平。在国家双碳政策大背景下,冷链园区成为落实"碳达峰"和"碳中和"的重要主体。将节能理念融入建设和运营管理过程中,建设绿色建筑,打造绿色运输、绿色仓储、绿色包装的绿色冷链物流,强化全方位能源节减复用意识,可从绿色低碳冷库建设和新能源冷藏车使用入手,打造绿色低碳冷链物流综合园区。

六是深化"生产加工 + 仓储 + 集散 + 交易 + 沉浸式体验"类业态创新。未来的冷链骨干基地是集冷链产品生产加工、冻品大宗交易与美食享受、休闲观光、身心疗愈、展销交易等多功能于一体的新型园区,业态丰富多彩,同时满足多样化、沉浸式的消费需求。

七是发挥社会应急保障功能。系统总结应对非洲猪瘟疫情、新冠疫情等的经验教训,做好肉类储备,完善水产品、肉类等检验检疫设施,健全疫情应对机制,加强对重点部位、重点环节的抽检力度。充分发挥国家骨干冷链物流基地在生鲜农产品流通中的骨干节点和信息中枢作用,进一步完善冷链物流全链条监控和追溯体系,为保障食品安全提供有力支撑。

(二)常州国家骨干冷链物流基地发展建设情况

1. 基地建设相关工作情况

常州国家骨干冷链物流基地是东临京杭大运河,西临江宜高速,南临光阳路,北临 G312、江宜高速出入口,占地总面积约 1906 亩,其中与冷链相关设施占地 1304 亩,在整个基地面积中占比 68.4%,已建配套冷库总库容 34.02 万立方米。基地主要涵盖农产品交易、农产品加工、冷链仓储、冷链干支线运输及配送、检验检测、停车场等功能。

常州国家骨干冷链物流基地核心建设单位为常州新阳光置业有限公司，公司新建项目——新运冷链项目是常州国家骨干冷链物流基地增量设施补短板的重要组成部分，主要位于常州新阳光食品城内。该项目投资 11.17 亿元（资金来源均为国资，故采用政府投资项目审批制），总用地面积约 135 亩，总建筑面积 129699.05 平方米。其中主要分为冷链城市配送区（建筑面积为 59588.14 平方米）和冷链仓储配送区（建筑面积为 50125.1 平方米）两个主要功能分区，另外开闭所、地下室占地面积 19985.81 平方米。

2. 建设发展主要做法与成效

（1）整合集聚存量资源。

①存量设施改扩建。

"十四五"期间，常州国家骨干冷链物流基地持续推动存量设施改扩建工程，补齐功能性短板，常州新阳光置业有限公司作为实施主体，将承担部分存量设施改扩建工作。

②加强功能对接。

常州国家骨干冷链物流基地已通过"市场＋经营户＋基地""市场＋协会＋基地""市场＋龙头企业＋基地"等形式，引导市场常驻经营人员九千多人，通过产销对接、承包合作、订单合同带动蔬果种植基地 200 万亩、水产养殖基地 125 万亩、牲畜禽类饲养量 650 万只（头）。

③集聚冷链资源。

目前常州国家骨干冷链物流基地已经成功培育出 10 亿元级交易规模的永旺果业和 5 亿元级交易规模的海泉水产、杰记水果、于发行生鲜水产等企业。新运冷链对接盒马、美菜等生鲜农产品服务商，引入叮咚买菜、京东等生鲜电商平台。

未来，常州国家骨干冷链物流基地将促进相关功能区集中布局。一是充分利用新阳光国际食品城在建冷链设施，重点开展冻品、生鲜农产品存储等业务；二是吸引农产品冷链加工企业、生鲜电商平台等企业入驻，提高冷链物流设施综合利用率和集约化发展水平。

（2）推动基地互联成网。

以常州市"十四五"现代物流业发展规划中确定的"二园两心"，强化基地跟周边铁路物流枢纽、航空物流枢纽、港口物流枢纽及物流园区联动协同，加强与全国冷链物流基地间的业务合作，积极构建干支配衔接的国家骨干冷链物流基地网络。

（3）促进相关产业发展。

常州国家骨干冷链物流基地不断探索促进农业发展路径，一是基地在引导经营户在做好经营的同时，推动经营户深入到农业主产区建立稳定的农产品种植养殖基地；二是引导入驻基地的龙头企业深入农业主产区建立稳定的农产品种植养殖基地，对农产品的选型、育种、技术指导等方面进行全程服务，并与农户签订稳定的收购合同，保证农产品销售，助力农业发展、农民增收。

基地还将通过发展订单农业、产销对接等模式，进一步带动农产品生产基地发展，逐步完善农产品从田间到餐桌的温控供应链体系，打通农产品从生产到销售的产业链条，实现农产品生产的规模化、标准化、产业化生鲜农产品批发、零售、冷藏、运输、加工、配送等产业集聚水平显著提升，生鲜农产品集散规模显著增大，吸引就业人数显著增加，进而促进农民增收、带动生鲜农产品产业化发展。

（4）支撑城乡居民消费。

常州市将发挥国家骨干冷链物流基地承载城市的资源集聚优势，推动与上海、苏州、南京、合肥以及长三角其他区域间冷链物流活动规模化、通道化、网络化运行，促进冷链物流去程回程双向均衡发展，畅通特色农产品出村进城通道，完善区域冷链分拨网络，扩大高品质农产品市场供给。

基地将推动冷链物流服务网络向中小城镇和具备条件的农村地区下沉，建设田头市场，完善农产品流通基础设施。助力延伸农村冷链物流产业链，支持"农合联"、基层社、社有企业建设农产品产地集配中心和田头市场，完善产地预冷、仓储加工、物流配送等设施设备，提高小农户组织化水平，促进农民稳定增收，提升农产品现代流通服务能力，实现优质农产品"一季产、四季销"，促进城乡居民消费。

（5）加快数字化发展步伐。

基地将加快数字化发展步伐，高标准打造智慧冷链云平台。平台整合RFID技术、资源管控（SRM云）、订单管理系统（OMS云）、仓储管理系统（WMS云）、综合运输管理系统（TMS云）、财务结算中心（BMS云），实现对仓储、车辆、订单、结算进行有效的管理，达到降本、增效、数字化、安全可控的目的，达到货品从产出到消费全程可追溯的效果。

（6）提高绿色低碳水平。

除了在建项目中对现有冷库等低温加工装备设施开展节能改造、安装屋顶太阳能光伏发电设施外，基地还将与多家相关企业进行对接。

为进一步促进常州新能源物流车推广应用，基地除在原有停车场增设公共充电桩外，在建项目的停车场也将按照国家规定的比例配备充电桩，保障新能源汽车充电需求。充电桩将采用智能电力管理系统，具有削峰填谷节能降费、5G设备智能休眠、运营商分路计量、远程抄表四大功能，实现了充电桩远程电力信息智能管理，大大优化了用电效率，为节能减排贡献力量。

此外，基地内还将推广应用新型分级预冷装置、大容量冷冻冷却机械，扩大标准化托盘、周转箱（筐）、周转袋、冷藏集装箱等的应用范围。

（7）强化安全保障能力。

①构建保供稳价体系。

常州国家骨干冷链物流基地内现有2家市级冻猪肉储备企业。充分利用国家冷链物流基地供应链组织中心、分拨分销基地的优势，统筹规划常州市储备库设施，构建集中管理、高效收储和投放的体系。

②强化食品安全管理。

基地将应用大数据系统，对食品安全进行全程监控。督促冷链食品生产经营者，特别是进口冷链食品经营者完善食品安全管理制度，严格落实冷链食品进货查验、贮存、销售、生产加工、追溯信息录入、温控记录等各项制度；加强冷链食品入库管理，对入库冷链食品进行符合性验证和感官抽查，严防不符合食品安全标准的冷链食品进入生产经营环节，切实提升食品安全保障能力和水平。

③落实安全生产责任。

督促冷链物流经营单位对照最新的冷库建造标准进行自查自纠，杜绝安全隐患，采用阻燃性能高的保温板；针对仓储物流、冷链配送等重点领域，加强全过程、全链条、全方位的安全监管，消除"人的不安全行为"和"物的不安全状态"，筑牢安全生产"防火墙"。

3. 未来发展

（1）安全至上，积极履行食品安全义务。

基地将成为长三角地区农产品生产、流通、销售的核心枢纽，食品安全尤为重要。基地将通过应用"物联网""互联网"等先进技术，对农产品生产流通质量安全进行全程管控，记录农产品从生产、加工到流通的全程信息，定期向有关部门报送相关记录数据和产销信息，发现农产品质量安全问题立即解决并及时向上级部门报告，确保食品安全万无一失。

（2）民生优先，切实承担保供稳价责任。

基地拥有覆盖全国的农产品流通平台和网络体系资源，并承担"保障供给、稳定物价、调控市场、服务便民"的历史使命。基地建成后，将构建当地农产品现代流通新体系新秩序，最终成为农产品流通的主渠道；成为政府保障供应、调控物价的有力抓手，有效发挥基地在保障农产品供给、平抑物价方面的作用。

（3）补齐短板，提高流通效率降低损耗。

存量冷链设施方面，基地将对已有冷链设施冷间、月台等区域进行优化升级，满足"不断链的要求"；新增冷链设施方面，在建、规划建设冷链项目将按照国际一流标准要求设计建设，在满足扩大冷库容量的基础上，建设全温度控制的生鲜农产品流通加工车间及恒温理货间，全封闭月台结构大大降低了温度断链的风险；物联网信息化方面，基地将推动基地内及上下游企业采用温度物联网设备，并对接至基地的公共信息平台，满足全程冷链可视化数据化的要求；冷链运输方面，一是鼓励基地内的贸易商提高蔬果冷链运输的比例，冻品冷链运输达到100%；二是基地建设运营单位将自行采购冷链车辆为基地内入驻企业提供共同配送服务，并开展区域性城市配送业务，确保进出基地的生鲜农产品"全程不断链"，有效提高冷链流通率并降低农产品损耗。

（4）推动消费升级，不断改善人民生活品质。

随着人民群众消费水平的提高和城乡流通体制改革的进一步深化，国家对城乡生活资料的流通和服务工作提出了更高的要求。基地将采取先进的市场经营理念、现代供应链管理手段和先进的共同化、集约化配送方式，提高农产品供应、配送效率，更好地满足长三角区域冷链食品、农副产品仓储、配送需求，帮助广大农业经营者提高农业生产效益，助力乡村振兴；为广大城镇居民、餐饮企业、批发市场提供质优价廉的冷冻冷藏食品、农副产品和便利周到的冷链物流服务，不断改善人民生活品质，提高广大人民群众生活幸福指数。

（常州新运冷链有限公司　刘德群）

（三）南京国家骨干冷链物流基地建设方案

1. 发展定位及主体功能

（1）发展定位。

围绕支撑构建以国内大循环为主体、国内国际双循环相互促进的新发展格局，发挥南京"一带一路"、长江经济带交会点重要枢纽城市、南京都市圈中心城市和国家综合交通枢纽优势，以及江苏农产品生产、消费、流通枢纽优势，面向长三角水产品、果蔬优势产区冷链物流需求以及巨大的生鲜农产品和冷链食品消费需求，高效串联农产品生产、流通、消费环节，将南京国家骨干冷链物流基地打造为"三基地一高地"：国内领先的生鲜农产品交易集散基地、华东地区最大的冷链仓储配送基地、长三角重要的农副产品应急保供和安全保障基地、冷链物流与产业融合创新高地，建设成为南京都市圈唯一、全国一流、国际有影响力的农产品冷链物流与供应链组织枢纽。

（2）主体功能及特色。

结合南京市以及长三角、南京都市圈等服务市场的需求特征和基地资源优势，以及"三基地一高地"定位的建设要求，南京国家骨干冷链物流基地主体功能以"一核（冷藏冷冻仓储物流为核心）、两心（生鲜农产品与冷链食品交易和干支仓配衔接和一体化组织）、两链（农产品绿色温控供应链、进口冷链食品安全供应链）"为特色，提供农产品全品类、全链条、全监管的冷链物流服务功能。具体实现以下功能。

生鲜农产品和食品冷冻冷藏。依托高标准冷藏冷冻仓储设施，面向基地内商户和社会商贸流通企业，实现低温仓储、高温仓储、移动式冷藏库、温度管控等功能，优化冷链仓储供给结构。

冷链干线运输。依托区域内公路专线企业和网络货运平台，连通南京港口型国家物流枢纽、南京禄口国际机场等，实现覆盖长三角、山东、河南、广东、黑龙江等产销地的干线整车零担、公路冷链专线、冷链公路港、智能集配、甩挂运输等功能。

区域分拨配送。依托便捷的集疏运体系和基地全国网络布局，面向长三角和华东地区二级、三级农副产品批发市场、冷链集配中心、生鲜食品超市、农产品企业、生鲜食品生产企业等，实现干支衔接、都市圈区域分拨、中转集散、城际配送等功能。

生鲜农产品和食品展示交易。依托生鲜农产品和冻品交易市场，实现果蔬、肉类、水产、冻品和副食品的一级批发与零售、区域分销、电商零售、精品展销、支付结算等功能。

中央厨房净菜加工。面向南京都市圈消费市场，依托交易市场原材料优势，引入盒马鲜生、华润苏果、海底捞等餐饮、商超企业，以及团膳企业入驻，实现食材统采、净菜加工、食品加工、分级包装、门店配送等功能。

生鲜食材共储共配。依托基地自营的配送平台和市场货源采购基地，面向都市圈内的企业、院校、部队等团体食堂和连锁企业和零售企业，现有合作单位200余家，提供原材料集中采购、公共仓储、即时配送、商超、团体食堂等共同配送等功能，降低产品采购成本，提升配送效率，减轻城市交通压力。

农产品供应链组织管理。基地内商户在全国布局有农产品生产基地合作网络，前伸基地、后延终端，依托基地供应链管理运营平台，实现农产品产地直采、冷链物流全程追溯、贸易分销、供应链金融、价格监测等全流程供应链功能。

检验、检测、检疫与信息追溯。依托基地农产品检测平台、江苏进口冷链食品集中监管仓，以及建立的食品安全 5 大管理体系，实现农产品检测、进口冷链检疫、农副产品交易监测、农产品信息追溯等功能。

应急保供。基地作为南京市最大的"菜篮子"工程和应急保供骨干企业，依托成熟的常态化保供机制和南京市近郊 250 公里范围内 32 家供应单位，实现蔬菜、水果、肉类等农副产品应急储备、应急保供、应急调运等功能。

2. 基地设施布局

（1）功能区布局。

根据用地条件、项目建设情况和未来发展规划，南京国家骨干冷链物流基地规划布局为七大功能区，包括生鲜交易区、冷链仓储区、智能集配区、配套服务区、冻品仓储区、冻品交易区、进口监管区。

（2）功能区说明。

①生鲜交易区。

生鲜交易区始建于 2006 年，占地面积 492.83 亩，建筑面积 33.29 万平方米，完成投资 44.05 亿元，已建设蔬菜交易区、水果交易区、粮油交易区、水产交易区、进口（精品）水果交易区以及会展中心，配套建设了小型中转冷库 186 个、占地面积约 5400 平方米，库容约 930 吨，冷藏车可直接进场开展低温交易，入驻商户近 4000 家。2021 年，生鲜交易区完成蔬菜交易量 180 万吨、水果交易量 140 万吨、水产交易量 25 万吨、副食品交易量 910 万吨。

②冷链仓储区。

冷链仓储区占地面积 287.85 亩，包括四个冷链物流项目，其中润恒冷链项目为已建项目，占地 111.45 亩，总建筑面积约 15 万平方米，已建设 3 栋冷库、库容 25 万立方米，存储吨位 10 万吨，并建设了鲜肉交易、冻品交易及配套服务设施，配备了小型中转冷库 50 个、库容约 250 吨，2021 年完成肉品交易量 30 万吨。"冷链魔方"项目为在建项目，占地 30 亩，计划一期投放 100 组以上蓄冷式冷藏集装箱，开展冷链仓储、冷藏车等甩挂运输。众彩冷链物流项目一期为在建项目，占地 91.05 亩，拟建设 6 层高标准 20 万吨保鲜库、常温库，总建筑面积 12 万平方米，拟投资 17 亿元，目前已完成场地平整和方案设计。众彩冷链物流项目二期为待建项目，占地 55.35 亩，拟建设 8 万吨保鲜库，挖掘供应链金融、物流咨询等增值服务。

③智能集配区。

智能集配区占地面积 68.85 亩，目前已建设物流场站一期，正在开展物流场站二期改扩建工程，重点建设智能停车场、零担专线仓库、智慧物流信息平台，建筑面积 12000 平方米，总投资 6500 万元。

④配套服务区。

配套服务区占地面积 72.18 亩，已建设员工宿舍、快捷酒店、餐饮、超市等生活配套设施，建筑面积 6.65 万平方米，完成投资 6 亿元。

⑤冻品仓储区。

冻品仓储区占地 393 亩，包括冻品仓储一期、二期、三期项目。其中，冻品仓储一期项目占地 180 亩，已建设现代化冷库 6 栋，冷库库容达 93 万立方米、存储吨位约 30 万吨，商务办公配套设施 3 万平方米；冻品仓储二期项目占地 40 亩，拟新建 8 万吨冷库，项目总投资 3.6 亿元，建筑面积 5.33 万平方米，目前工程队已入场实施打桩作业；冻品仓储三期项目占地 173 亩，计划投资 10 亿元，建筑面积 12 万平方米，重点建设肉品低温加工配送中心、冷冻库等，形成年配送冷冻食品 80 万吨的配送能力、年加工各种肉类食品 16 万吨的生产能力。

⑥冻品交易区。

冻品交易区占地面积 58 亩，已建设商贸展示中心 5 万平方米，入驻商户 920 家，2021 年完成农产品交易量 102.15 万吨，其中，肉类 76 万吨（含猪牛羊禽肉）、水产 1.95 万吨。

⑦进口监管区。

进口监管区占地面积 27 亩，投资 4800 万元，建设了全封闭的进口冷链食品集中监管仓，包括冷库 4000 平方米、停车场 20000 平方米，同时配套核酸采样实验室、办公区、休息区、测温通道和进入作业区通道等设施，实现人、车分流，全封闭管理。2020 年 11 月 12 日—2022 年 1 月 12 日，监管仓累计入库货物 11.2 万批次、32.5 万吨。

（3）主要冷链物流设施。

南京国家骨干冷链物流基地总用地面积 1399.71 亩，其中已建用地 941.46 亩，占比 67.3%；在建用地 229.9 亩，占比 16.4%；拟建用地 228.35 亩，占比 16.3%。冷链物流相关设施占地 943.4 亩，占比达 67.4%。

南京国家骨干冷链物流基地冷链物流相关设施情况如表 7-8 所示。

表 7 - 8　　　　　　　南京国家骨干冷链物流基地冷链物流相关设施情况

功能区	占地面积（亩）	主要冷链相关设施	冷链物流相关设施占比（%）
生鲜交易区	492.83	小型中转冷库 186 个、占地面积约 5400 平方米；低温交易区 10 万平方米以上，冷藏车可直接进场开展低温交易	32.1
冷链配送区	287.85	已建润恒冷库项目，占地 111.45 亩，包括大型冷库 3 栋、库容 25 万立方米；新建众彩冷链一期、二期项目占地 146.4 亩；冷链魔方项目占地 30 亩	100
智能集配区	68.85	建设零担专线仓库、智能停车场、智慧物流信息平台等设施	100
配套服务区	72.18	无	—
冻品仓储区	393	一期 152 亩，已建设大型冷库 6 栋、库容 93 万立方米；二期 40 亩，在建大型冷库库容量 8 万吨；三期 173 亩，新建肉品低温加工配送中心、冷冻库等	100
冻品交易区	58	建设小型中转冷库 50 个，占地 1500 平方米，停车设施 11251 平方米	15.1
进口监管区	27	进口冷链食品监管仓 4000 平方米，停车场 20000 平方米	100

3. 国家骨干冷链物流基地建设的总体思路

（1）建设运营模式。

南京国家骨干冷链物流基地采用"政府规划协调、企业联盟运营"的建设运营模式。

政府规划协调：南京国家骨干冷链物流基地的开发建设涉及发展改革委、规划和自然资源局、商务局、农业农村局、市场监督管理局等多个部门，相关流程和环节较多，同时考虑到冷链物流的公共服务属性，由南京市政府负责南京国家骨干冷链物流基地的规划和协调，建立市级协调推进机制，保障和支持南京国家骨干冷链物流基地的建设。

企业联盟运营：南京国家骨干冷链物流基地建设运营主体采用战略联盟形式，由南京农副产品物流配送中心有限公司作为基地建设运营主体的牵头单位，联合南京天环食品（集团）有限公司，共同推进南京国家骨干冷链物流基地的建设和运营。

（2）建设运营主体培育壮大路径。

基本思路：以"强主业、延链条、树品牌、优服务、促输出"为路径，进一步培育壮大南京国家骨干冷链物流基地战略合作联盟，打造全国骨干冷链物流基地运营标杆。

实施方案如下。

①不断完善战略联盟运营机制。综合考虑基地功能和发展定位，在现有业务合作基础上，进一步完善运营主体在物流运力共享、仓储网络协同、招商引资、供应链金融等业务领域的协同运作机制，共同推进基地的业务拓展、技术研发、进出口贸易、全国网络布局等，获得最大的竞争优势和效益。

②做强核心业务领域实力。做大做强生鲜农产品交易、冻品交易、冷链仓储、区域分拨配送和应急保供等业务功能，壮大南京国家骨干冷链物流基地品牌效应。进一步引入中央厨房、生鲜宅配、直播电商、智慧物流等主体，实现冷链物流干支仓配一站式服务和产业链上下游延伸拓展。

③提升供应链整合管理水平。进一步扩大产地直采、生产基地合作、集中采购、共同配送等合作范围，延伸加工、展销、电商等服务链条，形成以基地为组织和运作枢纽的供应链体系。

④加大主体品牌标准建设。建立生鲜农产品、冻品质量标准体系，开发"众彩""天环"品牌产品，成为冷链物流、生鲜食品、冻品等标准引领者。

⑤增强基地公共服务能力。完善基地公共服务能力，强化冷库统一运营、城配统一调度、园区安防、金融服务平台、标准化器具循环共用等方面的服务水平。

⑥推进管理模式输出和连锁复制。基地与连云港等地农产品物流中心建立了托管合作关系，并形成了全国连锁仓储物流网络，在此基础上，进一步通过合作共建、投资参股、托管运营等方式，参与其他骨干冷链物流基地、农产品物流园区、农批市场等的新建、兼并、改造和运营之中，输出"硬件设施规划建设＋软件服务平台"一揽子方案，实现运营主体的全区域、品牌化、连锁式发展。

（南京众彩供应链管理有限公司　钟翔）

二、冷链市场新机遇——田头预冷规范化初步探析

（一）田头预冷，农产品"最初一公里"重要保障

1. 田头冷库发展现状

（1）田头预冷在冷链发展中价值日益凸显。

随着国民经济的高速健康发展，生活水平的显著提高，人们对农产品的消费观念

也发生了变化，对新鲜度、口感和品质有了更高的要求。生鲜农产品的上行路历来走得坎坷，尤其是出村进城的"第一公里"，往往伴随着仓储、运输过程中的损耗及季节性变化导致买难、卖难，成为农产品流通之路中最艰难的一段。我国的农产品"吃掉三分之一、丢掉三分之一、烂掉三分之一"，每年损失近2亿吨，农产品腐损程度达25%~30%，是农产品保鲜的"拦路虎"，导致经济损失占整个行业产值的30%，以农产品产地的"最初一公里"为全部供应链的起点是农产品由产地向销地过渡的一个重要环节，如"最初一公里"的问题无法得到改善，"最后一公里"也就不会存在了。

以果蔬为例，我国每年生产的水果蔬菜从田间到餐桌，损失率高达25%~30%，价值上千亿元，其中在产地环节尤为突出。而欧美发达国家的果蔬损失率在5%以下，我国果蔬损失率为欧美发达国家的4~5倍，降低产后损耗空间大。如何让采摘后果蔬尽快散去田间热进入低温流通环境？随着科技进步，预冷技术及设施装备逐渐进入果蔬采后贮藏保鲜领域，对果蔬品质、价值以及贮运过程起到越来越重要的意义。

预冷保鲜作为产地冷链物流的重要环节，可通过降低果蔬温度、抑制果蔬呼吸热及微生物生长，以及减少机械损伤等多种方式，确保果蔬在产后保持良好的品质；可通过降低果蔬的呼吸强度，抑制酶和乙烯的释放，降低果蔬的生理代谢率，从而减少果蔬的生理性病害，延长其货架期；还能减少果蔬在运输和贮藏过程中的营养损失和水分损失，降低损耗率。经过预冷的果蔬进入冷库贮藏或冷藏车运输，有利于保鲜环境的调控，减少贮运能耗，降低成本；还能提高销售半径，增加市场覆盖率，保持农产品稳定供应和周年供应，实现错时、错峰甚至跨季销售，使产业链健康发展，达到产业发展、农民富裕的效果。产地预冷对于减少冷链运输成本提高农民收益、完善农产品产业链、保障农产品食品安全以及促进鲜活农产品销售等方面具有重要意义。

（2）国家及地方政府对田头冷库发展重视程度提升。

从2014年开始，中央一号文件等重要文件就开始提到加强农产品产地预冷等设施建设的相关内容。2022年的中央一号文件再次重申，要整县推进产地农产品仓储保鲜冷链物流设施建设，促进合作联营、成网配套，政府的积极推动及政策支持，为预冷库建设提供了更好的条件。2023年7月《农业农村部办公厅关于继续做好农产品产地冷藏保鲜设施建设工作的通知》发布，为完善产地冷藏保鲜设施网络，提出围绕重点镇和中心村，支持相关主体根据产业发展实际需要，合理建设通风贮藏库、机械冷库、气调贮藏库、预冷库及配套设施设备等产地冷藏保鲜设施和商品化处理设施设备，不断提升设施综合利用效率，满足田头贮藏保鲜和产后处理需要。

国家针对农村普遍存在的"瓜果蔬菜一遇滞销就烂在田间地头"的民生痛点和现

代农业堵点，从 2020 年开始实施"田头冷库"项目。农业农村部以特色农产品优势区、鲜活农产品主产区为重点，通过以奖代补、贷款贴息、落实优惠电价等措施，支持农民合作社、家庭农场建设一批田头仓储保鲜、分拣包装、产后初加工等设施，提升农产品产地商品化处理能力。

2022 年国务院提出"南菜北运"和"北菜南运"，大力推进北方设施蔬菜、南菜北运基地建设等措施，极大地推动产地端冷库以及其他冷链设施设备需求，逐步完善蔬菜冷链物流网络布局，逐步畅通蔬菜产地"最前一公里"、销地"最后一公里"和配送"最后一百米"通道，打通了我国南北地区蔬菜运输瓶颈，对于保障蔬菜均衡供给具有重要意义。

（3）田头移动式共享冷库未来发展前景广阔。

根据农业农村部统计，2020—2023 年全国建设了 7.5 万余个产地冷库，虽然在农产品供应链中，冷库建设和求租需求仍集中在消费端，但产地冷库的建设也在逐步提升，其体量化建设在很大程度上解决了农产品在产地源头的损耗和质量安全问题。

近年来，移动冷库在产地冷链中的作用逐步凸显。移动冷库属于类集装箱设备，只需要一片平地接上电源即可使用。无须考虑用地性质的问题。同时可以根据果园位置就近安装使用，大大降低了果农搬运的人力、物力，间接降低了摘果、存果的成本。移动冷库是近年来冷链物流行业的一个重要创新，可用于产地"最初一公里"的农产品冷链预冷保鲜，实现田间地头无源环境下的预冷环节，以及农产品季节性产出下的全国调拨，满足农产品冷链流通需求。在政策的驱动下，移动冷库呈现快速发展态势，未来随着市场需求的扩大，其市场规模预计在 2025 年有望突破至百亿以上。

2. 田头冷库发展存在问题

农产品产地冷链物流活动具体包括根据品相被分拣分类、根据销售需要被初加工、按照储运需要被预冷、根据储运和销售要求被包装、被装载到冷藏车并发运等，部分农产品还需要在产地进行低温储存，以待后续销售。而田头冷库是建在农产品生产基地、辐射带动市场所在村镇及周边村镇农产品流通的小型农产品产地市场，主要开展预冷、分级、包装等商品化处理和交易活动（见图 7 - 21）。

图 7 - 21　农产品产地冷链物流活动

目前我国农产品产地市场体系尚未形成、农产品产地预冷尚未普及、农产品"最初一公里"冷链基础设施不完善、农产品产地预冷技术较为落后的现状。

整体看，产地田头端仍缺少标准化仓储保鲜设施设备，农产品产地低温处理率较低，尤其是果蔬为 23%；产地分级分选、清洗、打蜡、检测、包装等商品化处理配备不齐，农产品产地初加工率较低，导致一方面没有做好降低流通运输过程中损伤的准备，另一方面没有将附加产值很好地留在产地。田头冷库在发展过程中存在主要问题如下。

（1）基础设施及体系有待完善，传统冷库无法满足多元化需求。

从产地冷库基础设施条件来看，虽然近些年我国大力投入产地冷链设施设备建设，但仍存在使用地窖和土建冷库情况，其中传统冷库占比接近九成，而相对先进的气调库数量较少，库容仅占全部冷库容量的 5% 左右。农产品冷链物流链条复杂，其中包括农产品采摘、预冷、包装、储存、运输、配送、销售等多个环节，涉及的设备和技术繁多，传统冷库大部分建造标准低、功能比较单一、信息化技术水平低，存在硬件设施陈旧、温控技术较差、信息无法实时共享等问题，缺少预冷、加工、包装、配送等功能，无法满足产地加工处理等多元化需求。此外，区域发展不平衡，我国农产品冷链设施主要集中在沿海地带和一线发达城市，而承担了全国大部分生鲜农产品主产区的西北和东北地区冷库容量总和仅占全国的 13%。

（2）产地田头冷库选址及立项困难。

不少传统冷库由于建设年代较为久远，设施装备已经陈旧老化、功能相对单一、使用效果欠佳，难以满足当前实际应用要求。在运输流通中，蔬菜等产品大多采用泡沫箱填充冰袋、冰瓶等方式进行保鲜处理。同时，传统冷库建筑的用地属性是仓储或工业用地，田间地头属于农业用地，如果考虑用地性质的合规性，传统形式的冷库建设手续烦琐，选址和立项成为难点。

（3）产地冷库季节性空置，冷库闲置率高效益低。

鉴于农产品具有一定的生长时间，不同的产品成熟期不一，上市季节性较强，农产品冷链物流设施也面临着在农产品成熟上市期高频使用、在未采摘时出现闲置的情况，尤其是产地田头冷库若为固定式的传统冷库其闲置率更高，而冷库常需要保冷，对于使用方和运营方均造成压力，冷库效益低。

（4）田头冷链社会意识有待进一步提高。

一是农户、种养大户、合作社、中小企业等对农产品流通过程中冷链的应用重视程度不够，大部分农民缺乏对农产品的加工再增值意识，对农产品提高产品品质、错峰销售、品牌打造等关键作用的认识不足，无法通过冷链环节实现促进农业生产和农产品提质增效。二是大型企业虽然自身冷链意识较强且条件较好，但对冷链上下游的中小企业、合作社、小农户等带动不足，冷链生态圈建设亟待提升。随着高质量发展和人民日益增长的美好生活需要，虽然冷链需求不断提升，但是由于成本和价格等原因，还没有达到像发达国家那样全社会提升冷链意识水平。

（5）田头产地监管与标准缺失。

监管方面，国家对冷库建设有相关规定，但规定是建设规范，非过程管理；政府监管部门缺失过程管控，只有验收环节。特别是乡镇农村冷库和小冷库（200 平方米以下）基本处于监管盲区。冷库使用过程中，湿冷环境等对电气安全提出更高要求，但这方面缺乏相关硬性管控规定。不合规不安全的冷库冷藏车大有所在，严重影响产地冷链的规范化发展。标准化方面，我国首个食品冷链物流强制性国家标准《食品安全国家标准 食品冷链物流卫生规范》（GB 31605—2020）已于 2021 年 3 月 11 日正式实施，但因缺乏明确的标准实施监督管理部门，也被企业束之高阁，完全没有发挥应有效力。

3. 田头冷库未来发展建议

（1）科学规划合理布局，完善基础设施。

农产品的收获多受季节影响，为了提高预冷库的总利用率、减少无效运输缩短周转时间，需要以农产品产地为中心，对产地预冷库进行科学合理的选址布局。合理的选址可以提高田头冷库的利用效率，减少闲置率。同时，田头冷藏保鲜设施同时配套商品化处理配套设施设备，满足田头预冷多元化需求，有效延长农产品的保鲜期，提升农产品的市场竞争力。

（2）探索共享式田头冷库新模式，促进集约化发展。

从政府牵引到鼓励冷库建设运营主体参与创新田头冷库模式，构建"田头共享冷库"，推进田头冷库体系向规模化、集约化、网络化发展；通过先进的大数据技术应用实现田头冷库分布位置、运行状态、使用状况等实时监测与管理，为田头冷库用户提供即时便捷的冷库信息共享服务，提高了信息透明度，有效提升了冷库利用率。

（3）加强田头预冷宣传，注重主体培育。

为了进一步加强市场主体对田头预冷重要性的认识，地方政府、行业协会以及行业内的龙头企业携手合作，采取多种形式的宣传和教育活动，加大田头预冷宣传力度，提高市场主体对田头预冷重要性的认同感。同时，政府还应注重加大对田头预冷市场使用主体的培育力度，尤其是对于家庭农场、农民合作社、农村集体经济组织等新型主体，通过政策引导、资金扶持、技术培训等多重手段鼓励其构建田头预冷体系，提高田头预冷的使用率。

(二) 专家解读：把握农产品预冷 "最初一公里"

1. 农产品流通加工 "最初一公里"

农产品加工规范要求：加工工艺确定生产环节，生产环节确定设施设备，设备确定生产能力，生产能力确定加工总产量。

农产品低温加工按温度可分为冷藏加工和冷冻加工。冷藏加工工艺为：农产品分级分选等初加工→冷却间→冷却物冷藏间→出库上市，气调库则是增加了气调和控制设备，以及气密性设施设备的冷却物冷藏间。冻结加工工艺为：农产品分级分选等初加工→冻结间→冻结物冷藏间→出库上市。明确："冷却物冷藏间" 俗称 "高温库"，"冻结物冷藏间" 俗称 "低温库"，在冷冻加工工艺学和《冷库设计标准》（GB 50072—2021）中没有 "预冷" 这个词，"预冷" 加工本质上应该叫 "冷却" 加工，所以 "预冷" 是 "冷却" 的通俗叫法，温度一般设定为 0~4℃。

新鲜农产品从 "田间" 到 "舌尖"，以及农产品加工 "最初一公里" 的第一个加工环节就是 "预冷"。预冷加工是保证农产品新鲜程度和品质最重要的生产过程，也是影响农产品加工产地损失率的最重要因子，还是衡量一个国家农产品加工水平的重要标志性指标，所以 "预冷" 这个环节可以说是重中之重。目前我国果蔬产品整个生产流通全过程的损失率为 25%~30%，与发达国家的 5% 左右有很大差距，其关键问题和主要问题是产地预冷设施的严重缺乏。

预冷为什么非常重要？而相关设施设备为什么严重缺乏？首先由于历史原因，顶层设计缺少对预冷环节的关注。我国的规模冷库大多数是以前的商务部或轻工系统建设的，以贮藏肉类水产品为主，建设初衷是城市保供，解决城市居民的基本生活供应问题，没有对贮藏果蔬等鲜活农产品冷库进行统一规划和布局。其次是我国处于发展中阶段，对农产品尤其是果蔬重视的时间还较短。我国现有冷库容量 7000 多万吨，其中约 60% 是低温库，主要贮藏肉类和水产品等冻品，这类冷库一部分是各种屠宰加工厂自建的，还有一部分是国家投资建设的销地分配性冷库，比如北京的四道口冷库，有规模的果蔬冷库本来数量少，且大多数是近年来才建设的，从认识到实施需要一定的时间和过程来沉淀。最后是预冷设施投资价格高，老百姓认为投资过大，性价比不高。根据制冷设计手册，高温库的单位制冷负荷为 70W/t~88W/t，预冷间（冷却间）的单位制冷负荷为 2300W/t~3000W/t，后者是前者的 33 倍，制冷设备投资虽然不会高出 30 倍，但比高温库还是高出很多，再加上预冷间的堆货密度还要小一些，一般会认为投资大效益低，所以老百姓自己很少真正投资建设预冷间，通用做法是就是把制冷设备加大一点，比一般高温库的降温速度快，就当作预冷间使用，这就是真实的预冷现状。综上所述，这就是预冷库为什么重要、很少有人投资建设和建设数量偏少的现实原因。

近年来，国家政府高度重视农产品仓储保鲜冷链物流设施建设，农业农村部对接国务院《"十四五"冷链物流发展规划》，出台了《"十四五"全国农产品仓储保鲜冷链物流建设规划》，提出构建"一个网络、五大支撑"融合联动的产地冷链物流体系。2023年2月，农业农村部、国家乡村振兴局印发《关于加快补齐脱贫地区农产品产地冷链物流设施短板的通知》，强调各地要加快补齐脱贫地区产地"最初一公里"冷链物流设施短板，完善设施节点布局、塑造冷链服务网络，加强农产品产后分级、包装、仓储、物流、营销，增强产地集散、商品化处理、产销衔接、品牌打造等农产品上行能力，提升特色产业的韧性和稳定性，拓宽农民增收渠道，增强脱贫地区和脱贫群众内生发展动力。2023年7月，农业农村部办公厅发布《关于继续做好农产品产地冷藏保鲜设施建设工作的通知》提出聚焦鲜活农产品主产区、特色农产品优势区，强化支持政策衔接，完善设施节点布局，推动冷链物流服务网络向乡村下沉，提升产业链供应链韧性和稳定性。

预冷加工作为骨干物流基地建设的一个重要环节，对于提高生鲜食品的质量和安全性、延长产品保质期、提高物流效率以及促进产业发展等方面都具有重要作用。预冷的主要方法是空气预冷、差压预冷、水预冷、真空预冷等。

空气预冷通常采用加大制冷设备负荷的冷库对农产品进行预冷，温度和湿度设置满足加工要求且不发生"冻伤"，尽量采用交叉堆码方法，以保证冷空气流通并加快预冷速度。为了克服常规冷库预冷冷却速度慢、不均匀的缺点，美国20世纪60年代发明了差压预冷方法，就是通过机械加压在农产品两侧时产生一定的压力差，迫使冷空气全部通过农产品填充层，增加冷空气与被冷却物间的接触面积并提高速度，从而使预冷农产品被迫迅速预冷的方法，国际上也有人称之为"压差预冷"或"强制通风预冷系统"。差压预冷的冷却速度显著提高、冷却时间大幅缩短、冷却效果更加均匀，但成本会增加一些。水预冷是利用水的高比热特点，把水作为冷媒，将果蔬浸入冷水或在果蔬上喷淋冷水的一种冷却方法，优点是无干耗、速度快、适用广、成本低、可连续工作、操作简单、产品质量好等，缺点是循环水易污染、进行杀菌处理、更换产品时需重新制备冷水、容易残留水、微生物污染农产品的概率大等。真空预冷就是利用气压下降时，水的沸点也会随之降低的特点，通过改变容器内的气压值来改变水的沸点，使低压下的果蔬快速进行水分蒸发，带走大量蒸发热量进行冷却，以达到预冷的目的，因此，真空预冷就是利用降低水的沸点，靠水分蒸发带走果蔬热量的一种冷却方法。真空预冷速度更快、容量较大、冷却均匀、效果良好，但移动不便、初始投资成本高。

选择正确的预冷方式对果蔬的经济效益具有重要的影响，各种预冷方式的优缺点比较如表 7-9 所示，供各种有预冷要求的生产企业参考。

表 7-9 预冷方式的优缺点比较

方式	速度	耗能	生产条件	占地面积	适用品种	成本	设备造价	操作过程
空气预冷	很慢	高	一般	大	果蔬	较高	低	简单
差压预冷	慢	小	一般	大	果蔬	低	稍高	较简单易实现自控
冷水预冷	快	较高	一般	大	果实类根茎类	低	低	简单
真空预冷	更快	更高	更大	较小	果蔬	更高	更高	更复杂更专业

受农业农村部农产品质量安全监管局和农业农村部市场与信息化司委托，天津科技大学、西南大学、中国科学院华南植物园、中国农业大学 4 家牵头单位制定并颁布了《果蔬预冷技术规范》（NY/T 4168—2022）、《柑橘电商冷链物流技术规程》（NY/T 4165—2022）、《荔枝冷链流通技术要求》（NY/T 4167—2022）、《苹果电商冷链物流技术规程》（NY/T 4166—2022）四个行业标准，对于完善跨区域农产品冷链物流体系，开展冷链标准化示范，实施特色农产品产区预冷工程，促进农村电子商务加快发展，加强农产品产后分级、包装、营销，有效地为实现农业增效、农民增收、农村发展奠定了良好基础。因此，在骨干物流基地建设中应大力加快预冷加工的建设速度，推动其健康、稳定、快速发展。

2. 目前发展现状

预冷设施不足：目前，田头预冷设施普遍不足，尤其是在一些农业主产区，预冷设施的建设规模和标准不高，无法满足生产需求。这导致一些种植户需要将水果运往较远的冷库进行预冷，增加了运输成本和时间成本。

冷链流通率低：我国冷链流通率约为 13%，比全国低 8 个百分点。其中，蔬菜、水果等农产品的冷链流通率更低，大部分农产品仍然采用"冰块＋棉被"的运输方式，导致果蔬产品流通环节腐损率较高。

田头预冷处理缺失：田头预冷是水果采后保鲜的关键一步，但目前很多地区缺乏田头预冷处理，导致水果品质下降，无法在全国范围内销售。

3. 发展趋势

政策扶持：随着政府对农业和冷链物流的重视，未来将有更多的政策扶持田头预冷设施的建设。例如，中央一号文件提到加快实施农产品仓储保鲜冷链物流设施建设工程，推进田头小型仓储保鲜冷链设施的建设。

技术创新：随着科技的发展，未来田头预冷设施将采用更加先进的技术和设备，提高预冷效果和效率。例如，采用智能化控制系统、新型制冷技术等，实现精准预冷和节能降耗。

规模化和标准化：未来田头预冷设施将向规模化和标准化方向发展，形成一批具有较大规模和较高标准的预冷设施。这将有助于提高农产品的品质和附加值，促进农业产业的升级和发展。

多元化发展：除了传统的田头预冷设施外，未来还将出现一些新型的预冷方式和技术，如真空预冷、气调预冷等。这些新型预冷方式将更好地满足不同农产品的预冷需求，提高预冷效果和效率。

综上所述，田头预冷设施的建设和发展是农业产业升级和冷链物流发展的重要组成部分。未来在政策扶持、技术创新、规模化和标准化以及多元化发展等方面都将有所突破和进步。

4. 田头预冷市场主体

田头预冷市场主体主要包括以下几类，它们在不同程度上参与并推动着田头预冷设施的建设和发展。

（1）运销企业。

角色：运销企业在田头预冷市场中扮演着重要的角色，它们通过建设田头市场并配套冷链设施，为农产品提供"存得住、运得出、卖得掉"的平台。

功能：运销企业为农民提供生产、供销、技术和信息等方面的服务，引导农民生产和销售；同时，它们所建设的田头市场可以帮助农民解决农产品"卖难"问题，促进农民增收。

（2）合作社。

角色：合作社也是田头预冷市场的重要参与者，它们通过组织农民共同建设和管理田头预冷设施，提高农产品的品质和市场竞争力。

功能：合作社为农民提供技术指导和市场信息，帮助农民更好地适应市场需求；

同时，合作社还可以与运销企业合作，共同开拓市场，提高农产品的销售量和价格。

（3）经纪人。

角色：经纪人在田头预冷市场中起到了桥梁和纽带的作用，他们联系着农民和运销企业，促进农产品的流通和销售。

功能：经纪人通过收集市场信息，了解市场需求和价格走势，为农民提供销售建议；同时，他们还可以帮助农民与运销企业建立稳定的合作关系，确保农产品的稳定销售。

（4）政府部门。

角色：政府部门在田头预冷市场中发挥着重要的引导和推动作用。

政策支持：通过制定相关政策和规划，引导社会资本投入田头预冷设施建设；例如，提供财政补贴、税收优惠等政策措施，降低田头预冷设施的建设和运营成本。

基础设施建设：政府还可以投资建设公共型田头冷库等基础设施，为农民和运销企业提供便捷的预冷服务。

（5）供销合作社。

角色：供销合作社在田头预冷市场中具有特殊地位，它们通过建设田头冷库等冷链设施，带动小农户进入大市场。

功能：供销合作社结合当地农情社情，研发适合当地需求的移动冷库等预冷设备，并在试点地区进行投放和运营；通过提供冷链预冷贮运服务，有效延长农产品的销售周期并降低流通损耗。

总的来说，田头预冷市场主体包括运销企业、合作社、经纪人、政府部门和供销合作社等；它们各自发挥着不同的作用和功能，共同推动田头预冷设施的建设和发展，为农产品提供更为优质、高效、便捷的预冷服务。

（农业农村部规划设计研究院农产品加工工程研究所　陈全）

第六节　预制菜新风口，冷链新机遇

随着我国骨干冷链物流基地的深入推进，中国冷链物流行业正处于快速发展阶段，支持了预制菜中对食材新鲜度要求较高的即烹和即配细分赛道的发展。预制菜作为席卷餐桌的餐饮新物种，正在重塑全新的餐饮经营模式。预制菜行业的兴起，不仅推动了食品加工业的发展，也为餐饮行业带来了革命性的变革。

一、预制菜风口渐起，舌尖经济崛起大产业

（一）何为"预制菜"

近年来，预制菜受到消费者尤其是年轻上班族的追捧，产业发展十分迅速，但对于预制菜的定义和范围一直没有清晰的规定，预制菜到底是什么？尤其是2023年"预制菜进校园"话题引发的热议，也引起国家对预制菜定义和标准体系建设的高度重视。

2024年3月，市场监管总局联合教育部、工业和信息化部、农业农村部、商务部、国家卫生健康委印发《关于加强预制菜食品安全监管 促进产业高质量发展的通知》（以下简称《通知》），内容聚焦预制菜范围、标准体系建设、食品安全监管和推进产业高质量发展4个方面，首次在国家层面明确预制菜范围，对预制菜原辅料、预加工工艺、储运销售要求、食用方式、产品范围等进行了界定。

《通知》中六部门发文明确预制菜定义和范围，预制菜也称预制菜肴，是以一种或多种食用农产品及其制品为原料，使用或不使用调味料等辅料，不添加防腐剂，经工业化预加工（如搅拌、腌制、滚揉、成型、炒、炸、烤、煮、蒸等）制成，配以或不配以调味料包，符合产品标签标明的贮存、运输及销售条件，加热或熟制后方可食用的预包装菜肴，不包括主食类食品，如速冻面米食品、方便食品、盒饭、盖浇饭、馒头、糕点、肉夹馍、面包、汉堡、三明治等。

（二）预制菜为何受到偏爱

随着现代生活节奏的加快，新的生活方式催生了新的消费需求。在懒人经济、宅生活模式、快节奏工作等趋势影响下，消费者的生活需求发生改变，方便快捷、品种多样、健康营养的预制菜正逐步进入大众视野并成为不少消费者喜爱的便捷食品。预制菜凭借其高效便捷的特性，契合了现代快节奏生活下人们对餐饮的需求。

2020年年初，多地开展居家隔离和停止堂食等措施以控制新冠疫情的传播，这类防疫措施间接地拉动了餐饮外卖以及居家做饭的需求，加速消费者传统的食材消费和认知理念的更新，消费者对预制菜的需求也同步激增。

同样依赖连锁餐饮和外卖服务的快速发展获得快速发展的机会，2023年"培育发展预制菜产业"写进了中央一号文件为预制菜产业的发展注入了新动力，各类行业纷纷入局，正是在这样的背景下，预制菜产业规模和市场需求迎来井喷式增长，火速出

圈，备受青睐。

（三）预制菜发展历程

国际预制菜最早起源于美国，后期逐步扩大至日本。截至目前，美国、日本是最大的两国预制菜国家，美国预制菜的特征为标准化、日本预制菜的特征较复杂，其发展史及发展路径具有一定借鉴意义。

目前，美国预制菜市场已经进入了成熟期。其间，一共经历了三个发展阶段。预制菜起源于 20 世纪 40 年代，1920 年，美国研发出了世界上第一台快速冷冻机，在技术上突破了速冻食品加工问题，为后来的速冻食品行业乃至预制菜的发展奠定了良好的基础。之后随着冷冻加工业技术不断提升，加上第二次世界大战后美国本土一片欣欣向荣，催生餐饮连锁开始迅速发展，其中典型代表就是肯德基，这为日后美国预制菜的发展奠定了良好的基础。1950—1970 年，是美国预制菜的高速成长期。1970 年至今，逐步进入成熟阶段。

相比于美国预制菜，日本预制菜起步相对晚一些，其预制菜于 20 世纪 50 年代起步，此时恰值美国预制菜的成长期。先后经历导入期（1958—1967 年）、爆发期（1968—1996 年）、稳定期（1997—2006 年）、成熟期（2007 年至今）四个阶段。20 世纪 60 - 70 年代中期，日本经济高速增长，东京奥运会和大阪世博会，加速了预制菜的市场推广。但日本本土食品资源相对匮乏，为了满足市场需求，1965 年日本政府出台了"冷藏链劝告"，支持制冷技术、冷藏设备研发和制造，并大力扶持速冻食品企业以及冷链建设。期间，预制菜在酒店、餐饮及食堂的渗透率迅速提升。1965 年电冰箱普及率超过 50%，居民通过速冻食品改善饮食水平。

20 世纪 70 年代中期之后，日本经济进入稳定增长期，消费者外出就餐增多，外食率从 1975 年的 27.8% 增长至 1997 年的 39.7%。1975 年日本电冰箱普及率达到 96%，1990 年日本微波炉普及率达到 70%，为 C 端预制菜市场奠定坚实基础。而日本预制菜的成熟稳定期就是 1996 年到现在了，随着日本经济泡沫的破裂，日本进入"失去的三十年"，经济发展停滞。受经济环境影响，预制菜行业增速放缓，但仍保持扩容的态势，主要是日本出生率下降和人口老龄化等社会结构的重大变化，以及单身人数和双收入家庭的增加，促进 C 端即食食品的需求保持正增长。

预制菜在我国出现较早，但作为一种产业发展起步比较晚。受市场消费意愿不强、餐饮业"大而全""小而全"、冷链物流无保障等影响，预制菜产业初期发展比较缓慢。

萌芽期（20 世纪 90 年代）：净菜配送加工工厂作为其成熟标准化供应链的一环在

我国出现，我国预制菜行业进入萌芽期。起步期（2000—2010 年）：国内一些企业在净菜的基础上对禽肉和水产等原材料进行加工，预制菜深加工程度逐步提高；2005 年起，新雅、全聚德等老字号餐饮门店推出了各自特色预制菜品。发展期（2010—2013 年）：餐饮市场连锁化进程加快，预制菜在 B 端的需求逐步打开。加速期（2014—2019 年）：2014 年外卖行业迅速兴起，预制菜行业进入 B 端快速增长期。同时，预制食品逐渐受到 C 端消费者的青睐，盒马鲜生、安井食品等企业着手布局 C 端预制菜。机遇期（2020 年至今）：2020 年，随着新冠疫情暴发，内食场景大大增加，消费者对于具备方便快捷属性的预制菜的需求逐渐增加，2021 年以来，疫情的点状反复也进一步加速了对 C 端消费的培育。

（四）预制菜发展现状及存在问题

（1）市场规模稳步增长，米面蔬菜类预制菜占比最大。

近年来，随着人们生活节奏的加快和消费习惯的改变，预制菜市场需求呈现出快速增长的态势。特别是近几年在疫情背景下，消费者对于便捷、安全的食品需求更加旺盛，进一步推动了预制菜市场的扩大。

根据饿了么和天猫生鲜联合发布的《2023 中国预制菜数字消费报告》，2022 年预制菜市场规模约为 4200 亿元，过去 10 年复合年均增长率保持在 20%。

2023 年中国预制菜产值超过了 5000 亿元（见图 7 - 22），2026 年则有望突破万亿元。

细分品类来看，我国预制菜市场主要分为肉禽预制菜、水产预制菜与米面、蔬菜类预制菜。2023 年，米面、蔬菜类预制菜市场规模为 2388 亿元，占预制菜市场份额最大。

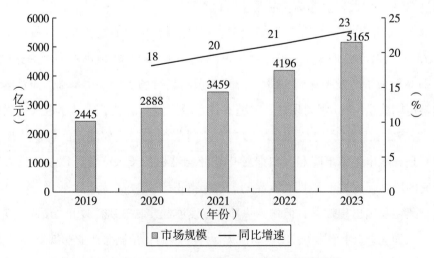

图 7 - 22　2019—2023 年我国预制菜市场规模变化

（2）预制菜产业正处于向标准化、规模化和工业化发展的过渡阶段。

预制菜产业一头连接着田间地头，另一头连接着餐桌消费，是集现代农业、食品加工业和餐饮业融合发展的新产业，在促进农产品深加工、食品工业转型等方面均有积极意义。在新兴产业急速扩张的同时，公众的隐忧也随即而来。我国预制菜产业正处于由"小乱散"向标准化、规模化和工业化发展的过渡阶段，面临产品缺乏特色，风味、营养、品质难以保持，食品添加剂的使用，加工、储运等环节的食品质量安全监管难，生产装备不足，加工技术落后，产业链发展不完善、消费者权益保障不足、质量监管有待加强等诸多问题。

（3）预制菜企业数量多，但规模小，区域特征明显。

预制食材企业数量快速增加，市场扩容趋势明显，2023 年注册企业 4136 家，同比增长 46%。根据天眼查数据显示，在现有预制菜企业中，超过一半的企业注册资本为 0～100 万，中小预制菜企业占多数。70% 以上的预制菜加工企业仍处于小、弱、散的状态，规模化发展还处于前期发力阶段。预制菜企业分布地域性特征明显。预制菜产业主打一、二线城市，主产区包括广东、上海、浙江、江苏，消费区域集中在经济发达的华东和华南地区。2011—2023 年预制菜企业注册数量统计如图 7－23 所示。2023 年预制菜企业注册规模统计如图 7－24 所示。

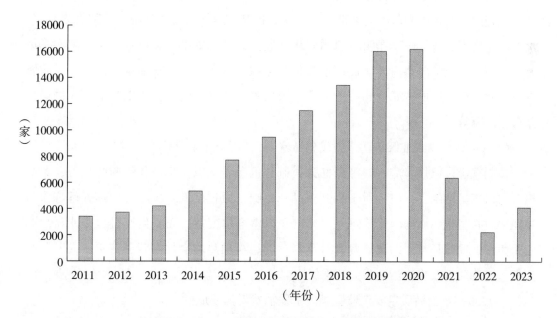

图 7－23　2011—2023 年预制菜企业注册数量统计

资料来源：中物联食材供应链分会。

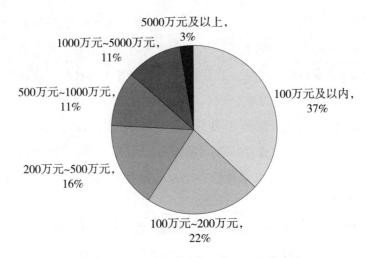

图 7 – 24　2023 年预制菜企业注册规模统计

资料来源：中物联食材供应链分会。

（4）预制菜产品同质化严重，缺乏品牌化。

预制菜产品种类多样，菜品组合丰富，多元化发展趋势明显。从菜系来看，预制菜涉及鲁菜、川菜、闽菜、粤菜、湘菜、北京菜、火锅、中式快餐等多种菜系；从菜肴分类来看，预制菜可分为预制主食类、生鲜预制类、生制预制类、预制调味料类等多种菜肴。市面上很多产品缺乏地域特色，菜品辨识度不高，小龙虾、酸菜鱼、毛血旺、红烧肉、烤鱼等大单品成为每个品牌的必备品。尽管入局的预制菜品牌越来越多，但就产品类型而言，还存在明显的同质化问题：如过多集中于重口味川菜，其次是粤菜、江浙菜；家常肉菜占比颇高；很多预制菜缺乏绿色蔬菜，重油重盐，含大量防腐剂，因此一些特殊群体如孕妇、肥胖及糖尿病等人群仍需注意，并未对食用人群做出差异化区分等。

（5）预制菜风味难保持，营养成分易流失，品质不佳。

预制菜经过以炒、煎、炸等烹饪方式制作的菜肴，工业烹饪代替厨师烹饪，菜品风味与口感虽然统一，但相对于现制菜品，口味复原程度低，再经过加热或解冻食材易发生风味劣化、质构软化等问题，味道和口感容易变差。而其生产过程中水洗、高温杀菌、运输等环节，以及消费者对预制菜的二次加热均会加剧营养流失，尤其是维生素、矿物质以及生物活性成分较难保留。

（6）预制菜食品质量安全监管难，引发消费者信任危机。

预制菜的食品质量安全是消费者的主要关注点。在生产、加工、贮藏、运输、销售等全过程，由于时空跨度长，环节多，要求高，各个环节都会有影响预制菜产品质量安全的风险存在。选材是否新鲜、加工环境是否洁净、冷链运输是否有保障等，任何一个环节出现问题都会直接影响食品的安全性。如原材料农残问题、生产加工环节预制菜会受到细菌、病毒以及霉菌等微生物污染；预制蔬菜菜肴和肉类预制菜在贮藏期间易产生较多的亚硝酸盐，大量摄入对人体有害；为延长预制菜的保质期及新鲜度，部分企业会在其生产加工过程中添加防腐剂、保鲜剂等添加剂等，整个过程的不透明各种问题频发，造成了消费者的种种担忧。

二、预制菜发展势头强劲，未来市场空间广阔

（一）国家地方政策密集出台，持续释放利好信号，支持产业发展

2023 年至今，工业和信息化部、发展改革委、商务部、市场监管总局相继发布文件，主要从食品工业预制化发展、标准制修订、业态培育、预制食材基地建设、经营销售管理等多个方面支持预制食材发展（见表 7 - 10）。

表 7 - 10　　国家部委对预制食材的支持政策（2023—2024 年）

发文机关	政策名称	相关内容
市场监管总局、教育部、工业和信息化部、农业农村部、商务部、国家卫生健康委	《关于加强预制菜食品安全监管 促进产业高质量发展的通知》	在国家层面明确预制菜范围，规定预制菜不能添加防腐剂，严格使用添加剂，大力推广餐饮环节使用预制菜明示，保障消费者知情权和选择权
工业和信息化部、国家发展改革委、商务部	《轻工业稳增长工作方案（2023—2024 年）》	实施推动食品工业预制化发展行动方案，大力发展方便食品、自热食品、米面制品、预加工菜肴等产品形态。加强预制化食品标准制修订工作，加快管理创新和商业模式创新，积极培育新产业新业态，拓展多元消费场景
国家发展改革委	《关于恢复和扩大消费的措施》	培育"种植养殖基地＋中央厨房＋冷链物流＋餐饮门店"模式，挖掘预制食材市场潜力，加快推进预制食材基地建设，充分体现安全、营养、健康的原则
国家市场监督管理总局	《食用农产品市场销售质量安全监督管理办法》	明确鲜切果蔬等即食用农产品应做好食品安全防护，防止交叉污染
国家市场监督管理总局	《食品经营许可和备案管理办法》	食品经营许可申请包含预包装食品销售的，对其中的预包装食品销售项目不需要进行现场核查

续表

发文机关	政策名称	相关内容
工业和信息化部、发展改革委、科学技术部、财政部、生态环境部、交通运输部、农业农村部、商务部、文化和旅游部、市场监管总局、银保监会	《工业和信息化部等十一部门关于培育传统优势食品产区和地方特色食品产业的指导意见》	加快地方特色食品预制化发展步伐，促进传统饮食制作技艺与现代食品生产工艺结合，推出一批中华美食和地方小吃等工业化产品
中共中央、国务院	《中共中央 国务院关于做好2023年全面推进乡村振兴重点工作的意见》	培育发展预制食材产业

　　各地方政府响应了中央的号召，地方性的发展规划紧紧围绕国家中央政策的思路，针对当地的预制菜产业制定出相应发展方针和措施，助推当地预制菜产业发展。全国25个省份已出台各自的预制食材高质量发展相关文件和地方标准。其共性特点均突出地域特色美食文化，此外政策还重视加工技术和设备的升级，关注预制食材人才培养，加强标准的制定和推广，创新品牌和营销等多个方面。2023年，预制食材行业在标准制定方面取得了一定进展。大量的团体标准和地方标准出现，预制食材标准从最初的行政区划逐渐实现菜品乃至原料的精细化。基于对工标网、食品伙伴网等渠道查询到的预制菜标准相关数据统计发现，2023年1月至2024年3月共发布274个标准，其中地方标准10个，其余为团体标准和企业标准。其次，国家标准历经近一年的调研，并在行业内进行了多次征求意见，最终于2023年年底形成报送稿，送审国务院食品安全委员会办公室。

　　地方政府对预制食材的部分支持政策如表7-11所示。

表7-11　　　　　　　　地方政府对预制食材的部分支持政策

时间	地区	政策名称	相关内容
2023年	湖南省	《湖南省商务厅 湖南省财政厅关于印发〈落实"稳增长"20条 进一步恢复和扩大消费若干政策措施〉的通知》	扩大餐饮消费，谋划布局预制菜产业链，支持预制菜龙头企业加快发展
2022年	福建省	《福建省商务厅等9部门关于印发〈加快推进预制菜产业高质量发展的措施〉的通知》	到2025年，建设30个现代农业产业园、20个优势特色产业集群

续 表

时间	地区	政策名称	相关内容
2022 年	山东省	《山东省人民政府办公厅关于推进全省预制菜产业高质量发展的意见》	预制菜市场主体数量突破 1 万家、全产业链产值超过 1 万亿元
2022 年	河南省	《河南省人民政府办公厅关于印发河南省加快预制菜产业发展行动方案（2022—2025 年）的通知》	制定全省规模以上预制菜企业主营业务收入目标计划，制定发布预制菜产业团体标准、地方标准和行业标准
2022 年	广东省	《广东省人民政府办公厅关于印发〈加快推进广东预制菜产业高质量发展十条措施〉的通知》	构建预制菜流通体系；培育一批跨区域的预制菜仓储冷链物流龙头企业，开展营销活动，鼓励预制菜企业创建加盟网店；推动预制菜走向国际市场

预制食材地方标准发布情况（2023—2024 年）如表 7 - 12 所示。

表 7 - 12　　　　预制食材地方标准发布情况（2023—2024 年）

标准名称	发布日期	实施日期
DB2102/T 0111—2024 海鲜预制菜冷链配送规范	2024 年 3 月 11 日	2024 年 4 月 11 日
DB3710/T 217—2024 海洋预制菜生产质量管理规范	2024 年 2 月 4 日	2024 年 3 月 4 日
DB3415/T 58—2023 预制菜包装、贮存、运输规范	2023 年 11 月 7 日	2023 年 11 月 7 日
DB2102/T 0113.1—2024 海鲜预制菜感官分析 第 1 部分：通用要求	2024 年 3 月 11 日	2024 年 4 月 11 日
DB6104/T 25—2023 预制菜配送技术规范	2023 年 9 月 14 日	2023 年 10 月 15 日
DB2102/T 0114—2024 海鲜预制菜产业园区建设指南	2024 年 3 月 11 日	2024 年 4 月 11 日
DB36/T 1891—2023 预制菜冷链运输配送管理规范	2023 年 12 月 11 日	2024 年 6 月 1 日
DB2102/T 0112—2024 海鲜预制菜感官通用要求	2024 年 3 月 11 日	2024 年 4 月 11 日
DB2102/T 0113.2—2024 海鲜预制菜产业分析 第 2 部分：人员要求	2024 年 3 月 11 日	2024 年 4 月 11 日
DB6104/T 24—2023 预制菜生产加工技术规范	2023 年 9 月 14 日	2023 年 10 月 15 日

（二）预制菜国内渗透率较低，未来提升空间巨大

预制菜在中国真正的发展历史已有 30 年之久，但迅速火爆成为消费风口，并成功走入大众视野，是在 2019 年年底——新冠疫情暴发之际。目前，我国预制菜产业的市场渗透率不高，仅在 10% ~15% 之间，与发达国家美国、日本相比仍有较大差距，日本预制菜行业的市场渗透率为 60% 以上。部分消费者（特别是老年人）对预制菜这一

概念并不了解，认知仍停留在起步阶段，对预制菜的接受程度低，尚未养成消费预制菜的习惯。绝大多数消费者对预制菜的基本概念存在认知偏差，对预制菜的安全性有疑虑，其中产品不新鲜、味道不佳成为劝退消费者的重要因素。中国预制菜市场尚未真正进入"产销两旺"的局面。较低渗漏率下的未来提升空间巨大。

（三）预制菜野蛮增长后规范有序，是实现高质量健康发展必然要求

近年来，一些预制菜生产企业食品卫生安全与生产的产品品质难以完全保障，引发食品安全问题。随着预制菜使用的渠道和范围越来越广，对预制菜提出更多的要求。食品安全大于天，让预制菜从生产加工到流通再到消费者手中整个全产业链条都有规可循，就要求整个行业从"野蛮生长"逐渐走向规范有序标准化，这不仅是对预制菜行业健康发展的必然要求，更是对消费者健康权益的保障。而其不断发展过程中，必将朝着标准化、品牌化、高效化、产业化、国际化方向转型，实现整个行业高质量可持续健康发展。

（四）跨界融合发展，是推动产业链协同发展的必然途径

预制菜是农产品食品化的有效载体，是逐步迈向万亿级市场规模的产业。其独特性是将农业、食品加工业、零售业及餐饮业、冷链物流行业的有机结合，实现了一、二、三产业多业态跨界融合发展，有效带动乡村经济快速发展，是国家全面推动乡村振兴的重要抓手。为了产业更好地发展，预制菜产业上下游需要加强沟通与协作，跨界融合与产业协同发展是推动产业升级的必然途径。

三、预制菜与冷链物流行业融合发展新机遇

（一）预制菜持续升温，冷链物流重要性日益凸显

预制菜样式繁多，原材料相对比较复杂，生产地域广泛，由于预制菜具有即买即食、方便快捷等特点，而预制菜从生产送到消费者的整个过程通常涉及生产加工、包装、仓储、运输、配送等各个环节均离不开冷链物流的支撑和保障。肉类、瓜果蔬菜等原材料，需要预冷保鲜或冷藏运输；加工生产环节需要急速冷冻处理、冷冻或冷藏保存；销售环节需要冷链运输、储藏和快递配送。从供应端来看，预制菜只有通过冷链物流，才能更好地延长产品保质期，延伸农产品产业链，实现原料的商品化、标准

化、品牌化经营，扩大销售市场，增加销售收入。从需求端来看，预制菜只有通过冷链物流，才能为消费者提供新鲜的食材，满足其多样化需求。商家通过电商、直播等渠道销售预制菜产品，想提供高质量的快递配送服务，必须以冷链物流为保障。随着预制菜产业的高质量发展要求，冷链物流的重要性越发凸显，对冷链物流的服务能力提出了更高更快更好的要求。

（二）预制菜高质量发展，必将推动冷链物流体系更加完善

预制菜的发展将给冷链物流发展带来众多新机遇，大型预制菜工厂将在原材料基地广泛布局，伴随规模化生产的形成，自动化生产设备、冷链物流设备的生产与研发需求将变得尤为迫切；预制菜产业园区的建设，预制菜产业园区的建设，也亟须配套建设冷链物流体系；专业化第三方冷链物流企业将进一步完善全国冷链物流网络。预制菜产业对冷链物流的基础设施建设依赖度极高，其火热发展必将助力冷链物流体系更加完善。

（三）强大的冷链物流能力是抢鲜预制菜发展的关键点

预制菜所需的畜牧、水产等原材料或半成品多需要冷冻、冷藏存储；预制菜生产需要急速冷冻，以及冷冻、冷藏存储；预制菜进入销售渠道，在流通环节更需要冷链运输和冷藏技术的保存，才能最大限度地保证产品新鲜度，减少营养成分流失，保证产品口感。冷链物流是保证预制菜产品质量和安全的强大保障。强大的冷链物流能力也就成为当前抢占预制菜产业发展机遇的关键点，优秀的冷链物流有助于为预制菜企业构建更深的竞争壁垒。优秀的供应链能力，意味着更高的性价比、更优秀的保鲜和配送能力以及更快适应消费者饮食需求变化的能力。中国的预制菜市场想要不断下沉，则需要更广的冷链运输系统。冷链物流的发展决定了预制菜行业的销售半径，如果冷链网络不发达，或者没有完备的基础设施的话，预制菜商品根本就无法外销。

四、抢鲜预制菜，如何跑出加速度

预制菜与传统料理包相比，保质期较短，对保鲜要求较高，且下游客户较为零散，产品需求多样。预制菜要保证菜品的"色、香、味"整齐划一，全程冷链是关键。而冷链运输中如何保障产品的品质，如何保障运输的时效，更是关键之中的关键。为此，保存新鲜、配送及时是预制菜的核心诉求。当预制菜经过技术进行冷冻保鲜，被运出

工厂之后，与时间的赛跑才刚刚开始。预制菜行业的竞争背后，实际是供应链整合优化的竞争。

（一）专家解读：论预制菜产业未来发展关键因素

1. 冷链市场需求

随着我国骨干冷链物流基地的深入推进，中国冷链物流行业正处于快速发展阶段，支持了预制菜中对食材新鲜度要求较高的即烹和即配细分赛道的发展。2020年中国冷链物流市场规模达3729亿元，5年复合增长率达15.796%，冷链物流技术的发展减少了生鲜产品的损耗率，保障了预制菜品的新鲜度，拓展了行业供应链与销售半径，消费者对于食品在安全、美味、健康等方面的需求趋势倒逼企业对加工加热、包装储存、物流运输等各环节所需的技术与设备做更多的突破和升级。在专业冷链物流的带动下，低温保鲜技术、车辆设计制造技术、信息化物流配送技术得到进一步发展，冷链配送成本和运输损耗大幅降低、配送时效有效提升，为预制菜行业高速发展夯实基础。冷链物流发展和技术创新为预制食品业、餐饮业提供了基础支撑。《"十四五"冷链物流发展规划》中"321"体系的实施，促进了冷链食品、预制菜和冷鲜食品制造产业的发展。

在冷链技术加持下，将降低仓储物流成本和运输时效，减少预制菜在冷链运输环节中的耗损成本。未来，将加快冷链物流基础设施建设，提高冷链运输服务质量，实现预制菜专供农产品源头检测追溯。在先进的物流配送体系下，冷链物流企业扩大配送范围，上下贯通预制菜服务体系，在保障食品安全的同时扩大市场覆盖面，加强预制菜企业协同联系，为行业发展提供了有利条件。《"十四五"冷链物流发展规划》中"321"体系的实施，可实现食品产业社会需求和物流设施网络科学匹配，将促进我国预制食品产业快速高质量发展以及三次产业与冷链物流融合发展储能运力适配性的提高。

2. 预制菜产业发展

基于当前我国预制菜产业发展特点及美日等预制菜先发国家经验来讲，未来我国预制菜产业将呈现以下发展特点。

（1）规模化。未来预制菜产业由当前的分散走向集中，行业集中度及全产业链协同能力提升将是大势所趋，预计此后3~5年内我国预制菜行业将出现竞争并购、市场退出等情况，头部龙头企业的上下游业态整合趋向明显。

（2）规范化。未来预制菜产业规范化程度将进一步增强，针对添加剂及消费者知情选择权等将进一步强化规范，将从国家层面建立"统一的标准体系、认证体系、追溯体系"等有效监管机制。

（3）高效化。未来预制菜企业将整体呈现由慢到快、趋向集中化趋势。未来预制菜企业要提升盈利能力，必须在结合自身禀赋优势基础上，契合细分客户结构、需求特点及在此基础上进行大单品打磨，并聚焦提升供应链效率。

（4）全产业链化。预制菜产业从上游种养业到中游加工产业再到下游运输销售等产业形成了预制菜的全产业链，预制菜产业链、价值链和利益链的耦合逻辑关系如图 7-25 所示。

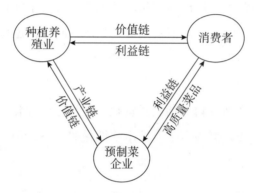

图 7-25　预制菜产业链、价值链和利益链的耦合逻辑关系

目前部分预制菜供应链核心企业已经建立食材供应商、经销商、客户档案，实现订单处理、仓储管理、运输交付过程平台化管理，实现预制菜冷链物流智慧化监管。冷链企业积极研发预制菜专用设备，完善自动化立体冷库、低温初加工、生产预冷、冷链加工配送中心和中央厨房等设施，运用区块链、物联网等信息技术，实现从生产到消费的最短链路和最优配置。

（5）技术创新化。未来将关注磁震荡快速冻结技术、低温高静电压解冻技术、凝露控制技术，探索应用磁场保能、冰温、光触媒等离子脱臭保鲜技术，实现抑制细菌繁殖和维持食材风味的双目标，设计冷链系统分布式电子控制架构（DCS），打通各末端信息孤岛，实现协调化霜及多温区控制，使预制菜库温更均匀稳定，为预制菜生产全流程冷链"不断链"提供坚实保障。

3. 预制菜/企业未来定位

预制菜是指将原材料经过加工处理后，分装成为便于消费者直接食用的菜品。随着快节奏生活的普及，人们对于方便、快捷的饮食需求也越来越高，预制菜应运而生。在未来的发展中，预制菜的产品将朝着以下几个方向发展。

（1）营养健康化。

随着人们对健康的重视程度不断提高，预制菜也将朝着健康化的方向发展。目前市场上的预制菜大多数都存在着添加剂过多、营养不均衡等问题，这些问题的存在使消费者对预制菜的信任度降低。因此，在未来的发展中，需要更加注重预制菜产品的营养和健康价值，减少添加剂的使用，提高产品的品质和口感。

（2）品种丰富化。

预制菜的发展还需要注重品种的丰富化。目前市场上的预制菜品种较为单一，大多数都是针对特定的消费人群推出的产品。随着消费者对于饮食的需求不断变化，预制菜需要不断推出新品种满足不同消费人群的需求。同时，还需要注重产品的创新和研发，提高产品的竞争力。

（3）菜品口味个性化。

随着消费者需求的不断变化，预制菜将越来越注重个性化的产品开发。未来，预制菜行业将根据不同消费人群的需求，推出个性化的产品，例如针对减肥人群、素食主义者等推出的产品。

（4）包装绿色化。

预制菜的发展还需要注重绿色化。目前市场上的预制菜大多存在着包装过度、浪费严重等问题，这些问题不仅浪费资源，还会对环境造成不良影响。因此，在未来的发展中，需要更加注重环保和可持续发展，减少包装的使用，降低浪费率，推广可循环利用的包装材料。

针对预制菜发展，预制菜生产企业未来可以考虑以下几点发展方向。

（1）健康与营养：随着人们健康意识的提升，预制菜企业可以注重研发更加健康、营养的食品，满足消费者对于健康饮食的需求。

（2）定制化服务：个性化定制服务是未来的趋势，预制菜企业可以提供个性化的食物搭配，满足消费者不同口味和需求。

（3）绿色环保：关注环保议题，采用可持续性生产方式，减少浪费和塑料包装，推行环保理念。

（4）新技术利用：结合人工智能和大数据分析，提高生产效率、优化配送系统，降低成本，提升用户体验。

（5）渠道多元化：目前市场上的预制菜主要通过超市、电商等渠道销售，这些渠道存在着竞争激烈、品牌同质化等问题。因此，在未来的发展中，预制菜行业需要拓展更多的销售渠道，例如直营店、社区团购等，提高产品的品牌知名度和销售量。拓展线上销售渠道，与电商平台合作，进军新的消费群体，同时积极开拓国际市场。

（6）加强品牌建设：不断提升产品质量，树立良好的企业形象与品牌口碑，吸引更多消费者选择品牌产品。

4. 预制菜产业发展的关键点

从不同预制菜定义可以看出预制菜目前还处于一个早期的发展阶段，在快速发展的时候还需要注意以下几个方面。

（1）预制菜发展的第一个关键点当属它的口味。如传统中餐有八大菜系，并具有相当强烈的地域文化特色。如果将这些菜品以预制菜的形式来呈现，关键在于如何将色香味俱全的菜品还原到人们的餐桌上，以满足消费者对某些特定菜肴的期望，这就涉及技术问题，进而需要相关的预制菜企业在实践中不断地优化和完善。

（2）第二个关键点在于如何让消费者接受预制菜，形成市场。去中高档餐馆就餐的消费者往往期望菜品质量与价格相适宜，他们默认菜品是经过后厨师傅用大火炒制而成。这时，如果告知消费者部分菜品是预制菜，他们通常认为与期望值不符。但在诸如街边小吃店、快餐店的消费场景下，预制菜的价格优势凸显，同时又能保证菜品品质的相对一致，消费者还是比较容易接受的。

（3）第三个关键点在于预制菜的标准化生产与流通管理。实际上，我国现有足够完善的标准保证食品安全。这里所谓的"标准化"是指如何使各种原料在经历生产制作工艺后变成色、香、味、形均一致的菜品，其中便涉及原料质量、生产工艺、加工包装、流通环境等流程，均需要达到一定程度的标准化。

（4）第四个关键点在于供应链的完善。供应链分为两大部分，一是生产能力优势的沉淀，二是履约能力，两者形成了整个供应链体系的重要架构。想要在预制菜这条赛道上跑得更远，就需要产业链的支撑，其中包含品牌优势、原料优势、研发工艺优势、设备设施优势、人员管理优势、成本优势，以及规模化的生产模式、完善的质量管理体系等。只有实现食材从冷链进家庭、上餐桌，使消费者获得高品质的消费体验，进一步形成消费黏性，预制菜企业才不会被竞争挤压，甚至是被日新月异的赛道规则所淘汰。

市场先行，消费为主，预制菜产品研发、更新迭代要紧密围绕消费群体展开，消费者通过食物得到自我实现，而食物将帮助塑造和表达全新的、独特的、卓越的消费者形象，这才是预制菜发展的王道。

5. 预制菜生产注意事项

作为一个极度依赖产业链的食品加工产业，预制菜的生产应该从以下几个方面加强。

（1）加强进货查验。

选择正规食品生产企业的菜源，查看预制菜生产企业食品生产许可证，看是否在有效期内，有无食品安全相关行政处罚记录；查看预制菜食品标签是否规范，重点看是否添加防腐剂；做好外观查验，看预制菜的包装是否完整、清洁、无破损，标识与内容物是否一致。同时，如实记录预制菜的名称、规格、数量、生产日期或者生产批号、保质期、进货日期以及供货者名称、地址、联系方式等内容，并保存相关凭证，以便追溯和监控。

（2）规范贮藏保存。

按照包装上明确的保存条件贮存预制菜。对于需要冷藏冷冻保存的预制菜，及时冷冻（藏）贮存，减少食品的温度变化，不宜堆积、挤压；预制菜冷冻（藏）贮存前，拆装到最小包装，避免使用时反复解冻、冷冻；预制菜开封后，在规定时间内一次性使用完毕。

（3）严格加工过程。

保持加工制作场所卫生整洁，避免预制菜与其他食物交叉污染；食品处理区内不得从事可能污染食品的活动；不使用包装污损的预制菜；厨师在制作预制菜前应洗净双手，并佩戴清洁的厨房用品，如帽子、口罩和手套等。同时，严格按照预制菜标明的加工方式加热或熟制，确保烧熟煮透，达到可食用标准。

（4）杜绝超期现象。

加强保质期管理，遵循先进、先出、先用的原则；加强日常检查，及时清理腐败变质等感官性状异常的、超过保质期等预制菜，确保安全卫生。预制菜涉及的理化指标和限量要求如表 7-13 所示。

表 7-13　　　　　　　　　　预制菜涉及的理化指标和限量要求

类别	要求	依据
以动物性食品、坚果及籽类食品为馅料/辅料，或经油脂调制的速冻面米食品和速冻调制食品	过氧化值	《食品安全国家标准 速冻面米与调制食品》（GB 19295—2021）
冷藏调制食品	过氧化值	《冷藏调制食品》（SB/T 10648—2012）

而在 T/CNFIA 115—2019《预制包装菜肴》中，根据生制和熟制，动物性和非动物性进行了区分。

　　除了以上对预制菜的整体要求外，预制菜对温度的要求特别严格，从现有的行业分析，温度要求如下。

　　（1）预制菜流通温度波动要小。

　　冷藏流通的预制菜肴需要置于低温环境下储存和运输，以阻止或延缓微生物生长导致的食品安全问题。《食品安全国家标准　食品冷链物流卫生规范》（GB 31605—2020）中规定冷藏食品运输过程中的温度不应高于 10℃，因此运输过程中的温度波动是食品安全的严重隐患。有研究表明冷链卡车在夏季装载，或卸载鲜切生菜时温度会升高到 10℃以上。很多消费者在购买食品后往往由于缺乏制冷手段而导致不同程度的升温。例如：消费者购买烟熏三文鱼和肉制品后运输到家中，平均耗时 40~75min，平均温度分别可达 13.0℃ 和 9.8℃。除温度波动外，嗜冷致病微生物的污染也会对预制菜肴安全性产生威胁。例如：单核细胞增生李斯特菌可在 -1.5~45.0℃ 的厌氧和有氧条件下生存和生长，引起胃肠炎、侵袭性李斯特菌病等各种疾病。

　　（2）预制菜加工过程中制冷温度的划分。

　　预制菜肴在生产中由于经过加工、贮藏和运输等多个环节，一定程度上会影响其品质、营养、新鲜度，使消费者的接受度降低。预制菜肴原料多样，加工工艺复杂，品质劣变的因素也有所差异。冷冻是预制菜肴常见的加工工艺及储藏方式，而制冷过程中如果生成较大冰晶会改变食材原本的结构，复热后出现固液分离等问题。因此，有必要严格控制在预制菜加工过程中制冷温度，按现在行业的一般做法，具体的温度划分如下。

　　①加工好成品需要冻结储存的产品需要速冻加工，一般采用速冻机或速冻库，冷间温度是 -35℃，制冷系统蒸发温度是 -42℃。

　　②加工好的产品或进货的原材料需要在 -18℃ 冷藏库储存，也就是一般常说的冷冻库，库内温度是 -18℃（有些高蛋白产品需要 -20℃ 以下储存），制冷系统蒸发温度是 -25℃。

　　③对不需要冻结加工产品及原材料，需要在 0℃ 环境下储存，制冷系统蒸发温度是 -8℃。

　　④食品加工过程中，为了抑制细菌、微生物滋生，加工车间需要低温，一般温度是 8~12℃，制冷系统的蒸发温度是 0℃，此系统也有采用载冷剂制冷的。

　　（3）快速冷却与冷冻技术

　　在尽可能短的时间内将预制食品温度降低，以减少预制菜肴中微生物的活动、减缓生化反应对于预制菜肴的品质和安全性都十分重要。在现有常用的鼓风、平板、低温浸泡冷冻系统的基础上，一些创新速冷技术，如利用压力、核磁共振、静电、微波、射频和超声波等方法的新工艺，可以精准控制预制菜肴的制冷过程，提高产品质量；通过压力或微波辅助进行冷冻加工，能够使预制菜肴的微观结构改变减小，从而延缓质构劣变。目前这些新型速冷技术已得到商业推广和应用，如利用雾化液氮快速冲击生产的产品，储存2个月后烹饪过程的损失与现制的产品没有显著差异。创新速冷技术可以通过提高食品的表面传热率，控制冷冻过程中食品中冰晶体的形成方式。将这些技术运用到预制菜的生产加工中，不仅可以实现快速制冷并改善产品质量，更有助于推动预制菜肴行业的发展。

6. 预制菜肴标准

预制菜肴种类多样，其标准也很难一言以概之，目前尚未有确切的国家标准。预制菜肴的基本属性是一种预包装食品，因此必须符合国家食品安全标准中对于预包装食品相关通用标准的规定。根据其原料、加工方式、流通方式，不同类型的预制菜肴也应符合国家标准中对肉和肉制品、速冻食品、冷链流通等的相关规定。但是随着市场的逐渐扩大，预制菜肴专用标准的缺失成为限制行业进一步健康发展的关键问题，尤其是企业在实际生产中对于一些集成了不同原料、不同加工方式的产品具体应采用哪个标准进行生产存在很多疑虑。各地政府、相关行业团体组织以及相关企业开始制定、发布多项预制菜肴标准和政策，并积极促进预制菜肴的标准化进程。与预制菜肴相关的现行通用标准在国家层面上主要规定了食品安全标准，包括《食品安全国家标准》等，其中也包括了早期预制菜定义所涵盖的食品，如《食品安全国家标准 速冻食品生产和经营卫生规范》（GB 31646—2018）。反观行业标准和团体标准，由于考虑团体标准和地方标准的时效性和先进性，自2020年后制定了大量的相关标准。据不完全统计，目前全国制定了70多项相关预制菜的标准。这些标准也分为两类，一类为通用性标准，如《预制菜安全生产技术规范》（T/CASTENG 009—2023）等；另一类为单品预制菜的制作标准，主要是地方的特色、老字号菜的制作，这些蔬菜为了拓展市场，将传统的特色菜肴标准化，保证了口味和安全，如《预制菜 陈皮虾制品》（T/CAI 196—2023）等。

当前预制菜肴行业涉及食品加工、畜牧养殖、餐饮、零售等众多领域，在卫生检测、原材料加工、包装与储运方式等方面的标准体系亟待完善，尤其是国家标准层面，以期对产业发展进行指导。

7. 预制菜分类及加工流程

根据原料种类、流通条件、消费端再加工方式的不同，预制菜肴可以细分为不同的种类。根据使用的主要原料，预制菜肴可以分为预制蔬菜产品、预制水产品、预制禽畜产品等。根据流通时所需的温度，可分为常温流通预制菜肴、冷藏流通预制菜肴、冷冻流通预制菜肴 3 种。

按照消费端再加工方式，预制菜肴还可分为 4 类，即食预制菜肴、即热预制菜肴、即烹预制菜肴、即配预制菜肴。此外，针对预制菜肴的消费者和消费场景的不同，预制菜肴也可分为面向中央厨房、食堂、团餐等的大包装预制菜肴以及供给个体消费者的零售包装预制菜肴。

预制菜的加工流程大致可以分为以下几个步骤。

（1）原料选择与处理：预制菜的原料应新鲜、无病虫害、无异味。选好原料后，进行清洗、去皮、切片、切丁等初步处理。

（2）腌制：预制菜的腌制过程非常关键，可以增加菜肴的风味。腌制方法包括盐渍、糖渍、醋渍等。腌制时间和比例应根据不同菜肴的要求进行调整。

（3）初步熟处理：将腌制好的原料进行初步的加热、煮熟或蒸熟处理，以保证菜肴的口感和安全。常见的烹饪方法有炒、炖、蒸、煮、炸等。

（4）调配与调味：将原料、调料按照一定的比例进行混合，以满足消费者的口味需求。常见的调味料有生抽、老抽、料酒、生姜、大蒜、胡椒粉等。

（5）装盘与包装：将预制菜进行摆盘，然后进行真空包装、高温杀菌或其他处理，以延长产品的保质期。包装材料应选择无毒、无味、具有良好密封性能的材料。

（6）产品检验与质量控制：对预制菜的感官、理化、微生物等指标进行检测，确保产品质量符合国家标准和相关法规要求。

（天津商业大学　刘斌）

（二）专家解读：食品预制产业温控供应链高质量发展路在何方
——冷链物流与冷鲜预制菜融合发展集成创新和机遇分析

笔者基于数十年的行业洞察，介绍了预制菜的定义变化与产品属性，梳理了预制菜与三次产业的产业链、供应链和价值链关系，指出了预制菜的发展机遇——在产品高质量的基础上，开拓国际市场、团餐市场、家庭厨房市场。因此必须建立第一、二、三产业深度融合以及温控供应链标准体系精准对接的新生态体系，并指出冷鲜制造业亟待发展的大趋势。未来利用新质生产力，可以创新预制菜食品安全和品质消费的监管模式。

1. 预制菜是新物种吗

预制菜到底是什么？2023 年"预制菜进校园"话题引发热议，也引起国家对预制菜定义和标准体系建设的高度重视。

国家市场监督管理总局发布的《关于政协第十四届全国委员会第一次会议第 03394 号（商贸监管类 160 号）提案答复的函》中提到：在预制菜行业标准方面，工业和信息化部 2020 年 4 月公布行业标准《方便菜肴》（QB/T 5471—2020），自 2020 年 10 月 1 日起正式实施。其中对预制菜的定义是"以一种或多种食用农产品及其制品为原料，配以或不配以调味料等辅料，经相关工艺加工（预处理、加工烹制或不烹制）而成，并在一定温度条件下进行贮存、运输及销售，即食或非即食的预包装菜肴"。

2024 年 3 月，市场监管总局联合教育部、工业和信息化部、农业农村部、商务部、国家卫生健康委印发《关于加强预制菜食品安全监管 促进产业高质量发展的通知》（以下简称《通知》），内容聚焦预制菜范围、标准体系建设、食品安全监管和预制菜产业高质量发展 4 个方面，首次在国家层面明确预制菜范围，对预制菜原辅料、预加工工艺、储运销售要求、食用方式、产品范围等进行了界定。

《通知》要求推进预制菜标准体系建设，研究制定预制菜食品安全国家标准，开展预制菜监督抽检和风险监测，严厉打击违法违规行为，同时，将在餐饮环节大力推广使用预制菜明示，保障消费者的知情权和选择权。

现按照三次产业顺序对预制菜定义进行分析，如表 7 – 14 所示。

表 7 –14　　　　　按照三次产业顺序分析预制菜新旧定义

产业	定义
第一产业	Ⓐ以一种或多种食用农产品及其制品为原料 ①以一种或多种食用农产品及其制品为原料
第二产业	Ⓑ配以或不配以调味料等辅料 ②使用或不使用调味料等辅料
	③不添加防腐剂
	Ⓒ经相关工艺加工（预处理、加工烹制或不烹制）而成 ④经工业化预加工（如搅拌、腌制、滚揉、炒、炸、烤、煮、蒸等）制成
	⑤配以或不配以调味料包

产业	定义
第三产业	①并在一定温度条件下进行贮存、运输及销售 ⑥符合产品标签标明的贮存、运输及销售条件
	Ⓔ即食或非即食的预包装菜肴 ⑦加热或熟制后方可食用的预包装菜肴

（1）预制菜新旧定义分析。

新提出的预制菜定义规定，速冻面米食品、方便食品、盒饭等主食类产品不属于预制菜。这说明国家重新对预制菜进行了更加精准的概念制定，这对预制菜及关联产业标准化体系建设将起到重要的作用。

从新的定义看预制菜的几个特点：①是第一产业；②、③、④、⑤都属第二产业；⑥、⑦属于第三产业。也就是说，预制菜上游原料主要是食用农产品及初级制品，成本主要在一产，约占总成本90%；②、③、④、⑤主要是对第二产业加工工艺的定义；⑥、⑦应属于第三产业流通领域，其中⑥符合产品标签标明的贮存、运输及销售条件（环境），⑦加热或熟制后方可食用的预包装菜肴，加热、熟制和食用都在流通场景，"预包装菜肴"定义了预制菜加工业和流通产品的品名，是菜肴不是主食，所以把主食类预制食品从预制菜分类中去除。

将2020年工业和信息化部《方便菜肴》（QB/T 5471—2020）预制菜老定义与新定义对比，除"方便菜肴"和"预制菜肴"定语的内涵不同外，新定义的内涵和外延都缩小了，更加明确了"预制"和"菜肴"的内涵，把主食类冻品去除，并增加"③不添加防腐剂"和"⑤配以或不配以调味料包"两项内容，更加强调贮存、运输及销售条件符合产品标签标明，并且强调"加热或熟制后方可食用的预包装菜肴"，缩小了"四即"产品的内涵。原来给预制菜定义为"四即"产品，只有即热、即烹的冷链流通的保鲜、冷冻预包装工业化菜肴才能算预制菜，而即食、即配都不具备预制菜属性。

在两个定义中，第一产业"以一种或多种食用农产品及其制品为原料"是同样的，但"及其制品"还应包括农产品初加工和商品化处理产品类：鲜切菜、初加工生鲜水产品、肉禽类、果蔬、面食类食材等（速冻蔬菜主要以出口为主），这些环节、流程供应链的标准化水平和产品质量，都对后续预制菜产品的安全和品质产生很大影响（如2024年央视"3·15"晚会曝光的安徽阜阳槽头肉制梅菜扣肉事件）。所以要实现预制菜高质量，就需要建立第一、二、三产业深度融合以及温控供应链标准体系精准对接的新生态体系。

此次新定义如果说是给"狭义"预制菜概念的初步定义，按照原来"广义"的预制食品主要分类（包括《方便菜肴》QB/T 5471—2020 分类标准部分产品），传统的食品工业化产品应该都是广义的预制菜。例如，常温产品有罐（袋）装食（饮）品、方便食品、包装零食等；速冻（低温）食品有肉类产品、水产品、蔬果产品、米面调理食品等；冷鲜类工业食品有乳制品、部分冷鲜肉类、果蔬、面食类。

这些广义的、不同类型的所谓"预制菜"，并不是短期产生的新物种。早在疫情之前，国内外不同的产业和行业就有了各自的概念和名称，而且也有了一定市场规模。三年疫情期间，由于它们的应急、保供、便捷的功能属性和非接触供应链的业态的需求，加之资本加持和政策支持，于是各类产业和产品穿上预制菜的"马甲"增量产能快速发展，成为中国农业、食品工业、流通餐饮消费业的"时髦"产品名称和消费概念。所以不论是否属于新定义的预制菜，为满足今后平时服务、急时应急、战时应战的需求，各类预制食品的产业链和供应链以及第一、二、三产业融合的食安与温控数字化"双追溯"支撑的食品冷链流通标准化体系也应该尽快建立起来。

（2）关于"狭义"预制菜应具备的产品属性。

①产品品质属性：主要是菜肴的成品、半成品，食材要新鲜，保质期较短和保质期不太长的冷冻食品，可以一日三餐经常吃，好吃、愿吃、常吃的口感鲜美的饭菜，与保质期较长的应急保供工业食品有着本质的区别。

②前端的预制属性：一种或多种初加工农产品和不同程度的预制加工生鲜食材，即配原料等，如鲜切菜蔬菜、腌制好的肉类、调好味的酱汁等。这些食品已经进行了初步处理和调味，都是预包装工业化预制菜肴的前段备料性预制，而且对最终产品的品质有着重要影响，也必须有冷链贮运保鲜等统一的供应链标准体系。

③温度属性：保质期较长的常温流通的休闲食品，按照本次新定义，不能算预制菜，如常温工业食品和罐头类食品，还包括不需要冷链流通的其他预制食品和开袋即食食品、休闲食品等。

④消费场景：To B 类（食材烹制后 To C 类），一是饭店、食堂、餐厅等食材采购主体现场烹制的配菜食材，除大袋预包装半成品食材外，未经预包装的熟食或凉菜都不能算预制菜；二是中央厨房（包括冷链央厨）加工后热配或冷配，目前也属于食品制造业，如便当或盒饭（已经搭配好的饭菜组合，通常在工厂或中央厨房制作好，然后分配到各个销售点），这些业态产品都不具备定义属性，新定义的预制菜中没有包括这个业态，但目前预制菜作为半成品预制食材甚至料理包已大量进入这个业态；三是To C 类预制食材或成品通过线下/线上渠道直供消费者，如家庭冰箱短保期食材或速冻

半成品、速冻水饺、面食等调理食品等也不属于新定义的预制菜。

⑤国际统一概念：以日本为例，日本速冻食品的发展被普遍认为始于 1920 年。自 1986 年开始，日本专门定了一个"冷冻食品日"。如今，日本已经成为全球速冻食品第三大消费市场、亚洲速冻食品第一大消费市场，年消费量超过 300 万吨，速冻食品品种早就超过 3000 种，其中烹饪调制食品竟然多达 2400 余种，我国是日本速冻食品的重要生产供应国家。

可以说，"日本预制菜行业"，一般就是指"日本速冻食品行业"。以此类推，我国的速冻食品行业，也应该是食品预制行业，本次预制菜定义缩小为"保鲜或速冻菜肴"，都属于食品工业化的重要组成部分。因冷冻技术发源于美国，肯德基、麦当劳就是靠高标准冷链温控技术，以速冻预制食材为主要原料，打造了大规模国际连锁餐饮即配烹制业态消费场景，这些都具备了预制菜定义属性，只不过有的可能是 To B 类大包装而已。

综上所述，与广义预制菜相比，狭义预制菜的 7 个概念属性和 5 个产品属性，更侧重于在餐饮行业中的应用，特别是在餐厅、快餐店、外卖等必要的消费场景。狭义预制菜通常需要在厨房中进行最后的加热、装盘或简单加工，以提供给消费者，其核心是为了满足餐饮企业对高效、便捷和标准化食品供应的需求。这种类型的预制菜在现代餐饮行业中越来越受欢迎，因为它们可以帮助餐厅提高出餐速度，降低成本，并提供一致性的食品质量。

但是如果大量使用"预制菜料理包"，饭店、餐馆的消费者都不接受，这也是近期国内对预制菜诟病的热点问题——在餐饮业推行去厨师化，不应该是预制菜的主要方向。中国几千年的烹饪传承和文化不能丢，好菜肴都是先有师傅研炒出来的，后续才能生产出"工业化预包装菜肴"。

家庭一日三餐，本来就没有专业厨师，安全优质的各类预制工业化食品对减轻家务劳动有着重要作用。

2. 食品预制产业和冷链供应链的发展现状及问题

从各省市发布发展预制菜的相关文件和成立的协会等社团组织来看，牵头的多数是农业部门，如山东省除农业和流通企业成立了预制菜联合会外，工信厅、商务厅也都成立专门协会并提出发展目标。但是在促进第一、二、三产业融合发展方面，还需要制定更加具体可落地并能产生实效的对接措施。

（1）预制菜与三次产业的产业链、供应链和价值链分析。

流通环节既是预制菜产业价值实现的终端，又是带动第一、第二产业价值实现的引擎，如表 7 - 15 所示。

表 7 - 15　　　　　　　　　预制菜的产业链、温控供应链和价值链

产业链＼品类	果蔬	肉类	水产	供应链
一产价值	种植	养殖	养捕	生产供应链
二产价值	加工	冻鲜加工	冻鲜加工	预制菜加工供应链
三产价值	流通餐饮消费	流通餐饮消费	流通餐饮消费	流通温控供应链

以济南维尔康为例，作为北方最大的冻品市场之一，该市场经销来自全球的猪牛羊禽肉类、各种水产品、预制菜、速冻食品、调理食品、酒店用品等几万种商品，2023 年市场交易总额约 580 亿元。

维尔康经营的产品结构为：猪牛羊禽肉类占 30% 左右；水产品占 45% 左右；预制菜、调理食品、速冻食品、酒店产品等占 25% 左右。其中，肉类水产小包装产品，能占到整个市场商品交易总量的 25% 左右；预制菜、调理食品、酒店食品等，占到市场商品交易总量的 15% 左右。如果按照《方便菜肴》（QB/T 5471—2020）定义，市场经营的肉类、水产制品、预制菜、调理食品、酒店产品的小包装产品，均可归为预制菜品类，占到市场商品交易总量的 40% 左右，年交易总额 200 亿元左右。但是如果按照新定义的预制菜则只有 20% 左右。

与冷链流通相关联的中国速冻加工食品主要产品分类包括：水产速冻食品、农产速冻食品、畜产速冻食品和调理类速冻食品（特指两种以上的生鲜农、水、畜产品为原料，加工处理，急速冷冻的速冻食品）。我国食品工业总产值居世界第一位，约占世界食品工业总产值的 20%，但初级加工产品占食品工业的比重达 60%，属于精深加工的食品制造业仅占总产值的 30% 左右。这表明我国食品工业仍属于以初级食品加工为主的资源型产业，初级农产品的食品工业化还有很大的发展空间。

在新冠疫情暴发对 C 端消费者需求潜移默化的培育下，速冻食品行业景气度持续上行。据艾媒咨询的数据，2022 年中国速冻食品市场规模约为 1688 亿元，同比上升 9.5%，2017—2022 年行业复合增速约为 9.8%。从国内速冻行业的产品品类构成来看，速冻米面制品、速冻火锅料和速冻其他制品占比分别为 52.4%、33.3%、14.3%，其中米面制品占据速冻行业半壁江山。

当然，新鲜食材现场加工的餐饮市场还是占据着很大的市场份额。相较保质期较长的速冻预包装工业化产品，如果有方便的进食场景，人们更加青睐应季新鲜食材现做现吃。

（2）关于国际市场发展。

经过数十年发展，国外早已孕育出一批实力不凡的规模性预制菜企业，如美国的餐饮供应链龙头 Sysco，以及日本的神户物产、日冷集团等，美国、日本的预制菜渗透率已达60%以上。与之相比，中国预制菜渗透率仍存在较大差距，仅为10%~15%，预计2030年增至15%~20%，未来还有很大的发展空间。

与中国不同的是，美国、日本的消费者对预制菜、速冻食品已形成了较高的认知度和接受度，因为他们的烹饪方式相对简单，没有中国那么悠久的美食烹饪传承和文化。开拓国际市场，对我国的预制菜生产企业是一个巨大机会——境外有广大的中国留学生和数量庞大的华侨、华人，这部分群体有望成为中式预制菜的忠粉。

2023年，不论广义还是新定义的预制菜，我国出口进入高速增长期。伴随全球贸易的复苏及海外预制菜产业的成熟，各地政府陆续出台了推动预制菜走向国际市场的相关政策文件，出海掘金已成为大批预制食品企业发展的新方向。许多速冻食品龙头已在海外建厂或收购海外企业，正在走向产品更新鲜、保短期之路。

相较于预制菜在B端的逐渐成熟，C端市场尚需培育，与美日欧的渗透率相比，中国市场还有很大提升空间。相关数据显示，当前我国预制菜市场B端和C端的市场规模占比为8：2。经过三年疫情的市场培育，C端市场有望不断扩容，更需要新定义下预制菜标准体系的同步完善，市场规模才能逐步扩大。而要高质量满足消费者需求，不仅仅是预制菜不添加防腐剂，推进第一、二、三产业深度融合发展与温控供应链标准体系建设，才能实现预制食品行业真正的高质量发展。

（3）关于中央厨房的新定位。

目前国内有近万家中央厨房，主要是供应团餐，绝大多数是传统热链中央厨房，把饭菜在中央厨房统一加工、分装，然后通过保温箱或者保温车配送到目的地，C端在食用时无须再次加热。按照新定义，央厨的产品不属于预制菜，但前端备餐食材有一定预制环节和流程。团餐供应链体系中，尤其是配送过程中，受温度影响很大，温度高了不能保证质量，温度低了会影响饭菜口感，而且温度逐渐降低到60℃以下后极易滋生细菌，导致食品安全隐患。更大的短板是配送半径和供餐时空都受热链限制。虽然已有一定的标准体系，但是传统热链在中央厨房行业的发展一直不理想。由于它是预制产品和各类食材B端大市场，所以在疫情影响和资本刺激下，广义预制食品产业和各类非标预制菜、料理包等得到快速发展，各方蜂拥而至冲向这块"肥田"，这也导致"预制菜进校园"引发一系列争议。2023年9月1日，正值各学校新学期开始，穿着不同"马甲"的所谓预制菜进入校园，立刻受到学生家长的诟病。

"预制菜进校园"引发关注的背后，主要是因为之前的防疫限制使堂食等很多消费场景消失，人们对食品的需求首先是吃到、吃饱，对养生和品质的要求是第二位的，但如果将疫情期间的应急非标准食品供应链体系，继续放到疫情后对品质要求更高的日常消费体系中去，显然是行不通的，孩子和家长们就以"不好吃、不安全、添加防腐剂、保质期太长"等理由投了反对票，而且反应非常强烈。笔者认为，这也是品质消费理念的一次胜利，同时给预制菜高质量发展指明了方向。

关于中央厨房的发展方向。从团餐和百姓的一日三餐的日常需求，以及健康养生食品的发展趋势来看，尤其是冷链物流快速发展的基础上，必须建立一个保质期比较短的短保期温控供应链体系。它是一个由冷鲜加工、冷链技术、温控供应链集成创新共同打造的新业态——冷鲜制造业。中国食品工业早就有了常温制造、冷冻制造业和相应的标准体系，包括传统的热链中央厨房，都采用了较完善的工业化标准体系，现在缺少的是食品冷鲜制造业态和相关业态标准体系，即优质全追溯农产品在短保期内进行加工并解决工业化生产，这是一个能适应中国悠久美食烹饪传承的工业化业态，称之为"冷鲜预制中央工厂"。

短保期的冷鲜预制中央工厂和营养餐中央厨房，目前在国内非常少。很多长保质期、带有方便应急属性的工业加工品，不能适应我国各类人群对食品安全、好吃、养生和高性价比等需求，它们方便了生产方，却损害了消费者利益。所以说，冷鲜制造业也带有预制菜属性，冷鲜营养餐是根据不同人群膳食营养结构需求，解决当前中小学生吃饭、老人养生饮食的重要业态和大趋势。我国亟待建立一个集成技术创新支撑的产供链品牌集群新生态。

此外，预制菜行业在快速发展的同时，也面临产品分类、市场标准和法律法规不健全，以及食品安全质量问题长期存在、行业集中度不高、产业链融合不足、消费者无知情权和认知程度偏低等问题与挑战。因此，从无害消费向品质消费的跨越，是消费升级的大趋势。

（4）关于冷链物流标准体系建设。

目前，我国在冷链物流相关政策出台、体系构建、标准制定、标准试点示范以及标准化协调管理机制方面已取得一定成绩。在我国已颁布的标准中，与农产品冷链物流相关的标准有 400 余项，为我国冷链物流和相关产业健康发展提供了技术和工程保障。但是，由于我国幅员辽阔，区域气候温度差异大，农产品食品品类繁多、属性复杂，加之物流供应链链条长、环节多、冷链流程标准衔接要求精准度高，以及产业主管部门多等原因，我国冷链物流标准体系建设确实还存在着诸多问题。例如，标准结构性缺失，缺少关于预制菜加工流通、冷链仓储、农产品电子商务等新兴领域方面的标准；部分标准的可操作性和衔接性差，第一、二、三产业融合度低，与企业实际情况存在脱节、抵触等问题。国家冷链物流标准体系建设是一项跨产业、跨区域、跨部门、跨学科、复杂而且艰巨的系统工程，是国家"十四五"冷链物流规划和创新发展"大厦"的钢筋骨架，是规划能否高质量实施，冷链物流、食品预制菜等相关产业高质量发展的重要基础。

3. 预制菜、速冻食品与冷链物流呈现融合发展的趋势

不管如何定义预制菜，速冻食品类预制菜还会在食品工业的发展规划中正常发展，中国不缺品类和产量，最缺的应该是品质、品牌和标准化。随着速冻保鲜技术不断发展，冷链流通的标准化应该与生产加工融为一体，才能打造高品质的速冻产品品牌。麦当劳、肯德基就是以标准化生产流通的冻品食材和现场标准化的无烟加工打造的大型国际连锁品牌。所以，标准化高质量的速冻食材（不必都穿上预制菜的马甲），加快融入逐步走向标准化的中国餐饮烹饪体系，打造中国连锁品牌，也应有很大的市场空间。包括外卖这种非接触式的餐饮零售业态也到了品质提升的关键时期。随着大规模预制菜食材的"零件化"和冷链物流发展，需要大量初级农产品食材对接数字农业体系，加速推进第一、二、三产业精准融合发展。

（1）冷鲜食品的市场渗透率随着冷链物流同步增长。

近20年来，中国物流、快递业高速发展，使电商平台可快速做大商流规模，商流规模需求又促进了物流快递、冷链等基础设施的发展完善。如今冷链物流和预制食品的发展也是这个逻辑，冷鲜食品对消费市场的渗透率一定是伴随冷链物流同步增长的。如，从半年保质期奶到7~15天保质期的冷鲜奶，从一年保质期啤酒到7~18天保质期的冷鲜啤酒等，都是因冷链物流而成就企业品牌，冷链物流发展和技术创新为预制食品业、餐饮业提供了基础支撑。尤其随着《"十四五"冷链物流发展规划》中"321"体系的实施，对冷链食品、预制菜和冷鲜制造产业的发展都会有一个非常大的促进。

为什么2023年中央一号文件鼓励大力发展预制菜？为什么各省预制菜牵头部门大多是农业部门？因为无论是发展广义或狭义的预制菜，首先是对乡村振兴、农民增收，其次是对消费升级、食品安全等都具有重要支撑和战略意义。农业农村部自"十四五"以来，共安排中央财政资金200多亿元支持产地冷藏保鲜设施建设，支持3万多家农民专业合作社、家庭农场和集体经济组织建设产地冷藏保鲜设施，并支持了整县推进。截至目前，中央财政共支持建设7万多个产地冷藏保鲜设施，新增库容近2000万吨，县级覆盖率达70%以上。《全国现代设施农业建设规划（2023—2030年）》提出，到

2025 年，将重点建设 3.5 万座仓储保鲜设施、250 座产地冷链集配中心，实现新增产地冷链物流设施库容 1000 万吨以上；鲜活农产品产后损失率将显著降低，有力推动小农户对接大市场和预制菜食材需求。另外，广大的农村冷冻产品市场需求下行，随着《"十四五"冷链物流发展规划》中"四纵四横""321"体系的实施和白色家电以旧换新带来冰箱普及率的提高，预制冷冻食品的渗透率也在逐年提高，工业化食品下乡也是新农村建设和消费升级的重要体现。

目前，家庭冰箱里冷储空间存储的 80% 都是初级食材，这意味着做饭需要大量的家务劳动。未来的家庭冰箱存储的 80% 应该是优质预制食品，也就是即配、即烹、即热、即食的，满足一周到一个月家庭消费的，符合各年龄段膳食营养结构要求的预制菜成品和半成品。大众消费者会在家务劳动工业化、社会化与预制食品的风味复原度、新鲜好吃度，取一个最大公约数。从第一性原理来分析：人们对美食风味的品质需求，是人类的本性所决定的；从食品物流的物理属性来讲，用最低的物流和品控成本实现食品流通价值，这也是市场一个根本规律。

物品向哪里移动，或者说根据什么原则移动才能实现其最高价值，是依据市场需求，也就是商流的社会性所决定的。保证不同物理属性的农产品、食品、药品，安全、保质、及时地实现储存、移动价值，包括生产、加工、流通、消费和各环节储运能力的科学配置，这就是冷链物流的物流属性的第一性原理。满足人民对美好生活和安全优质食品的需求，是以基于人性的消费需求为基础的商流社会属性的第一性原理。这两点是冷链物流规划应该遵循的物理性和社会性的第一性原理。

全产业温控供应链储能运力物理性与社会性科学配置如图 7-26 所示。

无论是传统商贸冷链物流、温控物流，还是电商品控物流，最终要回归到优质优价商业价值的实现。预制食品的商业价值实现，要回归到不同品类产品的品质、卖相和品牌，其他技术装备都是保障手段，是为了实现其贮运移动交易的价值。因此，优质优价是冷链物流的需求基础，透明供应链是优质优价的实现基础，互联网、大数据、人工智能等新质生产力，以及政策环境，则提供了实现透明供应链的技术和生态基础。

（2）冷链物流发展现状与未来机遇。

《"十四五"冷链物流发展规划》"321"工程的实施，可实现食品产业社会需求和物流设施网络科学匹配，必将促进我国预制食品产业快速高质量发展以及三次产业与冷链物流融合发展储能运力适配性提高。

在"321"工程中，"3"是指三级冷链，第一级是产销的首末端，第二级是县域集配（直销）中心，第三级是国家骨干冷链基地；"2"就是进出口双循环两大通道，也

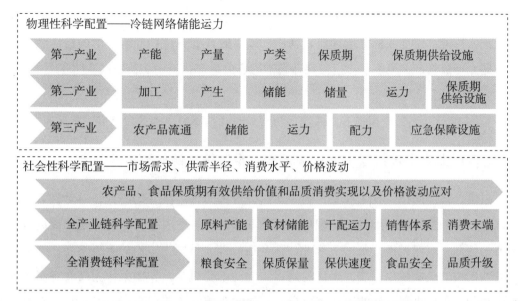

图7-26 全产业温控供应链储能运力物理性与社会性科学配置

可称为国际上下行；"1"就是四纵四横的一张大网络。"321"体系构成了冷链的国内上行线和下行线、国际上行线和下行线，以及区域冷链的辐射线。

根据中物联冷链委发布的数据，2023年我国冷链物流需求总量达到3.5亿吨，同比增长6.1%；冷链物流行业总收入约5170亿元，同比增长5.2%；冷藏车保有量预计约43.2万辆，同比增长12.9%；冷库总量约2.28亿立方米，同比增长8.3%。虽然整体经济环境、国际贸易形势和消费水平承压，但我国冷链物流依旧呈现出企稳回升、稳中有进的发展态势。

2024年，随着中央政府工作报告强调加强冷链物流设施建设和国际物流体系发展，我国冷链物流行业将再次迎来新机遇，呈现出以下特点：一是食品制造业生产预期回升，特别是预制菜行业活跃带动冷链需求上涨；二是社会物流总额稳步增长，尤其是农产品物流和民生消费物流显著上扬；三是进口食品快速铺向国内市场，预制菜出海呈现上升趋势，为冷链物流"一带一路"发展带来发展空间；四是冷链物流基础设施与食品加工（预制菜园区）、城市配送和临港、临空设施逐步实现业态融合规划建设，增加了园区与市场需求的科学性和适配性，并且有利于降低全社会物流成本。

未来，我国应该不断优化预制菜食品安全和品质消费的监管模式，利用新质生产力科技手段形成新质监管力：利用大数据、人工智能等科技手段感知违法、监督良心，提升全产业链监管运营水平；运用法律、道德、科技三驾马车打造农产品和预制菜生产、流通现代诚信体系，提高生产者的"诚信"度和消费者的"信任"度，从而解决

"生产者不诚，消费者不信"的恶性循环问题；探索建立监测（管）、追溯、检验检测规范准入标准，以准入标准治理流通秩序，以高效流通价值引导生产的诚信体系建设新思路，形成农产品第一、二、三产业精准融合的生产、流通、消费良性循环。

（国家农产品现代物流工程技术研究中心首席专家　王国利）

（三）企业实践：预制菜风头正盛，冷链供应链助力高歌前行

过去，日出而作，日入而息，凿井而饮，耕田而食。巨变的时代，时钟滴答，路途之上，人和食物，步履匆匆。现代化巨轮滚滚而来，总有一种味道，是聚散离合也不改的信仰：端起碗筷，江南尝塞北，他乡遇故知，是国人不渝的乡土情怀。现代连锁餐饮比拼的是规模化发展，永存的是舌尖上的不变风味。预制菜作为席卷餐桌的餐饮新物种，正在重塑全新的餐饮经营模式。预制菜结合了传统烹饪艺术和现代食品工艺，宛如一声惊雷四起，如春雨蔓延。

1. 预制菜供应链痛点仍存

70%以上的预制菜加工企业仍处于小、弱、散的状态，规模化发展还处于前期发力阶段。天眼查数据显示，在现有预制菜企业中，超过一半的企业注册资本在 0～100 万元之间，中小预制菜企业占多数。作为餐饮新物种，预制菜本意在于全新迭代整个食材供应链链路，以新模式寻求新的增长极。但目前，预制菜仍存在种种供应链薄弱痛点，导致尚无明显的龙头品牌出现。

（1）定价高，需要提高交付品质。

预制菜价格大部分不具备竞争优势。调查显示，超过六成的消费者买一道预制菜花费 21 元～40 元，预制菜定价和堂食及外卖相比，相差无几；此外，消费者在购买预制菜后遇到的最多问题是预制菜"口味一般"。不少消费者评价预制菜：跟堂食没法比，尝鲜后"打入冷宫"，议价能力与复购率并不高。导致这一问题的原因在于，预制菜企业在平衡食材品质与成本的时候，很难做到两全其美。预制菜厂家使用冷冻锁鲜技术或冷藏技术保住口感，但如碰见品质较差的冷链物流服务商中途失温、配送超时，就会导致口感变差。

（2）有效期短，低库存周转率要命。

冷冻储存的预制菜保质期一般在 3～12 个月，而冷藏储存的保质期仅仅 3～6 天。预制菜越新鲜，保质期越短，越受消费者青睐。调研发现：近四成消费者会选择保质期 7 天以内的预制菜，只有 2.4% 消费者会选择 1 年长保产品。短保产品既是保持高溢

价的绝招，也是拖累资金占用的组合拳。库存高时企业往往采用打折促销，在有效期控制不到位时造成货损；过少库存又无法满足订单及时性要求。

（3）网点分散，仓储运配网络费用高。

目前 80% 的预制菜的售卖使用渠道在商超零售、连锁餐饮门店、经销商等众多的 B 类商家。行业大部分的中小预制菜品牌的配送网络点位多而散、货量小，冷链运输成本高，急需全国共配网络；而直接面向 C 端的预制菜物流成本基本占到售价的 30% 或者以上。在单个预制菜品牌整体货量规模效应不强之际，如何降低物流交付费用占比，也如拦路虎一般阻碍预制菜的发展。

2. 数智供应链，破局创新征途

预制菜行业的竞争背后，实际是供应链整合优化的竞争。而打破预制菜的供应链壁垒，需要的是一套组合拳。针对预制菜企业的诸多供应链痛点，企业通过依托数科底座，优化供应链，为预制菜保驾护航。

（1）优化仓配协同，提高交付时效。

①仓配协同。

根据预制菜交付网点到货时间，通过倒排仓库作业时间及冷链运输时间，实时同步仓库调度排车计划。冷链车到仓即可装货发车，提高预制菜货品仓配交付时效。

②干线最优。

预制菜全国配送网络庞大而分散。为助力预制菜企业最优干线决策，数智产品"干线组网"可自动结合体量、车型、路线、成本、满载率进行排车，提供成本、时效、满载率等最优干线排线方案，优化干线冷链交付时间与成本。

③城配最快。

预制菜城配终端销售配送点位多，通过构建数智产品"智能排线"帮助预制菜企业优化城配路线，提高时效。"智能排线"能够通过全国城配站点网络模型，秒级排线提供最优城配路线，提高配送时效，实现降本的同时，保障预制菜新鲜品质。

（2）提高产销协同，助力经营决策。

①销量预测。

准确的销量预测，是支撑预制菜企业制订采购、生产、销售计划的关键一步。

数智产品"货翼云"基于沉淀的食材大盘原材料、半成品、成品的货品流向数据，帮助预制菜企业更准确预测市场动态，辅助分析预制菜 SKU 偏好，从而灵活动态调整采购、生产、销售计划，提高产销协同，降低滞销货损浪费。

②动态订存。

基于分析预制菜在库、在途、门店的全局货品库存消耗数据，运用荔枝数智产品"动态订存"为预制菜门店、仓储提供动态的 SKU 安全库存数量建议，自动发起补货订单，助力产销协同，降低库存周转天数。

③供采平台。

预制菜食材种类较多、采购供应商分散、流程长。集鲜严选 10000 + 全球优质供应商、11 万 + 品质食材 SKU，通过数智化供采系统，一键下单，采购价格透明，能够整体优化采购成本，管控食品安全，提高采购效率。

（3）统仓共配履约网络，降本增效。

①接入统仓共配网络。

为预制菜企业提供冷链统仓共配履约网络。运荔枝服务范围覆盖 31 个省区市，超 2800 个区县，超 60 万家门店，保障预制菜在火爆市场的交付品质。

②按货品体积、重量计费。

预制菜企业可以按照预制菜货品的体积、重量计费，告别整车装车、整租冷库的高费用。预制菜企业下单前便能预估运费，价格透明。

③高频少量配送保障时效。

企业通过实现预制菜高频、单次少量配送，保障其交付时效和货品质量。共配网络高频发车，小货量的预制菜货品也可以配送到店、到仓，提高预制菜企业的网点交付品质。

中国餐饮始终在"烟火气"与"现代化"间拉扯，餐饮变革正起东风，预制菜或成为餐饮品牌全国出圈的沃土春泥。以食材供应链数智化变革之矛，乘势击破制约预制菜发展之盾，高歌向前才能破除摇摆、赢得未来。

（成都运荔枝科技有限公司）

附件 2023 年冷链物流资料汇编

第一节 2023 年冷链相关核心政策盘点

一、国家部委发布的冷链相关核心政策

序号	发布时间	发文部门	政策名称	内容摘要	关键词
1	2023 年 1 月	中共中央、国务院	中共中央 国务院关于做好 2023 年全面推进乡村振兴重点工作的意见	完善农产品流通骨干网络，改造提升产地、集散地、销地批发市场，布局建设一批城郊大仓基地。支持建设产地冷链集配中心。推动冷链物流服务网络向乡村下沉	农产品冷链物流建设
2	2023 年 2 月	农业农村部	农业农村部关于落实党中央国务院 2023 年全面推进乡村振兴重点工作部署的实施意见	在重要流通节点建设产地冷链集配中心；推进国家级农产品产地市场建设，加强大型冷藏保鲜、仓储物流等保供公益性基础设施建设	产地冷链物流设施建设
3	2023 年 6 月	国家发展和改革委员会	关于做好 2023 年国家骨干冷链物流基地建设工作的通知	布局建设大型冷链物流基础设施，集聚冷链物流资源、优化冷链物流运行体系、促进冷链物流与相关产业融合发展	冷链物流设施建设

序号	发布时间	发文部门	政策名称	内容摘要	关键词
4	2023 年 6 月	农业农村部	冷链物流和烘干设施建设专项实施方案（2023—2030 年）	以建设提升产地仓储保鲜冷链物流设施为重点，全面补齐设施农业产业链配套设施装备短板，有效减少粮食和"菜篮子"产品的产后损失和流通环节浪费	产地仓储保鲜冷链物流设施
5	2023 年 7 月	农业农村部办公厅	农业农村部办公厅关于继续做好农产品产地冷藏保鲜设施建设工作的通知	完善产地冷藏保鲜设施网络；推动冷链物流服务网络向乡村下沉；培育一批农产品产地流通主体；创新一批农产品冷链物流运营模式	农产品产地冷藏保鲜设施建设
6	2023 年 7 月	商务部办公厅 国家发展改革委办公厅 工业和信息化部办公厅 财政部办公厅 自然资源部办公厅	商务部等 9 部门办公厅（室）关于印发《县域商业三年行动计划（2023—2025 年）》的通知	加强跨区域农产品批发市场、干支线冷链物流、农产品仓储保鲜设施和产地冷链集配中心建设，提高农产品冷链流通效率	区域农产品仓储保鲜设施建设

二、部分省、市、县（区）发布的冷链相关核心政策

省级冷链相关核心政策					
序号	发布时间	发文部门	政策名称	内容摘要	关键词
1	2023 年 3 月	浙江省农业农村厅	浙江省农产品产地仓储保鲜冷链物流建设规划（2023—2027 年）	推进建设产地冷藏保鲜设施、产地冷链集配中心、产地冷链物流基地相互有效衔接，整体构建功能衔接、上下贯通、集约高效的产地冷链物流服务体系	产地冷链物流基础设施建设

续　表

序号	发布时间	发文部门	政策名称	内容摘要	关键词
2	2023 年 4 月	江苏省发展和改革委员会	江苏省推进冷链物流高质量发展三年行动方案（2023—2025 年）	打造枢纽节点，构建冷链物流骨干网；健全城乡冷链配送体系	农产品仓储保鲜设施建设
3	2023 年 6 月	天津市发展和改革委员会、天津市商务局	市发展改革委 市商务局关于印发天津市推动冷链产业高质量发展工作方案的通知	重点打造"两基地、三枢纽、多节点"的冷链产业发展布局	冷链产业发展布局
4	2023 年 5 月	浙江省发展和改革委员会	浙江省冷链物流高质量发展三年行动计划（2023—2025 年）	提升骨干冷链物流基地支撑衔接能力；补齐以山区海岛为重点的产地冷链物流设施短板；优化满足城乡差异化需求的销地冷链物流设施布局	产地冷链物流建设
5	2023 年 7 月	云南省农业农村厅	云南省农产品产地仓储保鲜冷链物流建设三年行动方案（2023—2025 年）	推进农产品产地冷藏保鲜设施建设；推进农产品产地冷链集配中心建设；推动农产品骨干冷链物流基地建设	农产品产地冷链物流基地建设
6	2023 年 8 月	黑龙江省商务厅	黑龙江省商贸冷链物流建设行动方案	补足冷链各环节设施、发展对俄跨境商贸冷链物流、引进培育龙头企业、发展"智慧＋"商贸冷链物流、推进商贸冷链物流标准化建设、加速商贸冷链物流绿色低碳化	商贸冷链物流建设
7	2023 年 10 月	新疆维吾尔自治区人民政府办公厅	自治区推进冷链物流高质量发展实施方案（2023—2025 年）	构建内外联通冷链物流通道，建设以"疆内循环为主、联通国内大循环"的冷链物流通道，以及"外向型"国际冷链物流通道	构建冷链物流通道

续 表

序号	发布时间	发文部门	政策名称	内容摘要	关键词
8	2023 年 11 月	宁夏回族自治区人民政府办公厅	宁夏回族自治区冷链物流高质量发展实施方案（2023—2027 年）	以争创国家骨干冷链物流基地、建设产地冷链集配中心，推动冷链设施扩容升级为重点任务，完善冷链物流网络体系	冷链物流体系与基础设施建设
			市级冷链相关核心政策		
9	2023 年 7 月	盘锦市人民政府办公室	盘锦市冷链物流高质量发展三年行动方案（2023—2025 年）	推动冷链物流设施建设、加快建设产销冷链集配中心、补齐产销两端冷链物流设施短板功能，着力构建以产销冷链集配中心和两端冷链物流设施为支撑的冷链物流节点设施网络	冷链物流基础设施建设
10	2022 年 11 月	营口市发展和改革委员会	营口市冷链物流高质量发展三年行动计划（2023—2025 年）[草案]	推进基础设施建设，完善冷链物流网络；提高运输服务质量，促进冷链增效降本；加强冷链全链条监管	冷链物流基础设施建设
11	2023 年 12 月	济南市人民政府办公厅	济南市冷链物流发展三年行动计划（2023—2025 年）	优化布局"4 个集散基地＋11 个集配中心＋N 个采供网点"三级节点网络体系、发展重点品类和特色品类冷链物流体系	冷链物流体系布局与建设
12	2023 年 1 月	梅州市人民政府办公室	梅州市推进冷链物流高质量发展实施方案	构建"8＋X"冷链物流设施网络、加快完善建设冷链物流重要节点和产地设施、健全销地分拨配送体系	冷链物流网络与节点

续　表

序号	发布时间	发文部门	政策名称	内容摘要	关键词
13	2023 年 3 月	保山市人民政府办公室	保山市人民政府办公室关于加快发展冷链物流保障食品安全促进消费升级的实施意见	鼓励区域性农产品批发市场建设冷藏冷冻、流通加工冷链设施，在重要物流节点改造升级或适度新建一批冷链物流园区	冷链物流设施设备
县（区）级冷链相关核心政策					
14	2023 年 4 月	邢台市信都区人民政府办公室	邢台市信都区加快建设物流强区行动方案（2023—2027 年）	提升农产品冷藏保鲜能力，加强基础设施建设	冷链物流基础设施建设
15	2023 年 3 月	深圳市盐田区工业和信息化局	盐田区关于加快推进冷链产业高质量发展扶持措施	搭建冷链科技平台，提高智慧发展水平；拓展进口冷链贸易，打造区域交易中心	冷链物流平台与贸易发展

第二节　2023 年冷链物流标准汇总

一、农副产品、食品冷链物流基础标准

序号	标准编号	标准名称	发布日期	实施日期	规定范围
1	GB/T 40001—2021	食品包装评价技术通则	2021 年 4 月 30 日	2021 年 11 月 1 日	本标准规定了食品包装评价的术语和定义、评价原则及评价要求。本标准适用于食品包装的评价
2	GB/T 40446—2021	果品质量分级导则	2021 年 8 月 20 日	2022 年 3 月 1 日	本文件规定了果品质量分级的术语和定义、一般规定、分级一般原则、分级要素及指标的选择和确定、分级指标值和级差的确定、容许度规定、大小规格规定、检验和判定规则规定。本文件适用于以新鲜或原有状态供消费者直接食用的果品分级标准等规范性文件的编制，不包括加工果品

序号	标准编号	标准名称	发布日期	实施日期	规定范围
3	GB/T 28577—2021	冷链物流分类与基本要求	2021 年 11 月 26 日	2022 年 6 月 1 日	本文件规定了冷链物流的分类，以及设施设备、信息系统、温度控制、物品保护、质量管理、人员要求、安全管理、环境保护等方面的基本要求。本文件适用于冷链物流及相关领域的管理与运作
4	GB/T 42184—2022	货物多式联运术语	2022 年 12 月 31 日	2022 年 12 月 31 日	本文件界定了货物多式联运的基础术语，以及与货物多式联运的组织形式、装备、设施、换装作业经营者、服务与管理、国际联运相关的常用术语和定义。本文件适用于货物多式联运相关活动
5	GB/T 23156—2022	包装 包装与环境 术语	2022 年 7 月 11 日	2023 年 2 月 1 日	本文件界定了包装与环境领域的有关术语和定义。本文件适用于包装与环境领域
6	GB/T 42365—2023	农产品流通服务可持续性评价技术导则	2023 年 03 月 17 日	2023 年 10 月 1 日	本文件给出了开展农产品流通服务可持续性评价活动的评价原则、评价指标等信息，提供了评价方法、评价程序的指导和建议。本文件适用于农产品流通服务的可持续性评价
7	JB/T 7249—1994	制冷与空调设备 术语	2022 年 4 月 8 日	2022 年 10 月 1 日	本标准规定了制冷与空调设备及其附属设备和控制元器件设计的主要名词术语及定义。本标准适用于制冷与空调行业制定产品标准及编写技术文件。编写和翻译专业手册、教材及书刊时参照使用
8	JT/T 1348—2020	冷链货物空陆联运通用要求	2020 年 12 月 30 日	2021 年 4 月 1 日	本标准规定了冷链货物空陆联运的基本要求及温度监测、设施设备、交接转运、信息采集与追溯、异常情况处理等要求。本标准适用于国内冷链货物航空和道路的联运
9	NY/T 1056—2021	绿色食品贮藏运输准则	2021 年 5 月 7 日	2021 年 11 月 1 日	本文件规定了绿色食品储藏与运输的要求。本文件适用于绿色食品的储藏与运输

二、农副产品、食品冷链物流设施设备相关标准

序号	分类	标准编号	标准名称	发布日期	实施日期	规定范围
1	冷库	GB 50072—2021	冷库设计标准	2021年6月28日	2021年12月1日	本标准适用于采用氨、卤代烃及其混合物，二氧化碳为制冷剂的亚临界直接式制冷系统和采用二氧化碳、盐水等为载冷剂的间接式制冷系统的新建、扩建和改建食品冷库
2		GB 51440—2021	冷库施工及验收标准	2021年6月28日	2021年12月1日	本标准适用于采用氨、卤代烃及其混合物，二氧化碳为制冷剂的亚临界直接式制冷系统和采用二氧化碳、盐水等为载冷剂的间接式制冷系统的新建、扩建、改建食品冷库施工及验收
3		GH/T 1433—2023	果品冷库、气调库管理规范	2023年9月13日	2024年3月1日	本文件规定了果品冷库、气调库的基本要求、制冷系统管理、气调系统管理、贮存管理、安全管理及维修保养管理。本文件适用于果品冷库和气调库管理
4	冷藏车	GB 29753—2023	道路运输易腐食品与生物制品冷藏车安全要求及试验方法	2023年9月8日	2024年1月1日	本文件规定了冷藏车的分类、技术要求、试验方法和标志。本文件适用于采用已定型汽车整车或二类、三类底盘改装的道路运输易腐食品与生物制品的冷藏汽车和冷藏半挂车
5		GB/T 40475—2021	冷藏保温车选型技术要求	2021年8月20日	2022年3月1日	本标准确立了冷藏保温车的分类、整车要求、车厢要求、专用配置要求、车辆选型与车体标识要求。本标准适用于道路运输冷藏保温车的选用

续 表

序号	分类	标准编号	标准名称	发布日期	实施日期	规定范围
6		GB/T 40363—2021	冷藏集装箱和冷藏保温车用硬质聚氨酯泡沫塑料	2021 年 8 月 20 日	2022 年 3 月 1 日	本标准规定了冷藏集装箱冷藏保温车用硬质聚氨酯泡沫塑料的分类、要求、检验规则、标志、包装、运输与贮存。本标准适用于以多元醇和多异氰酸酯为主要原料发泡生产、用于冷藏集装箱（标箱）、冷藏车和保温车绝热用硬质聚氨酯泡沫塑料。其他冷藏箱、保温箱用聚氨酯泡沫塑料也可参照采用
7	冷藏保温箱（厢）	JT/T 1288—2020	冷藏集装箱多式联运技术要求	2020 年 2 月 28 日	2020 年 4 月 1 日	本标准规定了冷藏集装箱多式联运的设施设备要求、联运作业要求、联运信息要求。本标准适用于冷藏集装箱的多式联运
8		YZ/T 0174—2020	冷链寄递保温箱技术要求	2020 年 12 月 18 日	2021 年 3 月 1 日	本文件规定了冷链寄递保温箱（以下简称"保温箱"）的型号、要求、试验方法、检验规则、包装、标志、运输和存储等内容。本文件适用于除医药冷链外保温箱的制作、检验、包装标志、运输和存储
9		GB/T 39907—2021	果蔬类周转箱尺寸系列及技术要求	2021 年 8 月 20 日	2022 年 3 月 1 日	本文件规定了果蔬类产品用周转箱的尺寸系列、技术要求和试验方法。本文件适用于塑料制成的果蔬类产品周转箱的设计与生产
10	其他	GB/T 40065—2021	果蔬类周转箱循环共用管理规范	2021 年 8 月 20 日	2022 年 3 月 1 日	本标准规定了果蔬类产品周转箱循环共用的总体要求、作业要求、信息管理要求、参与方的要求，以及评价与改进。本标准适用于塑料制成的果蔬类产品周转箱循环共用的管理

续表

序号	分类	标准编号	标准名称	发布日期	实施日期	规定范围
11		GB/T 40469—2021	畜禽屠宰加工设备 牛屠宰成套设备技术条件	2021年8月20日	2022年3月1日	本文件规定了牛屠宰成套设备的组成及配置、通用技术要求、主要设备技术要求、标志、包装、运输和贮存要求。本文件适用于牛屠宰加工成套设备的设计、制造、安装、试验、检验和使用管理
12		GB/T 40470—2021	畜禽屠宰加工设备 禽屠宰成套设备技术条件	2021年8月20日	2022年3月1日	本文件规定了禽屠宰成套设备的组成及配置、通用技术要求、主要设备技术要求、标志、包装、运输和贮存的要求。本文件适用于禽屠宰加工成套设备的设计、制造、安装、试验、检验和贮存、制造、安装、检验、检验和使用管理
13	其他	GB/T 40471—2021	畜禽屠宰加工设备 羊屠宰成套设备技术条件	2021年8月20日	2022年3月1日	本文件规定了羊屠宰成套设备的组成和配置、通用技术要求、主要设备技术要求、检验规则、标志、包装、运输和贮存。本文件适用于羊屠宰加工成套设备的设计、制造、安装、试验、检验和使用管理
14		GB/T 42119—2022	畜禽屠宰加工设备 禽胴体螺旋冷却设备	2022年12月30日	2023年7月1日	本文件规定了禽胴体螺旋冷却设备（以下简称"螺旋冷却设备"）的配置、技术要求、试验方法、检验规则及标志、包装、运输和贮存。本文件适用于家禽胴体螺旋冷却设备的制造和应用
15		GB/T 42121—2022	畜禽屠宰加工设备 家禽屠宰加工输送设备	2022年12月30日	2023年7月1日	本文件规定了家禽屠宰加工输送设备的分类和用途、技术要求、试验方法、检验规则及标志、包装、运输和贮存。本文件适用于家禽屠宰加工输送设备的制造、安装和应用

续　表

序号	分类	标准编号	标准名称	发布日期	实施日期	规定范围
16	其他	GB/T 21145—2023	运输用制冷机组	2023年3月17日	2023年10月1日	本文件规定了运输用制冷机组（以下简称"机组"）的型式和基本参数、技术要求、试验方法、检验规则、标志、包装、运输和贮存等。本文件适用于汽车、列车用，以发动机驱动或电力（电动机）驱动的运输用制冷机组
17		GB/T 42347—2023	机械预冷设备通用技术要求与试验方法	2023年3月17日	2023年10月1日	本文件规定了机械预冷设备（以下简称"预冷设备"）的型式、型号和使用条件、技术要求和试验方法等。本文件适用于果品、蔬菜、花卉、食用菌等生鲜农产品进行采后预冷的机械预冷型和真空预冷型机械预冷设备，水预冷（冰）水预冷型机械预冷设备可参照执行。本文件不适用于由机械制冷系统供冷的冷库中的预冷，但由预冷机组独立给某个预冷间提供环境条件的预冷系统除外
18		DG/T 294—2023	果蔬预冷设备	2023年2月3日	2023年2月3日	本大纲规定了果蔬预冷设备推广鉴定的鉴定内容、方法和判定规则。本大纲适用于真空预冷机和冷风预冷机的推广鉴定
19		JB/T 14619—2022	生鲜肉营养成分无损检测装置	2022年9月30日	2023年4月1日	本文件规定了生鲜肉营养成分无损检测装置的型号与性能参数、技术要求、试验方法、检验规则及标志、包装、运输和贮存。本文件适用于生鲜肉营养成分无损检测装置的制造

三、农副产品、食品冷链物流技术与管理标准

序号	分类	标准编号	标准名称	发布日期	实施日期	规定范围
1	综合	GB 31605—2020	食品安全国家标准 食品冷链物流卫生规范	2020 年 9 月 11 日	2021 年 3 月 11 日	本标准规定了食品冷链物流过程中的基本要求、交接、运输配送、储存、人员和管理制度、追溯及召回、文件管理等方面的要求和管理准则，适用于各类食品出厂后到销售前需要温度控制的物流过程
2		GB 31654—2021	食品安全国家标准 餐饮服务通用卫生规范	2021 年 2 月 22 日	2022 年 2 月 22 日	本标准规定了餐饮服务活动中食品采购、加工、贮存、供应、配送和餐（饮）具、食品容器及工具清洗、消毒等环节要求，设施、设备、人员的食品安全基本要求和管理准则。本标准适用于餐饮服务经营者和集中用餐单位的食堂从事的各类餐饮服务活动，如有必要制定某类餐饮服务活动的专项卫生规范，应当以本标准作为基础
3		GB/T 38574—2020	食品追溯二维码通用技术要求	2020 年 3 月 31 日	2021 年 4 月 1 日	本标准规定了食品追溯二维码使用原则、目标、数据内容、管理要求。本标准适用于食品追溯二维码在食品追溯体系中的应用
4		GB/T 39058—2020	农产品电子商务供应链质量管理规范	2020 年 9 月 29 日	2021 年 4 月 1 日	本标准规定了电子商务交易环境下食用农产品的采购和供应、初加工处理与包装、销售、配送等各环节的质量管理要求。适用于电子商务交易环境下食用农产品供应链各环节的相关主体资质、设施设备、作业环境过程控制、检验检测、信息记录等方面的质量管理

续 表

序号	分类	标准编号	标准名称	发布日期	实施日期	规定范围
5		GB/T 39664—2020	电子商务冷链物流配送服务管理规范	2020年12月14日	2021年7月1日	本标准规定了电子商务冷链物流配送的基本要求、管理要求、作业流程及要求和评审及改进。适用于电子商务冷链物流配送服务提供方对配送作业服务的管理，本标准不适用于医药冷链物流配送
6		GB/T 40956—2021	食品冷链物流交接规范	2021年11月26日	2022年6月1日	本文件规定了食品冷链物流交接作业的总体要求和入库、出库、配送交接要求。本文件适用于食品冷链物流过程中的交接管理
7	综合	GB/T 41438—2022	牛肉追溯技术规程	2022年4月15日	2022年11月1日	本文件确立了牛肉追溯的程序，规定了牛肉追溯目标、精度和范围的确定，追溯码的确定，追溯赋码和编码规则，追溯码与信息关联，追溯码读取和解码等内容，描述了相应的证实方法。本文件适用于肉牛饲养、交易、屠宰、分割包装，运输和产品销售等过程中追溯的相关技术操作
8		GB/T 41636—2022	易腐加工食品运输储藏质量特征识别与控制技术规范	2022年7月11日	2023年2月1日	本文件规定了易腐加工食品在运输、储藏过程中的品质特征识别与控制要求、识别要求和证实方法。本文件适用于易腐加工食品在运输、储藏过程中的品质特征识别与控制管理
9		GB/T 21720—2022	农贸市场管理技术规范	2022年10月12日	2023年5月1日	本文件规定了农贸市场经营环境要求，经营设施设备要求和经营管理要求，描述了相应的证实方法。本文件适用于申请开业和运营中农贸市场的管理
10		GB/T 43195—2023	进口冷链食品追溯系统开发指南	2023年9月7日	2024年4月1日	本文件提供了进口冷链食品追溯系统总体原则、系统构成、系统数据上传方式，系统安全及运维的建议。本文件适用于进口冷链食品追溯系统的建设

续 表

序号	分类	标准编号	标准名称	发布日期	实施日期	规定范围
11		GB/T 43260—2023	进口冷链食品追溯信息管理要求	2023 年 9 月 7 日	2024 年 4 月 1 日	本文件规定了进口冷链食品追溯信息管理的总体要求，信息内容，信息记录，信息储存和信息安全。本文件适用于进口冷链食品供应链各环节全过程中必要环节的追溯信息的管理
12		GB/T 43265—2023	进口冷链食品追溯系统数据元	2023 年 9 月 7 日	2024 年 4 月 1 日	本文件规定了进口冷链食品追溯系统的数据元表示，追溯系统数据逻辑关系，数据元目录，数据元无目录的使用和扩展的要求。本文件适用于进口冷链食品追溯系统中信息的处理、交换和共享
13	综合	GB/T 43268—2023	进口冷链食品追溯体系通则	2023 年 9 月 7 日	2024 年 4 月 1 日	本文件规定了进口冷链食品追溯体系建立的总体要求，追溯流程，关键要素，体系实施及体系管理。本文件适用于进口冷链食品追溯体系的建立和实施
14		GH/T 1311—2020	鲜（冻）食用农产品社区配送服务规范	2020 年 12 月 7 日	2021 年 3 月 1 日	本文件规定了鲜（冻）食用农产品服务的术语和定义，基本要求，配送流程，投诉处理，评价与改进等。本文件适用于进口冷链的鲜（冻）食用农产品配送服务
15		JT/T 1313—2020	城市配送服务规范	2020 年 7 月 31 日	2020 年 11 月 1 日	本标准规定了城市配送服务的一般要求，单证管理，装卸作业，配送运输，信息服务和质量保障。本标准适用于提供城市配送服务的企业，企业内部配送业务可参照使用
16		LY/T 3265—2021	食用林产品质量追溯要求通则	2021 年 6 月 30 日	2022 年 1 月 1 日	本文件规定了食用林产品质量追溯的原则，编码方法，信息采集，信息管理，追溯标识，外部审核，监管和质量处置技术要求等。本文件适用于食用林产品初级生产阶段（不包括深加工阶段）的质量追溯，追溯体系和标准体系的设计和标准制定

续 表

序号	分类	标准编号	标准名称	发布日期	实施日期	规定范围
17		NY/T 419—2021	绿色食品 稻米	2021年5月7日	2021年11月1日	本文件规定了绿色食品稻米的术语和定义要求、检验规则标签包装、运输和储存。本文件适用于绿色食品稻米包括大米（含糯米）米、胚芽米、蒸谷米、紫（黑）米、红米以及作为绿色食品稻米原料的稻谷，不适用于加入添加剂的稻米
18		NY/T 421—2021	绿色食品 小麦及小麦粉	2021年5月7日	2021年11月1日	本文件规定了绿色食品小麦及小麦粉的术语和定义要求、检验规则标签包装、运输和储存。本文件适用于绿色食品小麦及小麦粉和全麦粉
19	综合	NY/T 893—2021	绿色食品 粟、黍、稷及其制品	2021年5月7日	2021年11月1日	本文件规定了绿色食品粟、黍、稷及其制品的术语和定义、要求、检验规则、标签、包装、运输和储存。本文件适用于绿色食品粟、黍、稷、稷米、黍米及其加工成的粉状产品
20		NY/T 1512—2021	绿色食品 生面食、米粉制品	2021年5月7日	2021年11月1日	本文件规定了绿色食品生面食、米粉制品的术语和定义、要求、检验规则、标签、包装、运输和储存。本文件适用于绿色食品生面食包括生干面制品（挂面、切面、面叶、饺子皮、馄饨皮、烧麦皮等）和生湿面制品（面条、通心粉等）。生面食制品、米粉制品包括米粉干制品和湿制品
21		NY/T 1890—2021	绿色食品 蒸制类糕点	2021年5月7日	2021年11月1日	本文件规定了绿色食品蒸制类糕点的术语和定义、要求、检验规则、标签、包装、运输和储存。本文件适用于干蒸蛋糕类、印模糕类、切糕类、发糕类、松糕类等绿色食品蒸制类糕点，也适用于绿色食品馒头和花卷

续 表

序号	分类	标准编号	标准名称	发布日期	实施日期	规定范围
22	综合	NY/T 2108—2021	绿色食品 熟粉及熟米制糕点	2021 年 5 月 7 日	2021 年 11 月 1 日	本文件规定了绿色食品熟粉及熟米制糕点的术语和定义、要求、检验规则、标签、包装、运输和储存。本文件适用于绿色食品熟粉及熟米制糕点
23		NY/T 2111—2021	绿色食品 调味油	2021 年 5 月 7 日	2021 年 11 月 1 日	本文件规定了绿色食品调味油的术语和定义、要求、检验规则、标签、包装、运输和储藏。本文件适用于绿色食品调味油
24	速冻食品	WB/T 1103—2020	食品冷链末端配送作业规范	2020 年 5 月 11 日	2020 年 6 月 1 日	本标准规定了食品冷链末端配送的基本要求和作业要求。本标准适用于食品冷链末端配送作业和管理
25		GB 19295—2021	食品安全国家标准 速冻面米和速冻调制食品	2021 年 9 月 7 日	2022 年 3 月 7 日	本标准适用于速冻面米和速冻调制食品，不适用于速冻动物性水产制品
26		GB 12693—2023	食品安全国家标准 乳制品良好生产规范	2023 年 9 月 6 日	2024 年 9 月 6 日	本标准规定了乳制品生产过程中原料采购、加工、包装、贮存和运输等环节的场所、设施、人员的基本要求和管理准则。本标准适用于以生乳及其加工制品等为主要原料加工的乳制品的生产
27	乳制品	NY/T 3818—2020	农产品质量安全追溯操作规程 乳与乳制品	2020 年 11 月 12 日	2021 年 4 月 1 日	本标准规定了乳与乳制品质量安全追溯术语和定义、要求、追溯码编码、追溯精度、信息采集、追溯标识、体系运行自查和质量安全问题处置。本标准适用于乳与乳制品质量安全追溯操作和管理
28		NY/T 657—2021	绿色食品 乳与乳制品	2021 年 5 月 7 日	2021 年 11 月 1 日	本文件规定了绿色食品乳与乳制品的要求、检验规则、标签、包装、运输和储存。本文件适用于绿色食品牛羊乳及其制品，包括生乳、巴氏杀菌乳、灭菌乳、调制乳、发酵乳、炼乳、乳粉、干酪、再制干酪和奶油

续 表

序号	分类	标准编号	标准名称	发布日期	实施日期	规定范围
29	乳制品	NY/T 4054—2021	生牛乳质量分级	2021年12月15日	2022年6月1日	本文件规定了生牛乳质量分级的术语和定义、技术要求、取样、检验方法和检验规则。本文件适用于生牛乳质量分级
30		GB/T 24402—2021	鲮鱼罐头质量通则	2021年8月20日	2022年3月1日	本文件规定了鱼罐头的产品分类及代号、技术要求、试验方法、检验规则和包装、标志、运输和贮存。本文件适用于以鲜（冻）鲮鱼为主要原料，去头、去内脏、油炸等预处理、装罐、密封、杀菌、冷却制成的鲮鱼罐头
31	水产品	GB/T 27636—2023	冻罗非鱼片加工技术规范	2023年12月28日	2024年7月1日	本文件规定了冻罗非鱼片加工的原料鱼、生产用水、加工过程等方面的要求，描述了相应的证实方法。本文件适用于以活罗非鱼（Oreochromis spp.）为原料加工冻罗非鱼片产品的生产过程
32		GB/T 40745—2021	冷冻水产品包冰规范	2021年10月11日	2022年5月1日	本文件规定了冷冻水产品的产品规格分类、包冰技术要求、生产过程中冰衣含量的监控及生产记录。本文件适用于干鱼、虾、贝、蟹、头足类等冷冻水产品及其制品的包冰
33		GB/T 40963—2021	冻虾仁	2021年11月26日	2022年6月1日	本文件规定了冻虾仁的术语和定义、产品分类、要求、试验方法、检验规则、标签、标志、包装、运输和储存。本文件适用于对虾科（Penaeidae）、长额虾科（Pandalidae）、褐虾科（Crangonidae）、管鞭虾科（Solenoceridae）、长臂虾科（Palaemonidae）等虾类为原料，经清洗、去头、去壳（或部分去壳）、去肠腺，速冻等工艺得到的冻虾仁。以其他品种虾加工的冻虾仁参照本标准执行

续 表

序号	分类	标准编号	标准名称	发布日期	实施日期	规定范围
34	水产品	GB/T 41233—2022	冻鱼糜制品	2022 年 3 月 9 日	2022 年 10 月 1 日	本文件规定了冻鱼糜制品的要求、试验方法、检验规则、标识、包装、运输、贮存。本文件适用于以动物性水产品为主要原料，添加食用盐和淀粉等辅料，经一定工艺加工制成的非即食复合鱼糜制品和冻合鱼糜制品
35		GB/T 41545—2022	水产品及水产品加工品分类与名称	2022 年 7 月 11 日	2023 年 2 月 1 日	本文件规定了水产品及水产品加工品的分类原则、产品名称使用规则、产品分类及统计。本文件适用于水产品及水产品加工品的统计、生产及流通
36		GB/T 41545—2022	水产品及水产品加工品分类与名称	2022 年 7 月 11 日	2023 年 2 月 1 日	本文件规定了水产品及水产品加工品的分类原则、产品名称使用规则、产品分类及统计。本文件适用于水产品及水产品加工品的统计、生产及流通
37		NY/T 2976—2016	绿色食品 冷藏、速冻调制水产品	2016 年 10 月 26 日	2017 年 4 月 1 日	本标准规定了绿色食品冷藏、速冻调制水产品的术语和定义、分类、要求、检验规则、标签、包装、运输和储存。本标准适用于冷藏或速冻条件下的绿色食品调制水产品。不适用于绿色食品鱼糜制品、海参制品、海蜇制品、蛙类制品、藻类制品、干制水产品、水产品罐头、软体动物休闲食品、水产调味品；也不适用于生食水产品（如鱼生、醉虾、醉蟹）和生食的酒渍水产品、包括生食的腌制水产品（如醉虾、蟹、贝和泥螺）
38		NY/T 1514—2020	绿色食品 海参及制品	2020 年 8 月 26 日	2021 年 1 月 1 日	本标准规定了绿色食品海参及制品的术语和定义、要求、检验规则、标签、包装、运输和储存。本标准适用于绿色食品海参及制品，包括活海参、干海参、冻干海参、盐渍海参、冻干海参和即食海参

续　表

序号	分类	标准编号	标准名称	发布日期	实施日期	规定范围
39	水产品	NY/T 1515—2020	绿色食品 海蜇制品	2020 年 8 月 26 日	2021 年 1 月 1 日	本标准规定了绿色食品海蜇制品的要求、检验规则、标签、包装、运输和储存。本标准适用于绿色食品海蜇制品，包括盐渍海蜇皮、盐渍海蜇头和即食海蜇
40		NY/T 1516—2020	绿色食品 蛙类及制品	2020 年 8 月 26 日	2021 年 1 月 1 日	本标准规定了绿色食品蛙类及制品的术语和定义、要求、检验规则、标签、包装、运输和储存。本标准适用于活蛙（包括牛蛙、虎纹蛙、林蛙、棘胸蛙、美国青蛙等可供人们安全食用的养殖蛙类）鲜蛙体、干制品、冷冻制品
41		NY/T 1710—2020	绿色食品 水产调味品	2020 年 8 月 26 日	2021 年 1 月 1 日	本标准规定了绿色食品水产调味品的术语和定义、要求、检验规则、标签、包装、运输和储存。本标准适用于绿色食品水产调味品
42		NY/T 841—2021	绿色食品 蟹	2021 年 5 月 7 日	2021 年 11 月 1 日	本文件规定了绿色食品蟹的要求、检验规则、标签、包装、运输和储存。本文件适用于绿色食品蟹，包括淡水蟹活品、海水蟹活品及其初加工冻品
43		NY/T 842—2021	绿色食品 鱼	2021 年 5 月 7 日	2021 年 11 月 1 日	本文件规定了绿色食品鱼的要求、检验规则、标签、包装、运输和储存。本文件适用于绿色食品活鱼、鲜鱼鱼及仅去内脏或者分割加工后进行冷冻的初加工鱼产品
44		NY/T 1709—2021	绿色食品 藻类及其制品	2021 年 5 月 7 日	2021 年 11 月 1 日	本文件规定了绿色食品藻类及其制品的术语和定义、要求、检验规则、标签、包装、运输和储存。本文件适用于绿色食品可食用藻类及其制品

续 表

序号	分类	标准编号	标准名称	发布日期	实施日期	规定范围
45		NY/T 3899—2021	绿色食品 可食用鱼副产品及其制品	2021年5月7日	2021年11月1日	本文件规定了绿色食品鱼可食用副产品的术语和定义、要求、检验规则、标签、包装、运输和储存。本文件适用除鱼肉以外的可食用鱼副产品及其加工品，包括鱼子酱、粗制鱼油和精制鱼油鱼粉
46	水产品	NY/T 4320—2023	水产品产地批发市场建设规范	2023年2月17日	2023年6月1日	本文件规定了水产品产地批发市场的术语与定义、一般规定、建设规模与项目构成，选址与建设条件、工艺与设备、建设规划与规划布局，建筑工程及配套工程、节能节水与环境保护和主要技术经济指标等内容。本文件适用于以渔港为依托的水产品产地批发市场新建和改扩建项目，综合市场产地的水产品（批发）大厅可参考执行
47		QB/T 5499—2020	即食虾	2020年12月9日	2021年4月1日	本标准规定了即食虾的术语和定义、产品分类、要求、试验方法、检验规则、标志、标签、包装、运输和贮存。本标准适用于即食虾的生产、检验和销售
48		SC/T 3115—2022	冻章鱼	2022年11月11日	2023年3月1日	本文件规定了冻章鱼的原料、食品添加剂、加工用水、感官要求、理化指标、安全指标净含量等要求、描述了相应的试验方法、检验规则、标签、标志、包装、运输和贮存等。本文件适用于短蛸（Octopus ocellatus）、长蛸（Octo pus variabilis）、真蛸（Octopus oulgaris）、卵蛸（Octopus ovalum）等蛸属（Octopus）的章鱼，经去脏或不去脏，漂洗、切割或不切割，冷冻等工艺，进行的冻章鱼生产、管理和贸易

续 表

序号	分类	标准编号	标准名称	发布日期	实施日期	规定范围
49	水产品	SC/T 3058—2023	金枪鱼冷藏、冻藏操作规程	2023年4月11日	2023年8月1日	本文件确立了海洋捕捞金枪鱼的冷藏、冻藏操作流程，规定了船上操作、陆上操作、运输等阶段的操作指示，以及各阶段之间的转换条件，描述了船上操作记录、装卸记录、陆上操作记录、运输记录和档案管理等追溯方法。本文件适用于指导海洋捕捞太平洋蓝鳍金枪鱼（Thunnus orientalis）、大西洋蓝鳍金枪鱼（Thunnus thynnus）、南方蓝鳍金枪鱼（Thunnus maccoyii）、黄鳍金枪鱼（Thunnus albacores）、大眼金枪鱼（Thunnus obesus）的船上和陆上冷藏、冻藏操作。其他的金枪鱼品种的冷藏、冻藏操作可参照执行
50	肉制品	GB 19303—2023	食品安全国家标准 熟肉制品生产卫生规范	2023年9月6日	2024年9月6日	本标准规定了熟肉制品生产过程中原料采购、加工、包装、贮存和运输等环节的场所、设施、人员的基本要求和管理准则。本标准适用于熟肉制品的生产，包括热加工熟肉制品，不适用于发酵肉制品和发酵肉制品
51		GB/T 13214—2021	牛肉类、羊肉类罐头质量通则	2021年8月20日	2022年9月1日	本标准规定了牛肉类、羊肉类罐头的术语和定义、产品分类及代号、要求、试验方法、检验规则、标志、运输、贮存。本标准适用于以牛肉或羊肉（带骨或不带骨）为主要原料，经预处理、装罐、密封、杀菌、冷却制成的罐头食品
52		GB/T 23586—2022	酱卤肉制品质量通则	2022年12月30日	2024年7月1日	本文件规定了酱卤肉制品的产品分类、原辅料要求、技术要求、生产加工管理、检验规则、标志、包装、贮存、运输及销售的要求，描述了检验方法。本文件适用于酱卤肉制品的生产、检验和销售

续 表

序号	分类	标准编号	标准名称	发布日期	实施日期	规定范围
53		GB/T 40464—2021	冷却肉加工技术要求	2021 年 8 月 20 日	2022 年 3 月 1 日	本文件规定了冷却肉的屠宰、冷却加工、包装、标识、贮存、运输、追溯和召回等要求。本文件适用于冷却肉生产的屠宰、冷却、分割等初加工
54		GB/T 40465—2021	畜禽肉追溯要求	2021 年 8 月 20 日	2022 年 3 月 1 日	本文件规定了畜禽肉追溯体系目标、要求、实施、评价与改进的要求。本文件适用于畜禽肉在生产、贮存及出厂等环节的追溯体系建设
55		GB/T 40466—2021	畜禽肉分割技术规程 猪肉	2021 年 8 月 20 日	2022 年 3 月 1 日	本文件规定了猪肉分割的术语和定义、分割、原料要求、分割车间基本要求、分割方式、包装、标识、贮存和运输要求。本文件适用于鲜、冻猪肉的分割加工
56	肉制品	GB/T 17238—2022	鲜、冻分割牛肉	2022 年 4 月 15 日	2022 年 11 月 1 日	本文件规定了鲜、冻分割牛肉的产品种类、技术要求、检验规则、标签、标志、包装、贮存和运输要求。本文件适用于鲜、冻牛胴体、二分体、四分体为原料按部位分割加工的牛肉产品
57		GB/T 17239—2022	鲜、冻兔肉及副产品	2022 年 4 月 15 日	2022 年 11 月 1 日	本文件规定了牛胴体及分割肉质量分级的基本要求、质量等级划分、质量等级评定方法、包装和记录的要求，描述了牛胴体及分割肉的技术指标评定方法和质量等级评定方法。本文件适用于牛（牦牛、水牛和小牛除外）的牛肉分级
58		GB/T 19676—2022	畜禽肉质量分级 鸡肉	2022 年 4 月 15 日	2022 年 11 月 1 日	本文件规定了肉鸡胴体及分割鸡肉质量分级的基本要求、质量等级划分、标志、包装和记录要求，质量等级评定方法，描述了肉鸡胴体及分割鸡肉的技术指标评定方法。本文件适用于屠宰加工企业的肉鸡胴体及分割肉的质量分级

续　表

序号	分类	标准编号	标准名称	发布日期	实施日期	规定范围
59		GB/T 29392—2022	畜禽肉质量分级 牛肉	2022年7月11日	2023年2月1日	本文件规定了牛胴体及分割肉质量分级的基本要求、质量等级划分、标志、包装和记录方法评定了牛胴体及分割肉的技术要求的要求，描述了牛胴体等级评定方法和质量等级评定方法。本文件适用于肉牛（牦牛、水牛和小牛除外）的牛肉质量分级
60		GB/T 42069—2022	瘦肉型猪肉质量分级	2022年10月12日	2023年5月1日	本文件规定了瘦肉型猪肉质量分级的技术方法、标志与标识。本文件适用于瘦肉型猪的胴体及分割部位肉的质量分级
61	肉制品	GB/T 42120—2022	冻卷羊肉	2022年12月30日	2023年7月1日	本文件规定了冻卷羊肉的分类及规格、技术要求、包装、贮存及运输要求、标识、检验规则。本文件适用于冻卷羊肉、大羊肉加工而成的冻卷羊肉。冻砖羊肉参照使用
62		GB/T 23586—2022	酱卤肉制品质量通则	2022年12月30日	2022年12月30日	本文件规定了酱卤肉制品的产品分类、原辅料要求、生产加工管理、技术要求、包装、贮存、运输及销售的要求，描述了检验方法。本文件适用于酱卤肉制品的生产、检验和销售
63		JB/T 14618—2022	冷藏肉腐败变质实时监测装置	2022年9月30日	2023年4月1日	本文件规定了冷藏肉腐败变质实时监测装置的型号与性能参数、技术要求、试验方法、检验规则及标志、包装、运输和贮存。本文件适用于冷藏肉腐败变质实时监测装置的制造
64		NY/T 3383—2020	畜禽产品包装与标识	2020年8月26日	2021年1月1日	本标准规定了畜禽产品包装与标识的术语和定义、包装和标识要求。本标准适用于屠宰加工厂的鲜、冻畜禽产品包装与标识

续　表

序号	分类	标准编号	标准名称	发布日期	实施日期	规定范围
65		NY/T 3741—2020	畜禽屠宰操作规程 鸭	2020年8月26日	2021年1月1日	本标准规定了鸭屠宰的术语和定义、屠宰操作程序及要求、宰前要求、屠宰操作、包装、标签、标志和储存及其他要求。本标准适用于鸭屠宰企业的屠宰操作
66		NY/T 3742—2020	畜禽屠宰操作规程 鹅	2020年8月26日	2021年1月1日	本标准规定了鹅屠宰的术语和定义、屠宰操作程序及要求、宰前要求、屠宰操作、包装、标签、标志和储存及其他要求。本标准适用于鹅屠宰企业的屠宰操作
67		NY/T 3743—2020	畜禽屠宰操作规程 驴	2020年8月26日	2021年1月1日	本标准规定了驴屠宰的术语和定义、屠宰操作程序及要求、宰前要求、屠宰操作、冷却、分割、冻结、包装、标签、标志和储存以及其他要求。本标准适用于驴屠宰企业的屠宰操作
68	肉制品	NY/T 753—2021	绿色食品 禽肉	2021年5月7日	2021年11月1日	本文件规定了绿色食品禽肉的术语和定义、要求、检验规则、标志、包装、运输和储存。本标准适用于绿色食品鲜禽肉、冷却禽肉及冷冻禽肉
69		NY/T 1564—2021	畜禽肉分割技术规程 羊肉	2021年11月9日	2022年5月1日	本文件规定了羊肉分割的术语和定义、原料要求、分割车间基本要求、分割方式、标签、标志、包装、储存和运输要求。本文件适用于羊肉的分割加工
70		NY/T 3962—2021	畜禽肉分割技术规程 鸭肉	2021年11月9日	2022年5月1日	本文件规定了鸭肉分割的术语和定义、原料要求、分割车间基本要求、分割程序及要求、标志、包装、储存和运输要求。本文件适用于鸭肉的分割加工
71		NY/T 3963—2021	畜禽肉分割技术规程 牦牛肉	2021年11月9日	2022年5月1日	本文件规定了牦牛肉分割的术语和定义、分割程序及要求、原料要求、分割方式、标签、标志、包装、储存和运输要求。本文件适用于牦牛肉的分割加工

续　表

序号	分类	标准编号	标准名称	发布日期	实施日期	规定范围
72	肉制品	NY/T 4026—2021	冷却肉加工及流通技术规范	2021年12月15日	2022年6月1日	本文件规定了冷却肉加工、运输、销售、追溯与召回、记录等要求。本文件适用于冷却肉的加工及流通
73		NY/T 2799—2023	绿色食品畜肉	2023年2月17日	2023年6月1日	本文件规定了绿色食品畜肉的术语定义、要求、检验规则、标签、包装、运输和储存。本文件适用于绿色食品畜肉（包括猪肉、牛肉、羊肉、马肉、驴肉、兔肉等）的鲜肉、冷却肉及冷冻肉，不适用于畜肉脏、混合畜肉及辐照畜肉
74	果蔬	GB 31652—2021	食品安全国家标准 即食鲜切果蔬加工卫生规范	2021年2月22日	2022年2月22日	本标准规定了即食鲜切果蔬生产过程中原料采购、验收、加工、包装、贮存和运输等环节的场所、设施与设备、人员的基本要求和管理准则等。本标准适用于即食鲜切果蔬企业的生产
75		GB/T 29379—2021	马铃薯脱毒种薯贮藏、运输技术规程	2021年10月11日	2022年5月1日	本文件规定了马铃薯脱毒种薯收获后处理、包装、标识、运输、贮存、贮藏量和准码以及贮藏管理等技术的要求。本文件适用于马铃薯脱毒种薯的贮藏及运输
76		GB/T 40743—2021	猕猴桃质量等级	2021年10月11日	2022年5月1日	本文件规定了猕猴桃鲜果的规格、等级、检验方法、判定规则、包装和标识。本文件适用于中华猕猴桃原变种（Actinidia chinensis Planch. ar. chinensis）和美味猕猴桃变种（A. chinensis Planch. var. deliciosa）品种果实的分级
77		GB/T 40748—2021	百香果质量分级	2021年10月11日	2021年10月11日	本文件规定了百香果的分级要求、检验规则、检验方法、包装、标志、运输和贮藏的要求。本文件适用于生产和销售的紫色、黄色和其杂交品种的百香果鲜果，加工用百香果除外

续 表

序号	分类	标准编号	标准名称	发布日期	实施日期	规定范围
78	果蔬	GB/T 40827—2021	枇杷采后处理技术规程	2021 年 10 月 11 日	2022 年 5 月 1 日	本文件确立了枇杷果实采后处理程序，规定了枇杷果实的采收、整理与采后挑选、预冷、分级、包装、标识、运输、销售等阶段的操作指示，以及上述阶段之间的转换条件，描述了过程记录、标记等追溯方法。本文件适用于枇杷果实采后处理各环节的操作和管理，包括红肉和直肉枇杷品种
79		GB/T 40960—2021	苹果冷链流通技术规程	2021 年 11 月 26 日	2022 年 6 月 1 日	本标准规定了果品采收、分级、预冷、贮藏、出库、包装、标识、运输、销售等冷链流通环节技术要求。本标准适用于鲜食苹果的冷链流通
80		GB/T 40964—2021	桃冷链流通技术操作规程	2021 年 11 月 26 日	2022 年 6 月 1 日	本标准规定了桃采收、分级、预冷、贮藏、出库、包装、标识、运输、销售等冷链流通环节技术要求。本标准适用于鲜食桃的冷链流通
81		GB/T 42503—2023	农产品产地冷链物流服务规范	2023 年 3 月 17 日	2023 年 3 月 17 日	本文件规定了农产品产地冷链物流服务的基本要求、服务保障、服务内容及要求、服务质量评价的冷链物流服务管理内容。本文件适用于面向产地农产品的冷链物流服务与管理
82		GB/T 42482—2023	生鲜银耳包装、贮存与冷链运输技术规范	2023 年 3 月 17 日	2023 年 7 月 1 日	本文件规定了生鲜银耳预冷前摆放、预冷包装、贮存、冷链运输、标识标志等技术要求。本文件适用于代料栽培生鲜银耳的包装、贮存与冷链运输
83		GB/Z 40948—2021	农产品追溯要求 蜂蜜	2021 年 12 月 31 日	2022 年 7 月 1 日	本文件提供了蜂蜜生产、加工、物流、销售环节追溯信息记录的指导建议。本文件适用于蜂蜜产品的追溯
84		GH/T 1152—2020	梨冷藏技术	2020 年 12 月 7 日	2021 年 3 月 1 日	本标准规定了梨的采收与质量、预冷、冷藏技术及贮藏管理等要求。本标准适用于酥梨、黄冠、鸭梨、南果、库尔勒香梨、京白、砀梨、雪花、苹果梨等主要梨品种的中、长期冷藏；其他品种也可参照使用

续　表

序号	分类	标准编号	标准名称	发布日期	实施日期	规定范围
85	果蔬	GH/T 1184—2020	哈密瓜	2020年12月7日	2021年3月1日	本标准规定了哈密瓜的术语和定义、质量要求、试验方法、检验规则、包装和标签、贮存和运输。本标准适用于哈密瓜的收购和销售
86		GH/T 1140—2021	速冻黄瓜	2021年3月11日	2021年5月1日	本文件规定了速冻黄瓜的术语和定义、产品分级、质量要求、检验方法、检验规则、标志、包装、运输和贮藏等要求。本文件适用于以成熟的新鲜黄瓜为原料，采用速冻装置生产的速冻黄瓜
87		GH/T 1141—2021	速冻甜椒	2021年3月11日	2021年5月1日	本标准规定了速冻甜椒的术语和定义、质量要求、检验规则、标志、包装、贮藏及运输等要求。本文件适用于以成熟的甜椒为原料，采用速冻装置生产的速冻甜椒
88		GH/T 1153—2021	西瓜	2021年3月11日	2021年5月1日	本标准规定了西瓜的术语和定义、质量要求、试验方法、检验规则、包装和标签、贮存和运输。本标准适用于西瓜的收购和销售
89		GH/T 1326—2021	冻干水果、蔬菜	2021年3月11日	2021年5月1日	本文件规定了冻干水果、蔬菜的术语和定义、要求、检验方法、检验规则、标志、包装、运输和贮存。本文件适用于以食用水果、蔬菜为原料，经原料预处理、真空冷冻干燥等工艺制成的产品
90		GH/T 1336—2021	宽皮柑橘采后贮藏物流操作规程	2021年3月11日	2021年5月1日	本文件规定了宽皮柑橘（Citrus reticulata Blanco）库房与容器消毒、果实采收与质量要求、贮前处理、贮藏、出库与商品化处理、物流和销售等质量要求。本文件适用于鲜食宽皮柑橘的贮藏流通，其他柑橘种类可参照使用

续 表

序号	分类	标准编号	标准名称	发布日期	实施日期	规定范围
91		GH/T 1341—2021	鲜切果蔬	2021 年 7 月 7 日	2021 年 10 月 1 日	本文件规定了鲜切果蔬的术语和定义、要求、检验规则、包装、标识、标签、运输和贮存。本文件适用于以新鲜果蔬为原料生产的鲜切果蔬
92		GH/T 1342—2021	百香果冷链流通技术规程	2021 年 7 月 9 日	2021 年 10 月 3 日	本文件规定了百香果（Passiflora edulis Sims）采收、分级、预冷、包装、贮藏、标识、出库、销售、运输等冷链流通环节技术要求。本文件适用于鲜食百香果的冷链流通
93	果蔬	GH/T 1148—2021	桃脯	2021 年 12 月 24 日	2022 年 3 月 1 日	本文件规定了桃脯的技术要求、生产加工过程卫生要求、检验规则、标签和标志、包装、贮运和销售等要求。本文件适用于桃脯产品
94		GH/T 1149—2021	梨脯	2021 年 12 月 24 日	2022 年 3 月 1 日	本文件规定了梨脯的技术要求、生产加工过程卫生要求、检验规则、标签和标志、包装、贮运和销售等要求。本文件适用于梨脯产品
95		GH/T 1359—2021	果品流通追溯平台供应商评价规范	2021 年 12 月 24 日	2022 年 3 月 1 日	本文件规定了对果品类农产品追溯平台供应商评价管理的原则、相关组织要求、程序。本文件适用于果品采购商或其他使用者、内部或外部人员机构（例如：评价商或可追溯果品供应商进行的符合性评价、第三方评价，以及供应商的自我评价
96		GH/T 1409—2022	草莓冷链流通技术规程	2023 年 2 月 9 日	2023 年 3 月 1 日	本文件规定了草莓采收、质量要求、包装、预冷、贮藏、出库、运输和销售等冷链流通环节技术要求。本文件适用于鲜食草莓的冷链流通

续 表

序号	分类	标准编号	标准名称	发布日期	实施日期	规定范围
97		GH/T 1435—2023	园艺产品蓄冷保温流通技术规程	2023年9月13日	2024年3月1日	本文件规定了园艺产品蓄冷保温流通过程的基本要求。本文件适用于果品、蔬菜、花卉等园艺产品的蓄冷保温流通
98		GH/T 1444—2023	速冻芋菜加工技术规程	2023年12月20日	2024年6月1日	本文件确立了速冻芋菜加工的程序，规定了初筛、清洗、漂烫、冷却、挑拣和速冻等阶段的操作指示，以及上述阶段之间的转换条件，描述了过程记录、标识，对原料、生产环境与卫生、包装、标识、金属检测、储存等要求进行了规定。本文件适用于速冻芋菜的加工
99	果蔬	NY/T 3569—2020	山药、芋头贮藏保鲜技术规程	2020年3月20日	2020年7月1日	本标准规定了山药、芋头储藏保鲜的采收要求、储藏设施要求、预处理、分级与包装、堆码、储藏、出库（窖）与运输。本标准适用于山药、芋头的储藏保鲜
100		NY/T 3570—2020	多年生菜贮藏保鲜技术规程	2020年3月20日	2020年7月1日	本标准规定了多年生蔬菜储藏保鲜的采收和质量要求，储藏设施、预冷、分级与包装、堆码、储藏、出库及运输等技术要求。本标准适用于芦笋、黄秋葵、食用百合、香椿等的储藏保鲜
101		NY/T 1202—2020	豆类蔬菜贮藏保鲜技术规程	2020年7月27日	2020年11月1日	本标准规定了豆类蔬菜贮藏保鲜的采收和质量要求，贮藏前库房准备、预冷、包装、入库、堆码、贮藏、运输及出库等技术要求。本标准适用于菜豆、豇豆、豌豆和毛豆等新鲜豆类蔬菜的贮藏

续 表

序号	分类	标准编号	标准名称	发布日期	实施日期	规定范围
102	果蔬	NY/T 1203—2020	茄果类蔬菜贮藏保鲜技术规程	2020 年 7 月 27 日	2020 年 11 月 1 日	本标准规定了茄果类蔬菜贮藏保鲜的采收和质量要求，贮藏前库房准备、预冷、包装、入库、堆码、运输及出库等技术要求。本标准适用于辣椒、甜椒、茄子、番茄和樱桃番茄新鲜番茄果类蔬菜的非制冷贮藏机械冷藏
103		NY/T 654—2020	绿色食品 白菜类蔬菜	2020 年 8 月 26 日	2021 年 1 月 1 日	本标准规定了绿色食品白菜类蔬菜的要求、检验规则、标签、包装、运输和储存。本标准适用于绿色食品白菜类蔬菜，包括大白菜、普通白菜、乌塌菜、菜薹、菜薹、薹菜等。各蔬菜的英文名、学名及别名参见附录 A
104		NY/T 655—2020	绿色食品 茄果类蔬菜	2020 年 8 月 26 日	2021 年 1 月 1 日	本标准规定了绿色食品茄果类蔬菜的要求、检验规则、标签、包装、运输和储存。本标准适用于绿色食品茄果类蔬菜，包括番茄、茄子、辣椒、甜椒、香瓜茄等。各蔬菜的英文名、学名及别名参见附录 A
105		NY/T 743—2020	绿色食品 绿叶类蔬菜	2020 年 8 月 26 日	2021 年 1 月 1 日 4	本标准规定了绿色食品绿叶类蔬菜的要求、检验规则、标签、包装、运输和储存。本标准适用于绿色食品绿叶类蔬菜，莴苣（包括结球莴苣、莴笋、叶用莴苣（包括小叶茼蒿、高子秆）、莴笋、皱叶莴苣等）、茎用莴苣、叶菜（包括大叶茼蒿、小叶茼蒿、高秆茼蒿）、菠菜、芫荽、芹菜、芥菜、茼蒿、紫背天葵、榆钱菠菜、冬葵、鸭儿芹、苦苣、苦荬菜、菊花脑、酸模、珍珠菜、芝麻菜、白花菜、香芹菜、罗勒、薄荷、莳萝、马齿苋、紫苏、蒲公英、马兰、荠菜、截菜、蒌蒿等

续　表

序号	分类	标准编号	标准名称	发布日期	实施日期	规定范围
106	果蔬	NY/T 744—2020	绿色食品 葱蒜类蔬菜	2020 年 8 月 26 日	2021 年 1 月 1 日	本标准规定了绿色食品葱蒜类蔬菜的要求、检验规则、标签、包装、运输和储存等。本标准适用于绿色食品葱蒜类蔬菜，包括韭菜、大葱、洋葱、胡葱、大蒜、蒜苗、薤、韭黄、分葱、细香葱、楼葱等。各葱蒜类蔬菜的英文名、学名及别名参见附录 A
107		NY/T 745—2020	绿色食品 根菜类蔬菜	2020 年 8 月 26 日	2021 年 1 月 1 日	本标准规定了绿色食品根菜类蔬菜的要求、检验规则、标签、包装、运输和储存等。本标准适用于绿色食品根菜类蔬菜，包括萝卜、胡萝卜、无菁、芜菁甘蓝、美洲防风、根芹菜、婆罗门参、黑婆罗门参、牛蒡、山葵、根芹菜等。各蔬菜的英文名、学名及别名参见附录 A
108		NY/T 746—2020	绿色食品 甘蓝类蔬菜	2020 年 8 月 26 日	2021 年 1 月 1 日	本标准规定了绿色食品甘蓝类蔬菜的要求、检验规则、标签、包装、运输和储存。本标准适用于绿色食品甘蓝类蔬菜，包括结球甘蓝、赤球甘蓝、抱子甘蓝、皱叶甘蓝、羽衣甘蓝、花椰菜、青花菜、球茎甘蓝、芥蓝等。各蔬菜的英文名、学名及别名参见附录 A
109		NY/T 747—2020	绿色食品 瓜类蔬菜	2020 年 8 月 26 日	2021 年 1 月 1 日	本标准规定了绿色食品瓜类蔬菜的要求、检验规则、标签、包装、运输和储存。本标准适用于绿色食品瓜类蔬菜，包括黄瓜、南瓜、节瓜、西葫芦、越瓜、菜瓜、丝瓜、冬瓜、蛇瓜、苦瓜、瓠瓜、佛手瓜等（学名、英文名及别名参见附录 A）

续表

序号	分类	标准编号	标准名称	发布日期	实施日期	规定范围
110		NY/T 748—2020	绿色食品 豆类蔬菜	2020年8月26日	2021年1月1日	本标准规定了绿色食品豆类蔬菜的要求、检验规则、标签、包装、运输和储存。本标准适用于绿色食品豆类蔬菜，包括菜豆、长豇豆、扁豆、莱豆、蚕豆、刀豆、豌豆、四棱豆、食荚菜用大豆、黎豆等
111	果蔬	NY/T 750—2020	绿色食品 热带、亚热带水果	2020年8月26日	2021年1月1日	本标准规定了绿色食品热带、亚热带水果的术语和定义、要求、检验规则、标签、包装、运输和储存。本标准适用于绿色食品热带和亚热带水果，包括荔枝、番石榴、龙眼、香蕉、波萝、芒果、枇杷、黄皮、番木瓜、杨梅、阳桃、橄榄、红毛丹、毛叶枣、莲雾、人心果、西番莲、山竹、火龙果、波罗蜜、番荔枝和青梅
112		NY/T 752—2020	绿色食品 蜂产品	2020年8月26日	2021年1月1日	本标准规定了绿色食品蜂产品的分类、要求、检验规则、标签、包装、运输和储存。本标准适用于绿色食品蜂蜜、蜂王浆（包括蜂王浆冻干粉）蜂花粉。不适用于蜂蜡及其制品
113		NY/T 1044—2020	绿色食品 藕及其制品	2020年8月26日	2021年1月1日	本标准规定了绿色食品藕及藕粉的术语和定义、要求、检验规则、标签、包装、运输和储存。本标准适用于绿色食品藕及藕制品，不适用于泡藕粉、卤藕罐头
114		NY/T 1711—2020	绿色食品 辣椒制品	2020年8月26日	2021年1月1日	本标准规定了绿色食品辣椒制品的术语和定义、要求、检验规则、标签、包装、运输和储存。本标准适用于绿色食品辣椒制品，不适用于辣椒油

续 表

序号	分类	标准编号	标准名称	发布日期	实施日期	规定范围
115		NY/T 453—2020	红江橙	2020年11月12日	2021年4月1日	本标准规定了红江橙的术语与定义、要求、检验方法、检验规则、包装与标志、储存与运输、销售。本标准适用于红江橙鲜果的生产、收购和销售
116		NY/T 426—2021	绿色食品 柑橘类水果	2021年5月7日	2021年11月1日	本文件规定了绿色食品柑橘类水果的术语和定义、要求、检验规则、标签、包装、运输和储存。本文件适用于绿色食品宽皮柑橘类、甜橙类、柚类、柠檬类、金柑类和杂交柑橘类等柑橘类水果的鲜果柑橘类水果类别（名称）详见附录B
117	果蔬	NY/T 435—2021	绿色食品 水果、蔬菜脆片	2021年5月7日	2021年11月1日	本文件规定了绿色食品水果、蔬菜脆片的术语和定义、产品分类、要求、检验规则、标签、包装、运输和储存。本文件适用于绿色食品水果、蔬菜（含食用菌）脆片
118		NY/T 751—2021	绿色食品 食用植物油	2021年5月7日	2021年11月1日	本文件规定了绿色食品食用植物油的术语和定义、要求、检验规则、标签、包装、运输和储存。本文件适用于绿色食品食用植物油，包括菜籽油、大豆油、玉米油、花生油、芝麻籽油、亚麻籽油（仁）油、米糠油、核桃油、油茶籽油、橄榄油、牡丹籽油、棕榈（仁）油、葡萄籽油、精炼椰子油、南瓜子油及食用植物调和油
119		NY/T 1047—2021	绿色食品 水果、蔬菜罐头	2021年5月7日	2021年11月1日	本文件规定了绿色食品水果、蔬菜罐头的术语和定义、要求、检验规则、标签、包装、运输和储存。本文件适用于绿色食品水果、蔬菜罐头，不适用于果酱类、蔬菜汁（酱）类罐头和盐渍（酱渍）类蔬菜罐头

续 表

序号	分类	标准编号	标准名称	发布日期	实施日期	规定范围
120		NY/T 1048—2021	绿色食品 笋及笋制品	2021 年 5 月 7 日	2021 年 11 月 1 日	本文件规定了绿色食品笋及笋制品的术语和定义、要求、检验规则、标签、包装、运输和储存。本文件适用于绿色食品笋及笋制品（包括鲜竹笋、竹笋罐头，即食竹笋及竹笋干等）
121		NY/T 3910—2021	非浓缩还原果蔬汁冷链物流技术规程	2021 年 5 月 7 日	2021 年 11 月 1 日	本文件规定了非浓缩还原果蔬汁冷链物流的基本要求、设施要求、物流包装及标识、储存、运输、销售，人员管理和质量管理。本文件适用于采用超高压等非热杀菌或巴氏杀菌制成的或其他对储藏有冷链需求的非浓缩还原果蔬汁制品
122	果蔬	NY/T 3911—2021	火龙果采收贮运技术规范	2021 年 5 月 7 日	2021 年 11 月 1 日	本文件规定了火龙果采收储藏前处理、储藏、运输、检验规则与检验方法。本文件适用于大红、金都一号和美龙二号火龙果的采收与储运。其他品种火龙果的采收储运可参照执行
123		NY/T 3912—2021	无花果采收贮运技术规范	2021 年 5 月 7 日	2021 年 11 月 1 日	本文件规定了鲜食无花果的采收、预冷、储藏、出库以及运输环节的技术规程。本文件适用于主栽的麦斯依陶芬、布兰瑞克、青皮、波姬红等鲜食无花果的采收、储藏和运输
124		NY/T 3914—2021	蒜薹低温物流保鲜技术规程	2021 年 5 月 7 日	2021 年 11 月 1 日	本文件规定了蒜薹低温冷链流通的技术规程，包括术语和定义、采收、运输、预冷、冷藏条件与陶识、运输、销售、管理等低温冷链流通的基本要求。本文件适用于新鲜蒜薹冷链物流的低温保鲜技术领域

续 表

序号	分类	标准编号	标准名称	发布日期	实施日期	规定范围
125		NY/T 4165—2022	柑橘电商冷链物流技术规程	2022年7月11日	2022年10月1日	本文件规定了用于电商销售的鲜食柑橘类果实的质量要求、采收、预冷、防腐保鲜处理、分级、包装、短期储藏、冷链运输、配送与追溯等技术要求。本文件适用于柚类、宽皮柑橘类、甜橙类、柠檬类等鲜食柑橘类果实的电商冷链物流
126		NY/T 4166—2022	苹果电商冷链物流技术规程	2022年7月11日	2022年10月1日	本文件规定了电商销售苹果果的采收与质量要求、分选、预冷、包装、储藏、出库、运输、分拣与配送、记录与追溯等冷链物流环节的要求。本文件适用于电商模式下鲜苹果果的冷链物流
127	果蔬	NY/T 4167—2022	荔枝冷链流通技术要求	2022年7月11日	2022年10月1日	本文件规定了荔枝（Litchi chinensis Sonn.）果实冷链流通的术语和定义、采收与质量要求、采后处理、预冷、冷链运输、储藏、销售和追溯要求。本文件适用于新鲜荔枝的冷链流通
128		NY/T 4168—2022	果蔬预冷技术规范	2022年7月11日	2022年10月1日	本文件规定了果蔬预冷技术的预冷方式选择、预冷前准备、采收与质量要求、包装、预冷、预冷终止与储运。本文件适用于水果、蔬菜的采后预冷
129		NY/T 749—2023	绿色食品 食用菌	2023年2月17日	2023年6月1日	本文件规定了绿色食品食用菌的术语和定义、要求、检验规则、标签、包装、运输和储藏。本文件适用于人工培养的绿色食品食用菌的鲜品和干品。常见食用菌中文、拉丁文名称对照见附录B

续　表

序号	分类	标准编号	标准名称	发布日期	实施日期	规定范围
130	果蔬	NY/T 1049—2023	绿色食品 薯芋类蔬菜	2023 年 2 月 17 日	2023 年 6 月 1 日	本文件规定了绿色食品薯芋类蔬菜的术语和定义、要求、检验规则、标志和标签、包装、运输和储藏。本文件适用于绿色食品薯芋类蔬菜，包括马铃薯、姜、山药、豆薯、菊芋、甘露子、菜用土圞儿、葛、甘薯、木薯、菊薯、芋等的新鲜产品。各薯芋类蔬菜学名、俗名参见附录 B。本文件不适用于魔芋
131		NY/T 1324—2023	绿色食品 芥菜类蔬菜	2023 年 2 月 17 日	2023 年 6 月 1 日	本文件规定了绿色食品芥菜类蔬菜的术语和定义、蔬菜的要求、包装、标志和标签、运输和储藏。本文件适用于绿色食品芥菜类蔬菜，包括鲜食和加工用茎芥、叶芥、根芥和鉴芥。各芥菜类蔬菜分类、学名和俗名见附录 B
132		NY/T 1325—2023	绿色食品 芽苗类蔬菜	2023 年 2 月 17 日	2023 年 6 月 1 日	本文件规定了绿色食品种芽类蔬菜的术语和定义、要求、检验规则、标志和标签、运输和储藏。本文件适用于绿色食品芽苗类蔬菜，包括绿豆芽、黑豆芽、黄豆芽、豌豆苗、豆苗、青豆芽、红豆芽、红小豆芽、蚕豆芽、豌豆苗、花生芽、苜蓿芽、小扁豆芽、萝卜芽、沙芥芽、芥菜芽、芥蓝芽、松蓝芽、种芽香椿、向日葵芽、紫苏芽、胡椒芽、水芹芽、小麦苗、胡麻芽、蕹菜芽、芝麻芽、黄秋葵芽等
133		NY/T 1326—2023	绿色食品 水生蔬菜	2023 年 2 月 17 日	2023 年 6 月 1 日	本文件规定了绿色食品多年生蔬菜的术语和定义、要求、检验规则、标志和标签、运输和储藏。本文件适用于绿色食品多年生蔬菜，包括芦笋、百合、菜用枸杞、黄花菜、襄荷、辣根、食用大黄、桔梗等的新鲜产品。各多年生蔬菜的学名、俗名见附录 B

续　表

序号	分类	标准编号	标准名称	发布日期	实施日期	规定范围
134	果蔬	NY/T 4285—2023	生鲜果品冷链物流技术规范	2023 年 2 月 17 日	2023 年 6 月 1 日	本文件规定了生鲜果品的采收要求、原料质量要求、采收后预处理、储藏、运输、销售、包装与标志、卫生规范和质量管理与追溯。本文件适用于生鲜果品的采后冷链物流
135		NY/T 4335—2023	根茎类蔬菜加工预处理技术规范	2023 年 4 月 11 日	2023 年 8 月 1 日	本文件规定了根茎类蔬菜的术语和定义、原辅料要求、预处理基本要求、过程操作规范、包装、标识和储存、记录和文件管理。本文件适用于马铃薯、萝卜、山药、胡萝卜、莲藕、洋葱 6 类根茎类蔬菜加工预处理
136		QB/T 5627—2021	非浓缩还原果汁 橙汁	2021 年 12 月 2 日	2022 年 4 月 1 日	本文件规定了非浓缩还原果汁橙汁的要求、检验规则、标志、包装、运输和贮存，描述了相应的试验方法，给出了产品分类。本文件适用于第 3 章所定义的非浓缩还原果汁橙汁
137		QB/T 5654—2021	水果冻罐头	2021 年 12 月 2 日	2022 年 4 月 1 日	本文件规定了水果冻罐头的要求、检验规则、标签、包装、标志、运输和贮存，给出了产品分类。本文件适用于以水果和（或）果汁等为主要原料，经或不经去皮、开瓣、去核、修整等预处理，经或不经粉碎、压榨、取汁、过滤等工艺，添加或不添加其他配料，以及增稠剂等食品添加剂，经调配、装杯、密封、杀菌、冷却而制成的罐藏食品的生产、检验和销售

续 表

序号	分类	标准编号	标准名称	发布日期	实施日期	规定范围
138		GB/T 39438—2020	包装鸡蛋	2020年11月19日	2021年6月1日	本标准规定了包装鸡蛋的术语定义、分级、检测方法、检验规则、包装、标签与标识、贮存、运输和销售
139		GB/T 42235—2022	蛋液质量通则	2022年12月30日	2022年12月30日	本文件规定了蛋液的分类、技术要求、检验方法、检验规则、标签与标志、包装、贮存与运输的要求。本文件适用于蛋液产品的生产、检验与销售
140	蛋制品	NY/T 3817—2020	农产品质量安全追溯操作规程 蛋与蛋制品	2020年11月12日	2021年4月1日	本标准规定了蛋与蛋制品质量安全追溯的术语和定义、要求、追溯精度、信息采集、信息管理、追溯标识、体系运行自查和质量安全问题处置。本标准适用于蛋与蛋制品质量安全追溯操作和管理
141		NY/T 754—2021	绿色食品 蛋及蛋制品	2021年5月7日	2021年11月1日	本文件规定了绿色食品蛋及蛋制品的术语和定义、要求、检验规则、标签、包装、运输和储存。本文件适用于绿色食品禽蛋（鸡蛋、鸭蛋、鹅蛋、鸽子蛋、鹌鹑蛋等）、液态蛋（鸡蛋、鸭蛋、鹅蛋、鹌鹑蛋等）、巴氏杀菌全蛋液、巴氏杀菌鲜全蛋冰全蛋、冰蛋黄、冰蛋白、鲜蛋黄液、巴氏杀菌蛋黄液、鲜蛋白液、巴氏杀菌蛋白液、蛋粉和蛋片（蛋黄粉、蛋白片）和皮蛋、咸蛋、咸蛋黄、糟蛋等蛋制品
142		NY/T 4279—2023	洁蛋生产技术规程	2023年2月17日	2023年6月1日	本文件规定了洁蛋生产厂房和生产设施的要求，以及洁蛋生产工艺流程和生产过程要求。本文件适用于以鸡蛋、鸭蛋、鹅蛋、鹌鹑蛋、鸽蛋等鲜禽蛋生产的洁蛋

第三节 冷链物流企业星级评估工作专题

一、冷链物流企业星级评估概述

中国物流与采购联合会根据《物流企业分类与评估指标》（GB/T 19680—2013）国家标准，对企业经营状况、资产情况、设备设施、管理及服务、人员素质、信息化水平六个方面，16～18 个指标及项目，按照规范、标准的流程进行了物流企业综合评估认证。按照运输型、仓储型、综合服务型三种类型，依据各自的评估指标体系，综合评估出从 1A 到 5A 五个等级的物流企业，5A 级为最高级。

自 2015 年以来，共完成十七批 203 家星级冷链物流企业评估，全国星级冷链物流企业现存有效共计 177 家，五星级冷链物流企业 32 家，四星级 96 家，三星 47 家，二星 2 家，涉及 22 个省市自治区，其中 14 个省市超 5 家。

各地方政府对冷链物流的重视，安徽、河南、湖北、重庆等 20 地方政府出台相应补贴政策，支持星级冷链物流企业的发展，资金扶持力度从 10 万元到 100 万元不等。

二、冷链物流企业星级评估指标

1. 运输型冷链物流企业评估指标（见表1）

表1　　　　　　　　运输型冷链服务要求与能力评估指标

评估指标		级别				
项目	类别	五星	四星	三星	二星	一星
设施设备	1. 自有冷藏（冻）车数量＊/辆（或总载重量＊/t）	≥400（≥2000）	≥200（≥1000）	≥100（≥500）	≥50（≥250）	≥20（≥100）
	2. 租用冷藏（冻）车数量/辆（或总载重量/t）	≥150（≥750）	≥90（≥450）	≥60（≥300）	≥30（≥150）	≥10（≥50）
	3. 冷藏（冻）车厢（箱）＊	干净整洁，符合 QC/T 449 中对冷藏（冻）车厢（箱）的要求				
	4. 数据采集终端＊	冷藏（冻）车（厢、箱）内、外有必要的温度数据采集终端，并有定期检查校正记录				

评估指标		级别				
项目	类别	五星	四星	三星	二星	一星
信息化	5. 温度监测系统 *	冷藏（冻）车（厢、箱）内测温点分布均匀，温度实时监测并记录		冷藏（冻）车（厢、箱）内测温点分布均匀，温度定时监测、记录		
	6. 温度数据 *	自物品交予委托方之日起应保存不低于 6 个月的温度数据，且数据应保存完整，可查询				
	7. 运输管理系统（TMS）*	有运输管理系统及相关温控模块		—		
	8. 货物跟踪 *	自有/租用车辆 100% 装有冷链运输跟踪设备				
管理与服务	9. 客户投诉率（客户满意度）	≤0.05%（≥98%）	≤0.1%（≥95%）		≤0.5%（≥90%）	
	10. 管理制度 *	有健全的物品交接制度、清洁卫生制度、冷链通用流程关键点控制操作规范制度，有效运行				
	11. 应急预案 *	包括但不局限于：冷机故障预案，在途车辆故障预案				
	12. 冷链操作人员 — 人员结构 *	60% 以上具有中等以上学历或专业资格	50% 以上具有中等以上学历或专业资格		30% 以上具有中等以上学历或专业资格	
	12. 冷链操作人员 — 培训	全员经过上岗专业培训，有培训计划及定期培训记录				
	12. 冷链操作人员 — 健康要求	农产品、食品的装卸、搬运等作业人员应持有相关部门发放的健康证明				
	12. 冷链操作人员 — 持证上岗率 *	制冷工、叉车工、电工、驾驶员等应持证上岗，持证上岗率 100%				
	13. 冷链物流辅助服务功能	可为委托方优化冷链业务流程，制定冷链物流综合解决方案，提供增值服务。		—		

标注 * 的指标为企业必备指标，其他为参考指标

2. 仓储型冷链物流企业评估指标（见表2）

表2 仓储型冷链服务要求与能力评估指标

评估指标		级别				
项目	类别	五星	四星	三星	二星	一星
设施设备	1. 自有冷库标准及容积 */m³	冷库建设应按 GB 50072 执行				
		≥300000	≥120000	≥60000	≥30000	≥15000
	2. 租用冷库标准及容积/m³	≥200000	≥80000	≥40000	≥20000	≥15000
	3. 冷库功能区 *	建有满足物品时空温度要求的功能区，包括但不限于低温穿堂或封闭月台、预冷间或复冻间				—
	4. 冷库门气密性	作业时冷库门完全开启时间大于 5s 的应设置冷风幕和耐低温透明门帘			有必要的密封装置	
		配备有与运输车辆对接的密封装置			—	
	5. 搬运装卸设备 */台	≥15		≥8		≥3
	6. 数据采集终端 *	冷库内、外有必要的温度数据采集终端，并有定期检查校正记录				
信息化	7. 温度监测系统 *	冷库内测温点分布均匀，温度实时监测并记录				
	8. 温度数据 *	自物品交予委托方之日起应保存不低于 6 个月的温度数据，且数据应保存完整，可查询				
	9. 仓库管理系统（WMS）* 系统	有仓库管理系统，冷链业务进销存实现信息化管理，对库内温度数据实时掌握		库内有温度测量装置，温度记录完善		
	9. 仓库管理系统（WMS）* 库区监控	具备对库区主通道、货物交接区的监控能力，影像资料保存 6 个月				
管理与服务	10. 客户投诉率（或客户满意度）	≤0.05%（≥98%）		≤0.1%（≥95%）		≤0.5%（≥90%）
	11. 管理制度 *	有健全的物品交接制度、清洁卫生制度、冷链通用流程关键点；控制操作规范制度，落实到位				
	12. 节能制度	有节能降耗措施及改进计划，有效运行				
	13. 应急预案 *	包括但不局限于：水灾、火灾、虫害、鼠害预案，断电应急预案，冷机故障预案；凡是用氨制冷的企业，建立液氨突发泄漏的应急预案				

续　表

评估指标			级别				
项目	类别		五星	四星	三星	二星	一星
管理与服务	14. 冷链操作人员	人员结构 *	60% 以上具有中等以上学历或专业资格	50% 以上具有中等以上学历或专业资格		30% 以上具有中等以上学历或专业资格	
		培训	全员经过上岗专业培训,有培训计划及定期培训记录				
		健康要求	农产品、食品的装卸、搬运等作业人员应持有相关部门发放的健康证明				
		持证上岗率 *	制冷工、叉车工、电工、驾驶员等应持证上岗的,100% 持证上岗				
	15. 冷链物流辅助服务功能		可为委托方优化冷链业务流程,制定冷链物流综合解决方案,提供增值服务			—	

注 1:标注 * 的指标为企业必备指标,其他为参考指标。
注 2:冷库包括冷藏库、冷冻库和气调冷藏库等低温仓库

3. 综合服务型冷链物流企业评估指标（见表 3）

表 3　　　　　　　综合服务型冷链服务要求与能力评估指标

评估指标			级别				
项目	类别		五星	四星	三星	二星	一星
设施设备	1. 自有/租用冷库标准及容积 * /m³		冷库建设应按 GB 50072 执行				
			≥300000	≥150000	≥50000	≥20000	≥10000
	2. 自有/租用冷藏（冻）车数量 * /台（或总载重量/t）*		≥400（≥2000）	≥200（≥1000）	≥80（≥400）	≥50（≥250）	≥20（≥100）
	3. 冷库功能区 *		建有满足物品时空温度要求的功能区,包括但不限于低温穿堂或封闭月台、预冷间或复冻间			—	
	4. 气密性 *	冷库门	作业时冷库门完全开启时间大于 5s 的,应设置冷风幕和耐低温透明门帘			—	
			配备有与运输车辆对接的密封装置			—	

续　表

项目	评估指标		级别				
	类别		五星	四星	三星	二星	一星
设施设备	4. 气密性 *	冷藏（冻）车厢（箱）	干净整洁，符合 QC/T 449 中对冷藏（冻）车厢（箱）的要求				
	5. 装卸搬运设备/台 *		≥12		≥6		≥2
	6. 数据采集终端 *		冷库、冷藏（冻）车（厢、箱）内外有必要的温度数据采集终端，并有定期检查校正记录				
信息化	7. 温度监测系统 *		冷库、冷藏（冻）车（厢、箱）内测温点分布均匀，温度实时监测并记录			冷库、冷藏（冻）车（厢、箱）内测温点分布均匀，冷库内温度实时监测并记录，冷藏（冻）车（厢、箱）内温度定时监测、记录	
	8. 温度数据 *		自物品交予委托方之日起应保存不低于 6 个月的温度数据，且数据应保存完整，可查询				
	9. 仓库管理系统（WMS）*	系统	冷链业务进销存实现信息化管理，对库内温度数据实时掌握			库内有温度测量装置，温度记录完善	
		库区监控	具备对库区主通道、货物交接区的监控能力，影像资料保存 6 个月				
	10. 运输管理系统（TMS）*	货物跟踪	有运输管理系统		—		
			自有涉冷车辆 100% 以上装有冷链运输跟踪设备				
管理与服务	11. 客户投诉率（或客户满意度）		≤0.05%（≥98%）		≤0.1%（≥95%）		≤0.5%（≥90%）
	12. 节能制度		有节能降耗措施及改进计划，有效运行				
	13. 管理制度 *		有健全的物品交接制度、清洁卫生制度、冷链通用流程关键点控制；操作规范制度，有效运行				

三、冷链物流企业星级评估流程

自检→申报→审核→现场评估→审定→公示→通告→授牌。

1. 自检

冷链物流企业申报首先对照《物流企业冷链服务要求与能力评估指标》（GB/T 31086—2014）中的具体指标进行自检，符合标准者可准备申报，根据自检结果申报相应评估的类型和等级。注：共分为三种类型：运输型、仓储型、综合型；五个级别：☆、☆☆、☆☆☆、☆☆☆☆、☆☆☆☆☆。

2. 申报

冷链物流企业星级评估全部实行网上申报，请登录中国物流与采购联合会冷链企业网上申报系统，按照要求进行注册和申报。

3. 审核

企业按要求将申报材料报送中国物流与采购联合会冷链与医药评估工作办公室初审，初审通过的申报材料由中国物流与采购联合会物流企业评估工作办公室进行复审。复审通过后，等待进行现场评估。

对已评定等级的冷链物流企业实行复核制度，复核工作由评委会统一安排，所有等级每三年复核一次。

4. 现场评估

所有通过复审的企业，均由中国物流与采购联合会物流企业评估工作办公室按异地评估原则组成现场评估组进行现场评估。评估组依据评估计划、评估流程要求对照标准实施评估，对企业申报材料逐项进行核实，评估结束后将现场形成评估报告，由评估组组长填写，并由评估组所有成员及企业负责人签字盖章。评估组作为现场评估的第一责任人，必须保证评估的真实性。

5. 审定

所有完成现场评估的申报材料，最后均由中国物流与采购联合会物流企业评估工作办公室提交中物联评估委员会进行审定。

6. 公示

公示期限为 7 个工作日。

7. 通告

中国物流与采购联合会统一发文公布名单，并在相关媒体通告，接受社会监督。

8. 授牌

中国物流与采购联合会统一向获评企业颁发评估等级牌匾及证书。

四、全国星级冷链物流企业扶持政策（见表4）

表4 部分省区市关于"星级冷链物流企业"扶持政策

序号	地区	文件名	文件号	文件内容
1	泉州市	《泉州市人民政府办公室关于促进冷链物流加快发展的实施意见》	泉政办〔2017〕1号	积极鼓励冷链物流企业纳入上市后备企业，积极参评星级企业。对新建低温物流园区、集中区和中转基地，市商务局按不高于投资额20%、最高500万元并按进度予以补助；对在园区内建设冷库的，由市商务局按不高于投资额20%、最高不超过150万元予以补助
2	山东省	《山东省人民政府办公厅关于促进内贸流通供给侧结构性改革的意见》	鲁政办字〔2017〕108号	支持企业开展"星级"冷链物流企业创建，鼓励国内外大型冷链物流企业布局山东。2019年年底前，对注册地在山东的新获三星以上星级认定的冷链物流企业，有条件的地方可分档给予奖励，培育壮大一批冷链物流主体
3	大连市	《大连市物流业发展专项资金暂行管理办法》	大港口发〔2017〕159号	根据相关国家标准评定的3A级以上物流企业，3A、4A、5A级的物流企业分别给予10万元、20万元、30万元奖励。星级冷链物流企业专项资金等同于A级物流企业
4	济南市	《济南市人民政府关于调整补充济南市加快物流业发展若干政策的通知》	济政字〔2017〕68号	新评为国家三星、四星、五星级的冷链物流企业，分别给予10万元、50万元和100万元一次性补助
5	焦作市	《焦作市人民政府办公室关于印发焦作市物流业转型发展三个工作方案的通知》	焦政办〔2017〕153号	积极引导冷链物流企业参加国家冷链物流企业星级评估、A级物流企业综合评估、物流企业信用评价等项工作

续 表

序号	地区	文件名	文件号	文件内容
6	云南省	《云南省加快推进现代物流产业发展10条措施》	云政办发〔2018〕10号	鼓励大型制造企业、商贸企业整体剥离物流业务，面向社会提供公共物流服务。支持我省大型物流企业申评国家5A级物流企业及五星级冷链物流企业资质
7	广州市	《广州市商务委员会关于印发促进食品冷链物流发展若干措施的函》	穗商务函〔2019〕57号	按照有关标准，通过鼓励、引导和扶持等手段，推动企业开展质量认证、信用等级评定和国家A级物流企业、星级冷链物流企业评估
8	龙岩市	《龙岩市人民政府关于加快现代服务业发展十五条政策措施（修订）的通知》	龙政综〔2019〕21号	首次获评国家"三星""四星""五星"级冷链物流企业，分别给予10万元、20万元、30万元奖励，等级提升企业给予补差奖励
9	湖南省	《湖南省人民政府办公厅印发〈关于促进冷链物流业高质量发展的若干政策措施〉的通知》	湘政办发〔2020〕13号	对注册地在湖南且首次获评或复核通过的国家五星级冷链物流企业，以及全国冷链物流业100强企业，由省财政给予一次性奖励50万元。对注册地在湖南且首次获评或复核通过的国家三星、四星级冷链物流企业，各地可分档给予奖励
10	漯河市	《漯河市人民政府关于印发漯河市扶持和促进冷链物流业高质量发展若干政策措施的通知》	漯政〔2021〕3号	对在我市设立独立法人且在我市连续3年以上申报纳税的冷链物流企业，被评定为国家3A、4A、5A级冷链物流企业或"三星""四星""五星"级冷链物流企业的，分别给予20万元、30万元、50万元一次性奖励，对等级提升企业给予补差奖励；被评为全国冷链物流业100强企业的，给予10万元一次性奖励
11	重庆市涪陵区	《涪陵区支持服务业高质量发展的若干政策（试行）》的通知	涪陵府办发〔2021〕45号	在支持物流企业品牌培育方面规定，"对新评定的国家5A级、4A级、3A级的物流企业和五星、四星、三星冷链服务企业，分别给予一次性奖励30万元、20万元、10万元。对创建的国家级、市级物流示范园区或示范工程，分别给予创建单位一次性奖励30万元、10万元

序号	地区	文件名	文件号	文件内容
12	漯河市	《漯河市支持物流业高质量发展若干政策措施的通知》	漯政〔2022〕13 号	规定了注册地在漯河市的运输型物流企业，年物流营业收入分别达到 6000 万元以上、3 亿元以上、16.5 亿元以上；注册地在漯河市的仓储型物流企业，年物流营业收入分别达到 2500 万元以上、1.2 亿元以上、7.2 亿元以上；注册地在漯河市的综合型物流企业，年物流营业收入分别达到 4000 万元以上、2 亿元以上、16.5 亿元以上，并新获得中国物流与采购联合会认定的 3A、4A、5A 级物流企业，当年分别给予一次性奖励 20 万元、30 万元、50 万元。对物流企业当年等级提升的给予补差奖励。（牵头责任单位：市发展改革委；配合责任单位：市财政局、市税务局、市交通运输局、市商务局，各县区政府〔管委会〕）（有效期至 2025 年 12 月 31 日）
13	南阳市	《关于加快物流业发展的实施意见》	宛政〔2022〕3 号	"新增国家 A 级以上物流企业 20 家以上"作为到 2025 年的全市物流业发展目标之一。同时，在支持物流企业提档升级方面，"对经中国物流与采购联合会认定的 5A、4A、3A 级物流企业，分别给予 200 万元、80 万元、50 万元的一次性奖励（对晋级企业给予补差奖励）；认定的国家五星、四星、三星的冷链物流企业，分别给予 100 万元、80 万元、30 万元的一次性奖励（对晋级企业给予补差奖励）"（有效期至 2025 年 12 月 31 日）
14	南阳市	《支持物流业做大做强的若干措施》	宛政〔2022〕10 号	将"到'十四五'末，国家 A 级物流企业达到 30 家，招引 1 至 2 家 5A 级企业落户南阳，重点培育 1 至 2 家 5A 级物流企业"列为总体目标之一。《措施》进一步明确了对获评为国家 A 级物流企业和星级冷链物流企业的奖励政策按照《南阳市人民政府关于加快物流业发展的实施意见》（宛政〔2022〕3 号）文件标准执行

续 表

序号	地区	文件名	文件号	文件内容
15	驻马店市	《加快推进现代物流业高质量发展的实施意见》	驻政文〔2022〕90 号	明确规定鼓励物流企业规模化发展，对新增规模以上物流企业，加大政府财政支持力度，对新评为国家 1A、2A、3A、4A、5A 级的物流企业，由受益财政分别给予 5 万元、10 万元、30 万元、40 万元、50 万元的一次性补助
16	驻马店市	《驻马店市人民政府关于印发支持现代物流强市建设若干政策的通知》	驻政〔2022〕60 号	对新晋 5A 级物流企业，给予一次性 50 万元奖励
17	重庆市黔江区	《关于印发〈黔江区市场主体培育奖励扶持办法〉的通知》	黔江府发〔2022〕18 号	对国家物流与采购协会新评定的 3A、4A、5A 的规模以上物流企业，分别给予一次性奖励 5 万元、8 万元、10 万元，升级的给予补差奖励（有效期至 2024 年 12 月 31 日）
18	重庆市长寿区	《现代商贸物流服务产业发展扶持办法》的通知	长寿府发〔2022〕23 号	支持在长寿区新登记注册的物流企业品牌培育方面，"对被中国物流与采购联合会新评定的 5A、4A、3A 供应链服务企业，分别给予一次性奖励 30 万元、20 万元、10 万元。对被中国物流与采购联合会新评定的 5A 级、4A 级、3A 级的物流企业，分别给予一次性奖励 30 万元、20 万元、10 万元。""对被中国物流与采购联合会新评定的五星、四星、三星冷链物流企业，分别给予一次性奖励 30 万元、20 万元、10 万元"
19	重庆市两江新区	《重庆两江新区促进产业高质量发展若干政策措施》	渝两江管发〔2022〕19 号	"重庆两江新区促进国际贸易及物流产业高质量发展专项政策"中明确规定了"对首次被中国物流与采购联合会、省级物流协会评为 5A、4A、3A 级的物流企业分别按 50 万元/户、30 万元/户、10 万元/户的标准一次性给予发展支持"
20	烟台市	《关于加快物流业高质量发展健全完善现代流通体系的意见》	烟政字〔2022〕11 号	对新评为国家 3A、4A、5A 级且纳入规模以上服务业统计的新增物流企业，给予一次性奖励

序号	地区	文件名	文件号	文件内容
21	怀化市	《关于印发〈怀化市加快现代物流业发展二十条措施〉的通知》	怀发改经贸〔2022〕2号	对2021年以后首次评定（或复核通过）的国家级、省级示范物流园区，分别一次性奖励50万元、30万元，升级给予级差奖励；对2021年以后首次获评（或通过复核）国家3A、4A、5A级的物流企业，分别一次性奖励30万元、50万元、100万元，升级给予级差奖励。对2021年以后获评的国家三星级、四星级、五星级冷链物流企业，分别给予一次性奖励30万元、40万元、50万元，升级的给予补差奖励
22	防城港市	《防城港市推动现代物流业高质量发展的若干扶持政策》	防政规〔2022〕7号	"对国内5A级大型物流企业到防城港市落户投资物流项目，项目被列为中国—东盟国际现代物流中心重点项目，且固定资产投资规模达1亿元（含）以上的奖励300万元。土地方面优先安排供应。""对首次获得中国物流与采购联合会评为5A、4A、3A级的中国—东盟国际现代物流中心物流企业，分别给予一次性奖励30万元、20万元、10万元奖励。其中已获得较低等级认定的企业，在获得升级认定后，按其所获得最高认定等级补足相应的奖励差额"。该政策执行期限为2022年1月1日至2025年12月31日
23	百色市	《广西百色重点开发开放试验区加快现代服务业高质量发展若干政策》	百政办发〔2022〕2号	对新评为国家5A、4A、3A级的物流企业、网络货运企业以及五星、四星、三星级的冷链物流企业，分别给予50万元、30万元、20万元的一次性奖励，升级予以补差奖励
24	巴中市	《巴中市推动现代服务业高质量发展十六条措施》	巴府办规〔2022〕2号	鼓励物流企业提质升级，做大做强，对首次被评为国家5A、4A、3A、2A级的物流企业，分别给予30万元、20万元、10万元、5万元的一次性奖励（自2022年5月1日起执行，有效期3年）

序号	地区	文件名	文件号	文件内容
25	昭通市	《关于促进经济平稳健康发展的政策措施意见》	昭政发〔2022〕8 号	对成功申报 5A、4A、3A 级物流企业分别给予 20 万元、10 万元、5 万元奖励,对新增纳入统计范围的规模以上物流企业给予 2 万元奖励
26	西安市	《关于印发扎实稳住经济若干政策措施的通知》	市政发〔2022〕13 号	对于首次获得国家冷链物流星级评定的我市规上物流企业给予不超过 50 万元奖励
27	宁夏回族自治区	《宁夏回族自治区推动现代物流业高质量发展的若干扶持政策》	宁商规发〔2022〕4 号	一是在支持引进重点物流企业方面,"积极引进国家 5A 级物流企业来宁投资发展,在我区新设立独立法人物流企业且在宁固定资产投资 1 亿元以上的,给予固定资产投资 1% 奖励,最高不超过 300 万元。"二是在壮大物流市场主体方面,"鼓励物流企业积极参与国家 A 级物流企业申报评定,培育壮大本土 A 级物流企业队伍。对新评定的 3A、4A、5A 级物流企业,分别给予 20 万元、100 万元、200 万元一次性奖励"(有效期至 2027 年 12 月 31 日)
28	重庆市沙坪坝区	《重庆市沙坪坝区加快物流业市场主体高质量发展政策》的通知	沙物流办发〔2023〕2 号	对 2023 年 1 月 1 日以来首次被中国物流与采购协会评定为 5A 级、4A 级或 3A 级的物流企业,分别给予 30 万元/户、20 万元/户、10 万元/户一次性奖励,对提升等级的物流企业,给予补差奖励(有效期三年)
29	大连市	《大连市促进东北亚国际航运中心和国际物流中心全面振兴新突破的若干政策》	大政办发〔2023〕28 号	在鼓励物流企业做大做强方面,"对新获评国家 5A、4A、3A 级的物流企业和国家五星、四星、三星级的冷链物流企业,分别给予 30 万元、20 万元、10 万元一次性奖励;等级提升企业给予补差奖励"

序号	地区	文件名	文件号	文件内容
30	哈尔滨市	《哈尔滨市人民政府印发关于提振发展信心推动全市经济加快恢复整体好转的政策措施的通知》	哈政规〔2023〕3号	在支持物流企业快速发展方面，明确规定"支持物流企业参加国家A级物流企业、星级冷链物流企业评定，对首次被评定为国家5A级、4A级、3A级、2A级物流企业分别给予50万元、30万元、20万元、10万元奖励，对首次被评定为国家五星级、四星级、三星级的冷链物流企业分别给予50万元、30万元、20万元奖励"
31	宿州市	《关于进一步优化提升惠企政策促进经济平稳健康运行若干措施》	宿政发〔2023〕2号	在支持服务业品牌创建方面，"对新获批的3A级以上物流企业、3A级以上网络货运企业、3星级以上冷链物流企业，分别给予20万元、30万元、50万元一次性奖励"
32	南昌市	《南昌市促进商务经济高质量发展的若干政策措施（试行)》	洪府发〔2023〕28号	明确表示不仅支持企业争创A级物流企业，同时支持A级物流企业复核。规定："对新获得A级、2A级、3A级、4A级、5A级认定的物流企业，分别给予3万元、5万元、10万元、30万元、50万元的奖励。对新获得更高级别认定的，按照阶梯奖励标准补足差额。""对通过复核的A级、2A级、3A级、4A级、5A级的物流企业，分别给予1万元、1万元、2万元、2万元、3万元奖励"（新认定和通过复核的情况规定的奖励不得同时享受）（2023年10月1日起施行，有效期2年）
33	河南省	《支持现代物流强省建设若干政策》	豫政〔2022〕27号	对新晋5A级物流企业给予一次性50万元奖励（有效期至2025年12月31日）
34	郑州市	《促进现代物流业高质量发展若干措施》	郑政办〔2023〕12号	对新获评国家5A、4A、3A级的物流企业，分别给予100万元、50万元、30万元一次性奖励，等级提升企业给予补差奖励；对新获评国家五星级、四星级、三星级的冷链物流企业，分别给予50万元、20万元、10万元一次性奖励，等级提升企业给予补差奖励

续　表

序号	地区	文件名	文件号	文件内容
35	郑州市	《郑州市促进现代物流业高质量发展扶持资金管理办法（试行）》的通知	郑物口〔2023〕14 号	管理办法进一步明确了上述扶持奖励项目。"对新获评国家 5A、4A、3A 级的物流企业，分别给予 100 万元、50 万元、30 万元一次性奖励，等级提升企业给予补差奖励。""对新获评国家五星、四星、三星级的冷链物流企业，分别给予 50 万元、20 万元、10 万元一次性奖励，等级提升企业给予补差奖励。"申请企业为 2023 年 4 月 7 日后首次获评的本土物流企业，并须在郑州市物流口岸局进行备案
36	周口市	《关于印发周口市支持现代物流强市建设若干政策的通知》	周政〔2023〕24 号	明确规定对新晋国家 2A 级以上的物流企业（仓储类、运输类、综合服务类等），按 5A 级 30 万元、4A 级 20 万元、3A 级 10 万元、2A 级 5 万元给予一次性奖励，升级的给予补差奖励。已获得上级财政资金奖励的除外
37	武汉市	《市人民政府关于印发武汉市加快推进物流业高质量发展若干政策措施的通知》	武政规〔2023〕9 号	对被认定为全国五星级、四星级的冷链物流企业，分别给予 50 万元、20 万元一次性奖励，升级给予补差奖励（牵头单位：市交通运输局；责任单位：市发展改革委、市商务局，各区人民政府）；在聚焦物流企业引进培育，提升物流主体竞争实力方面，明确规定了"对被认定为全国 5A 级、4A 级物流企业的，分别给予 50 万元、20 万元一次性奖励；对升级企业，给予补差奖励（牵头单位：市交通运输局、市科技局；责任单位：市商务局，各区人民政府）"（有效期为 3 年）

资料来源：中物联冷链委整理。

五、全国星级冷链物流企业名单汇总（见表5）

表5　　中国物流与采购联合会星级冷链物流企业名单（截至第十七批）

序号	名称	级别
山东省（27家）		
1	吉祥水（山东）医药物流有限公司	五星综合服务型
2	济南维尔康实业集团有限公司	五星仓储型
3	靖海集团有限公司	五星运输型
4	山东大舜医药物流有限公司	四星综合服务型
5	济南瑞丰物流有限公司	四星综合服务型
6	山东汇宝医药物流有限公司	四星综合服务型
7	山东东方海洋科技股份有限公司	四星综合服务型
8	山东荣安冷链物流有限公司	四星综合服务型
9	山东鲁畅供应链有限公司	四星综合服务型
10	瑞康医药（山东）有限公司	四星综合服务型
11	福兴祥物流集团有限公司	四星仓储型
12	荣成市鑫汇水产有限公司	四星仓储型
13	山东喜地实业有限公司	四星仓储型
14	山东家家悦物流有限公司	四星仓储型
15	赤山集团有限公司	四星仓储型
16	山东美佳集团有限公司	四星仓储型
17	山东荣信水产食品集团股份有限公司	四星仓储型
18	山东海洋爱通物流有限公司	三星综合服务型
19	山东大鹏物流有限公司	三星综合服务型
20	山东统超物流有限公司	三星综合服务型
21	荣成广润水产食品有限公司	三星仓储型
22	德州飞马冷链物流有限公司	三星仓储型
23	青岛冠宇生态农业有限公司	三星仓储型
24	山东海派冷链物流有限公司	三星仓储型
25	山东先锋物流有限公司	三星运输型
26	山东卡航之家现代物流管理有限公司	三星运输型
27	创图（山东）供应链管理服务有限责任公司	三星运输型

序号	名称	级别
	河南省（22 家）	
28	漯河双汇物流投资有限公司	五星运输型
29	河南九州通物流有限公司	五星仓储型
30	河南大象物流有限公司	四星综合服务型
31	河南众品供应链有限公司	四星综合服务型
32	河南华鼎供应链管理有限公司	四星综合服务型
33	河南飞洁物流有限公司	四星综合服务型
34	河南藏金源仓储有限公司	四星仓储型
35	河南中原四季水产物流港股份有限公司	四星仓储型
36	河南港新冷链物流有限公司	四星仓储型
37	河南福和物流发展有限公司	四星仓储型
38	河南新开元供应链管理有限公司	四星仓储型
39	郑州锦和冷链仓储有限公司	四星仓储型
40	中运（河南）实业发展有限公司	四星仓储型
41	漯河双汇物流运输有限公司	四星运输型
42	漯河市顺安运输有限责任公司	四星运输型
43	漯河大成物流有限公司	四星运输型
44	漯河千驰运输有限公司	四星运输型
45	南阳市东森医药物流有限公司	三星仓储型
46	通用技术河南省医药有限公司	三星仓储型
47	河南大河四季冷链物流有限公司	三星运输型
48	郑州吉港物流有限公司	三星运输型
49	开封晖瑞运输有限公司	三星运输型
	湖北省（17 家）	
50	湖北三峡银岭冷链物流股份有限公司	五星综合服务型
51	山绿农产品集团股份有限公司	五星仓储型
52	武汉中百物流配送有限公司	四星综合服务型
53	武汉恒宏益冷链物流有限公司	四星综合服务型
54	湖北鸿景世纪物流有限公司	四星综合服务型
55	武汉汉欧国际物流有限公司	四星综合服务型
56	武汉正楚供应链管理有限公司	四星综合服务型

序号	名称	级别
57	武汉北极光辉冷链仓储有限公司	四星综合服务型
58	增益冷链（武汉）有限公司	四星仓储型
59	武汉新港阳逻保税园区开发管理有限公司	四星仓储型
60	小码大众（武汉）冷链物流有限公司	四星仓储型
61	国药控股黄石有限公司	四星仓储型
62	湖北联海食品集团有限公司	三星综合服务型
63	银岭冷链物流（黄冈）有限公司	三星综合服务型
64	银田冷链物流（罗田）有限公司	三星综合服务型
65	当阳市万里运输有限责任公司	三星运输型
66	宜昌三峡物流园有限公司	三星仓储型
上海市（16家）		
67	上海郑明现代物流有限公司	五星综合服务型
68	上海光明领鲜物流有限公司	五星综合服务型
69	荣庆物流供应链有限公司	五星综合服务型
70	夏晖物流有限公司	五星综合服务型
71	上海广德物流有限公司	五星综合服务型
72	上海世权物流有限公司	五星综合服务型
73	上海上嘉物流有限公司	五星综合服务型
74	普冷国际物流（上海）有限公司	五星综合服务型
75	宇培供应链管理集团有限公司	五星仓储型
76	辉源（上海）供应链管理有限公司	四星综合服务型
77	上海中外运冷链运输有限公司	四星综合服务型
78	上海恒孚物流有限公司	四星综合服务型
79	上海快行天下供应链管理有限公司	四星综合服务型
80	上海绝配柔性供应链服务有限公司	四星综合服务型
81	云豹（上海）供应链科技有限公司	四星综合服务型
82	上海誉尚冷链物流有限公司	四星仓储型
安徽省（15家）		
83	肥西老母鸡食品有限公司	四星综合服务型
84	安徽甲壳虫供应链管理有限责任公司	四星综合服务型
85	安徽鑫鹏食品有限公司	四星综合服务型
86	安徽福冰冷链服务有限公司	四星综合服务型
87	合肥快乐通冷链物流配送有限公司	四星综合服务型

续 表

序号	名称	级别
88	安徽靖童科技农业发展有限公司	四星综合服务型
89	无为市康宁科技食品有限公司	四星综合服务型
90	中国物流亳州有限公司	四星综合服务型
91	合肥周谷堆大兴农产品国际物流园有限责任公司	四星仓储型
92	安徽合一冷链股份有限公司	四星仓储型
93	芜湖旷云产业园管理有限公司	四星仓储型
94	砀山幕天冷链仓储物联服务有限公司	四星仓储型
95	亳州市中联物流园管理有限公司	四星仓储型
96	安徽谷之润食品有限公司	三星综合服务型
97	宿州百大农产品物流有限责任公司	三星仓储型
福建省（12 家）		
98	福州易鲜冷链物流有限公司	四星综合服务型
99	厦门中远海运冷链物流有限公司	四星综合服务型
100	福建省羊程冷链物流有限公司	四星运输型
101	福建信运冷藏物流有限公司	四星运输型
102	福州优鲜冷链物流有限公司	四星运输型
103	厦门万翔物流管理有限公司	四星仓储型
104	福建省顺翊农产品冷链物流有限公司	四星仓储型
105	厦门万纬海投冷链物流有限公司	四星仓储型
106	福建栢合冷链仓储管理有限公司	三星综合服务型
107	厦门正旸物流有限公司	三星综合服务型
108	福建恒业供应链管理有限公司	三星综合服务型
109	新雅仕（泉州）冷藏物流有限公司	三星仓储型
湖南省（9 家）		
110	云通物流服务有限公司	五星综合服务型
111	华润湖南医药有限公司	五星综合服务型
112	国药控股湖南有限公司	五星综合服务型
113	红星冷链（湖南）股份有限公司	五星仓储型
114	郴州凯程医药有限公司	四星综合服务型
115	郴州市义捷现代物流有限公司	四星仓储型
116	资兴市达达农产品冷链物流有限公司	三星综合服务型

续　表

序号	名称	级别
117	湖南北极冷链有限公司	三星综合服务型
118	常德佳和冷链食品销售科技有限公司	三星仓储型
	江西省（8家）	
119	江西省供销冷链科技有限公司	五星仓储型
120	九江市新雪域置业有限公司	五星仓储型
121	九江凯瑞生态农业开发有限公司	四星综合服务型
122	国营南昌肉类联合加工厂	四星仓储型
123	江西龙泰安食品链有限公司	四星仓储型
124	南昌深农冷链物流有限公司	四星仓储型
125	江西天美益食品有限公司	三星综合服务型
126	江西煌兴冷链物流有限公司	三星仓储型
	北京市（6家）	
127	北京京邦达贸易有限公司	五星综合服务型
128	北京五环顺通供应链管理有限公司	五星综合服务型
129	北京优鲜配冷链科技有限公司	四星综合服务型
130	科园信海（北京）医疗用品贸易有限公司	四星综合服务型
131	北京博华物流有限公司	四星运输型
132	北京澳德物流有限责任公司	三星综合服务型
	辽宁省（6家）	
133	獐子岛锦达（大连）冷链物流有限公司	五星综合服务型
134	中铁铁龙冷链发展有限公司	五星仓储型
135	大连港毅都冷链有限公司	五星仓储型
136	大连瑞驰冷链物流有限公司	四星仓储型
137	沈阳鲜天顺供应链管理有限公司	四星运输型
138	沈阳鑫运物流有限公司	三星综合服务型
	黑龙江省（6家）	
139	黑龙江昊锐物流有限公司	五星运输型
140	哈尔滨宝鼎物流有限公司	四星运输型
141	国药控股黑龙江有限公司	三星综合服务型
142	中外运冷链物流哈尔滨有限公司	三星仓储型
143	哈尔滨裕程物流有限公司	三星仓储型
144	哈尔滨市鹏瑞货物运输有限公司	三星运输型

序号	名称	级别
江苏省（5 家）		
145	江苏极地熊冷链有限公司	四星综合服务型
146	江苏汇鸿冷链物流有限公司	三星综合服务型
147	苏州点通冷藏物流有限公司	三星综合服务型
148	宿迁市陆港物流有限公司	三星运输型
149	苏州工业园区航港物流有限公司	二星仓储型
广东省（5 家）		
150	顺丰速运有限公司	五星综合服务型
151	深圳市盐田港冷链投资控股有限公司	五星仓储型
152	广州保事达物流有限公司	四星综合服务型
153	佛山市鼎昊冷链物流有限公司	四星仓储型
154	顺丰医药供应链有限公司	四星运输型
四川省（5 家）		
155	成都运荔枝科技有限公司	五星综合服务型
156	成都鲜生活冷链物流有限公司	四星综合服务型
157	成都银犁冷藏物流股份有限公司	四星仓储型
158	四川港投新通道物流产业投资集团有限公司	三星综合服务型
159	自贡鼎一冷链物流有限公司	三星仓储型
重庆市（3 家）		
160	重庆得盛物流有限公司	四星综合服务型
161	重庆医药集团和平物流有限公司	四星综合服务型
162	重庆友生活冷链物流有限公司	三星综合服务型
广西（3 家）		
163	广西南宁华晨物流有限公司	四星综合服务型
164	广西五洲金桥农产品有限公司	四星仓储型
165	南宁壮宁食品冷藏有限责任公司	三星仓储型
浙江省（3 家）		
166	浙江统冠物流发展有限公司	五星综合服务型
167	舟山陆港物流有限公司	四星仓储型
168	余姚市联海实业有限公司	四星仓储
山西省（2 家）		
169	太原万鑫物流有限公司	四星综合服务型
170	国药集团山西有限公司	三星综合服务型

续　表

序号	名称	级别
河北省（2家）		
171	石家庄冰峰冷藏物流有限公司	三星综合服务型
172	河北宝信物流有限公司	三星仓储型
吉林省（2家）		
173	松原市瑞禾仓储物流服务有限公司	四星仓储型
174	抚松县成达仓储物流有限公司	二星仓储型
云南省（2家）		
175	云南营家优鲜供应链有限公司	四星综合服务型
176	云南众而沃实业有限责任公司	四星仓储型
内蒙古自治区（1家）		
177	内蒙古昕海铭悦运输有限公司	四星运输型

开利运输冷冻（中国）专业生产和销售冷藏运输制冷机组，产品包括适用于小型货车CITIMAX、XARIOS、NEOS和PULSOR系列，适用于大中型冷藏车的SUPRA和OASIS系列，以适用于半挂冷藏车的X4和VECTOR系列。

非独立机组

独立机组

　　开利运输冷冻（中国）将生产、销售及服务中心设于上海，并在北京、广州和成都设有办公室，同公司拥有覆盖全国的经销与维修服务网络。

　　开利运输冷冻（中国）在上海设立首家开利直营4S售后服务中心，集运输制冷机组维修保养、训、零部件供应等功能于一体，彰显开利运输冷冻（中国）作为运输冷链专业企业在质量管理和系化服务上的实力。

半挂车机组

400-820-4909

Reliable & Technological
Cold Chain Logistics Platform
运荔枝

运荔枝是世界500强新希望集团旗下全资子公司，定位于科技驱动的一站式冷链服务商，为餐饮连锁、食品工贸、商超零售、休闲食品四大类型客户提供一体化供应链交付解决方案，以"科技驱动+全国履约"为两大能力抓手，依托大数据、AI、IoT、云计算等前沿科技，将系统科技能力深入渗透至食材流通全场景，帮助客户打造柔性交付能力，赋能客户供应链效率提升。

截至目前，运荔枝已累计服务超4000家B端客户，四大细分行业TOP50客户覆盖率超80%，在全国50多个核心城市拥有100余个线下服务机构，日均接单量超10万单，合作冷链物流企业超3000家、合作冷链车超25万台、合作云仓超1100万平方米，全国配送门店超90万家。

数 智 产 品

AI预警	冻品绿码	仓网优化	履约驾驶舱	货翼云	防窜货
自动对账	云仓监控	站点监控	仓可视化	荔枝付	干线组网
智能排线	动态订存	运力推荐	食安溯源	电子回单	商圈画像

体验更优

- 实现运输、存储任务实时全程跟踪的查询功能
- 有效管控渠道窜货，并实现商品的全流程追溯
- 有效根治门店送达失时、送达失温、送达失准的问题
- 提供门店配送无人交接解决方案的设计及实施
- 提供企业自有物流SaaS服务

效率更高

- 提供高效的人工智能网点配送排线调度
- 高效解决物流服务对账难、对账慢的问题
- 有效解决仓储运营货品混乱、劳效低下的问题
- 实现门店多次、逆向智能调度
- 提供连锁门店选址推荐服务

运荔枝解决方案

成本更低

- 解决新区域市场启动销量低、运费高、仓储贵的矛盾
- 帮助实现运输服务商的票务合规管理
- 为多门店及新拓门店的客户提供资金支持
- 让您0成本实现物流管理环节的数字化转型和物流管理无纸化

- 有效解决运输高峰车辆需求问题
- 有效解决运输服务过程中的资金需求
- 为您提供更多的运力选择及更客观、更及时的运费价格指导

我们的荣誉

中国供销合作社
CHINA CO-OP

江西省供销冷链科技集团有限公司

PROFILE

公司简介

打造百亿冷链科技企业,培育千亿冷链科技产业

江西省供销冷链科技集团有限公司,隶属于江西省供销合作社联合社,是冷链物流体系下的"国家队",也是全国领先的智慧冷链综合运营服务商。公司致力于江西省城乡冷链物流骨干网的投资、建设及运营,计划5年内投资115亿元,建设约50个冷链项目、120万吨冷冻冷藏库,购置2000辆冷藏车,目前已建成冷库冷藏库容约60万吨,搭建一个全省乃至全国冷链大数据智慧交易平台,实现"车、库、网"合为一体。构筑连通全省对接全国的现代化城乡冷链物流服务体系,促进城乡冷链物流双向大流通。

信丰冷链物流园

项目对接粤港澳大湾区桥头堡,为全省城乡冷链物流骨干网的重要节点,系粤港澳大湾区"菜篮子"工程第14个区域配送中心,包含集加工配送、农产品特色交易区、绿色智慧物服于一体的智慧综合物流港。项目总建筑面积16.4万平方米,总设计容量近25万吨。项目投入运营后,将实现年年36万吨农副产品冷链物流仓储的高周转运营及农产品市场批发、交易基地。

湘东冷链物流园

项目地处赣湘边界,辐射珠三角经济带、长江经济带、京九沿线地区,项目占地面积143亩,总建筑面积12.4万平方米,其中冷库容量约为3万吨。项目将按照"高起点规划、高标准建设、高质量运营"的原则,以商业综合体+生鲜冷链产业园为载体,精心打造"赣西第一门户"。

铜鼓冷链物流园

项目辐射株株潭经济商圈,为整个江西的农副产品流通中转的重要枢纽。项目占地面积100亩,总建筑面积6.4万平方米,其中冷库容量约为2万吨。项目投入运营后,将实现24万吨农副产品冷链物流仓储的高周转运营及农产品市场批发、交易基地。

全南冷链物流园

项目紧邻粤港澳大湾区,将充分发挥"粤港澳大湾区菜篮子配送中心"名片作用,做大区域蔬菜产业。项目占地面积96亩,总建筑面积6.1万平方米,其中冷库容量约为2万吨。为整个全南县及周边地区提供仓储物流服务,形成规模效益、产生集聚效应和辐射效应。

于都冷链物流园

项目地处赣南核心圈,对接珠三角和海峡西岸经济区、辐射带动沿线发展壮大。项目占地面积146亩,总建筑面积约9.4万平方米,其中冷库容量约为3.5万吨,将实现年24万吨农产品冷链物流仓储的高周转运营及农产品市场批发、交易基地。

共青城冷链物流园

共青城地处南昌和九江一小时节点位置,辐射南昌经济圈和九江经济圈,赋能中转台。项目占地面积140亩,总建筑面积7.6万平方米,其中冷库容量约为2万吨。项目投入运营后,将实现年20万吨农产品冷链物流仓储的高周转运营及农产品市场批发、交易基地。

定南冷链物流园

项目充分依托定南港公铁联运、铁海联运等多式联运,实现以点带面辐射全省的发展格局。项目占地面积160亩,总建筑面积8.9万平方米,其中冷库容量约为2.5万吨。项目投入运营后,将实现年22万吨农产品冷链物流仓储的高周转运营及农产品市场批发、交易基地。

芦溪冷链物流园

项目地处江西西部,资源丰富,有"赣西粮仓"之称。项目将依托茶叶产业打造旅游+手工制茶体验+电商平台多线路发展模式。项目占地面积180.65亩,总建筑面积12万平方米,其中冷库容量约为1.5万吨。项目投入运营后,将实现24万吨农产品冷链物流仓储的高周转运营及农产品市场批发、交易基地。

临川冷链物流园

项目地处长三角、珠三角和闽东南三角区腹地,可作为江西省农产品流通中转的枢纽。项目占地面积120.84亩,总建筑面积约8.8万平方米,其中冷库容量约为2万吨。建设冷库、仓储和办公生活区、农产品市场等。项目投入运营后,将成为服务省会南昌、辐射赣中区域的重要节点。

贵溪冷链物流园

项目占地300亩,是24万平方米的一站式农副产品采购基地,将以"商业综合体+生鲜冷链产业园"为核心,服务周边地块,辐射贵溪中心区域整体。响应国家打造"绿色智慧城市"的号召,匠心构造江西农产品走进贵溪人民新时代智能生活的根据地。

修水冷链物流园

项目总投资15亿元,占地约282亩,总建筑面积20.1万平方米,项目立足修水、全面打造赣湘鄂三省九县优质农副产品贸易和集散中心,构建产销对接大平台,助推乡村振兴发展的重点项目。

德安冷链物流园

项目总投资8亿元,规划总用地面积为149.64亩(其中冷链物流用地约80亩、农产品交易市场用地约70亩),规划建设包括2.0万吨冷库的农产品冷链物流基地及农产品交易市场。项目投入运营后,将实现年10万吨农产品冷链物流仓储的高周转运营及农产品市场批发、交易基地。

资溪冷链物流园

项目总投资4亿元,冷链仓储及农产品交易市场用地约60亩。该项目将按照"全链条无脱冷、绿色节能环保、5G物联智配"的建设标准,以冷链仓储物流园、交易市场的布局要求,打造集仓储交易、加工、冷冻冷藏、能源配套、仓储物流等功能于一体的一站式仓储中心,并在5G环境下融入物联网、冷运网、冷配网"三网合一"的全省农产品冷链大数据调度平台,构建智能温控、库存库容优化、智慧调度运输配送等于一体的智能化冷链运营体系。

莲花冷链物流园

项目位于莲花县,投资建设占地120亩,打造集产品交易、产品加工、冷链仓储、能源配套、食材团餐配送、家禽家畜定点屠宰、进出口肉类海鲜口岸、检验检疫、商业配套于一体的农产品一站式仓储(加工、交易)中心,壮大莲花县县农业产业。实现产品在仓储(加工、交易)中心从生产预冷、零度初加工到包装、封闭式低温装到到多温区多技术仓储、消费末端冷鲜柜等全链条无脱冷冷流通。

为美好生活而来!

COSCO SHIPPING 中远海运集装箱运输有限公司
COSCO SHIPPING LINES CO., LTD.

We Deliver Value

价值·因运而生

全球

领先

价值

021-35124888

上海市虹口区东大名路378号远洋大厦

中远海运集装箱运输有限公司（以下简称"中远海运集运"）是一家专门从事国际、国内集装箱班轮运输及其相关产业服务的企业，总部设在中国上海。作为全球综合运力最大的航运企业，中远海运集团始终服务全球贸易，致力于构建世界一流的全球综合物流供应链服务生态，努力发挥"航运+港口+物流"三位一体综合优势和全球化服务优势，以全球1/18的运力承运全球1/10的货量，全力保障全球产业链供应链稳定。目前，中远海运集运和OOCL双品牌运营着全球领先的集装箱船队，"双品牌"船队自营527艘集装箱船舶，运力规模约320万TEU，船队总规模居于行业领先。公司共经营413条航线，其中包括275条国际航线（含国际支线）、55条中国沿海航线及83条珠江三角洲和长江支线。公司自营船队在全球约145个国家和地区的616个港口均有挂靠。按照经营需要，中远海运集运在中国大陆设大连、天津、青岛、上海、宁波、厦门、华南、海南、武汉共9个口岸分部；在欧洲、北美、东南亚、西亚、南美、澳洲、日本、韩国、非洲共设9个海外分部；境内、境外营销服务网点400余家。中远海运集运以"破解同质化、实现专业化"的营销理念，实现"以行业客户需求为导向、专业化经营为特点"的集中管理模式，在总部成立专业的冷箱销售团队已逾十年。中远海运集运的专业冷箱营销团队了解全球冷箱运输需求，把握全球冷箱运输趋势，积累了丰富的冷箱运输经验，其全球冷箱服务团队由超过300位冷箱专家组成。无论是保鲜货还是冷冻货，无论是气调箱还是冷处理箱，中远海运集运都提供全程冷箱营销、运输服务和技术支持。冷箱IOT设备的应用，让您全程掌握货物的温度、湿度、地理位置等信息，为您提供全方位的服务。

价值，因运而生。

股票代码 Stock code: 002158

汉 钟 精 机
Hanbell

进入 冷库节能 新时代
Enter a New Era of *Cold Storage Energy-saving*

提供 冷冻冷藏 市场螺杆机应用全面解决方案
Provide Overall Solution Plan for Screw Compressor i
Low Temperature Refrigeration Application

LTII-S-200/100-IVX (450HP)
第二代双级变频冷冻压缩机
2nd generation two stage VFD low temperature refrigeration compressor

- 最新集成油路设计
  The latest integrated oil circuit design
- 汉钟芯云端模块技术
  HANBELL core cloud module technology
- 宽温区设计
  Wide temperature range
- 单机匹数可达450匹, 可满足4吨螺旋速冻机冷量需求
  The power of single VFD compressor can reach 450HP, which can meet the cooling demand of 4ton spiral IQF freezer

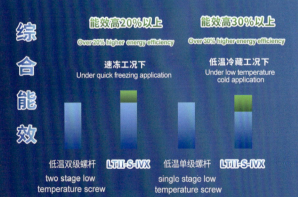

综
合
能
效

能效高20%以上
Over 20% higher energy efficiency

能效高30%以上
Over 30% higher energy efficiency

速冻工况下
Under quick freezing application

低温冷藏工况下
Under low temperature cold application

| 低温双级螺杆 two stage low temperature screw | LTII-S-IVX | 低温单级螺杆 single stage low temperature screw | LTII-S-IVX |

LC-540 (160HP)
第三代单级冷冻冷藏压缩机
3nd generation single stage low temperature refrigeration compressor

- 最新集成油路设计
  The latest integrated oil circuit design
- 汉钟芯云端模块技术
  HANBELL core cloud module technology
- 自带容调结构设计
  Built-in capacity adjustment structure
- 可变内容积比与宽温区设计
  Adjustable volume ratio and wide temperature range
- 变温库与速冻库应用中, 综合能效可大幅提升
  Under the application of variable temperature cold storage and quick-freezing, the comprehensive energy efficiency can be greatly improved.

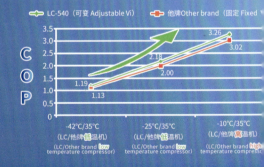

LC-540 (可变 Adjustable Vi)   他牌Other brand (固定 Fixed

C
O
P

3.5
3.0
2.5
2.0
1.5
1.0
0.5
0

1.19
1.13

2.18
2.00

3.26
3.02

-42℃/35℃
(LC/他牌低温机)
(LC/Other brand low temperature compressor)

-25℃/35℃
(LC/他牌低温机)
(LC/Other brand low temperature compressor)

-10℃/35℃
(LC/他牌高温机)
(LC/Other brand high temperature compress

RGII-830 (260HP)
第二代开启式螺杆压缩机
2nd open type single stage screw compressor

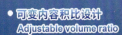

- 最新集成油路设计
  The latest integrated oil circuit design
- 汉钟芯云端模块技术
  HANBELL core cloud module technology

- 自带中托架设计
  Built-in middle bracket
- 环保高效, 适用氨等多种冷媒
  Environmentally friendly and efficient, suitable for various refrigerants such as ammonia

- 可变内容积比设计
  Adjustable volume ratio

『 应用领域　Application Area 』

高温预冷&冷藏库、低温冷藏库、速冻库、速冻机等

High temperature pre-cooling & cold storage / Low temperature cold storage / Blast freezer / IQF freezer

RC2-D系列冷藏专用压缩机
RC2-D low temperature refrigeration compressor

LBII-PLUS单级低温高效冷冻压缩机
LBII-PLUS single stage high-efficient low temperature refrigeration compressor

LT-S常规双级低温冷冻压缩机
LT-S normal two stage low temperature refrigeration compressor

LT-S-L宽温区双级低温冷冻压缩机
LT-S-L wide temperature range two stage low temperature refrigeration compressor

RG开启式多工质螺杆压缩机
RG open type multi-refrigerant screw compressor

RH亚临界CO₂高压螺杆压缩机
RH subcritical CO_2 high pressure screw compressor

『 应用指南　Application Guide 』

载蒸发温度范围 Evaporating temperature range under full-load	压缩机 Screw compressor	适用冷媒 Applicable refrigerant	0°C 冷藏库 Cold storage SST/SDT -10/35	0°C/-18°C 变温库 Variable temperature cold storage SST/SDT -10/35 or -28/35	-18°C 冷冻库 Freezer SST/SDT -28/35	-30°C 速冻库 Blast freezer SST/SDT -40/35	-35°C 速冻机 IQF freezer SST/SDT -45/35
-25～7.5°C	**RC2-DM** 半封闭式单级螺杆 Semi-hermetic single stage screw compressor	氟 Fluorine	●	X	X	X	X
～0°C(125HP↓) ～0°C(140HP↑)	**RC2-DL** 半封闭式单级螺杆 Semi-hermetic single stage screw compressor	氟 Fluorine	○	●	●	○	X
-50～-10°C	**LBII-PLUS** 半封闭式单级螺杆 Semi-hermetic single stage screw compressor	氟 Fluorine	●	X	●	●	○
-65～-25°C	**LT-S** 半封闭式常规双级螺杆 Semi-hermetic two stage screw compressor	氟 Fluorine	X	X	X	X	●
-65～-10°C	**LT-S-L** 半封闭式宽温区双级螺杆 Semi-hermetic wide temperature range two stage screw compressor	氟 Fluorine	X	○	●	●	○
-65～-10°C	**LT-S-IVX** 半封闭式双级变频螺杆 Semi-hermetic VFD two stage compressor	氟 Fluorine	X	X	●	●	●
-50～10°C	**RGII** 开启式单级螺杆 Open type single stage screw compressor	氟 Fluorine/R717	●	●	●	●	○
-50～-15°C	**RH** 半封闭式高压单级螺杆 Semi-hermetic high pressure single stage screw compressor	R744	X	X	○	●	●

国家农产品现代物流工程技术研究中心
National Engineering Research Center for Agricultural Products Logistics

　　国家农产品现代物流工程技术研究中心（以下简称"中心"），2009年2月由科部批复成立，是一家专业从事冷链物流技术研发的科研机构。中心依托山东省商业团有限公司，由集团下属山东商业职业技术学院负责日常运维。中心以实现"精准流、放心消费和打造农产品透明供应链"为总体目标，以果蔬、畜禽、水产、冻品品类为重点研究对象，以冷链工程技术、物流智能信息技术和品质与安全控制（控）技术三大物流科学技术集成为支撑，针对生鲜农产品物流在产、加贮、运、销环节存在的问题，为企业、行业冷链物流工程提供一揽子解决方案，在冷链工程整设计、设备与保鲜工艺配套施工、智能信息技术和透明供应链建设等方面提供供应集成技术支持。并在本领域知识标准、人才标准(专业培训)和产业标准全面提供咨询开放服务。

学校党委书记、国家农产品现代物流工程技术研究中心副主任张志东教授代表工程中心与英国诺丁汉大学签订战略合作协议

学校院长王鑫教授与中国科学院院士、中国科学院理化技术研究所周远研究员签约院士工作站

中心科研人员向教育部副部长孙尧演示无水活鱼技术唤醒环节

　　自建立以来，中心共获省部级以上奖励13项、鉴定成果25项、专利140余项。担科技部课题12项，其中863课题1项，省部级61项，参与编写《中国冷链物流发展告》《中国食材供应链发展报告》，当前制定标准54项，建有院士工作站并聘任泰学者两人。中心承建了商务部山东省放心肉工程建设与运维工作、黄河三角洲高效态农业冷链产业科技示范工程、农业农村部和山东省农业农村厅农产品仓储保鲜冷

物流设施建设工程实施方案等省部级重点项目。中心研发的无水活鱼运输技术和蜜桃出口品控技术体系、系列高效相变蓄冷技术、激光打孔保鲜包装技术以及粮食提质减损技术，有力地支撑了产业发展。

科研团队在泗水等地
实施地窖升级改造工程

中心活鱼无水保活运输技术商业化应用
亮相第十三届中国冷链产业年会

01 技术研发

- 前沿物流技术孵化
- 冷链物流技术研发
- 冷链物流装备研制

02 联合开发

- 联合开发冷链物流技术
- 联合研制冷链物流装备
- 联合开发冷链测试平台

03 技术成果转化

- 水产品无水保活运输技术推广
- 生鲜农产品物流品控技术推广
- 冷链物流装备与产品推广

04 技术咨询服务

- 冷链物流服务平台建设
- 冷链物流园区（实验室）规划
- 生鲜农产品检验检测

National Engineering Research Center for Agricultural Products Logistics

上海光明领鲜物流有限公司

光明乳业旗下物流品牌，领鲜更新

上海光明领鲜物流有限公司成立于 2003 年，是光明乳业旗下以冷链为主的多温度带综合性物流企

得益于光明乳业的冷链品质管控，深谙冷链体系及各温域物流服务体系建设。

服务于光明乳业的同时，上海光明领鲜物流有限公司也面向社会为第三方客户提供食品物流服务，

专业供应链解决方案提供商。

中国物流与采购联合会冷链委常务副会长单位
中国冷链物流联盟常务理事单位
上海冷藏库协会副理事长单位
上海物流协会冷链分会会长单位

2018 年首届中国国际进口博览会
馆内餐饮供应保障唯一物流配送推荐企业
2019 年第二届中国国际进口博览会
馆内餐饮物流保障主要服务商

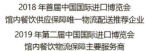

2010 年上
冷链物流

高标准品质管理

光明领鲜借鉴、融合国内外先进标准，不断健全光明"五星"冷链管理系统。提出了多项行业独创、可量化、科学的冷链评估系统。

科学的绩效目标	量化的评价数据	无盲点的监控系统	信息化的数据平台	高标准的硬件设施
◆ 1 项核心目标 ◆ 3 项关键指标 ◆ 8 项聚焦数据	◆ 冷库温度合格率 ◆ 配送温度合格率 ◆ 终端温度合格率	◆ GPS 监控系统 ◆ 冷库视频监控 ◆ 超温抓拍系统	◆ WMS 仓储管理系统 ◆ DPS 拣货系统 ◆ TMS 运输管理系统	◆ 1000 辆 F 级冷藏车 ◆ 26 座现代化物流中心 ◆ 0~2℃的全程冷链保障

第六届中国国际食品安全与创新技术展览会

"光明五星冷链质量管理系统"获得
2018—2019年度食品安全示范项目奖

✓ 《食品冷链物流追溯管理要求》国家标准试点企业
✓ 《餐饮冷链物流服务规范》行业标准达标企业
✓ ISO 9001质量管理体系认证
✓ BRC-S&D 食品安全全球标准认证
✓ IFS 国际食品标准认证

智慧物流一码追溯

- ❯ 工厂出库
- ❯ 中转仓入库
- ❯ 中转仓出库
- ❯ 分仓入库
- ❯ 配送终端

低温产品　　　　常温产品

**全国首家且唯一通过
BRC-S&D AA+
最高级别认证的冷链物流企业**

完善的物流网络

全国范围布局物流中心，形成华东、华北、华南、华中、西南五大物流圈，并通过 300 条以上干线，实现以华东为纽带的各物流圈间的联动。

▸ 物流网可延伸至各县级城市及乡镇
▸ 每日始发干线线路 100 余条
▸ 客户下单 24 小时送达
▸ 城配规模全国第一

 65 座综合物流中心　　 1008 辆冷藏配送车辆　　 17.3 万平方米库区面积

 1500 条城市配送线路　　 50000 家终端站点

期待与您合作！

让更多人感受美味和健康的快乐！

最新动态
请关注微信公众号

万纬物流公众号

万纬物流官网

万纬物流 VX LOGISTICS

万纬物流是万科集团旗下成员企业，2015年万科集团正式推出独立物流品牌——万纬，2021年，万纬物流成功引入GIC、淡马锡等四家机构作为战略投资者。经过多年发展，已成为行业领先的多温区物流综合服务商。万纬的核心业务聚焦全国六大城市群，覆盖全国47个主要城市，拥有170多个物流园区，全国运营管理50多个专业冷链物流园，仓储规模超过1200万平方米，服务1600多家企业。为客户提供高标准的仓储设施及多元化的冷链物流服务，保障人民食品安全，助力企业供应链效能提升，服务人民美好生活，致力成为客户信赖的物流战略合作伙伴。

47个 进驻城市　　**50⁺**个 冷链园区　　**170⁺**个 物流园区　　**1200⁺**万平方米 仓储规模　　**1600⁺**家 服务企业

多温区、高标准的仓储服务，满足不同行业客户仓储需求

 全温层设施

提供-18℃至常温的全温层仓储基础设施，满足客户冷冻、冷藏、恒温、常温等仓储需求。

 精准温控

建立冷链行业第一套温湿度管控系统与工作机制，可实现24小时监控，温度波动可精确到±0.5℃。

 库内服务

定制化服务，提供包括产品加工、包装、水果催熟、一件代发等多样化增值服务。

 精细化管理

提供自动化存储、保税/非保仓储、出入库管理、库存管理、退货管理、不良品管理、越库操作等多项仓储管理服务。

提升企业供应链效能 为美好生活保驾护航　　📞 400-056-5656　　📍 上海市闵行区申长路988弄虹桥万科中心T7&T8-2层

通过全国仓网布局优势，为企业提供定制化端到端服务

以科技支撑运营服务 打造全链路数字化解决方案

TMS搭载轻量级算法

操作准确率，优化仓内运作流程

- 能化任务调配系统自动派单
- 物的存储空间和位置智能分配
- 大提高仓库内的货物运转效率

TMS运输全程温控可追踪

守护货品的"生命线"

- 温度即时监控，全程信息可追踪
- 订单进度跟进，服务规划，绩效量化
- 数据自动上传，保障数据质量和真实性

园区全方位智慧化升级

打造高安全、高质量、高效、节能的智慧园区

- 温湿度监控平台，领先行业的精准温控，保障食品安全
- 冷链IoT平台，设备实时监控和能耗智能优化
- 数字月台系统，客户订单及车辆数据自动采集实时协同

BBC一件代发

万纬全国仓库网络及B2B服务经验，布局10多个区域电商仓，以标准化/自动化服务为客户提供BC同仓"一盘货"的供应链解决方案。

物流以强大的仓网布局、优质的B2B服务及良好的行业

基石，为餐饮、快消、乳制品、肉制品、水产、水果、

等行业客户推出BC同仓的全渠道服务，打造2C业务场

的仓配一体服务产品，承诺次日达、隔日达，全程温度

，让C端更安全放心。

价格	时效	范围	售后	温控
统一报价标准折扣	次日达隔日达	10*区域电商仓覆盖300*城市	快速理赔节点可视	库内全程测温

UWD统仓共配

定线路　定人　定车

定时　定点　定期

统仓共配产品是基于万纬全国性的仓网布局，通过共同配送"化零为整"，为客户提供仓配一体化的冷链物流服务。我们提供全链路数字化服务，全程可视可追溯；我们通过算法赋能为您降本增效；我们通过高标准、高时效、服务优的产品特性让您及您的客户安全放心。

以可持续发展为目标 全面践行ESG价值理念

2023年12月，万纬已有多个园区获得LEED铂金级和绿色仓库

认证，绿色建筑认证面积超过860万平方米，108个项目获得绿

星认证，12个冷链园区获得LEED铂金级/金级(其中7个铂金

5个金级)，未来还将推动所有新建冷库100%通过绿色仓库认

新建冷库分布式光伏100%覆盖。

绿色建筑面积
860⁺ 万平方米

获绿色三星认证
108个项目

获LEED铂金级\金级
12个冷链园区

寄生鲜食品

用顺丰冷运

服务能力矩阵

 ### 仓配一体

- 仓储一件代发
- 2C/2B多服务场景
- 预处理+仓储处理+店配
- 整进零出+终端交付

核心产品：

冷运标快　　　　冷运整车

冷运到店　　　　冷运大件到港

冷运仓储　　　　冷运大件标快

温控包裹

 ### 冷运大件

- 全程冷链零担门到门

核心产品：

冷运大件标快

冷运大件到港

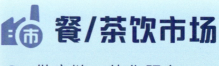 ### 餐/茶饮市场

- 供应链一体化服务

核心产品：

定制化专业服务

全国统一客服热线
95338

顺丰冷运 SF COLD CHAIN
关注每一份味道 专注每一程交付

南京卫岗乳业有限公司

卫岗 Since 1928

5小时新鲜保障
2小时新鲜直达

南京卫岗乳业有限公司始于1928年，历经90多年的传承创新，卫岗乳业现已成为国家农业产业化重点龙头企业、中国食品百强企业、江苏省先进乳品生产企业，卫岗牛奶成为中国优质农产品、江苏省名牌产品。2011年，卫岗乳业荣获了"中华老字号"称号，这也是国内较早获此美誉的乳品生产企业。卫岗乳业获得国家资质认定的"中国学生饮用奶定点生产企业"。

覆盖72个城市

300余辆冷藏车

40万吨年发运吨位

卫岗乳业物流一直致力于打造仓储及运输网络和现代化乳制品流通体系，以优质冷链运输服务为产品质量保驾护航。目前卫岗冷链网络已覆盖全国72个城市，设有4个DC、15个RDC，冷藏车辆300余辆，年发运吨位近40万吨，实现"5小时新鲜保障，2小时新鲜直达"的高效冷链物流配送，每天为千万家庭提供当日鲜奶配送到户服务。卫岗乳业物流不仅服务自身乳制品，也融入第三方物流业务，打造综合型物流服务体系，客户涵盖国内外知名企业，如星巴克、通用磨坊、益海嘉里等。

卫岗物流深受政府、行业、客户的认可，荣获诸多荣誉

- 省重点物流企业荣誉称号、商务厅"供应链创新与应用重点培育企业"、城乡高效配送试点企业、"智慧物流城市试点重点示范企业"
- 中国交通运输协会物流技术装备行业AAA信用企业
- 中国食品追溯优秀案例
- 2017—2020年蝉联中国冷链物流百强（前十强）
- 中国电商物流与供应链年度优秀服务商
- 中物联冷链委"金链奖 中国冷链优秀区域配送服务商"
- 中国食材供应链百强
- 中国自有运力50强等

开放合作领域（优势领域）

- 仓干配冷链业务
- DSD
- 物流"最后一公里"
- 农产品供应链

官方微信　官方微博

合作热线：400618618
官　网：www.weigangdairy.com
公司地址：江苏省南京市江宁区蓝天路366号

捷曼门业

捷曼门业成立于2009年，是专业从事工业门及装卸口设备研发、生产、安装、服务的解决方案服务商。

捷曼门业经过十几年的发展已经成为行业内领先的企业之一。连续多年荣获全国各行业协会、标准机构颁发的"全国工业门、物流设备知名品牌""冷链设备十佳供应商""三优"产品的诸多荣誉。

捷曼门业运营中心位于北京市房山区，目前组建了2家工厂，北方工厂位于天津市武清区，华东工厂位于江苏省南通市。为更好地服务本地客户，公司先后在沈阳、成都、无锡、广州等地成立多家分公司及办事处。

捷曼一直努力为用户提供安全、专属、经济的工业门及装卸货口设备产品。

客户的支持就是我们前进的最大动力，感谢以下客户伙伴以及因排版限制未提及的客户伙伴……

邮箱： gemlin@126.com
地址： 北京市房山区长政南街2号
　　　 双子座北楼510室
电话： 010-83318982　400-666-1770
厂址： 天津市武清区万兴工业园兴旺道4号
　　　 南通市苏锡通产业园黄山路22号4栋
网址： www.gemlin.com

中外运冷链物流有限公司
SINOTRANS COLD CHAIN LOGISTICS CO., LTD.

中外运冷链物流有限公司
SINOTRANS COLD CHAIN LOGISTICS CO., LTD.
电话:0755-26801788
网址:http://coldchain.sinotrans.com/
地址:广东省深圳市前海深港合作区南山街道自贸西街151号招商局前海经贸中心一期A座17楼

连锁餐饮	生产制造	商场便利	进出口

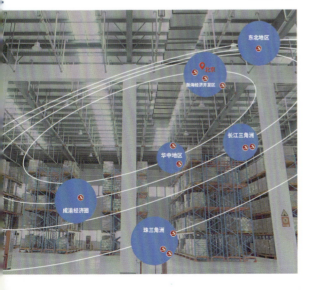

简介　Brief introduction

　　中外运冷链物流有限公司(以下简称"外运冷链")于2018年6月4日在上海成立,注册资金3亿元,系中国外运股份有限公司(以下简称"中国外运")全资子公司及直属二级公司,负责冷链板块投资、管理、运营的统一平台。在16个城市拥有下属分、子公司。在招商局集团"打造世界一流综合物流产业"和中国外运"打造世界一流智慧物流平台企业"的战略指引下,秉承"聚合融合整合、融心融力融行",通过招商美冷、中外运上海冷链、中外运普菲斯三大行业内具有代表性和影响力的企业品牌集中合并,外运冷链将作为重要的专业冷链物流板块加以重点培育和发展,致力于打造成为"中国一流综合性冷链供应链平台企业"。

　　整合后的外运冷链平台,集战略、业务、管理、文化、资本、运营于一体,拥有前所未有的资源实力和平台实力,行业知名度与影响力及品牌形象也进一步得到强化。目前外运冷链在北京、上海、广州、深圳、香港、苏州、武汉、成都、郑州、青岛、太原、天津、哈尔滨等地设有恒温、冷藏、冷冻、深冷等多温区的冷链服务设施20座,面积逾46万平方米,可容储位近40万板,并配套封闭式温控装卸平台、驶入式双进深货架、红外感应式快速开闭门、电子标签拣货系统、高层电动叉车等先进设备。外运冷链拥有多种不同规格且搭载GPS定位的专业冷藏冷冻配送车辆2000余台,凭借先进的物流信息系统,客户可对仓储、配送等整个冷链环节进行全程跟踪监控。

　　外运冷链主营业务涵盖物流方案设计、仓储、分拣、再加工及运输配送、租船订仓、出口代理、报关、配套金融等多元化物流服务,现已形成"仓干配一体化"冷链物流网络服务、进出口冷链服务、供应链综合服务三大业务平台协同发展格局,依托整合后的全国性运作网点、资源规模、运营能力、供应链一体等竞争优势。

AUCMA 澳柯玛

推动中国零售·引领行业潮流

一站式解决方案提供者

 数字化　 AI算法　 图像识别　 称重识别

品牌介绍

青岛澳柯玛自动售货机股份有限公司（以下简称"澳柯玛"）作为澳柯玛股份公司投资成立的高新企业，专门从事自动售货机的研发、生产和销售，始终牢记为"中国制造"赢得世界尊敬的企业使命，澳柯玛"互联网+全冷链"战略的主要承担者。澳柯玛智慧零售全场景解决方案以数字化为基础融合AI算法、图像识别等新技术，通过智能硬件和智能零售平台连接消费者与品牌商，助力智能零售行业的数字化发展，打造零售业创新发展模式。

产品品类

视觉识别类型

- 动态智能AI识别技术
- 动态识别广角IP摄像头
- 工业级高性能工控机
- 云端识别率99%以上
- 支持远程监控、统计、控温、报警等多项功能

重力识别类型

- 本地重力AI识别技术
- 工业级重力传感器
- 3秒闪付闪结
- 支持商品任意摆放、堆叠

视觉+重力识别类型

- 重力识别复合动态AI识别技术
- 本地识别配合云端AI识别
- 识别准确度99%以上
- 可识别市场上所有类别商品

传统售货机类型

- 澳柯玛专利异形瓶售卖技术
- 澳柯玛专利智能纠错程序
- 故障率仅为0.03%
- 非接触式购物体验
- 支持远程监控、统计、控温、报警等多项功能

澳柯玛新零售生态圈

品牌推广　智慧运营　场景定制　精准营销

解决方案

01 及时性
实时运营数据和运营状况状态监控，实时进行告警涌知

02 运营可视化
基于运营和大数据的分析，据和运营状况状态数据展现

03 辅助决策
对于运营数据和整体运营状态的一个决策分析评估建议

04 自动预警
设备监控引入预警机制，一某环节出现故障，系统将自以便采取应对措施

青岛澳柯玛自动售货机股份有限公司
地址：青岛市崂山区株洲路187-1号
邮编：266100
电话：4006-228-618
传真：86-532-68069015
http:// www.aucmavm.com

青岛澳柯玛自动售货机股份有限公司 🔍

家家送冷链
冷的是温度·暖的是服务

家家送·冷链物流有限公司

公司成立于2010年,是一家集生鲜食品配送、仓储及专业冷链物流于一体的大型企业,拥有0~8℃保鲜库2万平方米、−18℃冷库1万平方米,拥有4.2~15米全系列冷链运输车辆。提供物流在途GPS温度监控24小时实时跟踪服务。公司具备每年百万吨的冷货物运输能力,目前在北京、上海、广州、深圳、武汉、西安、成都、重庆、沈阳、大连、长春、哈尔滨、青岛、济南、太原、呼浩特等地区设有多个分公司或办事处,覆盖范围广,与国内多家知名餐饮企业、食品企业及知名连锁超市等企业合作,以标准化、性化的物流解决方案,为广大客户提供仓储、运输、配送等综合服务。

家家送冷链　　冷的是温度　　暖的是服务

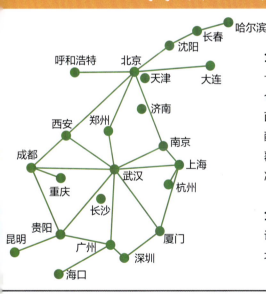

全国冷链卡班网络

卡班线路：**30⁺个**

仓库：北京、郑州、武汉、长沙、广州、合肥、南昌、福州、厦门、西安、成都、重庆、沈阳、长春、大连

配送城市：**40⁺个**

覆盖省份：**30⁺个**

冷藏车：**3000⁺辆**

全国冷链一件代发

订单量：日均**50000单**

北京、上海、武汉、广州、重庆、沈阳均有三温仓,均可实现一件代发

北京仓库	成都仓库	武汉仓库	广州仓库	上海仓库	西安仓库	沈阳仓库
000平方米冷藏	900平方米冷藏	1200平方米冷藏	3000平方米冷藏	3500平方米冷藏	3200平方米冷藏	1200平方米冷藏
200平方米冷冻	1000平方米冷冻	900平方米冷冻	5000平方米冷冻	8000平方米冷冻	7000平方米冷冻	3000平方米冷冻

公司拥有0~8℃保鲜库2万平方米、−18℃冷冻库1万平方米

 01083778888　 13121210077　 13121215500　 13121216600

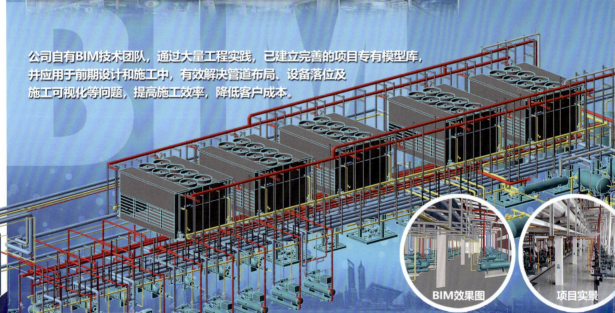

双汇物流
SHUANGHUI LOGISTICS

物联八方　智通天下

关于我们

漯河双汇物流投资有限公司（简称双汇物流），是专公路冷藏物流公司。双汇物流在全国成立了**23家省级**公司、办事处，拥有冷库**25万吨**，仓储库**21万平方**自有车辆**1000余台**，整合社会车辆**25万余台**，年发突破**500万吨**。近年来，双汇物流加快创新发展，数流大步向前；郑州冷易通物流园区已建成运营；外部及国内外贸易快速增长；汽车后市场、供应链金融新稳步推进。公司先后荣获中国5A级物流企业、五星冷流企业、中国冷链物流百强企业、冷链自有运力50强、物流数字化先行典范企业等荣誉称号。

司愿景：打造国内外、干仓配、科工贸、线上线下一站式服务的食品全供应链服务商。

一站式物流专家

全国第三家
河南首家
5A级物流企业

20个
省级子公司

拥有冷库
25万吨

年发运量
突破
500万吨

整车、零担、
专车共配多种
运输模式

铁路专线
4条